메가쌤 교육학

통합 이론서 (상)

중등교원 임용시험 대비
신규 발간

메가스터디가 만든 교원임용 전문브랜드 메가쌤

메가쌤

집필
메가쌤 임용연구소
배현지 선생님(진영중학교, 연세대학교 대학원 교육학과 석사 과정)
이봉수 선생님(덕성여자고등학교, 고려대학교 사범대학 교육학과 전공)
이호 선생님(봉은중학교)

검수
메가쌤 임용연구소(이은경, 이성진)

발행 초판 1쇄 2022년 4월 14일
펴낸곳 메가쌤
편집기획 한영미 이채현
디자인 메가스터디DES
판매영업 순아람 오지은 박종규 최득수

출판등록 2007년 12월 12일 제322-2007-000308호
주소 (06657) 서울시 서초구 반포대로 81, 4층 (서초동, 영림빌딩)
문의 1661-7391
홈페이지 www.megassam.co.kr

ISBN 978-89-6634-591-5 (13370)
정가 25,000원

Copyright ⓒ 메가엠디(주)
- 이 책에 대한 저작권은 메가엠디(주)에 있습니다.
- 이 책은 저작권법에 따라 보호받는 저작물이므로 무단전재와 무단복제 및 배포를 금지하며 책 내용의 전부 또는 일부를 이용하려면 반드시 저작권자와 출판권자의 서면동의를 받아야 합니다.
- 메가쌤은 메가엠디(주)의 교원임용 전문 브랜드입니다.

PREFACE

모든 순간이 헛되지 않도록

지난 여름, 임용고시 브랜드 론칭을 위해 모인 회의실은 오래도록 불이 꺼지지 않았습니다. 콘텐츠 개발, 투자 방향, 서비스 우선순위까지 무엇 하나 쉽게 결정되는 것이 없었습니다. 흔한 자랑으로 들리겠지만 메가스터디는 다양한 수험 분야에서 합격 서비스를 구현해 내는 일에 익숙했고 그 시간이 오래 걸리지 않았기에 오래도록 꺼지지 않는 회의실 불은 고통스러운 숙고의 시간들이었습니다.

그렇게 계절이 지나 봄이 왔을 즈음, 우리는 메가쌤의 첫걸음을 선보였습니다. 그것은 강의도 강사도 학원도 아닌 교육학 교재였습니다. 방대한 이론·서술형 답안·정답이 아닌 문제 해결 능력을 요구하는 시험의 특성상 제대로 된 교재가 합격의 첫걸음이라는 결론에 이르렀고, 통상 1년 이상이 소요되는 오랜 고시 공부 기간이 헛되지 않기 위해서는 더더욱 체계적인 교재 라인업을 구성하는 것이 필요하다고 판단했습니다.

이런 맥락에서 우리 교재에는 '빠른 합격', '단기 완성', '족집게 문제'와 같은 수식어가 없습니다. 어쩌면 '호시우보[虎視牛步](범처럼 노려보고 소처럼 걷는다는 뜻으로, 예리한 통찰력으로 꿰뚫어 보고 성실하게 노력한다)'와 같은 오랜 격언이 더 어울릴지도 모르겠습니다. '통합 이론서-출제 이론 공략서-기출 공략서-개념 인출서'로 이어지는 메가쌤 교재 라인업은 매 순간 최선을 다하는 수험생의 모든 순간을 올곧이 결실로 만들겠다는 높은 자부심을 가지고 있습니다.

메가쌤 교육학 통합 이론서는 이 모든 이야기의 시작입니다. 이 책은 방대한 교육학 이론을 가능한 쉽고 자세하게 설명하였고, 출제 정보·용어 정리·확장 개념 등의 상세 학습 정보를 제공하여 효과적으로 학습할 수 있도록 구성하였습니다. 특히 출제 키워드와 출제자의 시선으로 본 주요 키워드를 중심으로 제작된 마인드맵은 교육학 이론을 구조화함으로써 교육학의 틀을 효율적이고 확실하게 잡을 수 있도록 도울 것입니다. 완전무결한 책이라 단언할 수는 없겠지만, 적어도 우리 콘텐츠로 학습하는 모든 순간은 헛되지 않을 것이라 자부합니다.

우리의 교재가 예리하고 정확한 호랑이의 눈이 되어, 소처럼 우직하게 걸어가는 누군가의 발걸음을 모두 빛나게 해주길- 진심으로 바라 봅니다.

메가쌤 임용연구소

C/O/N/T/E/N/T/S

- 중등교원 임용시험 정보   6p
- 교육학 과목 정보   8p
  학년도별 출제 경향 분석 | 효율적인 교육학 학습법
- 메가쌤 통합 이론서 구성   10p

PART 01 교육의 기초
- CHAPTER 1 교육의 개념   16p
- CHAPTER 2 교육의 목적과 기능   22p
- CHAPTER 3 교육의 유형   24p

PART 02 교육사 및 교육철학
- CHAPTER 1 한국 교육사   36p
- CHAPTER 2 서양 교육사   61p
- CHAPTER 3 교육철학   92p

PART 03 교육과정
- CHAPTER 1 교육과정의 이해   118p
- CHAPTER 2 교육과정의 역사   132p
- CHAPTER 3 교육과정 개발   157p
- CHAPTER 4 교육과정 유형   183p
- CHAPTER 5 교육과정 운영   202p
- CHAPTER 6 교육과정 평가 모형   214p
- CHAPTER 7 현대 교육과정의 쟁점   231p

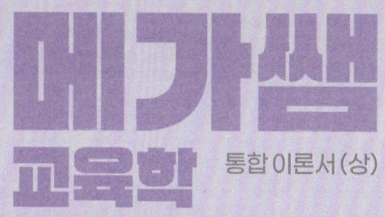

PART 04 교육심리

- **CHAPTER 1** 학습자의 인지적 특성 — 246p
- **CHAPTER 2** 학습자의 정의적 특성 — 264p
- **CHAPTER 3** 학습자의 발달 — 274p
- **CHAPTER 4** 학습 이론 — 292p
- **CHAPTER 5** 적응과 부적응 — 306p

PART 05 생활지도 및 상담

- **CHAPTER 1** 생활지도의 이해 — 316p
- **CHAPTER 2** 상담 이론 — 322p
- **CHAPTER 3** 진로 이론 — 350p

※ PART 06~10은 통합 이론서 (하)에 수록되어 있습니다.

중등교원 임용시험 정보

▶ '응시자격', '시험 과목 및 유형', '시험 일정'은 지역별로 차이가 있으니, 반드시 응시하고자 하는 지역 시·도교육청 홈페이지에서 안내를 확인하시기 바랍니다.

시험명

공립(국, 사립) 중등학교교사 임용후보자 선정경쟁시험

응시자격

선발예정 표시과목의 중등학교 준교사 이상 교원자격증 소지자 및 부전공 표시과목 교원자격증 소지자(차년도 2월 해당 과목 교원자격증 취득 예정자 포함)

※ 2013년부터 한국사능력검정시험(국사편찬위원회) 3급 이상 합격자에 한해 교원 임용시험 응시 자격을 부여하고 있음

시험 과목 및 유형

• 제1차 시험

시험 과목 및 유형				문항 수	배점		시험 시간
교육학		1교시	논술형	1문항	20점		09:00~10:00 (60분)
전공	전공 A	2교시	기입형	4문항	8점	40점	10:40~12:10 (90분)
			서술형	8문항	32점		
	전공 B	3교시	기입형	2문항	4점	40점	12:50~14:20 (90분)
			서술형	9문항	36점		
	소계			23문항	80점		
합계(배점)				24문항	100점		

• 제2차 시험

시험 과목	시험 시간
교직적성 심층면접, 교수·학습 지도안 작성, 수업능력 평가(수업실연, 실기·실험)	시·도교육청 결정

※ 제2차 시험은 시·도별, 과목별로 다를 수 있음

시험 일정

사전 예고문	시험 공고	원서 접수	제1차 시험		제2차 시험	최종 합격자 발표
			시험	합격자 발표	시험	
6~8월	10월	10월	11월	12월	1월 실기·시험평가 교수·학습 지도안 작성/수업실연 교직적성 심층면접	2월

시험 관리 기관
- 시·도교육청: 시행공고, 원서 교부·접수, 문답지 운송, 시험 실시, 합격자 발표
- 한국교육과정평가원: 제1차 시험 출제 및 채점, 제2차 시험 출제

출제 원칙
- 중등학교(특수학교 포함) 교사에게 필요한 전문 지식과 자질을 종합적으로 평가함
- 학교 교육 현장에서 실제적으로 적용할 수 있는 지식, 기능, 소양을 종합적으로 평가함
- 지식, 이해, 적용, 분석, 종합, 평가, 문제해결, 창의, 비판, 논리적 기술 등을 종합적으로 평가하기 위해 다양한 문항 유형으로 출제함
- 중등학교 교사 양성기관의 교육과정을 충실히 이수한 자면 풀 수 있는 문항을 출제함
- '중등교사 신규임용 시·도공동관리위원회'가 발표한 『표시과목별 교사 자격 기준과 평가 영역 및 평가 내용 요소』를 참고하여 출제함

교육학 출제 범위
- 교육학 문항 수는 1개이나 보통 그 안에 4개 안팎의 세부 내용으로 나뉘고, 이것을 하나의 주제로 묶어 묻는 형식
- 배점은 대체로 20점 중 5점을 형식 및 주제 연계성에 할당하고, 세부 내용별로 각각 4점 또는 3점을 부여

구분	출제 범위 및 내용	배점 예시
논술의 내용 [총 15점]	교육부 고시 제2017-126호(2017.8.30.)의 부칙 제3조(경과조치) 제13호에 근거한 교육부 고시 제2016-106호(2016.12.23.)의 [별표2] '교직과목의 세부 이수기준'에 제시된 교직이론 과목 교육학개론, 교육철학 및 교육사, 교육과정, 교육평가, 교육방법 및 교육공학, 교육심리, 교육사회, 교육행정 및 교육경영, 생활지도 및 상담 ※ 특수(중등) 과목, 비교수 교과도 동일하게 적용	4 4 4 3
논술의 구성과 표현 [총 5점]	논술의 내용과 주제의 연계 및 논리적 형식	3
	표현의 적절성	2
합계		20

채점기준 및 방법
- 중등교사 임용시험 문항의 '모범답안'과 '채점기준'은 비공개를 원칙으로 함
- 채점은 채점위원 3인의 독립 채점으로, 확정된 채점기준에 따라 하나의 답안에 대하여 3인이 독립적으로 채점 후 평균 점수를 산출함

교육학 과목 정보

단순 이론 암기를 넘어,
교육 현장에 접목하는 **입체적 학습이 필수!**

교육학은 교사로서 전문적인 능력을 측정하는 시험으로 지식, 이해, 적용, 분석, 종합, 평가, 문제 해결, 창의, 비판, 논리적 기술 등을 종합적으로 평가합니다.

교육학 출제 경향은 이론의 단순 암기 수준을 확인하기보다는 실제 교육 현장에서 교사에게 필요한 역량과 결부하여 관련 이론을 활용할 준비가 되었는지를 묻는 방향으로 변화하고 있습니다. 질문에 대한 답을 인출하는 것을 기본으로 하되, 관련 개념을 현장에 적용한 사례는 어떤 모습일지, 문제가 있다면 어떻게 보완할 수 있을지 등을 사고하며 문제를 풀어야 합니다. 이렇듯 교직 사례에 대한 구체적인 조건을 제시하며 지식의 활용을 묻는 열린 문제가 늘어남에 따라 내용 이해를 바탕으로 이를 교육 현장에 적용할 수 있는 문제 해결 능력이 요구되고 있습니다.

▶ 학년도별 출제 경향 분석

구분	주제	출제영역		
		교육사 및 교육철학	교육과정	교육심리학
2022	학교 내 교사 간 활발한 정보 공유를 통한 교육의 내실화		수직적 연계성	
2021	학생의 선택과 결정의 기회를 확대하는 교육		교육과정 운영 관점	
2020	토의식 수업 활성화 방안, 초연결 사회에서의 소통과 협력		영 교육과정	인지 발달 이론(비고츠키)
2019	수업 개선을 위한 교사의 반성적 실천, 모둠 활동		학습 경험 조직 원리 잠재적 교육과정	지능 이론(가드너)
2018	학생의 다양한 특성을 고려하는 교육, 학생의 학업 특성 결과		개발 모형(워커)	
2017	2015개정 교육과정의 실질적 구현 방안, 단위 학교 차원		내용 조직 원리	
2016	교사가 갖추어야 할 역량		경험 중심 교육과정	발달 이론 - 인지(반두라), 비인지(에릭슨)
2015 상반기	다양한 요구에 직면한 학교 교육에서의 교사의 과제			
2015	학교 교육 문제 확인 및 개선 방안 모색	자유교육	백워드 교육과정 설계	
2014 상반기	학교 부적응 행동, 수업 효과성		학문 중심 교육과정	
2014	수업 시 소극적 행동 및 학습 동기 유발		잠재적 교육과정	

• 효율적인 교육학 학습법

이론 학습	출제 이론 체득	인출 연습	실전 연습
교육학 과목의 전반적인 이해	효율적인 학습을 위한 필수 이론 체득	개념 인출 및 현장 사례를 적용한 실전형 인출 연습	본고사와 유사한 환경 및 문항을 통한 실전 경험 체득

기출 학습

| 출제 경향 분석 | 기출문제 상세 분석 | 기출 변형 문제 연습 | 기출형 실전 문제 연습 |

출제영역					제시문 형식
생활지도 및 상담	교육공학 및 교육방법	교육평가	교육행정	교육사회학	
	딕과 캐리의 체제적 교수설계 모형	총평관	학교 중심 연수		교사 2인 대화
	구성주의 학습 웹/ 자원 기반 학습	자기평가	의사 결정 이론/모형		대학 친구에게 편지
	구성주의 학습 (토의법, 정착 수업)	평가의 유형 평가 도구의 양호도	학교조직론(조직 문화)		교사 협의회 4인
		준거 참조 평가, 능력 참조 평가, 성장 참조 평가	지도성		성찰 메모
	PBL	내용 타당도	장학		교사 2인 대화
	구성주의 학습 환경 설계 (조나센)	형성평가	교육기획		신문기사, 교장 1인과 교사 3인
		준거 지향 평가	학교조직론(비공식 조직)		자기개발 계획서
	일반적 교수 체제 설계		학교조직 (관료제, 이완결합 체제)	기능론적 관점	학교장 특강
	켈러 ARCS 모형		학습조직		워크숍 분임 토의 결과
행동 중심 상담, 인간 중심 상담			장학	차별 접촉 이론, 낙인 이론	교사 성찰 일지
	협동 학습	형성평가	지도성 이론 (허시와 블렌차드)	문화실조	교사 대화

메가쌤 통합 이론서 구성

→ 중등 임용 교육학 과목의 전반적인 이해를 위해 전 범위 내용을 상세하고 친절하게 구성하였습니다.

✏️ **단원별 상세한 마인드맵 제공**

✏️ **교육학 전 범위 상세 이론 정리**

✏️ **출제 정보 & 용어 정리 & 확장 개념 등 상세 학습 정보 구성**

• **메가쌤과 함께하는 교육학** 효율적인 교육학 학습을 위한 메가쌤 교육학 시리즈

메가쌤 통합 이론서
(상)/(하)

교육학 과목의
전반적인 이해

이론 학습

메가쌤 출제 이론 공략서
필수편 & 확인편

효율적인 학습을 위한
필수 이론 체득

출제 이론 체득

메가쌤 개념 인출서
인출 연습문제 & 모범답안

개념 인출 및 현장 사례를
적용한 실전형 인출 연습

인출 연습

메가쌤 전국모의고사
온/오프라인 시행
메가쌤 채움모의고사
봉투 모의고사 & 온라인 시행

본고사와 유사한 환경 및
문항을 통한 실전 경험 체득

실전 연습

메가쌤 기출 공략서
인출편 & 실전편

기출 학습

출제 경향 분석 | 기출문제 상세 분석 | 기출 변형 문제 연습 | 기출형 실전 문제 연습

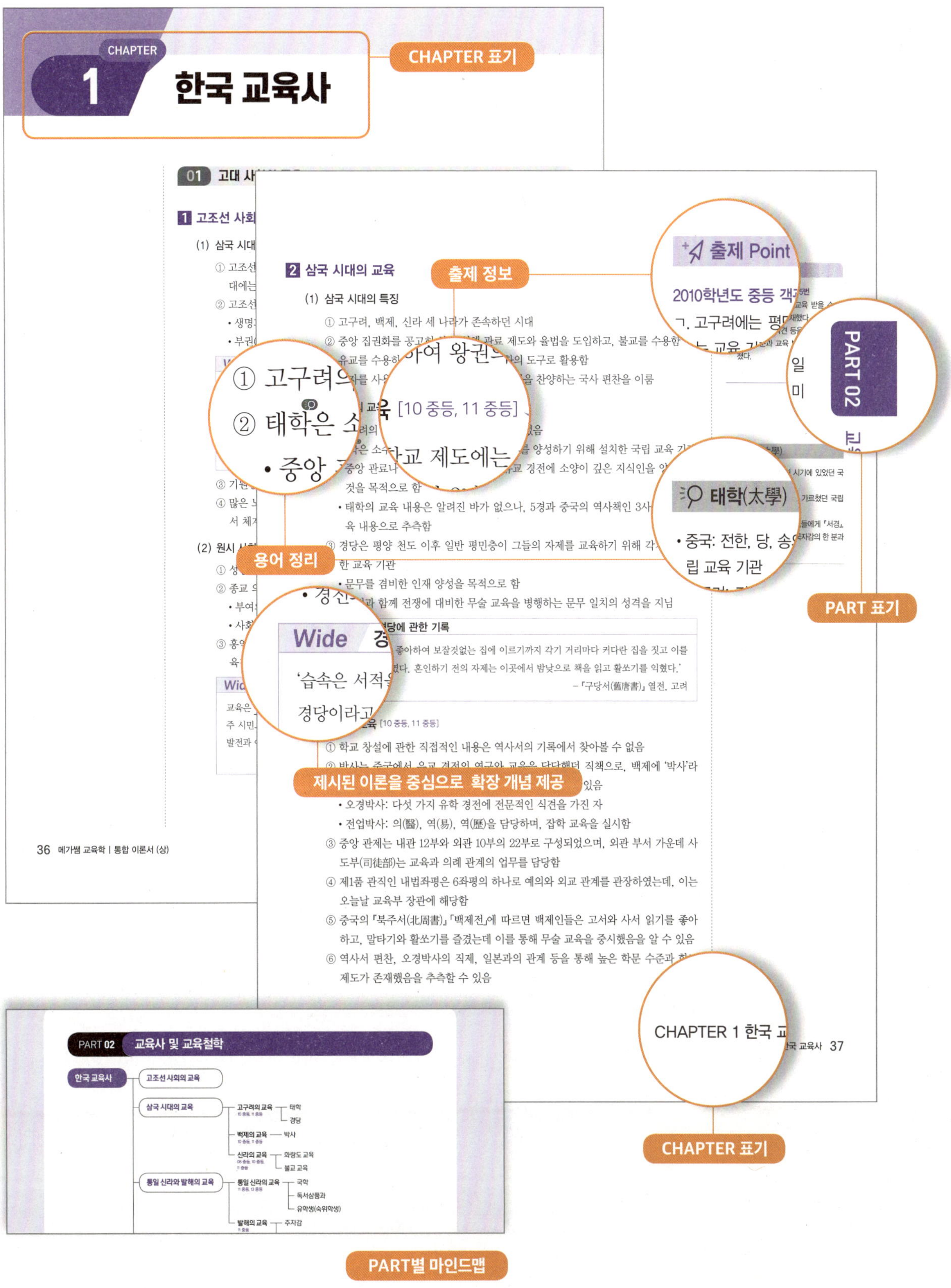

CHAPTER 1 한국 교육사

CHAPTER 표기

01 고대 사회의 교육

1 고조선 사회의 교육

2 삼국 시대의 교육

(1) 삼국 시대의 특징
① 고구려, 백제, 신라 세 나라가 존속하던 시대
② 중앙 집권화를 공고히 하기 위해 관료 제도와 율법을 도입하고, 불교를 수용함
③ 유교를 수용하여 왕권의 정당성을 찬양하는 국사 편찬을 이룸

출제 정보

+✓ 출제 Point
2010학년도 중등 객관식 5번

ㄱ. 고구려에는 평민 대상 교육 받음

① 고구려의 태학은 [10 중등, 11 중등]
② 태학은 소수림왕 때 인재를 양성하기 위해 설치한 국립 교육 기관
• 중앙 관료나 지도층 유교 경전에 소양이 깊은 지식인을 양성하는 것을 목적으로 함
③ 태학의 교육 내용은 알려진 바가 없으나, 5경과 중국의 역사책인 3사 등의 교육 내용으로 추측함
④ 경당은 평양 천도 이후 일반 평민층이 그들의 자제를 교육하기 위해 각 지방에 설립한 교육 기관
• 문무를 겸비한 인재 양성을 목적으로 함
• 학문과 함께 전쟁에 대비한 무술 교육을 병행하는 문무 일치의 성격을 지님

용어 정리

🔍 태학(太學)
고구려 소수림왕 시기에 있었던 국립 교육 기관
• 중국: 전한, 당, 송 시대의 국립 교육 기관

PART 표기

Wide 경당에 관한 기록
'습속은 서적을 좋아하여 보잘것없는 집에 이르기까지 각기 거리마다 커다란 집을 짓고 이를 경당이라고 하였다. 혼인하기 전의 자제는 이곳에서 밤낮으로 책을 읽고 활쏘기를 익혔다.'
— 『구당서(舊唐書)』열전, 고려

[10 중등, 11 중등]
① 학교 창설에 관한 직접적인 내용은 역사서의 기록에서 찾아볼 수 없음
② 박사는 중국에서 유교 경전이 역경을 담당하던 직책으로, 백제에 '박사'라

제시된 이론을 중심으로 확장 개념 제공

• 오경박사: 다섯 가지 유학 경전에 전문적인 식견을 가진 자
• 전업박사: 의(醫), 역(易), 역(曆)을 담당하며, 잡학 교육을 실시함
③ 중앙 관제는 내관 12부와 외관 10부의 22부로 구성되었으며, 외관 부서 가운데 사도부(司徒部)는 교육과 의례 관계의 업무를 담당함
④ 제1품 관직인 내법좌평은 6좌평의 하나로서 예의와 외교 관계를 관장하였는데, 이는 오늘날 교육부 장관에 해당함
⑤ 중국의『북주서(北周書)』『백제전』에 따르면 백제인들은 고서와 사서 읽기를 좋아하고, 말타기와 활쏘기를 즐겼는데 이를 통해 무술 교육을 중시했음을 알 수 있음
⑥ 역사서 편찬, 오경박사의 직제, 일본과의 관계 등을 통해 높은 학문 수준과 교육 제도가 존재했음을 추측할 수 있음

CHAPTER 1 한국 교육사

CHAPTER 표기

PART 02 교육사 및 교육철학

한국 교육사 ─ 고조선 사회의 교육
├ 삼국 시대의 교육 ─ 고구려의 교육 ─ 태학
│   └ 경당
│   ├ 백제의 교육 ─ 박사
│   └ 신라의 교육 ─ 화랑도 교육
│   └ 불교 교육
└ 통일 신라와 발해의 교육 ─ 통일 신라의 교육 ─ 국학
                                               ├ 독서삼품과
                                               └ 유학생(숙위학생)
                         └ 발해의 교육 ─ 주자감

PART별 마인드맵

메가쌤 교육학

통합 이론서 (상)

PART 01

교육의 기초

CHAPTER 1 | 교육의 개념
CHAPTER 2 | 교육의 목적과 기능
CHAPTER 3 | 교육의 유형

PART 01 교육의 기초

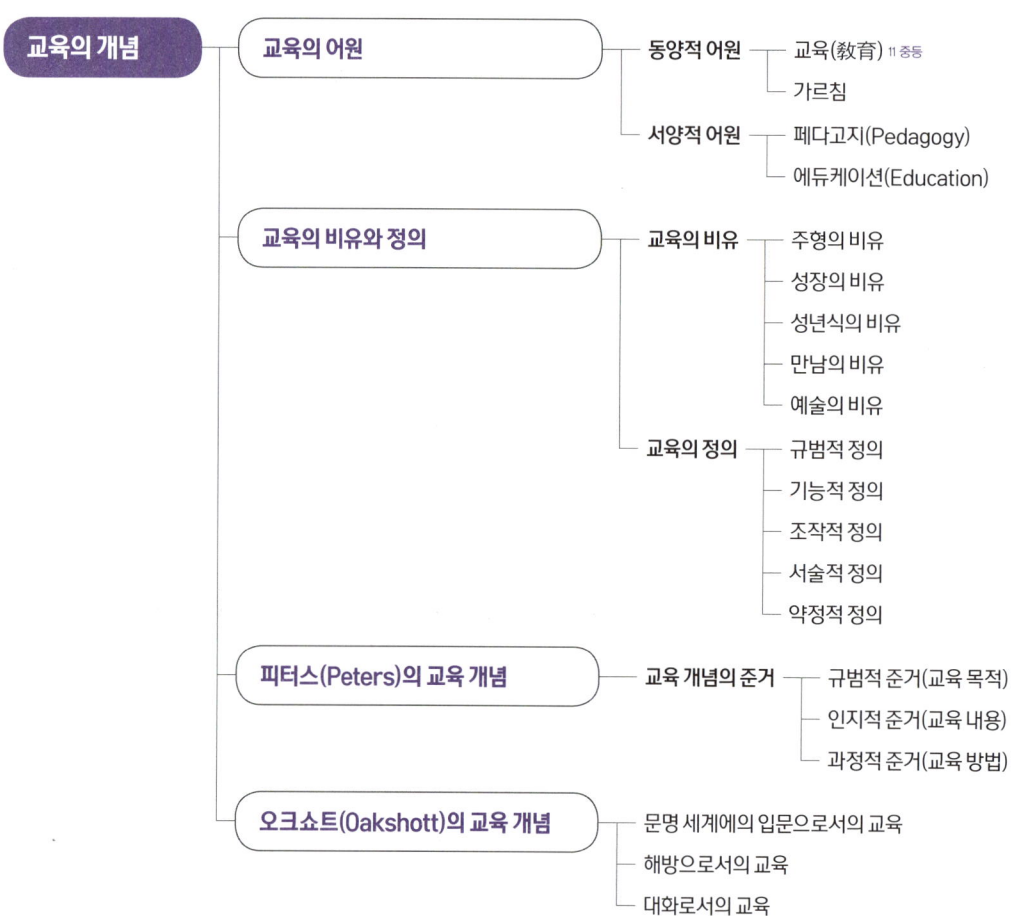

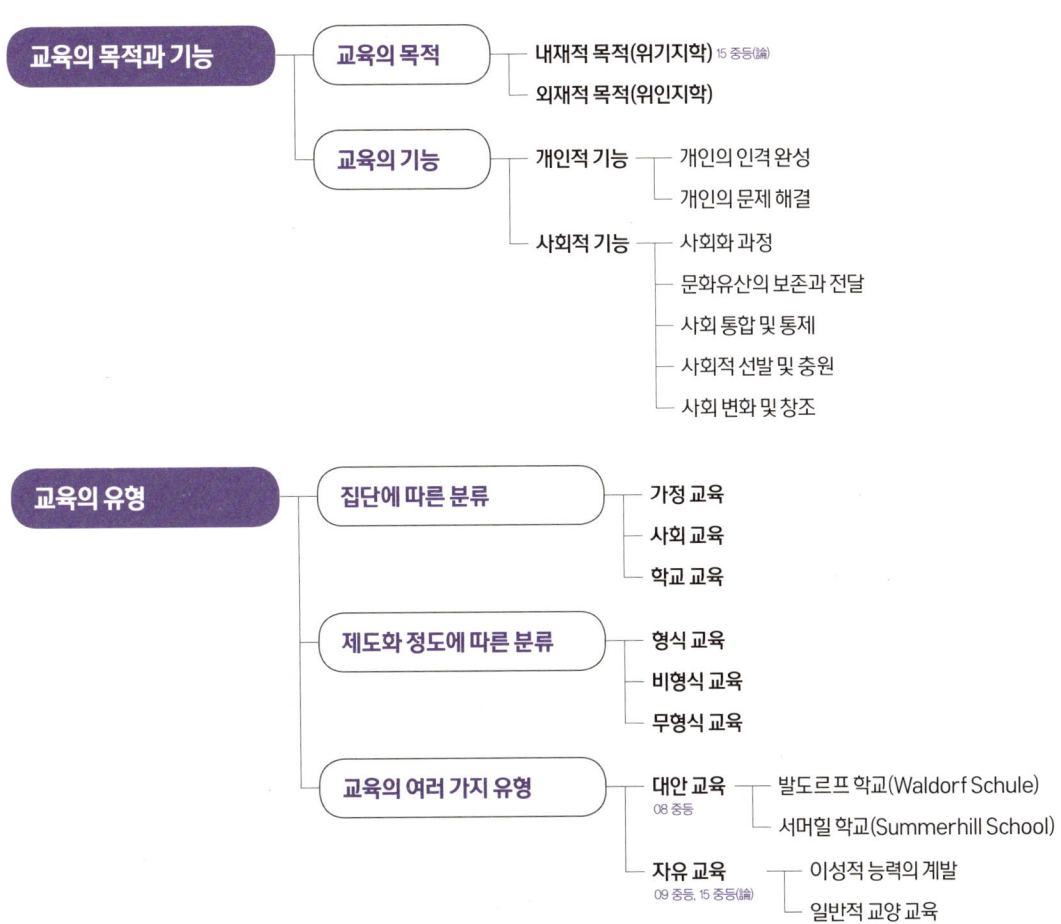

CHAPTER 1 교육의 개념

01 교육의 어원

1 동양적 어원

(1) 교육(教育) [11 중등]

① 군자의 세 가지 즐거움 중 하나로 『맹자』에 처음 등장함
② 가르칠 교(教) + 기를 육(育)
- 교(教): 윗사람(교사, 부모, 어른)은 교육의 주체로서 주도적 역할을 하며, 아랫사람(학생, 자녀, 아동)은 윗사람의 가르침을 수용하는 역할을 함
- 육(育): 인간의 타고난 본성과 소질을 기르는 일

> **Wide** 『맹자』의 진심장(盡心章) 중
>
> '부모님이 살아계시고 형제들이 아무 탈 없이 사는 것이 첫 번째 즐거움이요, 자신이 하늘을 우러러 부끄러움이 없고 다른 사람들에 대하여 욕됨이 없는 것이 두 번째 즐거움이며, 천하의 영재를 얻어 교육하는 것이 세 번째 즐거움이다.'

(2) 가르침

① 가르다(나누다, 분별하다) + 치다(유용하고 쓸모있게 만들다)
② 아이들을 분별이 없는 상태에서 분별이 있는 상태로 만드는 것

2 서양적 어원

(1) 페다고지(Pedagogy)

① 아동(Paidos) + 이끌다(Agogos)
- 그리스어 파이다고고스(Paidagogos)에서 유래함
- 파이다고고스(Paidagogos): 귀족의 자녀가 성인이 될 때까지 기본적인 교육을 담당하는 노예를 뜻함
② 미성숙한 아동을 성숙한 상태로 이끄는 것

(2) 에듀케이션(Education)
① 라틴어 에듀카레(Educare)에서 유래함
- 양육하다(Bring Up)의 의미로, 미성숙한 상태에 있는 아동을 성숙한 상태로 끌어올리는 것을 의미함
- 교사와 부모가 교육에서 주도적인 역할을 함

② 라틴어 에듀세레(Educere)에서 유래함
- 이끌어내다(Lead Out)의 의미로, 아동의 내면에 있는 잠재 능력과 적성을 밖으로 발현하도록 하는 것을 의미함
- 교사와 부모, 학생과 아동이 수평적 관계에 있음

CHAPTER 1 교육의 개념

02 교육의 비유와 정의

1 교육의 비유

(1) 주형의 비유

① 교육을 장인이 쇳물이나 진흙을 일정한 틀에 부어 모양을 만들어 내는 일로 이해함
  - 교사: 장인에 비유하며, 교육에서 주도적 역할을 하는 존재
  - 학생: 진흙이나 쇳물에 비유하며, 무엇인가로 만들어지는 존재
② 교육의 주체는 교사로, 학생은 교사가 변화시켜야 할 대상임
③ 로크의 백지설(Tabula Rasa): 아동의 마음은 백지와 같아서 교사가 어떤 경험을 제공하는지에 따라 달라짐

(2) 성장의 비유

① 식물의 성장이 식물 고유의 특성과 자연법칙에 따라 이루어지듯이, 교육은 아동이 자신에게 있는 잠재 가능성을 자연스럽게 실현해 나가는 과정임
② 아동은 식물, 교사는 식물에 물을 주는 정원사에 비유함
③ 교사는 아동이 잘 자랄 수 있는 환경을 조성하는 역할을 함
④ 루소의 자연주의 교육관(According to Nature): 교육은 사회의 나쁜 영향으로부터 아동을 보호하고 아동의 발달 단계에 따라 자연적 성장을 격려하는 것

구분		주형의 비유	성장의 비유
비유의 대상	교육	장인이 쇳물이나 진흙을 일정한 틀에 부어 모양을 만들어 내는 것처럼, 교육은 교사가 학생을 바람직한 모습으로 만들어 내는 것	식물이 고유의 특성과 자연법칙에 따라 성장하는 것처럼, 교육은 아동이 자신의 잠재 가능성을 자연스럽게 실현해 나가는 것
	교사	장인(제작자)	정원사
	학생	진흙이나 쇳물(재료)	식물
교육의 주체		교사	아동

(3) 대안적 비유

① 성년식의 비유
  - '교육은 학생을 문명화된 삶의 형식, 즉 인류 문화유산에 입문시키는 일' (피터스)
  - 교육 내용과 교육 방법이 서로 분리되지 않고 일치되어야 함
② 만남의 비유
  - '만남은 교육에 선행한다.' (볼보브)
  - 교육은 점진적이고 지속적인 과정을 통해서만 이루어지는 것이 아님
  - 교사와 학생, 학생과 학생의 만남 등 '만남'을 통해 단속적이고 비약적인 성장이 이루어질 수 있음
  - 인본주의, 실존주의 교육

③ 예술의 비유
- 교사는 예술가, 학생은 예술가의 재료로 비유함
- 예술가가 재료의 성질을 고려하여 작품을 만들어 내듯이 교육은 학생이 가진 성질을 고려하여 성장시킴

2 교육의 정의

(1) 규범적 정의
① 교육을 교육의 궁극적 목적과 결부시켜 규정함
② 교육을 가치 지향적 활동으로 보고, 교육의 가치 실현을 위한 교육 자체의 발전을 중시함
③ 인격 완성, 자아실현 등 내재적 가치 실현을 교육의 중요한 목표로 봄
④ '교육은 가치 있는 것을 도덕적으로 온당한 방식으로 의도적으로 전달하는 행위' (피터스)

(2) 기능적 정의
① 교육을 무엇을 위한 수단으로 규정함
② 교육의 도구적 가치를 중시함
③ 국가 발전, 경제 발전, 사회 문화의 계승, 개인의 출세 등 다양한 목표에 따른 기능적 정의가 가능함

(3) 조작적 정의
① 교육을 개념적·기술적으로 정의하는 것으로, 반복적 조작에 의해 객관화된 지식의 형태로 정의함
② 교육 정의의 추상성을 제거하고 교육 활동을 명확히 규정하고자 함
③ '교육은 인간 행동의 계획적 변화' (정범모)

(4) 서술적 정의
① 교육의 결과를 이미 알고 있는 다른 말로 설명함으로써 개념에 대해 정의함
② 교육의 가치를 배제하고 관찰한 교육 현상을 객관적인 시각에서 있는 그대로 서술함

(5) 약정적 정의
① 언어는 상황과 맥락에 따라 다른 의미를 지닐 수 있으므로 용어 간에 범위를 약속하려는 정의 방식
② 약속을 통해 교육의 개념에 대해 합의하여 정한 정의

CHAPTER 1 교육의 개념

03 피터스(Peters)와 오크쇼트(Oakshott)의 교육 개념

1 피터스(Peters)의 교육 개념

(1) 교육에 대한 정의

① 교육의 개념 안에 붙박여 있는 가치를 도덕적으로 온당한 방법으로 의도적이게 전달하는 행위
② 교육을 인간다운 삶의 형식 안으로 미성숙한 아동을 입문시키는 성년식에 비유함
③ 교육을 합리적 마음의 획득 혹은 계발로 규정함

(2) 교육 개념의 준거

① 규범적 준거(교육 목적)
  • '교육은 교육에 헌신하려는 사람에게 가치 있는 것의 전달을 함의한다.'
  • 교육은 내재적 가치를 추구하는 활동이어야 함
  • 교육의 내재적 목적을 강조함
② 인지적 준거(교육 내용)
  • '교육은 지식과 이해, 그리고 모종의 인지적 안목을 포함해야 한다.'
  • 규범적 준거의 내용을 구체화한 것으로, 교육은 지식, 이해, 인지적 안목을 포함해야 함
  • 제한된 기술이나 사고방식을 길러주는 '훈련'은 교육이 될 수 없음
③ 과정적 준거(교육 방법)
  • '교육은 학습자의 최소한의 의식과 자발성을 전제하고 있다는 점에서 그러한 것이 결여된 몇 가지 전달 과정은 교육에서 제외된다.'
  • 규범적 준거의 실현 방법을 제시한 것으로, 교육은 학습자의 최소한의 의식과 자발성을 전제하여 이루어져야 하고, 아동의 흥미와 이익을 고려해야 함
  • '세뇌'나 '조건화'는 도덕적으로 온당한 방법이 아니기 때문에 교육이 될 수 없음

> **인지적 안목**
> 사물 전체를 조망할 수 있는 포괄적이고 통합적인 안목

2 오크쇼트(Oakshott)의 교육 개념

(1) 문명 세계에의 입문으로서의 교육

① 교육은 앞세대가 뒷세대를 인류가 성취해 온 문명 세계에 입문시키는 과정에 해당함
② 교육은 새로운 세대들을 인류가 성취한 문명에 입문시키는 활동으로 볼 수 있음

> **Wide 오크쇼트(Oakshott)**
> '가장 일반적인 의미에서의 교육은 인간 세대들 사이에 진행되는 특수한 교류로서 인식되며, 그 안에서 새로 태어나는 어린이들이 그들이 살아가야 하는 세계에 입문되는 것이다.'

(2) 해방으로서의 교육

① 우연적인 소망을 만족시키려는 산만한 활동으로부터의 해방을 의미함

② 일상적인 생활로부터 떨어져 참되고 진지한 것을 추구하는 활동을 의미함

③ 교육은 수단성과 외재적 목적을 갖지 않음

(3) 대화로서의 교육

① 교사와 학생의 상호 작용, 세대 간의 상호 작용을 통해 교육이 이루어짐

② 대화 참여자는 동등한 관계이며, 대화 자체가 교육의 목적임

③ 교육을 통하여 언어와 사고방식을 배우게 되고 대화에 참여할 수 있음

CHAPTER 2 교육의 목적과 기능

01 교육의 목적

1 내재적 목적 [15 중등(論)]

(1) 교육은 교육의 개념 혹은 교육의 활동 그 자체에 담겨 있는 목적을 추구하는 것

(2) 합리성의 발달, 자율성 신장 등 교육의 본질적 가치를 지향함

(3) '교육의 세 가지 준거(규범적, 인지적, 과정적)를 잘 실현하는 것 외에 별도의 교육 목적은 존재하지 않는다.' (피터스)

(4) 위기지학(爲己之學)
  ① 자기를 위한 학문
  ② 자기의 인격을 수양하려는 학문

2 외재적 목적

(1) 교육은 교육 그 자체가 목적이 아닌 다른 활동의 목적을 위한 수단으로 사용되는 것

(2) 교육은 국가 발전, 경제 성장, 사회 통합, 생계유지, 직업 준비 등 다른 목적을 위한 수단임

(3) '교육은 사회의 현실과 개인의 필요를 잘 반영해야 한다.'

(4) 위인지학(爲人之學)
  ① 남을 위한 학문
  ② 출세의 수단으로 추구하는 학문

> **Wide** 토마스 그린(Thomas Green)
> '교육은 하나의 도구와 같다. 인간이 택하는 어떤 목적으로도 사용할 수 있다. 교육은 야만인을 기르거나 문명인을 기르거나 인간이 영웅적 가능성을 보이게 하거나 비겁자로 만드는 데에 이용될 수 있다.'

02 교육의 기능

1 개인적 기능

(1) 개인의 인격 완성

① 교육을 통하여 개인은 자신의 타고난 소질과 적성을 계발함
② 개인의 신체적·정신적·도덕적·지적·사회적 인격을 통합적으로 발달시킴

(2) 개인의 문제 해결

① 개인의 문제 해결 능력을 향상하는 역할을 수행함
② 개인이 행복한 삶을 살아가는 데 필요한 지식, 기술, 가치를 함양시킴

2 사회적 기능

(1) 사회화 과정

① 교육을 통해 자신이 속한 사회의 사고방식과 행동 양식을 배움
② 교육은 건전한 시민 양성을 위한 활동으로, 개인을 사회의 구성원으로서 성장하고 발달하도록 함

(2) 문화유산의 보존과 전달

① 사회의 바람직한 가치, 규범, 신념, 태도 등을 보존하고 다음 세대에 전달함
② 문화유산의 영속화를 통해 사회를 유지하고 안정화하는 기능을 수행함

(3) 사회 통합 및 통제

다양한 구성원을 지적·정서적으로 일체화하여 사회를 통합함

(4) 사회적 선발 및 충원

교육의 평가 기능을 통해 적재적소에 인재를 선발·분류·배치함

(5) 사회 변화 및 창조

① 보다 높은 문화 가치를 실현하여 사회를 바람직한 방향으로 변화시키고 개혁하고자 함
② 사회 문제의 해결과 대책 마련을 통해 사회를 개혁하는 기능을 수행함

CHAPTER 3 교육의 유형

01 집단에 따른 분류

1 가정 교육

(1) 개념

① 가족 단위로 이루어지는 교육 형태를 의미함
② 가정에서 의도치 않게 이루어지는 교육을 말함

(2) 특징

① 실제 생활에 필요한 내용을 학습함
② 학교 교육의 기초가 가정 교육에서 이루어짐

2 사회 교육

(1) 개념

① 넓은 의미로 학교 교육을 제외한 모든 교육(평생 교육)을 의미함
② 좁은 의미로 학교를 졸업한 사람들을 대상으로 하는 성인 교육을 의미함
③ '학교 교육을 제외하고 국민의 평생 교육을 위한 모든 형태의 조직적인 활동' (사회 교육법)

(2) 특징

① 학습자의 자발적 참여로 이루어짐
② 사회의 현실적인 문제 해결을 위해 실생활의 문제와 직접적으로 관련이 깊은 교육을 중시함
③ 학습 내용과 학습 방법이 다양함

3 학교 교육

(1) 개념

① 학교에서 일정 기간 동안 이루어지는 의도적 · 계획적 교육을 의미함
② 오늘날 대표적인 형태의 교육을 말함

(2) 특징

① 문화유산의 전승을 통해 사회의 유지와 존속에 기여하며, 사회 구성원으로 성장할 수 있도록 함
② 선발 및 사회적 지위 결정의 기능을 수행함
③ 개인의 성장과 발달을 통한 자아실현의 기능을 수행함

02 제도화 정도에 따른 분류

1 형식 교육과 비형식 교육

(1) 형식 교육

① 국가가 인정하는 자격 체계 내에서 학생, 교사, 교육과정 등의 형태를 가지고 이루어지는 교육
② 제도화된 형식을 가지고 이루어지는 교육
③ 학교 교육

(2) 비형식 교육

① 교사, 교육과정 등을 갖추고 있으나, 국가의 공식적인 통제 밖에서 이루어지는 교육
② 형식 교육과 무형식 교육의 중간 단계에 해당함
③ 형식 교육에서 다루지 않는 내용을 통해 형식 교육을 보완함
④ 학교 이외의 기관에서 실시하는 교육

구분	형식 교육	비형식 교육
목적	일반적 목적	특정한 목적
장소	학교	학교 이외의 장소
교육 기관	체계적 제도와 조직을 갖춤	특정한 형식이나 제도 밖에서 진행
교육 내용	표준화된 내용	다양한 내용

2 무형식 교육

(1) 국가 제도나 자격 체계와 상관없이 개방적으로 이루어지는 교육

(2) 주로 개인적 동기에 의해 이루어지며 즉시적 유용성을 가짐

CHAPTER 3 교육의 유형

03 교육의 여러 가지 유형

1 대안 교육

(1) 개념
① 전통적 학교 교육으로부터 벗어나 학생의 주도권을 강조하는 새로운 형식의 교육
② 입시 교육에서 벗어나 다양한 목표와 가치의 교육을 받을 수 있도록 가르치는 학교
③ '학업을 중단하거나 개인적 특성에 맞는 교육을 받으려는 학생을 대상으로 현장 실습 등 체험 위주의 교육, 인성 위주의 교육 또는 개인의 소질, 적성 개발 위주의 교육 등 다양한 교육을 하는 학교로서 각종 학교에 해당하는 학교' (초·중등교육법)

(2) 이념
생명 존중과 사회적 협동, 공동체 가치 추구, 노작 교육

> **노작 교육**
> 학생들의 자발적이고 능동적인 정신과 신체의 작업을 중심 원리로 하여 행하는 교육

(3) 특징
① 주체적 존재인 학생을 교육의 주체로 인정하고 이를 확대하고자 함
② 자연 친화적인 삶과 공동체의 가치를 추구함
③ 지역 사회와의 협력과 의사소통을 통한 갈등 해결 등 대안적 삶을 강조함

(4) 대안학교 [08 중등]
① 슈타이너(Steiner)의 발도르프 학교(Waldorf Schule)
  • 학생은 사회 계층, 신분과 관계없이 공통적인 교육을 받음
  • 모든 학생은 유급과 낙제 없이 교육을 받으며, 졸업 때까지 동일한 교사가 담임을 맡음
  • 일정 기간 동안 국어, 역사, 수학 등의 주요 교과를 집중적으로 지도하는 에포크(Epoch) 수업 방식을 활용함
  • 모든 표현 도구 중 가장 유연한 도구인 인간의 신체를 이용하는 오리리트미(Eurythmie) 활동을 강조함
② 니일(Neill)의 서머힐 학교(Summerhill School)
  • 비형식적이고 자유주의적인 기숙사제 사립 학교
  • 학생은 자발적으로 사회 규범을 학습하고, 자신의 진로를 결정함
  • 아동에게 스스로 결정하도록 함으로써 아동의 자발적 활동을 존중함

2 자유 교육 [09 중등, 15 중등(論)]

(1) 고대 그리스의 자유 교육
① 무지와 편견, 판단의 오류로부터 인간을 자유롭게 하고자 함
② 마음이 합리적으로 발달하여 지적으로 자유로워야 행복한 삶을 살 수 있음
③ 실용적 지식이 아닌 이론적 지식, 그 자체로서 가치를 지니고 있는 지식을 중시함 (7자유과)

(2) 개념
① 인간의 이성적 능력을 계발하여 마음이 자유로운 상태에서 자유롭게 활동할 수 있도록 하는 교육
② 직업 교육 또는 전문 교육에 대비되는 일반적 교양을 위한 교육
③ 학습자의 자질과 개성을 중시하며 자발적 활동에 중심을 두는 교육

(3) 특징
① 인간의 이성적 능력 계발을 교육의 목적으로 봄
② 이성적 능력은 객관적이고 보편적인 지식을 통해 계발할 수 있음
③ 교육의 내용은 폭이 넓고 깊이가 있는 객관적이고 보편타당한 지식이어야 함

메가쌤
교육학 통합 이론서 (상)

PART 02

교육사 및 교육철학

CHAPTER 1 | 한국 교육사
CHAPTER 2 | 서양 교육사
CHAPTER 3 | 교육철학

PART 02 교육사 및 교육철학

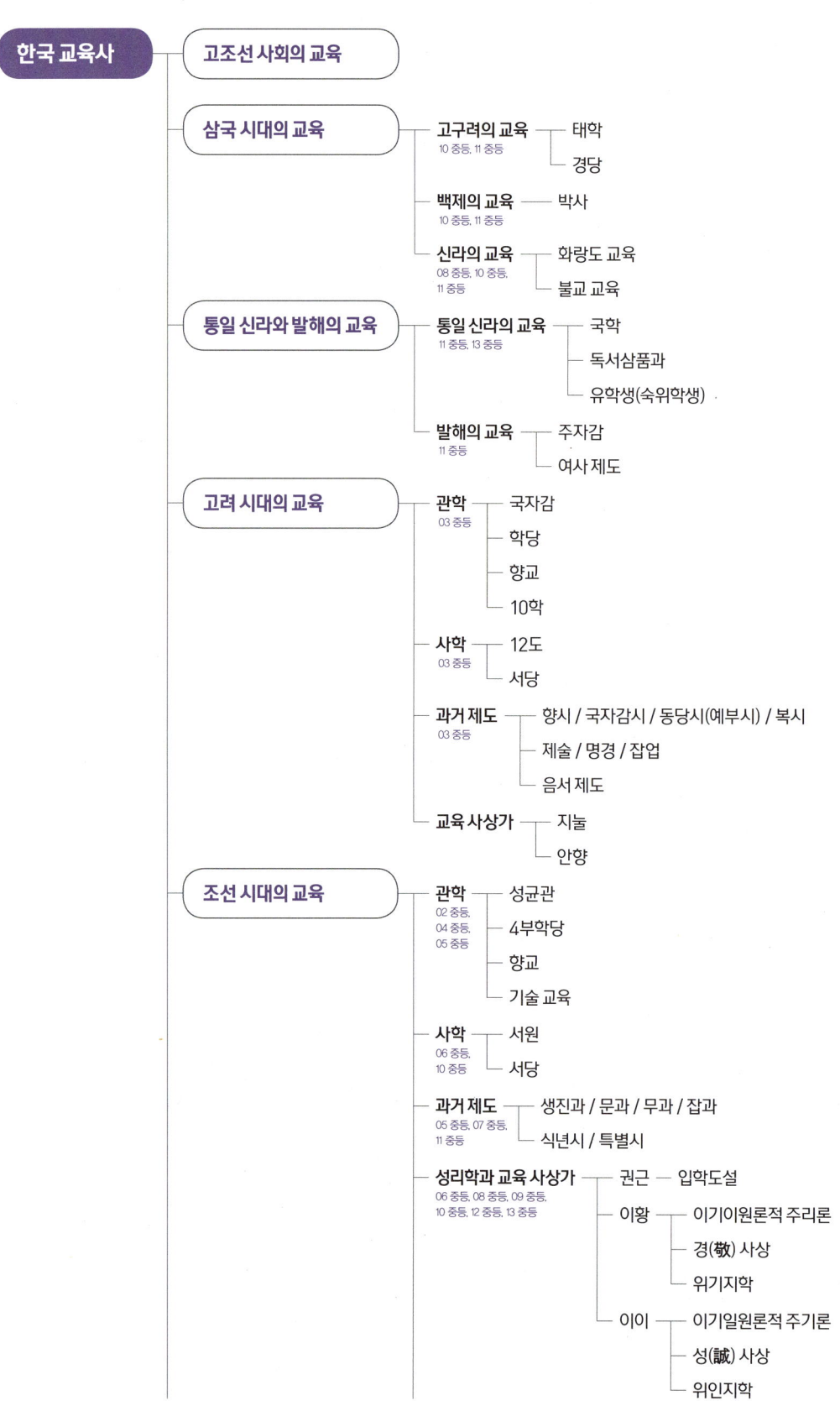

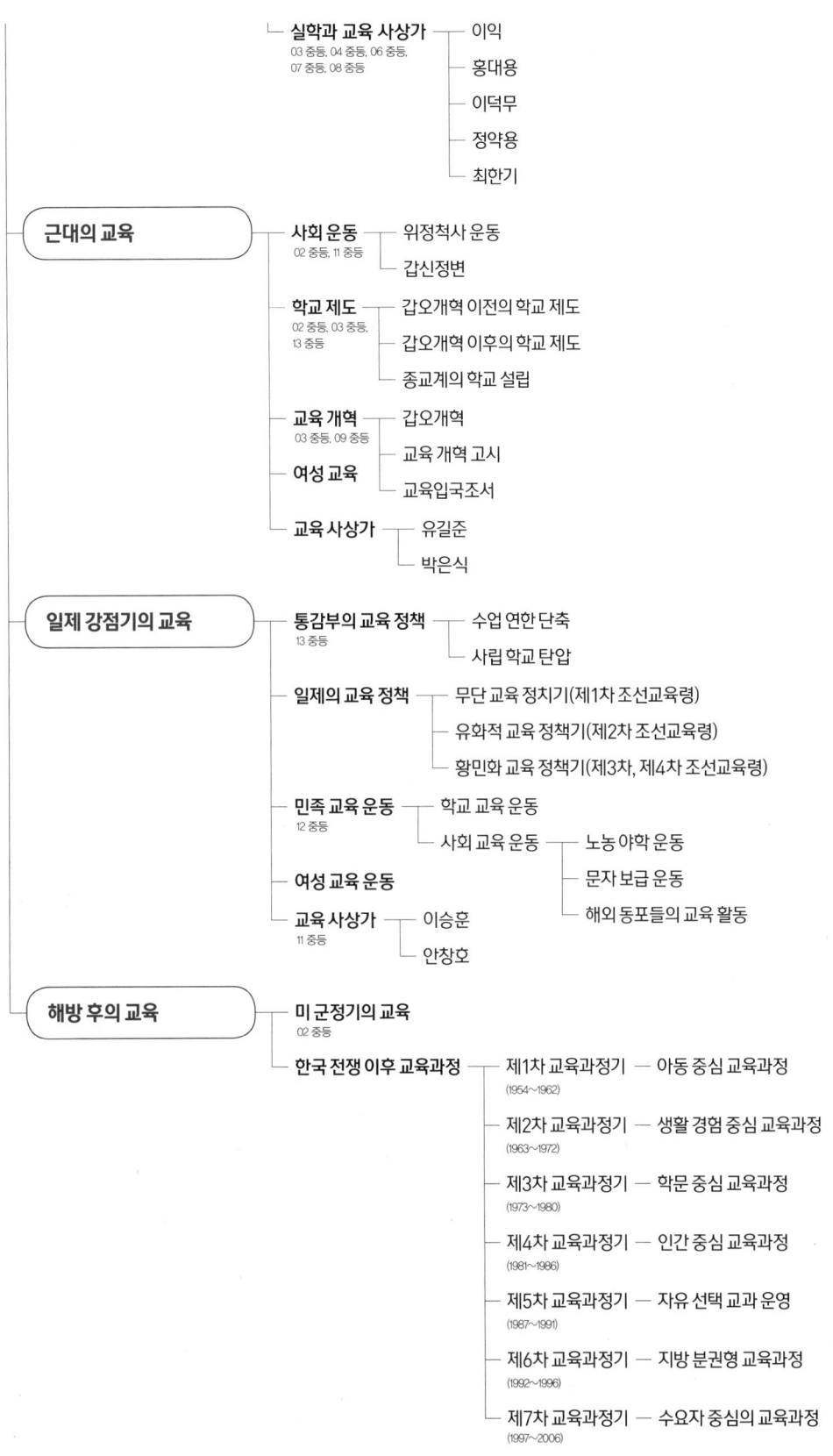

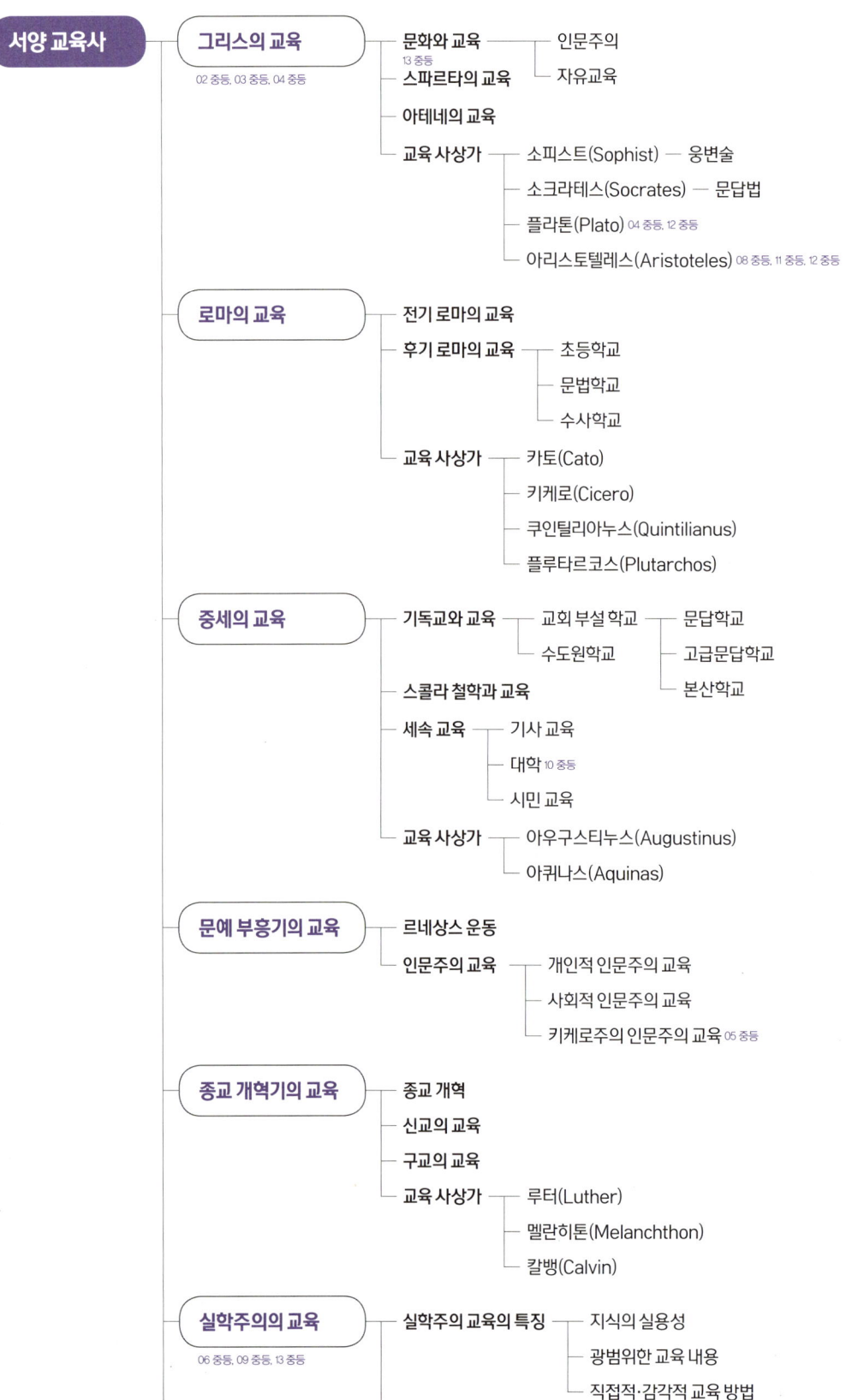

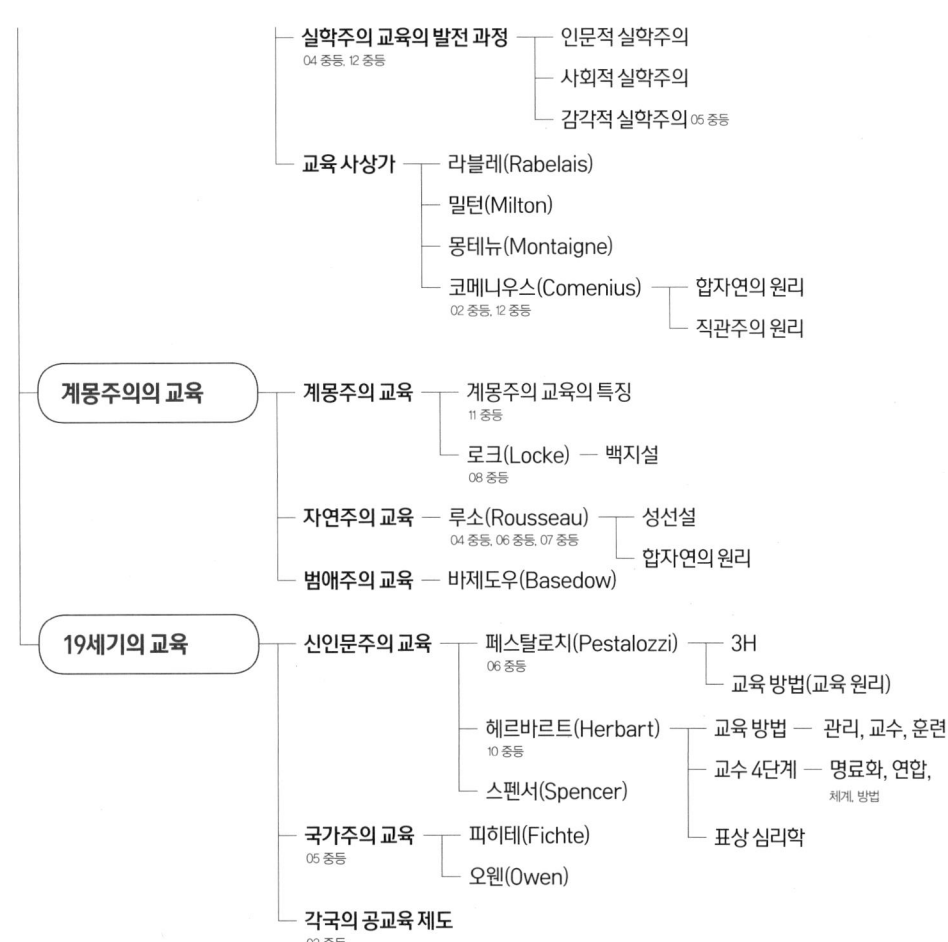

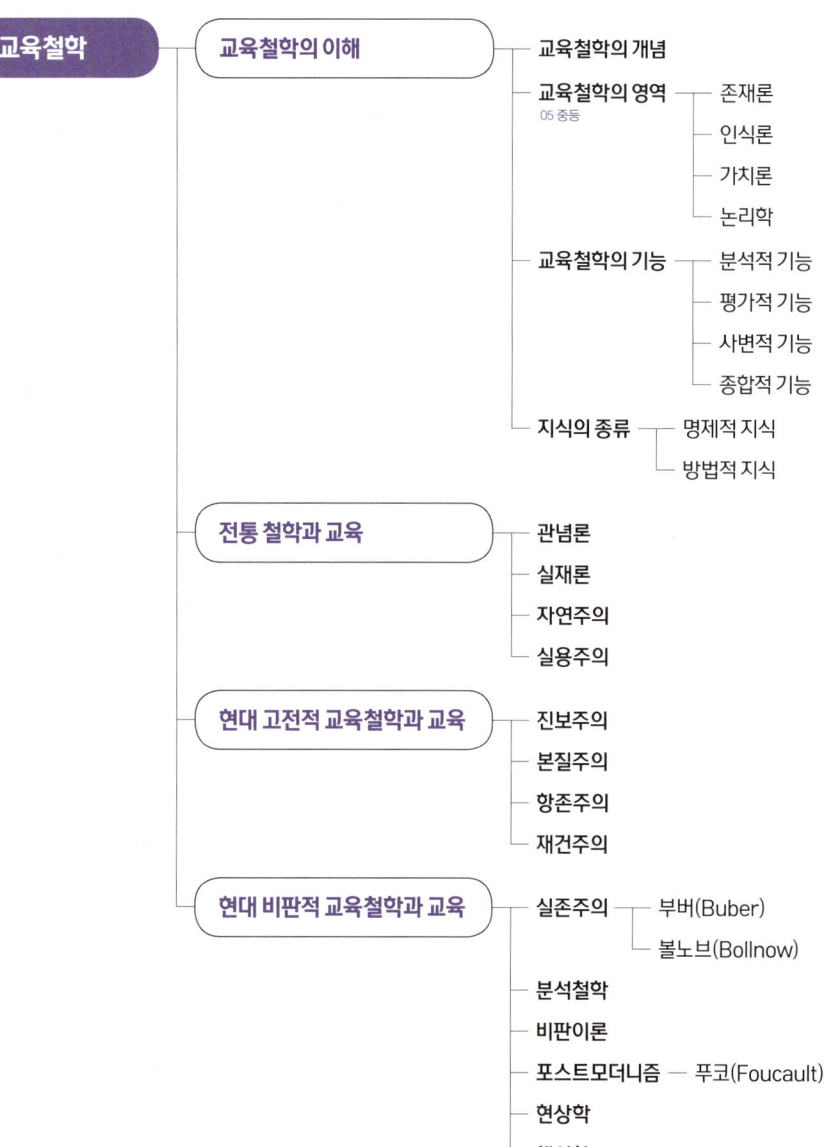

CHAPTER 1 한국 교육사

01 고대 사회의 교육

1 고조선 사회의 교육

(1) 삼국 시대 이전의 특징

① 고조선은 우리나라 최초의 고대 국가로서, 청동기 시대에 부족을 통합하여 철기 시대에는 강력한 국가로 성장함
② 고조선의 8조금법(八條禁法)을 통해 당시 사회의 사상을 확인할 수 있음
- 생명과 사유 재산을 존중함
- 부권(父權) 중심 사회를 이룸

> **Wide** 8조금법
>
> 첫째, 사람을 죽인 자는 바로 죽인다(相殺以當時償殺).
> 둘째, 남에게 상해를 가한 자는 곡물로 배상한다(相傷以穀償).
> 셋째, 남의 물건을 훔친 자는 노비로 삼는다. 남자의 경우 그 집의 노(奴)로, 여자의 경우 비(婢)로 되나, 스스로 속(贖)하려 하는 자는 오십만 전을 내야 한다(相盜者男沒入爲其家奴 女子爲婢 欲自贖者 入五十萬).

③ 기원전 4세기경 북부에는 부여·옥저·동예가 성립되고, 남부에는 진국이 성립됨
④ 많은 노동력을 필요로 하는 농업으로 인해 대가족주의가 발달하였고, 가부장적 질서 체계가 확립됨

(2) 원시 사회의 교육

① 성인식은 한 사회의 어른으로 인정받는 의식으로, 인류 최초의 의도적 교육임
② 종교 의식을 통한 교육이 이루어짐
- 부여의 영고, 고구려의 동맹, 동예의 무천 등
- 사회 교화적 성격을 지니고, 공동체적 부족 사회에 대한 연대 의식을 강화함
③ 홍익인간(弘益人間): '널리 인간을 이롭게 한다.'는 뜻으로 인간 존중 휴머니즘 교육철학의 원형이며, 우리나라 교육법의 근본정신이기도 함

> **Wide** 홍익인간
>
> 교육은 **홍익인간의 이념 아래** 모든 국민으로 하여금 인격을 도야하고 자주적 생활 능력과 민주 시민으로서의 필요한 자질을 갖게 함으로써 인간다운 삶을 영위하게 하고 민주 국가의 발전과 이상을 실현하는 데에 이바지함을 목적으로 한다.
> – 교육기본법 제2조(교육 이념)

2 삼국 시대의 교육

(1) 삼국 시대의 특징
① 고구려, 백제, 신라 세 나라가 존속하던 시대
② 중앙 집권화를 공고히 하기 위해 관료 제도와 율법을 도입하고, 불교를 수용함
③ 유교를 수용하여 충효 사상과 국민 교화의 도구로 활용함
④ 한자를 사용하여 왕권의 권위와 국가 발전을 찬양하는 국사 편찬을 이룸

(2) 고구려의 교육 [10 중등, 11 중등]
① 고구려의 학교 제도에는 태학과 경당이 있었음
② 태학은 소수림왕 2년(372)에 국가적 인재를 양성하기 위해 설치한 국립 교육 기관
- 중앙 관료나 귀족 자제를 대상으로 유교 경전에 소양이 깊은 지식인을 양성하는 것을 목적으로 함
- 태학의 교육 내용은 알려진 바가 없으나, 5경과 중국의 역사책인 3사를 주요 교육 내용으로 추측함

③ 경당은 평양 천도 이후 일반 평민층이 그들의 자제를 교육하기 위해 각처에 설립한 교육 기관
- 문무를 겸비한 인재 양성을 목적으로 함
- 경전과 함께 전쟁에 대비한 무술 교육을 병행하는 문무 일치의 성격을 지님

> **Wide 경당에 관한 기록**
> '습속은 서적을 좋아하여 보잘것없는 집에 이르기까지 각기 거리마다 커다란 집을 짓고 이를 경당이라고 하였다. 혼인하기 전의 자제는 이곳에서 밤낮으로 책을 읽고 활쏘기를 익혔다.'
> – 『구당서(舊唐書)』 열전, 고려

(3) 백제의 교육 [10 중등, 11 중등]
① 학교 창설에 관한 직접적인 내용은 역사서의 기록에서 찾아볼 수 없음
② 박사는 중국에서 유교 경전의 연구와 교육을 담당했던 직책으로, 백제에 '박사'라는 호칭이 있었던 것으로 보아 학교가 있었을 개연성이 있음
- 오경박사: 다섯 가지 유학 경전에 전문적인 식견을 가진 자
- 전업박사: 의(醫), 역(易), 역(歷)을 담당하며, 잡학 교육을 실시함

③ 중앙 관제는 내관 12부와 외관 10부의 22부로 구성되었으며, 외관 부서 가운데 사도부(司徒部)는 교육과 의례 관계의 업무를 담당함
④ 제1품 관직인 내법좌평은 6좌평의 하나로 예의와 외교 관계를 관장하였는데, 이는 오늘날 교육부 장관에 해당함
⑤ 중국의 『북주서(北周書)』「백제전」에 따르면 백제인들은 고서와 사서 읽기를 좋아하고, 말타기와 활쏘기를 즐겼는데 이를 통해 무술 교육을 중시했음을 알 수 있음
⑥ 역사서 편찬, 오경박사의 직제, 일본과의 관계 등을 통해 높은 학문 수준과 학교 제도가 존재했음을 추측할 수 있음

출제 Point

2010학년도 중등 객관식 5번
ㄱ. 고구려에는 평민도 교육 받을 수 있는 교육 기관이 존재했다.
ㄴ. 백제는 박사 파견 등을 통해 고대 일본의 학문과 교육 발전에 영향을 미쳤다.

태학(太學)
- 중국: 전한, 당, 송의 시기에 있었던 국립 교육 기관
- 고구려: 귀족의 자제를 가르쳤던 국립 교육 기관
- 고려: 5품 이상의 자제들에게 『서경』, 『논어』 등을 가르치던 국자감의 한 분과

CHAPTER 1 한국 교육사

출제 Point

2010학년도 중등 객관식 5번
ㄷ. 신라의 화랑도 교육에는 고유의 사상 및 종교의 요소가 있었다.

2013학년도 중등 객관식 5번
- 박사 또는 조교 1인이 『예기』, 『주역』, 『논어』, 『효경』을 교수하였다.
- 학생은 대사(大舍) 이하부터 지위가 없는 자까지로서 나이가 15세부터 30세까지인 자들로 채웠다.

세속오계

- 사군이충(事君以忠): 충성으로써 임금을 섬기어야 한다.
- 사친이효(事親以孝): 효로써 부모를 섬기어야 한다.
- 교우이신(交友以信): 믿음으로써 벗을 사귀어야 한다.
- 임전무퇴(臨戰無退): 싸움에 나가서 물러남이 없어야 한다.
- 살생유택(殺生有擇): 살아 있는 것을 죽일 때에는 가림이 있어야 한다.

(4) **신라의 교육** [08 중등, 10 중등, 11 중등]

① 화랑도 교육은 청소년을 대상으로 한 민간 교육으로, 국가에서 필요로 하는 인재를 양성하고자 함
  - 삼국 간의 항쟁이 격화된 진흥왕 37년에 본격적인 정비가 이루어짐
  - 원광, 월명사 등 승려가 낭도의 도덕 교육을 담당함
  - 화랑은 15~18세의 진골 출신 귀족으로, 3년 정도 수련함
  - 교육 내용
    - 국가와 민족을 수호하기 위한 무술 교육
    - 도덕과 이성의 도야를 통한 정서 함양
    - 호연지기(浩然之氣) 교육
  - 우리나라 고유의 교육 이념(세속오계)을 강조함
  - 무형식적 교육에서 제도적 교육으로 넘어가는 교육의 과도기적 성격으로 볼 수 있음

② 불교 교육은 비형식적 교육으로, 백성의 내면에 큰 영향을 끼침
  - 호국 불교, 군국 불교의 성격으로, 지배층의 이데올로기로 작용함
  - '민중은 염불만 하면 극락에 갈 수 있다.'는 정토 신앙을 신봉하였는데, 현실 순응의 측면이 강해 전제 정권 유지에 도움이 됨
  - 신라 후기에는 참선을 통한 개인의 심성 도야를 강조하여 지방 호족들의 지원을 받음

3 통일 신라의 교육 [11 중등, 13 중등]

(1) **국학(國學)**

① 통일 신라 최고의 고등 교육 기관
② 대사(大舍) 이하의 관등 소지자나 관등이 없는 15~30세의 젊은이를 대상으로 함
③ 교수인 박사(博士)와 조교(助敎)가 『논어』와 『효경』을 가르침
④ 유교 이념의 교육과 관리 양성을 목적으로 함
⑤ 학업 기간은 9년이나, 중도 퇴학이나 기간 연장이 가능함
⑥ 소정의 과정 이수자는 5두품으로 신분이 상승하고, 중앙과 지방의 관리로 진출이 가능함

> **Wide 통일 신라의 국학**
>
> 국학(國學) 제도는 골품제에 의거한 인사 관행을 지양하고 새로운 시대가 요구하는 교양과 능력 중심의 인사 정책을 추진하겠다는 의도로 시작했으나, 결과적으로 진골 귀족의 독점을 타파하는 데 큰 실효를 거두지는 못하였다. 그러나 신라를 유학 중심의 문치주의 국가로 바꾸는 계기가 되었고, 고려 시대에 유교를 확립하고 과거 제도를 도입하는 계기가 되었다.

(2) 독서삼품과(讀書三品科)

① 통일 신라 시대의 인재 선발 방식으로, 과거에 준하는 시험
② 학문 능력에 따라 선발하며 『효경』을 중시하였으나, 국학의 교육 내용과는 차이가 있음
③ 독서의 성적에 따라 상·중·하의 삼품과 특품으로 나누어 채용함
④ 골품제를 완전히 극복하지는 못하였으나, 과거 제도의 선구적 제도로 의미가 있음

> **독서삼품과(讀書三品科)**
> - 상품(上品): 『춘추좌씨전』, 『예기』 또는 『문선』을 읽어서 능히 그 뜻에 능통하고 『논어』, 『효경』에 밝은 자
> - 중품(中品): 『곡례(曲禮)』, 『논어』, 『효경』을 읽은 자
> - 하품(下品): 『곡례』, 『효경』을 읽은 자
> - 특품(特品): 『오경(五經)』, 『삼사(三史)』, 『제자백가서(諸子百家書)』에 능통한 자가 있으면 우선 기용함

(3) 유학생의 파견

① 중국의 당 태종은 국자감을 두고 학문을 장려하였으며, 외국인의 유학도 환영함
② 당나라에 파견된 학생을 숙위학생이라 하였는데, 소외된 6두품 출신이 많음
③ 외국인을 위한 과거 제도인 빈공과(賓貢科)에 응시하여 능력을 인정받기도 함
④ 숙위학생들은 정치적으로 큰 역할은 하지 못했으나, 실력 위주로 등용하는 과거 제도의 필요성을 제기하여 고려 시대 과거 제도 창설의 배경이 된 것으로 볼 수 있음

> **Wide 숙위학생**
>
> 숙위학생이란 신라 시대에 중국 당나라의 국자감에서 수학한 유학생으로, 대표적인 인물로 최치원이 있다. 최치원은 6두품 출신으로 12세의 나이로 당에 유학하여 6년 만에 빈공과에 장원으로 급제하였다. 황소의 난이 일어나자 황제의 명을 받아 「토황소격문」을 지은 것으로 유명하다.

4 발해의 교육 [11 중등]

(1) 발해의 특징

① 고구려 멸망 후 698년에 옛 고구려 유민들이 중국 만주 일대에 세운 국가
② 문왕은 당나라와 친선 관계를 맺어 당나라의 선진 문물을 받아들이면서 내부 국가 체제 정비에 주력함
③ 당나라에서 유교 서적과 의례를 받아들여 유교를 통치 이념으로 삼음
④ 발해의 중앙 관제로는 3성이 있으며, 중앙 최고 교육 기관으로는 주자감이 있음

> **Wide 발해의 중앙 관제**
>
> 발해의 중앙 관제는 3성과 6부를 근간으로 편성되었다. 3성은 정당성, 선조성, 중대성을 말하며, 6부는 충(忠)부, 인(仁)부, 의(義)부, 예(禮)부, 지(智)부, 신(信)부를 말한다. 국정은 3성 중 정당성을 중심으로 운영되었으며, 충(忠), 인(仁), 의(義), 예(禮), 지(智), 신(信)의 통치 기구 명칭을 통해 유학적 통치 사상을 엿볼 수 있다.

CHAPTER 1 한국 교육사

(2) 발해의 교육 제도

① 문왕 때 학문 연구 기관인 주자감(胄子監)을 세웠고, 서적의 관리를 위한 문적원을 만듦
② 주자감은 구조와 운영 면에서 당의 국자감(國子監)과 유사하였지만, 발해의 실정에 맞게 변용하여 운영함
③ 당에 유학(留學)생을 파견하여 선진 문물을 받아들이고, 국가 운영을 책임지는 엘리트를 양성함
④ 당 유학생은 신분상 당의 국자감 중 국자학이나 태학을 수학했던 것으로 보임
⑤ 여사(女師)는 중국의 여자 스승을 일컫는 말로, 발해의 여사 제도는 지배층 여성을 위한 교육에 관심이 있었음을 보여줌
⑥ 국내 교육 진흥과 유학(留學)을 통한 인재 양성으로 9세기에 해동성국(海東盛國)으로 발전함

> **해동성국(海東盛國)**
> '바다 동쪽의 번영한 나라'라는 뜻으로, 발해의 번영에 대해 당나라가 불렀던 별칭

02 고려 시대의 교육

1 관학 [03 중등]

(1) 국자감

① 개경에 위치한 고려 최고의 교육 기관이자 대표적인 인재 양성 기관
② 국가가 필요로 하는 인재를 양성하기 위해 992년(고려 성종 11년)에 설립됨
③ 크게 유학 학부와 기술 학부로 나뉘었고, 각 과에 전문박사와 조교를 둠
④ 신분에 따라 입학 자격을 차별함
⑤ 학교 안에 문묘를 두어 유교 정신을 숭상하고 유교 이념을 고취시켜 국민을 교화함
⑥ 국자감의 학생들은 과거에 응시할 때 예비 시험을 면제받아 바로 감시(監試)에 응시할 수 있었고, 학업이 우수한 자는 감시나 과거의 일부도 면제받음
⑦ 재정을 정상화하고자 예종 때 장학 재단인 양현고를 설치함
⑧ 『논어』와 『효경』은 공통 필수 과목이었으며, 문답식 교수법을 사용함

> **Wide** 고려의 국자감
>
> 국자감은 중국 명칭을 사용하였으나, 실제로는 신라의 국학을 계승한 것으로 보인다. 1257년 충렬왕 때 원나라의 간섭에 따라 국학으로 이름이 바뀌었다가 1298년에 성균감, 그리고 1308년에 성균관으로 바뀌었다. 공민왕 때 다시 국자감으로 고쳤지만, 성균관으로 다시 바뀌게 되었다.

> **문묘**
> 공자의 위패를 모시고 제사 드리는 사당

(2) 학당(동서학당)

① 원종 2년(1261)에 설립된 동서학당을 계기로 학당(學堂) 교육이 시작됨
② 동서학당은 국자감이나 향교와 달리 문묘를 설치하지 않음
③ 공양왕 때 동·서·남·북·중앙의 5부학당으로 확대 개편함
④ 사학을 학당 교육에 흡수시켜 중앙의 교육 체제를 성균관과 학당으로 일원화함

(3) 향교(鄕校)

① 국립 지방 교육 기관으로, 처음 생겼을 때는 향학이라 불렀음
② 지방의 문묘와 그에 속한 학교로 구성되어 제사와 교육이 함께 이루어짐
③ 경학박사(經學博士)와 의학박사(醫學博士)를 파견함
④ 유학의 전파와 지방민을 교화하는 교육 기능과 봉사 활동을 담당함
⑤ 8품 이상인 자와 서인이 입학할 수 있었으며, 『논어』와 『효경』을 읽고 9경을 익힘

> **경학박사(經學博士)**
> 고려 시대에 지방 관민의 자제를 교육하기 위해 둔 교수직

(4) 기술 교육

① 국자감에서 율학, 서학, 산학을 교육하였으나, 이후 전문 관청으로 이관함
② 공양왕 때 행정적 체계 속의 10학으로 흡수되어 해당 관청에서 교육을 실시함
③ 10개 분야의 기술을 장려함
④ 하급 관리의 아들이나 일반 서인을 대상으로 함

> **10학**
> 율학(律學), 자학(字學), 산학(算學), 역학(譯學), 예학(禮學), 악학(樂學), 병학(兵學), 의학(醫學), 풍수음양학(風水陰陽學), 이학(吏學)

CHAPTER 1 한국 교육사

2 사학 [03 중등]

(1) 12도

① 최충이 설치한 문헌공도를 비롯하여 개경에 설립된 당시의 유명한 12개의 사학(私學)을 의미함
② 교육 내용과 성격은 국자감과 대체로 비슷하며, 과거 합격을 위해 글짓기와 경전에 능통하도록 고전 중심의 학습이 이루어짐
③ 하계 강습회(하과)를 열고, 시간을 다투어 시를 짓는 시험(각촉부시)을 치름
④ 귀족 자제들은 과거에서의 경쟁력을 고려하여 권위 있는 유학자가 세운 사학을 선호함
⑤ 당시의 과거 시험은 제술(製述) 중심이었으므로 경쟁적인 방법으로 글짓기를 연마한 사학의 문하생들이 과거에서 우수한 성적으로 합격할 수 있었음

(2) 서당

① 지방 서민 계급의 자제를 대상으로 하는 민간 경영의 초등 교육 기관
② 향선생(鄕先生)을 두고 부락민들이 자치적으로 운영함
③ 서민 교육 보급과 민중 교화에 큰 역할을 함

> **Wide** 서긍의 「고려도경」 중
>
> '마을 입구와 거리에 경관, 서사가 둘 셋씩 서로 바라보며 민간 자제의 미혼자가 무리로 모여 스승에게 경학을 배우며 좀 성장하면 각각 끼리끼리 벗을 택하여 사관으로 가서 강습하고 아래로는 미천한 아이도 역시 마을 선생에게 배운다. 아 훌륭하도다.'

3 과거 제도 [03 중등]

(1) 과거 제도의 기능

① 시험을 통해 학문적 능력을 갖춘 자를 선발하는 제도
② 호족들의 정치적 기반을 약화시키고, 왕권을 강화하기 위한 목적으로 시행한 정치 구조 개혁안
③ 한문학과 경전에 대한 이해, 한시와 문장을 짓는 능력 등을 종합적으로 평가함

(2) 과거 시험의 종류

① 향시 → 국자감시 → 동당시(예부시) → 복시의 고시 체계를 이룸
② 제술과를 통과하는 것이 관료로 진출하여 승진하는 데 가장 유리하였음
③ 시, 글을 짓는 제술(製述)과 유교 경전의 통달을 보여주는 명경(明經), 전문 기술을 보는 잡업(雜業)이 있었음
④ 고시관인 지공거(좌주)와 급제자 문생과의 관계가 매우 밀접하였음

복시(覆試)

국왕이 주재하여 시행하는 시험

> **Wide** 과거 제도의 한계
>
> 과거 제도는 개인의 출세를 보장하고 신분 상승을 가능케 하는 사회적 기능을 가지고 있었다. 그러나 여전히 음서 제도가 폭넓게 운용되었고, 과거에 급제하고도 관리에 임용되지 못하는 사례도 적지 않았다. 좌주·문생 관계와 같은 사적인 유대 관계가 형성되는 등 일정한 한계도 존재했다.

🔍 **음서 제도(蔭敍制度)**

고려 시대 5품 이상 관리의 자제를 과거에 의하지 않고 관리로 채용하던 일(≒문음)

4 교육 사상가

(1) 지눌의 교육 사상

① 결사 운동을 통해 선종과 교종이 대립하던 불교의 개혁을 추진함
② 선정(禪定)과 지혜(智慧)를 함께 닦는 정혜쌍수(定慧雙修)를 수행의 방법으로 제시함
③ 돈오(頓悟)와 점수(漸修)를 함께 해야 한다고 주장함
  - 돈오(頓悟): 깨달아가는 과정에서 문득 깨달음
  - 점수(漸修): 욕망을 가라앉히기 위해 계속해서 마음을 닦는 것

(2) 안향의 교육 사상

① 충(忠), 효(孝), 예(禮), 신(信), 경(敬), 성(誠)의 여섯 가지 덕목의 실천을 강조함
② 주자학의 보급을 위해 섬학전을 설치하는 등 원나라로부터 주자학을 적극 수용함
③ 학생에게 성실한 모습을 보이며, 학생을 존경하면서 예법으로 대함
④ 황폐해진 유학의 교육 기관을 회복하고 정돈하는 것을 자신의 임무로 여김

CHAPTER 1 한국 교육사

03 조선 시대의 교육

1 사상과 교육

(1) 사상

① 성리학
- 고려 말 신진 사대부가 수용하여 조선의 건국 과정에서 중요한 이념적 지주가 됨
- 조선 후기 예송 논쟁과 공리공론적 성격으로 인해 쇠퇴함

② 실학
- 서양학을 수용하면서 실용 중심의 사상이 태동하였고, 이를 통해 중국 중심의 성리학적 세계관을 극복하고자 함
- 학문의 목적과 연구 분야 및 방법론에 있어 현실론의 성격이 강함

③ 천주교의 전파와 동학의 등장
- 천주교: 가부장적 권위와 유교적 의례 의식을 거부함
- 동학
  - 천주교와 전통 종교가 결합하여 나타난 것으로, '사람이 곧 하늘'이라는 인내천 사상에 근간함
  - 인내천 사상은 기존 질서를 부정하는 반봉건적 사상을 내포함

(2) 교육의 일반적 특징

① 조선 시대 교육은 성리학의 유교와 매우 밀접한 관련이 있음
② 효(孝)와 충(忠), 삼강오륜(三綱五倫)을 중시함
③ 관학에는 성균관, 학당, 향교가 있음
④ 사학에는 서원, 서당이 있음
⑤ 과거 시험을 볼 수 있는 평민 이상의 남자를 학교 교육의 대상자로 삼음
⑥ 공식적 문자로 한자가 통용되었으나, 한글 창제로 인해 문자의 이원화 현상이 나타남
⑦ 양반과 평민, 천민까지도 자제 교육에 관심을 가지고 힘씀

> **삼강오륜(三綱五倫)**
> 유교의 도덕에서 기본이 되는 세 가지의 강령과 지켜야 할 다섯 가지의 도리
> - 삼강: 군위신강, 부위자강, 부위부강
> - 오륜: 부자유친, 군신유의, 장유유서, 붕우유신

2 가정 교육, 여성 교육, 왕실 교육

(1) 가정 교육

① 전통적인 가정 교육은 태교에서 시작됨
② 이유(離乳)와 배변 훈련이 끝나면 기본 습관의 형성을 돕고, 언어 및 인지 발달을 촉진함
③ 7세 정도가 되면 양반 자제들은 성별에 따른 역할 교육을 받게 됨
④ 가정에서 주로 가르치는 교육 내용은 의례(儀禮)와 족보가 대부분으로, 소학(小學)이라 불림
⑤ 3~4세가 되면 곧바로 과거 공부를 시키기도 하였음

Wide 조선 시대 가정 교육

출생 후 1개월 정도 되면 목 운동을 위하여 '도리도리'를 가르쳤다. 또한 손과 눈의 협응을 위

하여 두 손을 마주치게 하는 '짝짜꿍'과 한 손의 손바닥에 다른 손의 검지를 부딪치는 '곤지곤지', 손가락의 미세한 근육 운동으로 두 손의 손가락을 일시에 오므렸다 하는 '잼잼' 등의 동작 훈련이 있었다.

(2) 여성 교육
① 조선 시대 여성에게 중요한 덕목은 효와 순종이라 여겨짐
② 유교적 덕(德) 함양과 가사 기술 습득에 한정된 교육으로 여성의 능력 발휘를 제한함

(3) 왕실 교육
① 학자들이 국왕에게 강론하고 국가 정책을 논하는 경연(經筵) 제도가 존재함
② 예학(禮學)은 왕세자의 학문으로, 다른 사람의 의견을 경청하고, 신하를 공경하고, 백성의 고통을 돌보는 덕성 함양을 중시함
③ 왕세자는 『효경』, 『소학』, 『동몽선습』을 배운 후 중국과 조선의 역사서를 배움

3 관학 [02 중등, 04 중등, 05 중등]

(1) 성균관
① 조선 시대 유학 교육을 위해 한양에 설립된 국립 고등 교육 기관
② 고려 시대의 국자감을 계승한 것으로, 성인이나 현인을 제사하고 성리학에 뛰어난 인재를 양성하고자 함
③ 입학 자격
  - 생원시와 진사시를 통과한 자(상재생)
  - 4부학당에서 생원·진사시의 초시(初試)에 해당하는 승보시를 거쳐 입학한 자(하재생)
  - 문음(門蔭)을 통해 입학하는 경우도 있음
④ 교육과정
  - 사서와 오경 및 역사서 중심의 강독과 시와 글을 짓는 제술 중심으로 이루어짐
  - 독서의 순서(구재지법): 『대학』→『논어』→『맹자』→『중용』→『예기』→『춘추』→『시경』→『서경』→『역경』
⑤ 강의, 반복 학습, 문답법을 통한 교수·학습이 이루어짐
⑥ 4단계로 성적을 평가하고, 평소 학과 점수를 과거 점수에 합산하여 관직에 추천함
⑦ 유생들의 자치 활동
  - 권당(捲堂): 단식 투쟁
  - 공재(空齋): 기숙사를 비우는 시위
  - 공관(空館): 동맹 휴학

> **문음(門蔭)**
> 조선 시대에 아버지나 할아버지의 공적에 따라 그 자손을 등용하던 인사 제도

Wide 성균관의 구조

성균관은 공자의 위패를 모신 대성전과 강당인 명륜당을 중심으로 공간이 구획되었고, 도서관인 존경각과 재원을 관리하는 양현고 등의 부속 기관이 있었다.

(2) 학당

① 고려의 학당을 모방하여 태종 11년(1411)에 처음 설립된 교육 기관
② 중학, 남학, 서학, 동학의 4부학당으로 세워짐
③ 지방의 향교(鄕校)와 같은 등급의 교육 기관으로 볼 수 있음
④ 교육 방침과 교수법은 성균관과 비슷하지만, 문묘가 없고 규모가 작음
⑤ 교수 2명과 훈도 2명으로 구성되어 『소학』과 『효경』, 사서오경 등을 가르침
⑥ 학당의 입학 자격은 양반과 서인의 자제였으며, 입학하면 『소학』부터 암송하게 함

(3) 향교

① 중등 수준의 지방 공립 학교
② 유교 이념을 전국에 보급하기 위해 군, 현마다 향교를 세우고 학생들을 모아 경서를 가르침
③ 조선 중엽 이후 서원의 발달로 교육 기관의 기능은 쇠퇴하였으나, 문묘의 기능은 유지함
④ 향교의 학생인 교생은 군역 면제 등의 특혜를 받음
⑤ 향교의 교과는 유교 경전이었으나, 간혹 농업, 잠업과 같은 실업 교과도 있었음
⑥ 각 군의 수령은 학생들의 학습 결과와 일과를 매월 말에 관찰사에게 보고하고, 성적이 우수한 자에게 생원시, 진사시, 복시에 응시할 자격을 줌
⑦ 교원은 교수, 훈도, 학장이 있었는데, 지방 학교의 특성상 교관을 확보하기 쉽지 않았음
⑧ 대성전, 명륜당, 양재를 고루 갖춘 향교는 성균관의 축소판으로 볼 수 있음

(4) 기술 교육

① 전문적 기술 분야인 잡학은 별도의 기관에서 교육을 실시함
② 역학(통역), 의학, 율학(법학), 음양학, 산학, 화학(미술), 악학(음악), 자학, 무학(武學) 등의 종류가 있음
③ 각 관아에서 교육을 실시하고, 식년시, 증광시 등의 시험을 치러 자격을 부여함
④ 공장 교육은 대부분 세습적이었고, 해당 기관에서 도제식으로 이루어짐

4 사학 [06 중등, 10 중등]

(1) 서원

① 성리학의 연구 및 교육을 위해 지방에 세워진 사립 학교
② 풍기 군수 주세붕이 고려의 학자 안향을 모시고 후학을 양성하기 위한 백운동서원을 만들었는데, 이것이 서원의 시초가 됨
③ 서원은 명현의 출생지나 거주지 혹은 강학소에 세워졌으며, 학덕이 높은 선현을 제사하고 그 학덕을 본받고 계승한다는 목적을 가지고 운영됨
④ 유교 경전 강독과 글짓기 중심 교육, 여론을 수렴하여 정치에 반영하는 역할을 함

> 명현(名賢)
> 이름이 난 어진 사람

⑤ 서원을 중심으로 학파가 형성되어 17세기 이후 당쟁이 격화되고 문벌과 학벌이 강조됨
⑥ 관학에 비해 학령의 규제를 덜 받고, 향교 기능 쇠퇴 후 지방의 문화와 교육 진흥에 기여함

> **Wide** 조선 중기 관학의 위기
>
> '일찍이 듣기로, 사람에게는 도(道)가 있지만 가르침이 없으면 금수에 가깝게 된다. 성인(聖人)이 이를 염려하여 사람의 도리[人倫]를 가르쳤으니 삼대(三代)의 학교는 모두 사람의 도리를 밝히고자 한 것이다. 후세에 이르러 성왕(聖王)이 일어나지 않고 옛 도가 무너짐에 따라, 문사(文詞)와 과거(科擧), 이록(利祿)의 풍습이 사람의 마음을 어지럽혀 광란으로 치달아 돌아오지 못하게 하였다. 이에 안으로는 **국학(國學)**이, 밖으로는 **향교(鄕校)**가 모두 어두워 가르침을 알 수 없고 막연하여 배움을 일삼지 못하게 되었다. 이것이, 뜻 있는 선비들이 발분(發憤)하고 개탄하며 한 짐의 책을 짊어지고 깊은 산중에 들어가 서로 들은 바를 강론하여 도를 밝히며 자신을 이루고 남도 이루어 주게 된 까닭이니, 후세에 **서원(書院)**이 만들어진 것은 그 상황의 형세가 그렇지 않을 수 없었던 것이다. 그 일의 가상함이 어떠한가?'
> – 『퇴계전서(退溪全書)』 42권, 「기(記)」 중

(2) 서당

① 기초 교육을 실시하는 사설 초등 교육 기관으로, 설립과 폐지에 아무런 제약이 없어 뜻을 가진 누구나 경영이 가능함
② 7~8세부터 15~16세 정도의 일반 서민에게 개방되어 폭넓은 교육 기회를 제공함
③ 교육 내용
- 강독: 『천자문』, 『동몽선습』, 『통감』, 『소학』, 『사기』, 사서삼경, 당률 등을 가르침
- 제술: 일상생활에서 사용하는 각종 문서나 편지글을 짓고, 과거를 준비함
- 습자: 글쓰기 연습

④ 향교 또는 4학에 들어가기 위한 예비 단계로, 생원, 진사 시험에 응시 가능함
⑤ 교육 방법
- 개별 교수의 무학년 교육 제도
- 언어 설명적 교수 체계
- 생활 교육 강조

⑥ 훈장, 접장, 학도 등으로 구성됨

5 과거 제도 [05 중등, 07 중등, 11 중등]

(1) 과거 제도의 실시

① 식년시는 3년에 1번 정기적으로 보는 시험으로, 문과·무과·잡과를 실시함
② 특별시는 증광시, 별시, 정시(廷試), 알성시, 춘당대시 등 필요에 의해 실시하는 비정기적인 시험임

> **습자(習字)**
> 붓으로 글을 쓰는 교과로, 단순히 글자만 쓰는 것이 아니라 정신 집중이나 예술적 표현 활동으로 여겨짐

> **접장(接長)**
> 규모가 큰 서당에서 나이가 들고 실력이 뛰어나 하급 학생을 가르치는 우두머리

> **별시**
> 지역 할당제를 통해 지방 유생들의 욕구를 충족시키고자 한 부정기적 시험으로, 16세기 이후 점차 증가함

CHAPTER 1 한국 교육사

> **출제 Point**
> 2013학년도 중등 객관식 6번
> 조선 시대 학규인 『학교모범』 독서 조항에서는 『소학』을 읽어 근본을 배양하고, 다음으로 『대학』과 함께 『근사록』을 읽도록 하고 있다.

(2) 과거 시험의 종류

① 생진과
- 사서오경의 해석 실력을 보는 생원시와 문장력을 보는 진사시로 구분됨
- 생진과에 합격한 자를 생원 혹은 진사라 불렀으며, 생원과 진사가 되면 성균관에 진학하여 문과에 응시할 자격을 갖게 됨

② 문과
- 대과라고도 불렀으며, 사회를 이끌 핵심 관료를 배출함
- 초시(1차 시험), 복시(2차 시험), 전시(3차 시험)의 3단계로 진행됨
- 전시를 통해 복시 합격자 33인을 갑·을·병 3등급으로 구분하였고, 갑과의 1인이 장원 급제자가 됨
- 필기 시험과 구술 시험으로 사서오경에 대한 이해력을 평가함
- 전시에서는 경전과 역사서를 근거로 책문을 작성함

③ 무과
- 무관을 등용하는 정식 통로로, 양반 제도의 기본이 됨
- 무예와 경서로 초시, 복시, 전시의 세 단계를 거쳐 28명을 선발함

④ 잡과
- 기술관 채용을 위한 자격 시험으로, 중인 계급 자제의 응시가 가능함
- 역과, 의과, 음양과, 율과의 네 분야가 있었으며, 초시와 복시를 거쳐 기술자를 선발함

> **책문(策問)**
> 정치 현안에 대해 묻고 대답하는 글

(3) 과거 제도의 의의와 한계

① 신분제 사회에서 개인의 능력에 따라 공정하게 인재를 선발함
② 관학을 기반으로 학문과 사상을 주도함
③ 부정행위와 협잡 등의 폐단이 만연함

6 성리학과 교육 사상가 [06 중등, 08 중등, 09 중등, 10 중등, 12 중등, 13 중등]

(1) 권근(1352~1409)

① 『입학도설』을 저술하여 40여 종의 도표를 통해 『대학』과 『중용』을 쉽게 이해할 수 있도록 함
② 『소학』의 공부를 중시하고, 인재 양성을 강조함

> **입학도설**
> 성리학의 기본 원리를 도식화하여 설명한 한국 최초의 시청각 교재

(2) 이황(1501~1570)

① 이기이원론적 주리론: 이(理)가 움직이면 기(氣)가 따라서 생겨남
- 사람의 본성에는 본연의 성(본연지성)과 기질의 성(기질지성)이 있음
- 사회적 계급의 차별을 선천적으로 타고난 기질로 설명함

② 교육의 목적: 밝은 마음과 기질의 변화로 성인이 되는 것
③ 교육 방법: 격물(格物), 거경궁리(居敬窮理), 잠심자득(潛心自得)
④ 경(敬) 사상: 스스로 삼가고 마음을 다스림
⑤ 교사는 저절로 감화시키는 존재이며, 사색을 통한 자발적 학습을 강조함
⑥ 위기지학을 강조함

(3) 이이(1536~1584)

① 이기일원론적 주기론: 이(理)와 기(氣)가 합할 때 우주가 구성됨
- 기(氣)의 능동성을 강조함
- 인간이 인간다운 까닭은 본연의 성인 인·의·예·지·신을 외부적으로 실현 가능하기 때문임

② 교육의 목적: 교육을 통해 끊임없이 기질을 변화시킴

③ 교육 방법
- 입지(立志): 뜻을 세우고 자신의 기질을 맑게 하려는 노력
- 수렴(收斂): 공부를 통하여 몸가짐과 마음가짐의 흐트러짐이 없도록 함
- 단계별 독서 교육: 『소학』을 먼저 읽고 『대학』, 『근사록』, 『논어』, 『맹자』 등의 순서로 공부함
- 개인차를 고려하여 내면적 동기와 반복 학습을 통한 점진적 발전을 이룸

④ 성(誠) 사상: 스스로의 성실함을 기름

⑤ 위인지학을 강조함

⑥ 실학 사상에 큰 영향을 끼침

⑦ 주요 저서로는 『성학집요(聖學輯要, 임금에 대한 조언)』, 『격몽요결(擊蒙要訣, 공부 입문서)』, 『학교모범(學校模範, 학교 규범)』 등이 있음

7 실학과 교육 사상가 [03 중등, 04 중등, 06 중등, 07 중등, 08 중등]

(1) 이익(1681~1763)

① 노비 제도를 비판하면서 노비들도 과거에 응시할 수 있어야 한다고 주장함

② 잦은 과거 시험으로 급제자 수가 많아짐에 따라 당쟁이 격화되었다고 비판함

(2) 홍대용(1731~1783)

① 도덕적 교양인과 실천인을 강조하였고, 실용 학문과 과학 기술 교육을 주장함

② 재능에 맞는 가르침과 경제적 자립을 연결 지어 실용적 교육의 중요성을 강조함

③ 실증과 실험 관찰을 통한 사물의 탐구와 실천 중심의 독서 방법을 제시함

④ 의무 교육 제도와 공교육을 통해 배출된 인재를 능력에 따라 등용하는 공거제를 제안함

⑤ 단계적 학제와 8세 이상의 아동들을 교육시킬 것을 제안함(의무 교육)

(3) 이덕무(1741~1793)

① 철학적이고 학문적인 고증학적 방법론에 관심을 가짐

② 일상생활에서의 교육을 강조함

③ 아동 교육, 여성 교육에 대한 깊은 관심을 가짐

(4) 정약용(1762~1836)

① 실용, 실증, 실리 정신에 입각하여 당시의 교육 풍토를 비판함
② 구체적인 문자에서 출발해 추상적인 문자를 배우는 문자 교육용 교재 『아학편』을 편찬함
③ 중국사가 아닌 우리 역사를 읽도록 권장하고, 국사를 과거 시험에 포함시키기 위해 노력함
④ 외국 유학(留學)과 외국의 기예를 받아들일 것을 주장함
⑤ 기술학을 중시하는 실용주의 교육론

(5) 최한기(1803~1879)

① 선험적인 인간 능력을 부인하고 모든 인식을 경험의 소산으로 간주함
② 서양의 과학 기술 도입에 적극적인 입장을 보임
③ 교육은 일상생활 속에서 가치 있어야 한다고 주장하며, 생활 중심의 교육 내용을 강조함
④ 감각 → 기억 → 추리의 학습 과정을 제시하여 경험을 통한 학습 방법을 주장함

> **Wide** 최한기의 『신기통(神氣通)』 중
>
> '기질이 탁한 사람이라도 거처하는 장소는 지기가 맑은 곳을 가려서 살고, 섭취하는 음식물은 맑은 것을 가려 먹고, 통달하는 모든 감각 기관이 맑은 것을 취하면, 그 발용이 거의 맑을 수 있다.'
>
> – 정세화, 1977(316-317 재인용)

04 근대의 교육

1 사회 운동 [02 중등, 11 중등]

(1) 주요 언론 매체

① 독립신문: 순 국문을 사용하여 서양의 문물과 제도를 소개하였고, 정부의 개혁 정책 소개 및 여론 수렴 활동을 함
② 황성신문: 국한문을 혼용하였고, 실학을 바탕으로 신교육을 주장함
③ 민중 계몽과 여성 교육을 강조한 독립신문과 주로 유학자 계층을 독자로 한 황성신문 모두 실업 교육을 강조함

(2) 주요 사회단체

① 독립협회
  • 자주독립, 자유 민권, 자강 개혁을 주장함
  • 근대적 국민 교육 제도의 창설 및 전국적인 소학교 설치를 주장함
  • 모든 계층에 균등한 교육 기회 제공과 여성 교육 실시를 주장함
② 흥사단
  • 신교육을 받은 개화 지식인 중심의 단체
  • 교과서 편찬, 교사 양성, 소학교 운영, 실업 교육 실시를 주장함

(3) 사회 운동

① 위정척사 운동
  • 정학(正學)과 정도(正道)를 지키고, 사학(邪學)과 이단(異端)을 물리치자는 운동
  • 성리학과 성리학적 질서를 수호하고, 성리학 이외의 사상(천주교)을 배척함
  • 전통적인 사회 체제를 유지하고자 했으며, 개화사상에 반대함
  • 서양과의 통상 반대 운동과 항일 의병 운동으로 발전함
② 갑신정변
  • 급진 개화파가 개화사상을 바탕으로 조선의 자주독립과 근대화를 추구하기 위해 일으킨 정치 개혁 운동
  • 문벌을 가리지 않은 인재 등용을 추구함

2 학교 제도 [02 중등, 03 중등, 13 중등]

(1) 갑오개혁 이전의 학교 제도

① 1876년 개항 이후 동도서기(東道西器)를 추구함
② 원산학사: 1883년 민간에 의해 원산에 세워진 근대식 민립 중등학교
③ 신식 교육 기관을 설립하고, 외국어 교육과 과학 기술 교육을 강조함
④ 동문학: 1883년 설립된 관립 외국어 교육 기관
⑤ 광혜원: 1885년 설립된 한국 최초의 근대적 병원

출제 Point

2013학년도 중등 객관식 7번
ㄹ. 고종은 이른바 '교육입국조서'를 통해 새로운 교육 강령으로 덕양(德養), 체양(體養), 지양(智養)을 선언하였다.
ㅁ. 「중학교관제」를 제정하여 중학교의 수업 연한을 심상과(尋常科) 4년, 고등과(高等科) 3년으로 규정하였다.

동도서기(東道西器)

유교 이념을 바탕으로 사회를 형성하고, 서구의 실용 지식을 받아들여 부국강병을 꾀함

CHAPTER 1 한국 교육사

육영공원
양반 자제들이 다닌 학교로, 1894년 학생들의 열의 부족, 재정의 곤란, 외국인 교수자들의 본국 귀환 등으로 인해 폐교됨

⑥ 육영공원
- 1886년 설립된 우리나라 최초의 근대식 관립 학교
- 영어 교육을 시작하고, 이후 근대 과목으로 교과목을 확대함

(2) 갑오개혁 이후의 학교 제도

① 한성사범학교: 1895년 소학교의 교원 양성을 위해 설립된 근대식 관립 사범 학교
② 관공립 소학교: 1895년 설립된 근대적 초등 교육 기관
③ 무관학교: 1898년 무관 양성을 위해 설립된 군관 학교
④ 광무학교: 1900년 광업에 필요한 실업 교육을 위해 설립된 관학
⑤ 한성중학교: 1900년 중학교 관제에 근거하여 설립된 중학교

(3) 종교계의 학교 설립

① 천주교
- 한글 해독을 위한 교육 사업을 실시함
- 성직자 양성을 위한 교육을 실시함

② 개신교
- 고아, 과부, 여성, 맹아 등의 소외 계층을 대상으로 교육 사업을 우선 시행함
- 관립 학교에 비해 미술, 음악, 예술 분야의 교과목을 강조함

> **Wide 사립 여학교의 교육**
> 이화, 정신, 배화 등 사립 여학교의 교육은 초등학교 과정이었고, 재봉, 침공, 수예 등 전통적으로 여성에게 요구되는 교과목을 중시하였다.

③ 불교계: 승려 교육 강화의 목적으로 학교를 설립함

3 교육 개혁 [03 중등, 09 중등]

(1) 갑오개혁(1894)

① 과거 제도가 폐지됨
② 신분제를 타파함
③ 근대적 교육 행정 기구인 학무아문을 설립함

(2) 교육 개혁 고시

① 소학교와 사범 학교를 설립함
② 교육 기회를 개방함
③ 대학교와 전문학교의 설립에 대한 계획을 발표함

(3) 교육입국조서(1895)

① 덕(德), 체(體), 지(知) 교육을 강조함
② 국가 차원의 근대화 교육에 착수함

> **Wide** 교육입국조서
>
> '국가의 부강은 오로지 국민의 지식이 개명하는 데서 비롯되고, 지식의 개명은 교육의 선미(善美)에 따라 이룩되는 것이니, 교육이야말로 국가 보존의 근본인 바, 헛된 것을 물리치고 실용을 취하여 덕양(德養)과 체양(體養), 그리고 지양(智養)을 교육의 세 가지 강기(綱紀)로 삼아, 널리 학교를 세우고 인재를 양성하여, 국민의 학식으로써 국가 중흥의 대공(大功)을 세우게 하려 한다.'

4 여성 교육

(1) 여성 교육의 변화
① 처음의 여성 교육론은 현모양처론에서 벗어나지 못함
② 여성이 신학교 교육을 받는 것에 대한 상당한 반발이 존재함
③ 『여자독본』은 장지연이 여성의 교육을 위하여 편찬한 교과서로 정의로우며 결단력이 있고 창조적인 여성상을 그림

(2) 여성의 사회 참여
① 찬양회(1898)는 최초의 여성 단체로, '여학교 설시 통문'을 발표함
② 학교 교육을 받은 여성들이 다양한 분야로 사회 진출을 확대함

5 교육 사상가

(1) 유길준(1856~1914)
① '개화란 인간 세상의 천만 가지 사물이 지극히 아름다운 경지에 이르는 것' (서유견문)
② 국민 교육, 의무 교육의 필요성을 강조하고, 공교육 실시를 위한 국가의 임무를 강조함
③ 지방의 교육 경비는 지방에서 충당하는 지방 자치를 지지함
④ 도서관, 식물원, 박물관, 공원 등이 국민 지식에 도움이 된다고 주장함
⑤ 국민의 모델을 전통적 선비에서 발견하고, 근대적 지식과 전통적 도덕을 갖추어야 함을 강조함
⑥ 전통문화와 외래문화의 조화를 추구함
⑦ 국어로 교육하는 소학 교육을 제안함

> **Wide** 국어로 교육하는 소학
>
> 국어로 교육하는 소학 교육을 제안한 이유는 '아동이 공부하는 데 쉬울 뿐만 아니라 국가 정신을 양성'하기 위한 목적 때문이었는데, 이는 실용성과 중화주의 탈피, 민족정신 형성과 관련이 있다.

(2) 박은식(1859~1926)
① 부국과 자립을 위한 제1요소로 교육의 중요성을 강조함
② 국민 교육, 의무 교육의 필요성을 역설함
③ 전국의 학교 설립과 교사 양성을 강조함
④ 실업 교육을 강조하고 신기술과 과학 지식을 습득하여 신산업을 일으켜야 한다고 주장함
⑤ 사회 개혁에 사용할 수 있는 사회 과학의 중요성과 민족 문화를 강조함
⑥ 새로운 인재를 강건한 인재로 육성하기 위한 체육 교육을 강조함
⑦ 유학 교육 이념의 기본적 가치를 인정하면서 사회 진화론 원리에 입각한 교육을 강조함

05 일제 강점기의 교육

1 통감부의 교육 정책 [13 중등]

(1) 수업 연한의 단축

① 보통학교의 수업 연한을 6년에서 4년으로 단축함
② 고등학교의 수업 연한을 7년에서 3~4년으로 단축함
③ 4년제 상공 학교와 4~5년 과정의 외국어 학교의 수업 연한을 각각 2년과 3년으로 단축함

(2) 일본어 교육 확대

① 각급 학교의 교과 과정에 일본어를 필수 과목으로 선정함
② 조선어는 국어 및 한문 과목으로 합과됨에 따라 수업 시간이 단축되었으나, 일본어의 수업 시수는 늘어남

(3) 사립 학교 설립의 제한

사립 학교령(1908)을 반포하여 사립 학교를 탄압함

(4) 친일 세력 육성을 위한 학교 설립

친일파 및 일본 종교 기관의 학교 설립이 증가함

2 일제의 교육 정책 [03 중등, 06 중등, 13 중등]

(1) 무단 교육 정치기(1910~1919): 식민지 지배 체제 강화

① 제1차 조선 교육령(1911)
  • 충량한 국민을 양성하고자 함
  • 간단하고 쉬운 실용성 위주의 교육을 실시함
② 저급 노동자를 길러내는 실용 교육을 실시함
③ 비판적 지식인을 길러내는 수준 높은 고등 교육의 기회를 차단함

> **Wide** 한국인의 우민화 정책
>
> 1919년(무단 교육 정치기)에 조선인을 위한 전문학교는 3개, 공립 소학교 이상의 상급 학교는 4개밖에 없었던 반면, 조선 내 거주하는 일본인 자제를 위한 학교는 두 배 이상인 14개가 있었다.

④ 보통학교는 '간이'와 '실용'을 포함한 4년제 학교로, 일본어를 강요함
⑤ 수신교과목을 통해 충효의 유교 윤리를 천황 중심의 국가주의 관념으로 탈바꿈시킴
⑥ 공·사립 학교를 막론하고 일본 제국의 황국 시민 양성을 목표로 함
⑦ 서당규칙(1918)을 공포하여 서당을 통제하고, 전통 교육을 말살하고자 함

> **수신(修身)교과목**
>
> 수신교과목의 수신(修身)은 유교의 핵심 윤리 중 하나로 자기 자신의 수양을 의미하나, 실상은 황국 신민화를 위한 도구로 쓰였던 교과목을 의미함

출제 Point

2012학년도 중등 객관식 7번
ㄴ. 언론사를 중심으로 '브나로드(V-narod) 운동'과 같은 농촌 계몽 운동을 전개하였다.
ㄷ. 간도(間島)나 블라디보스토크(Vladivostok)와 같은 지역에서도 학교를 설립, 운영하였다.

(2) 유화적 교육 정책기(1919~1938): 3·1 운동 이후 회유 중심의 문화 정치

① 제2차 조선 교육령(1922)
- 일본 본토와 동등한 학제로 변화함
- 조선의 역사와 지리 과목을 교육과정에서 배제시킴

② 보통학교 교육이 양적으로 팽창함

③ 교사 양성 교육
- 사범 대학: 초등 교육을 담당하는 교원을 양성함
- 전문 대학 및 대학 부설: 중학교 교원을 양성함

④ 고등 교육 정책으로 경성제국대학을 설립하였으나, 일본인에게만 혜택이 돌아감

(3) 황민화 교육 정책기(1938~1945): 1937년 중일전쟁 이후

① 조선의 물자 징발, 황국 신민화, 내선일체, 창씨 개명 강요

② 제3차 조선 교육령(1938)
- 일본의 소학교와 동일한 명칭을 사용함
- 조선인의 일본에 대한 충성심을 배양하고자 함

③ 내선일체를 내세우며 일본어 교육을 강화함

④ 전쟁 수행을 위한 체력 훈련을 강화함

⑤ 관립 사범 학교를 만들어 황국 신민화와 교사 양성 교육을 실시함

⑥ 제4차 조선 교육령(1943)
- 국체명징, 내선일체를 강조하고, 조선인들에게 적극적인 전쟁 협력을 강요함
- 종래의 중학교와 고등 여학교, 실업 학교를 중등학교로 일원화함
- 조선어 과목을 교과 과정에서 배제하고, 조선어 사용을 금지함
- 전시 교육령을 통해 각급 학교에 학도대를 결성함

국체명징(國體明徵)
천황의 절대 권한을 분명하게 인식시키는 것

> **Wide** 국민학교
>
> 1941년 2월, 일본은 '국민학교령'을 발표하고 소학교를 '국민학교'로 개칭했다. 독일의 전체주의 교육을 상징했던 Volksschule에서 유래한 국민학교는 황국 신민을 기르는 학교의 의미를 지님에 따라 1995년 3월 1일 '초등학교'로 명칭이 변경되었다.

3 민족 교육 운동 [12 중등]

(1) 학교 교육 운동

① 사립 학교 주도의 교육 운동
- 일제는 민족 지도자들에 의해 설립된 사립 학교들의 민족 교육을 탄압함
- 개정 사립 학교 규칙(1915)에 의해 총독의 인가를 받아야만 사립 학교를 설립할 수 있었음
- 일제의 탄압 속에서도 민중 계몽과 민족 의식 자각에 힘씀

② 민족 교육을 위해 민립 대학 설립 운동을 전개하였으나, 일제의 방해로 실패함

(2) 사회 교육 운동

① 어린이 교육 운동을 통해 소년 존중 사상이 확산됨

> **Wide 어린이날**
>
> 김기전, 방정환 등은 '애녀석', '어린애', '아해놈', '자식' 같은 말 대신에 '어린이'로 표현할 것을 제안하였고, 천도교 소년회는 1922년 5월 1일 창립 1주년 기념일을 '어린이날'로 정하고 기념행사를 열었다.

② 민족 해방과 식민 교육 철폐를 주장하는 학생 운동이 일어남

③ 노농 야학 운동
- 3·1운동 이후 노동자와 농민의 주체적 각성과 노동자·농민 교육에 대한 사회적 관심 고조로 노동 야학과 농민 야학이 활발해짐
- 창가 등을 통해 민중의 각성을 꾀하고, 반일 민족 교육 운동의 역할을 수행함
- 1925년 사회주의 운동과 민중 운동이 활발해지자 야학에 대한 감시와 탄압이 강화됨

④ 문자 보급 운동
- 언론사 중심의 문맹 퇴치 운동을 전개함(동아일보 1931년 브나로드 운동)
- 민족 의식 자각 및 애국 독립 사상 형성

⑤ 해외 동포들의 교육 활동
- 해외에서 독립군을 양성하거나 교육 활동을 전개하면서 민족 독립 운동을 꾀함
- 독립군과 민족 간부 양성을 목적으로 북간도에 신흥무관학교를 설립함
- 안창호는 미주 교포들과 함께 흥사단을 창립함

4 여성 교육 운동

(1) 여성 교육 정책

① 일본식 현모양처를 양성하기 위한 교육이 이루어짐

> **Wide 여성 교육의 목적**
>
> 1차 조선 교육령 규칙 10조에 의하면 여성 교육의 목적은 정숙하고 근검한 여자를 양성하기 위한 것이었다.

② 동일한 교과목이라고 하더라도 여학교와 남학교의 교과 내용이 다름

(2) 여성 교육과 직업

① 박에스더, 허영숙, 정자연, 현덕식 등은 의료 분야에서 활동함

② 신교육을 받은 지식층 여성(신여성)들이 사회 구습 개혁과 민족 독립운동의 주축이 되어 활동함

③ 중일 전쟁 이후의 여성 교육은 충량한 황국 여성 육성을 목표로 함

CHAPTER 1 한국 교육사

출제 Point

2011학년도 중등 객관식 4번
도산 안창호는 점진학교(漸進學校)를 설립하여 남녀 공학으로 운영하였다.

정의돈수(正義敦修)

정의돈수는 서로 사랑한다는 뜻으로, 이웃을 사랑하라는 기독교 정신에 따라 사랑하기를 힘쓰는 것을 의미함

5 교육 사상가 [11 중등]

(1) 이승훈

① 사업가이면서 교육자이자 민족 지도자
② 평안도 최초의 소학교인 강명의숙을 설립함(1907)
③ 평안북도 정주에 중등 과정의 학교인 오산학교를 창립함(1907)
④ 민족정신 함양과 독립을 위한 인재를 양성함

(2) 안창호

① 교육을 통해 민족의 힘을 기르고자 함(교육입국사상)
② 교육 최고의 목표를 인격 혁명, 인격 개조에 두었음
③ 정의돈수(正義敦修)와 미소 운동을 강조함
④ 평안남도 강서에 초등 과정의 점진학교를 설립함(1899)

06 해방 후의 교육

1 미 군정기의 교육 [02 중등]

(1) 미 군정기의 특징

① 해방 후 미 군정(1945~1948)의 통치를 받게 됨
② 국가 수준의 교육과정이 확립되고, 교육 제도가 정비되기 전 일종의 과도기적 성격을 지님

(2) 미 군정기 교육의 특징

① 많은 휴교 상태의 학교를 개교하는 것을 중요한 업무로 봄
  - '신조선의 조선인을 위한 교육(1946)'을 발표함
  - 일제 청산, 질서 유지, 생활 기술 연마 등을 강조함
② 초등 교육
  - 교과는 공민, 국어, 지리, 역사, 산술, 이과, 음악, 체육으로 구성되었고, 이후 습자, 도화, 요리, 실과 등이 추가됨
  - 진보주의 교육관인 통합 교과 중심 교육의 영향으로, 이후 공민, 역사, 지리를 사회생활과로 통합함
③ 중등 교육
  - 교과는 공민, 국어, 지리, 역사, 물리, 생물, 화학, 가사, 재봉, 영어, 체육, 음악, 습자, 도화, 수예, 실업으로 구성됨
  - 1주에 32~34시간의 수업이 가능하도록 교과를 편제하고, 시간표를 발표함
  - 국정, 검정, 인정 교과서가 구분되어 편찬됨

> **군정(軍政)**
> 군에 의해 국가 경영이 이루어지는 것으로, 미 군정기는 해방 이후 대한민국 정부 수립까지 미군에 의해 다스려진 시기

2 한국 전쟁 이후 교육과정 변천사

(1) 제1차 교육과정기(1954~1962)

① 국가 수준의 교육과정이 최초로 정립된 시기로, 미국의 진보주의 영향을 받은 아동 중심 교육 사상이 큰 영향을 미침
② 교육과정의 구성을 교수요목의 나열이 아닌 아동의 경험 영역으로 파악하고자 함
③ 듀이의 교육 사상을 바탕으로 발달적 힘을 가지고 있는 아동의 삶을 고려한 경험 중심의 교육과정이 만들어져야 한다고 주장함

(2) 제2차 교육과정기(1963~1972)

① 교육과정의 통일적 정리가 이루어짐
② 학습 내용, 분량, 난이도의 조절을 실시함
③ 교육 내용을 생활 경험으로 상정함

(3) 제3차 교육과정기(1973~1980)

① 학문 중심 교육과정의 사상적 흐름을 수용함
② 국민교육헌장을 중심으로 교육 이념을 정립함

③ 반공, 도덕을 '도덕'으로 통합하는 등 교과 간의 통합이 이루어짐
④ 특정 교과에 편중된 심화 학습으로 전인 교육의 이상에 위배되었다는 비판을 받음

(4) 제4차 교육과정기(1981~1986)

① 각급 학교 교육과정 개발에 관한 사항이 한국교육개발원으로 이관함
② 인간 중심 교육과정을 강조함
③ 종합적이고 복합적인 교육과정을 운영함
④ '바른생활, 슬기로운 생활'의 초등학교 통합 교과를 운영함
⑤ 자유 선택 과목을 신설하였으나, 실제 운영은 미약함

(5) 제5차 교육과정기(1987~1991)

① 제4차 교육과정의 통합 교과 운영을 보완함
② 초등학교 4학년 사회과 교재를 지역별 교과서로 개발하여 지역성을 강조함
③ 자유 선택 교과를 실질적으로 운영함
④ 학생의 학습 능력을 고려한 학습 방법의 다양화를 시도함

(6) 제6차 교육과정기(1992~1996)

① 중앙 집중적 교육과정 운영에서 지방 분권형 교육과정 운영으로 전환함
② 각 시·도 교육청과 단위 학교의 재량권을 확대함
③ 교육과정을 문서로 고시하고, 교육청은 운영 지침을 작성하여 배포함

(7) 제7차 교육과정기(1997~2006)

① 다품종 소량 생산의 교육 체제를 지향함
② 고등학교 선택 중심 교육과정 운영, 수준별 교육과정, 재량 활동의 신설 및 확대
③ 능력 중심 교육과정 선정 및 지역 및 학교의 자율권을 확대함
④ 수요자 중심의 교육과정으로 요약할 수 있음

CHAPTER 2 서양 교육사

01 그리스의 교육 [02 중등, 03 중등, 04 중등]

1 고대 그리스의 문화와 교육 [13 중등]

(1) 고대 그리스의 문화

① 인간 중심 사상의 휴머니즘(인문주의)
  - 인간의 이성과 개성의 자유로운 실현을 추구함
  - 인간으로서의 자연적인 욕구를 존중하고, 현실 세계에서의 행복한 삶을 추구함
② 완전한 미(美)를 추구하고, 조화와 균형을 강조하여 지혜와 용기, 덕과 행동을 조화롭게 갖춘 인간을 이상적 인간상으로 추구함
③ 폴리스 중심의 공동체 문화 형성
  - 폴리스 시민들은 광장에 모여 자유롭게 토론에 참여함
  - 시민 공동체로서 민주주의 사상이 발달함

(2) 고대 그리스 교육의 특징

① 인문주의
  - 개인의 가치를 존중하고, 자유로운 발달을 추구함
  - 인간성의 조화로운 발달을 추구함
  - 인간의 본성을 긍정하고, 전인적 발달을 추구함
② 자유 교육
  - 지식 그 자체의 가치를 목적으로 한 교육
  - 자유 시민으로서의 자유를 추구하는 교육

2 스파르타의 교육

(1) 교육 목적

① 군사적 효율성을 추구하기 위해 강한 힘, 애국심, 복종심을 기르는 데 목적을 둠
② 군인으로서 갖추어야 할 기술과 기능을 기르는 것

(2) 교육 단계

① 유아기(출생~7세): 남아가 태어나면 검사를 통해 건강한 아이를 선별하여 가정에서 용사로 기르고, 체력이 약한 아이는 동굴에 버림
② 아동기와 소년기(7~18세)
  - 7세가 되면 가정을 떠나 공동 생활을 하며, 공동체 전체가 아동과 소년을 훈육함
  - 엄격한 관리하에 현역 군인의 지도로 군사 훈련을 받음

출제 Point

2013학년도 중등 객관식 4번
① 수사학을 통해서 덕을 함양하고 영혼을 고상하게 만들 수 있다고 보았다.
② 공공의 선과 행복에 기여하는 훌륭한 웅변가를 양성하는 데 주요 목적을 두었다.
④ 철학자 양성에 주요 목적을 둔 플라톤의 아카데미아 교육에 대해 비판적인 입장을 취하였다.
⑤ 웅변가가 되기 위해서는 수사학의 원리와 기술뿐만 아니라 문학, 논리학, 역사 등 일반적인 지식도 갖추어야 한다고 보았다.

CHAPTER 2 서양 교육사

③ 성년식 및 예비 군사 훈련기(18~20세)
- 18세: 채찍질을 견디는 성년식 시행
- 20세: 국경에 배치되어 현역 군인으로 복무함

(3) 교육 내용
① 신체적 훈련 위주의 교육이 이루어짐
② 일상생활에 필요한 최소한의 교육으로 3R's를 배움
③ 신체 훈련을 위한 모든 것을 종합적으로 훈련함

> **3R's**
> Reading(읽기), wRiting(쓰기), aRithmetic(셈하기)의 머리글자를 딴 것으로, 기초적인 교육을 말함

(4) 교육 방법
① 교수(教授)라기보다는 군사를 기르기 위한 훈련에 가까움
② 엄격한 훈련과 경쟁, 체벌을 통해 강한 자만 살아남도록 함

(5) 여성 교육
① 건강한 신체로 건강한 아이를 낳고 기르는 것
② 남성과 동일하게 투철한 애국심과 강인한 정신력을 기르는 것

(6) 특징
① 군사 훈련에 가까운 교육으로 나치와 일본의 군국주의 교육에 영향을 줌
② 여자 아이들도 동일한 훈련을 받았으며, 여성 교육에 대한 관심을 가짐
③ 국가의 통제에 의한 공교육

3 전기 아테네의 교육

(1) 교육 목적
① 공적인 유용함을 위해 개인의 탁월성을 추구함
② 지혜로우면서 용감한 전인(全人)을 추구함
③ 기술이나 직업 교육에 관심이 없고, 여가 생활을 풍요롭게 하여 심신을 도야하는 데 관심을 가짐

(2) 교육 단계와 교육 내용
① 출생~6세
- 가정에서 건강 관리와 바른 생활, 좋은 습관, 신체 단련 등의 훈련을 받음
- 신화 및 영웅 이야기 등을 통한 정신 교육을 받음

② 7~15세
- 교복(教僕)의 보호를 받으며 사립 학교의 교육을 받음
- 체육 학교와 음악 학교에서 교육을 받음

③ 16~18세
- 자유롭게 성인들과 접촉하고, 공공 집회에 참석해 토론을 청취함
- 소피스트를 찾아가 지식 교육을 받음
- 귀족을 위한 공립 체육관에서 신체 훈련을 받음

④ 18~20세
- 18세가 되면 청년단에 가입하여 군사 훈련을 받음
- 군 복무를 마치고 20세가 되면 자유 시민권을 얻음

(3) 교육 방법

① 시민이 활동하고 있는 모든 장소에 참가하여 모방과 시범을 통해 배움
② 솔론(Solon)의 법에 따라 규율에 의한 교육이 이루어짐

4 후기 아테네의 교육

(1) 교육 사조

① 상업의 발달로 향락 문화와 예술이 발달함
② 개인의 입신양명을 위한 교육으로 변질됨
③ 공공 생활에서 성공하기 위한 문학, 수사학, 변증법에 치중함

(2) 교육 내용

① 근대 및 현대 인문적 교과목의 중심이 되는 7자유학과를 가르침
② 음악과 체육의 균형 있는 교육에서 점차 체육을 경시함
③ 다양한 지식 교육이 성행했으나, 질 낮은 인성 교육과 정신 교육을 가져옴

(3) 교육 방법

① 소피스트(Sophist): 웅변술, 강의법, 서적 중심
② 소크라테스(Socrates): 관찰, 문답법, 정신적 활동의 자극

(4) 교육 기관

① 초등학교: 7~12세의 어린이들에게 3R's와 체육을 가르침
② 문법학교: 중등 교육 기관으로, 3학과 4과를 가르침
③ 철학학교, 수사학학교: 고등 교육 기관으로, 16세 이상의 청소년에게 법률, 정치, 수사학 등을 가르침

(5) 여성 교육

① 스파르타에 비해 여성 교육이 경시됨
② 현모양처로서 덕과 정숙함을 기르는 것을 목적으로 함

> **Wide** 개인 존중의 자유 문화 교육
>
> 스파르타가 전체주의적·집단주의적 경향이 강했다면, 아테네는 민주주의적·개인주의적 성향이 강했다. 아테네의 교육 이상은 휴머니즘을 배경으로 하는 사회의 교육적 모델로 지속되었다.

7자유학과(7 Liberal Arts)

로마 시대부터 중세에 걸쳐 주로 중등 교육 이상에서 교수(敎授)되어 오던 과목으로, 문법·수사·변증법의 3과, 산수·기하·천문·음악의 4과를 말함

5 그리스의 교육 사상가

(1) 소피스트(Sophist)

① 웅변, 수사학 등을 가르치는 일을 직업으로 삼던 사람들을 말함
② 변화하는 사회에 적응할 수 있도록 웅변술을 가르치고, 개인의 정치적 성공을 위한 교육을 목적으로 함
③ 진리는 감각을 통해 얻어지므로 주관적이고 상대적이며, 보편타당한 진리는 존재하지 않는다고 생각함
④ 주로 개인의 입신양명에 필요한 수사학과 설득 기술을 가르침
⑤ 처음에는 개인 교습을 하였으나, 이후 수사학교로 체계화됨
⑥ 기교를 지나치게 강조하고 상대주의와 회의주의로 흐르면서 비판을 받음
⑦ 이소크라테스(Isocrates)
   - 수사학적 전통을 대표하는 소피스트로, 수사학교를 설립함
   - 도덕적 인품에 기초한 완성된 웅변가를 양성하고자 함
   - 사변적인 이론 교육과 도덕성이 결여된 수사학을 비판함

(2) 소크라테스(Socrates)

① 도덕적 인간의 양성을 교육 목적으로 함
② 보편적 진리와 가치를 강조함
③ 대화를 통한 문답법(반문법+산파법)으로 보편적 진리를 획득할 수 있다고 봄
   - 반문법: 학생의 고정관념을 깨뜨리기 위한 질문
   - 산파법: 학생이 스스로 진리에 도달하도록 유도하는 질문

> **Wide** 반어법(반문법)과 산파술(산파법)
>
> 예컨대, 학생들에게 '정의'라는 관념을 가르칠 때 소크라테스는 "정의란 무엇인가?"라고 묻는다. 학생이 대답하면, 그는 학생의 대답과 맞지 않는 몇 가지 사례들을 제시하면서 다시 정의가 무엇인지를 묻는다. 이렇게 몇 번을 되풀이하면 학생은 자신이 가지고 있던 '정의'라는 관념이 진리가 아님을 깨닫게 된다. 이를 '무지의 자각'이라고 한다. 이와 같은 소크라테스의 질문은 학생이 가지고 있는 고정관념을 깨뜨리기 위한 것으로 '반어법(반문법)'이라 한다. 일단 자신의 무지를 자각하는 순간 학생은 "참된 정의란 무엇인가?"라는 강한 의문을 가지게 된다. '정의'의 참된 의미를 알고자 하는 이 욕구야말로 학생으로 하여금 어려움을 이기면서 진리를 추구하게 하는 원동력이 된다. 소크라테스는 다시 적절한 질문을 함으로써 학생이 스스로 진리에 도달하도록 유도한다. 이렇게 진리에 이르게 하는 질문의 과정을 '산파술(산파법)'이라고 한다.

④ 덕(德)은 곧 지식이며, 이는 가르칠 수 있으므로 누구나 선을 알게 되면 선을 행할 수 있다는 지행합일을 주장함
⑤ 교사는 학생이 진리를 인식할 수 있도록 안내하는 산파(産婆)의 역할을 함
⑥ 오늘날의 질문법, 토의법, 발견 학습 등에 영향을 줌

(3) 플라톤(Plato) [04 중등, 12 중등]

① 이데아론
- 이성의 대상이 되는 초감각 세계와 감각의 대상이 되는 현상계로 나누어진 이원론적 세계관을 가짐
- 진, 선, 미의 절대적 가치를 추구하는 이데아의 실현을 궁극적 목적으로 봄

② 국가론
- 사람을 철인(지혜), 군인(용기), 노동자(절제)의 세 계급으로 나누고, 각 계급에 해당하는 덕을 발휘하여야 정의가 실현된다고 봄
- 철인 계급을 위한 소수의 엘리트 교육을 주장하고, 강조함

③ 교육을 통해 계급에 맞는 개인의 능력과 덕을 발휘하여 이상 국가를 실현하고자 함

④ 여성 교육을 허용하고 남녀의 균등한 교육 기회를 주장함

⑤ 초등 교육부터 고등 교육까지 체계적으로 조직하고자 함
- 출생~6세: 동화와 신화를 통한 가정 교육
- 7~18세: 체육, 음악, 3R's를 가르침
- 19~20세: 군사 훈련
- 20~30세: 음악, 기하학, 수학, 천문학의 4과를 가르침
- 30~35세: 변증법, 철학, 정치학 등을 가르침
- 35~50세: 실제 정치에 참여함

(4) 아리스토텔레스(Aristoteles) [08 중등, 11 중등, 12 중등]

① 실재론
- 사물의 본질은 사물 그 자체에 내재함
- 자연주의적, 경험적, 현실적
- 목적론적 세계관: 인간을 포함한 모든 만물은 목적이 있으며, 이를 실현해 나감

② 교육의 목적은 행복한 삶으로, 중용의 덕과 이성의 훈련을 통해 도달할 수 있다고 주장함

③ 개인의 발달은 신체-정서-이성의 세 단계로 이루어짐
- 초등 교육(신체의 교육): 신체 훈련
- 중등 교육(인격의 교육): 4과와 시, 수사학 등을 통한 습관의 형성
- 고등 교육(지력의 교육): 심리학, 정치학, 철학 등을 통한 이성적 훈련

> **Wide 교육의 단계**
>
> 아리스토텔레스는 먼저 신체적 성장이 이루어진 후 욕망과 열정이 발달하고, 마지막으로 합리적 이성이 발달한다고 보았다. 따라서 교육도 신체 단련 교육에서 출발하여 습관 형성 교육, 마지막으로 이성 도야에 이르러야 한다고 보았다.

④ 교육의 3요소로 본성, 습관, 이성을 제시하고, 습관 교육의 중요성을 강조함

⑤ 무지, 오류에서 해방되는 자유 교육을 강조함

⑥ 노예와 여자를 제외한 자유 시민 교육을 주장함에 따라 여성 교육을 경시함

⑦ 리케이온(Lykeion)이라는 소요학교를 설립함

출제 Point

2012학년도 중등 객관식 1번
아리스토텔레스(Aristoteles)는 최고선으로서의 행복을 추구하기 위해 지성적 삶과 습관 형성을 중시하였다.

02 로마의 교육

1 로마의 문화와 교육

(1) 로마의 문화
① 실리적·실제적 성격으로 건축 및 토목이 발달함
② 시민법, 만민법 등 법률의 체계적인 발달로 법치주의 사회를 추구함
③ 그리스 문화를 모방하였으나, 로마의 독특한 문화를 형성함

(2) 로마 교육의 특징
① 그리스 문화가 유입되기 이전인 공화정 시대의 전기 교육과 이후 제정 시대의 후기 교육으로 나뉨
② 전기 로마에는 가정 교육 중심으로 교육이 발달하였고, 후기 로마에는 본격적으로 학교 교육이 발달하기 시작함

2 전기 로마의 교육

(1) 교육적 태도
① 전통적 신념과 가치를 존중함
② 종교적 의식과 행사를 중시함
③ 전통에 기초한, 전통을 유지하기 위한 교육을 실시함
④ 가정 중심의 교육과 비형식적 교육이 이루어짐

(2) 교육 목적
① 용감한 병사, 의무감이 강한 국민을 기르기 위한 교육
② 전쟁에 참여해서는 정복자, 가정에서는 권위 있는 부모, 현명한 지도자, 헌신하는 종교인의 양성

(3) 교육 내용
① 0~7세: 가정에서 어머니가 건전한 도덕심과 종교심을 가르치는 인성 교육을 실시함
② 7세 이후: 아버지가 일상생활에 필요한 교육뿐만 아니라 시민 교육도 실시함
③ 소년들이 아버지의 시범을 모방하는 방법으로 교육이 이루어짐

3 후기 로마의 교육

(1) 교육적 태도
① 그리스를 정복하였으나, 그리스의 문화와 교육 제도가 로마 사회를 주도함
② 학교 제도가 확립되면서 학교 교육을 중심으로 교육이 발전함
③ 소박하고 성실한 로마의 사회 풍토가 쇠퇴함

> **Wide** 그리스 문화의 영향
>
> 시인 호라티우스(Horatius)는 "무력에 패한 그리스가 야만적인 정복자 로마인을 다시 사로잡아 문명을 전해주었다."라고 이야기하며 로마인들이 그리스 문화의 포로가 되었음을 강조하였다.

(2) 교육 목적
① 언어 능력 향상과 공적 담화 및 토론의 성공
② 도덕적 성품과 지적인 능력을 갖춘 유능한 웅변가의 양성
③ 개인의 허영과 이기적 명예욕을 위한 교육으로 변질됨

(3) 교육 기관과 교육 내용
① 초등학교(Ludus)
- 중·하층 자녀를 위한 초등학교가 등장함
- 가정 교육의 보조적 수단으로 읽기, 쓰기, 셈하기 정도를 가르침
- 국가의 통제나 지원 없이 학부모가 부담하는 저렴한 학비로 운영됨
- 사회적 신분이 높지 않은 문자 교사에 의해 교육이 이루어졌으며, 문자 교사는 노예에게 벌을 주는 것과 같은 방식으로 학생들에게 암기를 강요함

② 문법학교(Grammar School)
- 12~15세까지의 상류층 소년들을 대상으로 한 중등 교육 기관
- 고등 교육의 예비 과정 정도에 해당함
- 그리스 교양 과목인 7자유과를 수용하여 문법과 수사학 등을 가르침
- 사립 학교였으나, 국가의 보조를 받아 발전함

③ 수사학교(Rhetoric School)
- 로마의 고등 교육 기관 중 크게 발달했던 학교로, 국가의 보조금과 지원을 받음
- 문법학교를 졸업한 청년을 대상으로 전문 교육을 실시함
- 도덕적 성품과 정치적 지도력을 갖춘 훌륭한 웅변가의 양성을 목적으로 함
- 수사학 이론, 웅변 기법, 그리스 문법, 라틴어 등을 가르침

④ 그리스는 7자유과를 균형 있게 강조하였으나, 로마는 언어 영역에 비중을 두어 가르침
⑤ 그리스 교육과정을 재조직하여 실용적인 내용 중심으로 가르침

> **Wide** 법률학교
>
> 로마의 고등 교육 기관으로 수사학교 외에 법률학교가 흥하였다. 법률학교는 소피스트에 의한 강의와 토론에 따라 법학을 가르쳤다.

Ludus
본래 기분 전환이라는 뜻으로, 초등 교육은 가정 교육의 보조 수단 정도임을 의미함

CHAPTER 2 서양 교육사

4 로마의 교육 사상가

(1) 카토(Cato)
① 가정이 국가의 핵심 요람이라고 주장한 가정 교육의 실천자
② 그리스 문화의 오염을 막기 위해 라틴어로 자녀 교육에 대한 책인 『교훈집』을 씀
③ 애국적 지사로, 로마인의 전통적 가치를 전달하고자 노력함

(2) 키케로(Cicero)
① 성선설에 기초하여 교육의 본질을 인간의 천부적 소질을 완성하는 것으로 봄
② 인생 최고의 목적을 행복한 생활로 보고, 이는 이성에 의해 도달할 수 있다고 봄
③ 철학과 웅변을 모두 강조하며 넓은 교양과 철학적 지식을 갖춘 웅변가를 양성하고자 함
④ 아동의 발달 단계마다 덕에 대한 본능이 있음을 발견하고, 교육을 통해 덕을 실현하고자 함
⑤ 교육적 환경의 중요성을 강조하고, 바른 언어, 바른 생각, 바른 생활 습관과 태도를 갖추어야 한다고 주장함
⑥ 체벌보다는 교훈적인 훈계를 강조하고, 국가에 감사하는 정신을 기르는 것을 강조함

(3) 쿠인틸리아누스(Quintilianus)
① 교육을 통해 실용적이고 실천적인 면을 갖춘 웅변가를 양성하고자 함
② 언어 습득의 기초적 감수성은 어릴 때 강하므로 조기 교육의 필요성을 주장함
③ 가정 교육보다 선의의 경쟁이 있는 학교 교육을 더 중시함
④ 공립 학교 교육을 강조하여 완전한 공립 학교 체계의 확립을 주장함
⑤ 교육과정에서 체벌을 반대하고, 아동의 흥미와 동기 유발의 중요성을 주장함
⑥ 학습 과정의 개인차를 인정하여 학생의 개성과 능력을 고려한 교육을 강조함
⑦ 교사론을 통해 교사는 학식이 깊고 넓으며 도덕적 품성을 갖추어 아동에게 감화를 줄 수 있어야 한다고 주장함
⑧ 국가적 차원의 도덕보다는 개인적 차원의 도덕을 강조함

(4) 플루타르코스(Ploutarchos)
① 교육을 통해 도덕적 인격자를 양성하고자 함
② 교육은 소질, 습관, 교수라는 세 요소의 결합임

> **Wide 플루타르코스의 교육 3요소**
> '소질이 있어도 교수하는 일이 없으면 발전이 없고, 교수를 하더라도 소질이 없으면 결함이 많고, 습관이 붙어도 소질과 교수가 없으면 불완전하다.'

③ 여성 교육과 신체의 훈련을 중시함

03 중세의 교육

1 중세의 문화와 교육

(1) 중세의 문화

① 현세를 배격하는 신(神) 중심의 기독교가 지배함
② 봉건적 신분제 문화가 형성됨
③ 상공업의 발달로 시민 사회가 새롭게 형성됨

(2) 중세 교육의 특징

① 기독교에 입각한 중세 전기 교육과 세속 교육이 확장된 중세 후기 교육으로 나뉨
② 중세 전기에는 기독교 교리 중심의 교육이 이루어짐
③ 봉건 사회의 유지를 위한 기사 교육, 시민 교육, 도제 교육이 주를 이룸
④ 시민 사회가 새롭게 형성되면서 중세 후기에는 대학 교육이 출현하게 됨

2 기독교와 교육

(1) 기독교 교육 사상

① 기독교 정신에 입각한 초자연주의, 주정주의, 금욕주의, 내세주의, 개인주의, 순종주의
   - 주정주의(主情主義): 신에 대한 경건한 심정을 함양하도록 함
   - 금욕주의: 진·선·미의 문화 교육이 후퇴하게 됨
   - 순종주의: 신에 대해 순종하는 인간을 양성하는 것만을 교육 목적으로 인정함
② 인문주의 교육의 억압과 기독교 교육의 내면화

(2) 교회 부설 학교

① 세속적 학교 교육은 크게 쇠퇴하고, 교회 및 교회 시설 관련 교육이 확장됨
② 문답학교
   - 일반 대중과 이교도를 기독교인으로 개종하기 위해 교회 소재지에 설립된 초등 교육 기관
   - 세례를 받지 않은 아동에게 기독교 교리에 관한 예비 교육을 실시함
   - 2~3년간 기독교에 관련된 기본적인 지식과 기본 교리를 문답식으로 가르침
③ 고급문답학교
   - 문답학교의 교사를 양성하기 위해 교회에 설립된 중등 교육 기관
   - 기독교 교리뿐만 아니라 철학, 수사학, 천문학, 문학, 역사학 등을 가르침
④ 본산학교
   - 교회의 지도자, 성직자를 양성하기 위해 주교가 거주하는 각 교구의 본산(本山) 소재지에 설립된 고등 교육 기관
   - 높은 수준의 신학, 과학, 철학, 수학 등을 가르침
   - 본산학교 교사 중심으로 기독교 교리를 이론적으로 정립한 스콜라 철학이 전개됨

수도원

수도자가 공동 생활을 하면서 수행하는 곳으로, 세속 권력화되는 교회에 반대하여 엄격한 육체적·정신적 금욕 생활을 위해 설립됨

스콜라(Schola)

학교라는 뜻의 라틴어로, 수도원과 대성당에 마련된 부속 학교를 지칭하는 말

(3) 수도원학교

① 수도사를 양성하기 위하여 수도원 내에 설립되었으나, 중세 후기에는 일반 아동의 교육도 담당함
② 초급 과정에서는 초보적 읽기, 쓰기, 셈하기 등을 가르침
③ 고급 과정에서는 문학, 수사학, 논리학, 산술, 기하 등의 7자유학 과목을 가르침
④ 엄격한 훈련과 단식 등의 금욕 생활을 강조함
⑤ 교리문답을 통한 질의 응답식 교수법과 명상과 사색을 강조함

3 스콜라 철학과 교육

(1) 스콜라 철학

① 기독교 신앙을 이성적·합리적으로 설명하여 기독교의 정당성을 입증하고자 함

> **Wide 스콜라 철학**
>
> 6세기부터 10세기까지 동서의 문화 교류가 이루어졌고, 십자군을 통해 동방의 문화가 들어오면서 기독교 교리에 대한 확실성이 흔들리기 시작했다. 기독교 교리가 흔들리는 것에 맞서 학문적 논증으로 기독교를 옹호하기 위한 운동이 스콜라 운동이고, 이 운동에 의해 생성된 철학이 스콜라 철학이다.

② 안셀무스(Anselmus)에 의해 시작되어 13세기 아퀴나스(Aquinas)에 의해 완성됨
  • '기독교인은 신앙을 통해 지식으로 나아갈 것이지, 지식을 통해 신앙에 이르러서는 안 된다.' (안셀무스)
  • 아퀴나스는 아리스토텔레스의 철학과 기독교 신앙을 종합하여 기독교 철학을 체계화함
③ 르네상스 인문주의 교육 운동과 중세 대학 창설의 직접적 계기가 됨
④ 지적 교육의 발달을 자극하고 이성에 대한 관심을 고무시킴

(2) 스콜라 철학의 교육

① 기독교 신앙의 정당성을 입증하기 위한 이성의 계발과 기독교 지식의 체계화를 교육의 목적으로 둠
② 아퀴나스의 『신학대전』과 같은 스콜라 철학자의 저서를 가르침
③ 교사가 교재에 주석을 달고 용어의 해설을 하는 강의를 통해 교육이 이루어짐
④ 학생 또는 학생 집단이 서로에게 반박하는 논박 및 토의를 통해 논쟁 능력을 계발하고자 함

4 세속 교육

(1) 기사 교육

① 기사는 봉건 제도가 성립되면서 나타난 상류 계층의 무사로, 봉건 제후들의 자위 수단임과 동시에 외부의 침략을 막기 위한 수단이 됨

② 기사들의 도덕적 기사도는 봉건 사회의 도덕적 기준이 됨

③ 기사 교육의 목적은 기독교적 기사를 양성하는 것이었으므로 기사에게 교회에 대한 신앙, 군주에 대한 충성, 부인과 약자에 대한 의협 등을 가르침

④ 사회적 예의나 태도 훈련과 군사 훈련을 병행하고 신체 훈련을 강조함

⑤ 교육 단계
- 가정 교육기(출생~7세): 가정에서 인성 교육, 건강한 신체 훈련, 예의범절을 가르침
- 시동 교육기(7~14세): 시동(侍童)으로 영주의 궁정에 들어가 예법과 초보적인 읽기와 쓰기, 무술의 기초 등을 배움
- 시종 교육기(14~20세): 14세가 되면 시종(侍從)이 되어 실제 체험을 통한 기사 예비 교육을 받고, 승마, 수영, 검술 등의 7예를 배움
- 기사 입문식(21세): 교육과정을 마치고 영주 앞에서 기사 입문식을 통해 정식 기사가 됨

⑥ 학교에 의하지 않은 생활 교육으로, 시범과 모방을 통한 '행함으로써 배우는' 교육 방법에 따라 교육이 이루어짐

(2) 대학 [10 중등]

① 대학의 발달 배경
- 자유 도시의 성립과 직업의 분화에 따라 경제력 있는 시민 계급이 세속 학문에 관심을 가지게 됨
- 동서 문화 교류에 따른 이슬람 문화와의 접촉으로 그리스·로마 문화가 복원됨
- 스콜라 철학과 논쟁의 발달로 사람들의 지적 욕구를 자극함

② 대학의 발달 과정
- 상업이 발달하고 자유로운 도시 생활이 등장하자 세계 시민의 성격을 띤 학생과 학자가 등장하게 됨
- 교사와 학생들은 새로운 학문과 지식을 배우고 전달하기 위해 조합을 구성하였고, 학생 조합과 교수 조합이 결합하여 대학으로 발전함
- 법학·신학·의학을 중심으로 전문화된 대학이 등장함
- 대학은 본산학교의 '일반학과'를 흡수하면서 발달하였고, 고전 학문의 부활에 자극을 받아 성장함

③ 대학의 성립
- 볼로냐 대학(1158): 이탈리아 북부의 법학 중심 학교로, 학생 조합 세력이 교사 조합을 지배함
- 파리 대학(1180): 신학 중심의 학교로, 많은 스콜라 철학자들이 강의하면서 교사 조합이 중심이 됨

출제 Point

2010학년도 중등 객관식 2번
② 대학의 기원과 도시 자치권의 확대 사이에 긴밀한 관련이 있었다.
③ 중세 초기 대학의 설립과 운영에 있어서 교회의 발언권이 강했다.
④ 유니버시티(University)라는 말은 본래 선생과 학생의 조합을 뜻했다.
⑤ 이탈리아와 남부 프랑스의 대학들은 볼로냐(Bologna) 대학을 모범으로 삼았다.

기사도(Chivalry)

용맹, 봉사, 헌신, 절제 등 기사로서 지켜야 하는 규범

대학(University)

대학의 어원은 다수인의 집단을 의미하는 Universitas로, 교사와 학생의 조합을 간단히 줄여 Universitas라고 부른 데서 유래함

- 옥스퍼드 대학(1168), 캠브리지 대학(1209), 빈 대학(1368) 등
- 살레르노 대학(1231): 이탈리아 남부의 의학 중심 학교

④ 대학의 교육 내용과 조직
- 예비 수준의 교양 학부와 상위 수준의 신학·법학·의학부로 구성됨
- 교양 학부: 7자유학과 중 논리학을 가장 중시했으며, 아리스토텔레스의 윤리학을 포함함

⑤ 강의와 토론을 활용한 교육 방법이 주를 이룸

⑥ 대학의 특권
- 교수와 학생은 세금과 군 복무 및 부역을 면제받고, 자치권과 신분상의 보호를 받음
- 대학은 독립적으로 재판권을 행사할 수 있으며, 학위 수여권을 가짐

⑦ 대학의 교육적 의의
- 지적 활동의 중심지 역할을 함
- 고전 문화의 계승자이자 전달자 역할을 함
- 시민 세력과 교회 세력 간의 완충 역할을 함

(3) 시민 교육

① 도시와 상공업의 발달로 새로운 시민 계급이 출현함

② 대학의 발달에 따라 시민 교육에 대한 관심이 커지면서 시민학교와 도제 교육이 등장함

③ 시민학교
- 독일어 학교(Deutsche Schule), 습자학교(Schreib Schule), 조합학교(Guild School)는 하류층 계급의 자제를 위한 학교로, 읽기, 쓰기, 셈하기 등 실생활에 필요한 기초 교육을 실시함
- 라틴어 학교(Latin School), 공공학교(Public School) 등은 상류층 계급의 자제를 위한 학교로, 대학 진학에 필요한 교육을 실시함

④ 도제 교육
- 조직화된 직업 교육으로, 도시의 상인과 수공업자들이 조직한 길드를 중심으로 발달함
- 직업 교육의 과정을 도제 – 직공 – 장인의 3단계로 규정함
  - 도제: 7~8세경 7년 정도의 기간 동안 장인 밑에 들어가 침식을 같이 하며 장인을 도우며 배움
  - 직공: 장인을 떠나 각지 장인의 공장이나 영업소를 찾아 가 임금을 받고 일하면서 기술을 익힘
  - 장인: 조합의 심사를 받아 장인으로 인정받게 되면 독자적인 점포나 공장의 개설이 가능함
- 중세의 직업 교육과 기술 발전에 기여함

> **길드(Guild)**
> 중세 유럽의 도시에서 발달한 상인·수공업자 조합

> **Wide** 도제(徒弟)
>
> 도제(徒弟)란 직종의 기술을 배우는 견습공을 말한다. 도제는 장인과 수업 계약을 맺고 수업료를 지불하면서 입문하는데, 장인의 집에 기거하며 작업을 도움으로써 기술을 습득하고, 가정의 잡무도 돌보았다.

5 중세의 교육 사상가

(1) 아우구스티누스(Augustinus)

① 초기 기독교의 가장 영향력 있는 교부(敎父)로, 중세 사상에 결정적 영향력을 행사함
② 플라톤 철학을 바탕으로 지식과 신앙의 관계를 논함
③ 지식의 목적은 신과 영혼을 아는 것으로, 이성에서 출발하여 본성에 대한 이해와 절대적 진리로 나아가야 한다고 주장함
④ 학생의 감정과 독특한 성격에 대한 깊은 관심을 갖고, 격려와 자극에 의한 교육을 강조함
⑤ 극단적 언어주의에 반대함
⑥ 교사는 학생을 성숙한 인격체로 변화시키기 위해 모범을 보여야 한다고 주장함

(2) 아퀴나스(Aquinas)

① 스콜라 철학의 대표적인 학자로, 아리스토텔레스 철학을 기독교 사상과 조화시켜 이성과 신앙을 종합함
② 발견과 학습을 통해 지식을 습득하며, 구체적·경험적 지식에서 추상적·보편적 지식의 순서로 습득해야 함
③ 올바른 교수법은 학습자의 선천적 학습 동기에 근거해야 함
④ 교사는 학습자를 돕는 존재로, 낱말, 문장, 비유를 조심스럽게 다루어야 함

교부(敎父)

2세기부터 기독교 신학의 주춧돌을 놓은 이들을 일컬으며, 후대에 이들에 대한 경칭으로 교부(敎父)라 함

CHAPTER 2 서양 교육사

04 문예 부흥기의 교육

1 문예 부흥기의 문화와 교육

(1) 르네상스 운동의 전개

① 십자군 전쟁 이후 상업과 도시가 발달하고, 자유 시민 계급의 세력이 확장함
② 고전에 대한 관심이 증가하고, 스콜라 철학을 중심으로 합리적 사고방식이 등장함
③ 대학의 발달로 지적·자연 과학적 탐구가 확산됨
④ 신 중심, 내세 위주의 중세 문명에서 벗어나 모든 영역에 있어 인간적인 측면을 추구하는 반(反)중세적 문화 혁신 운동이 일어남

(2) 르네상스 운동의 특징

① 자유로운 행위의 주체로서 개인의 가치를 존중하는 인문주의적 이념과 철학을 의미함
② 그리스·로마의 인문주의를 바탕으로 조화로운 인간상을 형성하고자 함
③ 자연 현상에 대한 관찰과 실험을 중시함

(3) 문예 부흥기 교육의 특징

① 개인의 사상과 표현의 자유를 중시하고 인격의 조화로운 발달을 추구함
② 인간적 교양을 갖춘 자유인의 육성을 교육의 목표로 하는 자유 교육 사상이 부활함
③ 미적 도야를 강조하고, 고대 그리스·로마 예술에 대한 학습을 강조함

2 인문주의 교육

(1) 개인적 인문주의 교육

① 교육 목적
  - 이탈리아에서 전개된 인문주의는 개인 중심의 인문주의로, 그리스의 자유 교육을 이상으로 하고 자아실현과 개성 표현을 결합함
  - 세속적이고 인간적인 삶에 관심을 가지고, 자유인과 교양인을 기르는 것을 목적으로 하여 개인의 다재다능함을 추구함
② 교육 내용: 문학 교육, 도덕 교육, 체육 교육, 역사·철학 교육 등 인간 생활과 관련된 모든 영역을 포괄하고, 그리스·로마 고전을 교과서로 사용함
③ 교육 방법
  - 활판 인쇄술의 발달로 교과서와 문헌을 통한 학습이 이루어짐
  - 구두 토론 중심에서 벗어나 논문을 작성하도록 하고, 체벌이나 위협 등 중세의 금욕주의 방식에서 벗어나 자기 표현 및 활동을 장려함

> **Wide 비토리노(Vittorino)**
> 근대적 교사의 선구자인 비토리노(Vittorino)는 민투아에 설립한 학교를 Casa Giocosa(즐거운 집)이라 불렀다. 그는 학생의 흥미와 사고력 발달을 중시했고 놀이의 교육적 의의를 강조하여 실제 교육 현장에 적용하였다.

르네상스(Renaissance)
이탈리아어 Rinascita(재생)에서 유래하였으며, 고대 그리스·로마 문화의 복원을 의미함

(2) 사회적 인문주의 교육

① 교육 목적
- 북유럽에서 전개된 인문주의는 사회적 인문주의로, 사회 개혁적 성격을 지님
- 사회 공동체의 개혁에 목적을 두고, 객관성, 도덕성을 강조함
- 시민의 종교 교육과 도덕 교육을 강조함

② 교육 내용: 고전 문학과 성서 문학을 결합하고, 성서를 중시함

③ 교육 방법
- 초기 인문주의의 자유 정신이 쇠퇴하고, 엄격한 훈련과 형식을 중시하게 됨
- 모방과 기억을 강조하고 고전 연구 및 번역 훈련 자체를 강조함
- 에라스무스(Erasmus)는 학문보다 경건함을, 예의보다 도덕적 의무를 중시함

> **Wide 에라스무스(Erasmus)**
> 네덜란드의 인문주의 학자 에라스무스(Erasmus)는 북유럽의 엄격한 암기식 교육 방법에 대해 온화한 방법으로 칭찬과 보상을 실시하도록 권하였다.

(3) 키케로주의(Ciceronianism) 인문주의 교육 [05 중등]

① 고대 언어와 문학의 형식만을 강조하면서 편협하고 형식적인 언어 중심의 교육이 이루어짐
② 고전 연구를 통한 인간 삶의 개선이 아닌 고전의 형식 자체가 연구 목적이 됨
③ 키케로의 문장을 암송하거나 그가 사용한 단어나 구절을 모방하여 문장을 구성하고, 광범위한 독서보다는 키케로의 작품 등 소수의 작품 공부에 집중함
④ 형식적 인문주의에 대한 반동으로 17세기 실학주의 교육이 등장함

키케로(Cicero)
기원전 106년에 태어난 로마의 정치인이자 훌륭한 연설가로, 고전 라틴어 표현의 전형으로 평가받는 풍부한 작품을 집필함

CHAPTER 2 서양 교육사

05 종교 개혁기의 교육

1 종교 개혁기의 문화

(1) 종교 개혁

① 16세기 유럽에서 로마 가톨릭교회에 반대하여 일어난 개혁 운동으로, 개인의 신앙과 성서 해석의 중요성을 강조함
② 교황 레오 10세의 면죄부 판매에 반발하여 루터가 항의문을 공표하였고, 이를 계기로 종교 개혁이 시작됨
③ 로마 가톨릭교회에 반기를 든 신교와 기존의 로마 가톨릭교회인 구교가 양립하게 됨

(2) 종교 개혁의 결과

① 루터의 종교 개혁을 시작으로 각국에서 교회 개혁 운동이 일어났고, 나라마다 성격을 달리하며 나타남
② 정치적으로 절대제 강화가 나타나고, 경제적으로 산업 자본의 등장에 기여함
③ 종교 분쟁으로 학교 교육의 기초가 파괴됨
④ 모국어 교육과 공교육의 보편성을 실현하는 계기가 됨

2 신교(新敎)의 교육

(1) 교육 목적

① 내세의 영광된 생활을 위한 준비로서 현재 생활을 가치 있게 하는 데 있음
② 지성, 사회적 덕, 개인의 경건을 동시에 추구하며, 합리적 신앙과 사회적 도덕이 조화된 종교적 인간을 육성하고자 함

(2) 교육 내용

① 기독교적 인간의 육성을 위해 종교 교육을 강조함
② 모국어 학교
  - 초등 교육 기관으로, 성서가 주요 교과서로 사용됨
  - 음악·체육·기술과, 수공예·가사 등 생활의 기본이 되는 교과를 학습함
③ 중등학교와 대학교
  - 인문주의와 신교주의의 교육 내용을 채택하여 융합적 성격을 지님
  - 성직자를 위한 준비 과정으로, 성서 이해 및 성서 주해 등 성서의 직접적인 연구가 이루어졌으며 국가 발전을 위해 법학, 의학, 철학, 과학도 교육함

(3) 교육 방법

① 형식화된 인문주의 교육이 중심이 되어 암기, 암송 중심의 교육이 이루어짐
② 엄격한 훈육과 형식적 통제가 이루어짐
③ 학년별 학급제가 도입됨

(4) 종교 개혁의 교육적 의의

① 신앙의 권위를 개인의 믿음에 두어 개인과 이성을 존중하는 교육이 발달함
② 성경을 모국어로 번역하여 일반 대중 교육에 기여함
③ 과학적 진리를 강조하여 실생활에 유용한 인물을 양성함
④ 인간 평등 사상과 노동의 신성화로 교육의 민주화 및 실업 교육 발전에 기여함
⑤ 아동에 대한 존중과 부모의 교육적 의무를 강조함
⑥ 교육의 운영권을 교회에서 국가로 양도하여 공교육 제도의 확립에 영향을 미침

3 구교(舊敎)의 교육

(1) 교육 목적

① 정신적 구원과 도덕적 개선의 종교적 도덕주의를 추구함
② 도덕적으로 무장한 인재를 양성하는 것을 목적으로 함

(2) 교육 내용

① 초등학교에서는 종교를 강조하여 엄하고 경건한 분위기에서 읽기, 쓰기, 셈하기를 교육함
② 중등 교육(하급 칼리지)에서는 인문주의 교육과 종교 교육을 병행함
③ 고등 교육(상급 칼리지)에서는 아리스토텔레스의 철학과 아퀴나스의 신학을 강조함

(3) 교육 방법

① 로욜라(Loyola)의 제수이트 교단
- 신교에 대한 대항으로 군인 로욜라(Loyola)에 의해 창립된 군대식 위계적 교육 조직
- 강의와 반복 학습을 강조하여 한 번에 적은 양을 학습하되, 기억에 남도록 지도함
- 학생의 능력과 흥미에 맞추어 지도함
- 경쟁을 통한 동기 유발을 위해 학교 간, 학생 간 경쟁을 유도함
- 성직자 지망생과 일반 자제를 모두 무료로 교육함
- 교사를 신중히 선택하고 배치하였으며, 모든 교수 활동을 철저히 감독함

> **Wide 제수이트 교단**
>
> 제수이트 교단은 예수회라고도 불린다. 이나시오 로욜라(Loyola)가 계시를 통해 설립한 것으로 알려져 있으며, 신교에 맞서는 가톨릭 교육으로 무장한 신도 양성을 목적으로 한다. 해외 선교에 적극적이었고 연구와 교육 분야의 활동으로 명성이 높다.

② 라살(La Salle)의 기독교 학교 동포 교단
- 초등학교 최초로 능력에 따라 학급을 편성함
- 전체 학급이 동시에 암송하는 동시 교수 방법을 채택함
- 엄격한 학교 관리 규정이 있었으나, 제수이트 교단과 달리 융통성 있게 규정을 수정하기도 함

4 종교 개혁기의 교육 사상가

(1) 루터(Luther)

① 엄격한 훈련과 통제에 의해 이루어지는 기존의 기독교 교육을 비판하며, 새로운 학교 교육을 주장함
② 차별 없이 이루어지는 보편 교육을 의무화해야 한다고 강조하며, 공교육 제도를 주장함
③ 개인의 흥미와 능력을 고려하는 등 진보적 교육 방법의 원리를 제시함
④ 가정을 교육의 중요한 기반으로 강조하며, 부모의 역할을 강조함
⑤ 여성 교육의 필요성과 여교사의 채용을 강조함
⑥ 인문주의 교육 내용과 성서 중심의 종교 교육을 강조함
⑦ 교직의 중요성과 고귀성을 강조함

(2) 멜란히톤(Melanchton)

① 루터파와 결합하여 종교 개혁 운동을 벌였으며, 루터의 교육관을 실천하고 구체화함
② 학제를 만들어 학년 제도의 기초를 마련함
③ 교과서를 편찬하고, 중등 교육에 중점을 둠

(3) 칼뱅(Calvin)

① 직업은 신의 뜻, 즉 소명에 의해 주어진 것이라는 직업 소명설을 주장함
② 공교육 제도와 교사 채용을 위한 시험 제도를 주장함
③ 대학 교육보다는 초등 교육과 서민 교육을 강조함
④ 매사추세츠 교육령에 영향을 줌

06 실학주의의 교육 [06 중등, 09 중등, 13 중등]

1 실학주의

(1) 실학주의 등장 배경

① 사변적·형식적으로 흐르는 인문주의와 종교 개혁 운동에 대한 반성으로 등장함
② 자연 과학의 발전에 따라 인류 문화 생활이 급격하게 변화함
③ 형식적이고 편협한 키케로주의에 빠진 학교 교육에 대한 반발로 등장함

(2) 자연 과학의 발달

① 경험론과 합리론은 이성 및 경험을 존중하는 실학주의 교육 발생에 큰 영향을 미침
② 프란시스 베이컨(Bacon)의 경험론
  - 자연의 실험과 관찰을 통한 지식 습득을 주장함
  - 구체적인 사실을 통해 일반적 법칙과 원리를 이끌어 내는 귀납법을 강조함
③ 데카르트(Descartes)의 합리론: 이성에 의한 진리 파악을 주장함

2 실학주의 교육의 특징

(1) 지식의 실용성

① 인간에게 필요한 실용적인 지식을 중시하여 상업·외교에 필요한 지식, 정치, 법률, 자연 과학 등을 강조함
② 실용적 측면에서 모국어와 외국어를 강조하고, 실생활에 활용할 수 있는 과학적 지식을 강조함

(2) 광범위한 교육 내용

① 백과전서적 교육 내용을 강조하고, 광범위한 내용을 피상적으로 다룸
② 25~30개 정도의 교과목을 공부하도록 권장함

(3) 직접적·감각적 교육 방법

① '언어 이전에 사물(Things Before Words)': 언어는 사물에서 나온 것으로, 언어 학습은 사물에 대한 경험을 통해 이루어져야 함
② 학습에 그림, 사진 등 구체적이고 직접적인 도구를 사용하고, 여행, 관찰, 시범, 실험 등을 교육 방법으로 채택함

3 실학주의 교육의 발전 과정 [04 중등, 12 중등]

(1) 인문적 실학주의

① 인간 사회에 필요한 완전한 지식은 고전 작품 속에 담겨 있다고 주장하며, 고전의 문장 구조가 아닌 과학적·역사적·사회적 정보를 얻어야 한다고 주장함
② 고전을 중시하는 점에서 르네상스의 인문주의와 유사하지만, 실제 생활에 이용하고자 하는 점에서 인문주의 교육과 구별됨

출제 Point

2013학년도 중등 객관식 1번
ㄴ. 구체적 사물에 대한 직접적 경험을 강조하였다
ㄷ. 현실 생활에 대한 이해와 교육의 현실적 적합성을 중시하였다.

2009학년도 중등 객관식 4번
- 세상은 가장 훌륭한 교과서이다.
- 감각적 경험이 올바른 지식을 획득하는 통로이다.
- 고전 공부의 진정한 목적은 현학적 지식의 습득이 아니라 인간의 삶에 대한 이해를 통하여 교육의 현실적 적합성을 추구하는 것이다.
- 삶의 지혜와 학문적 지식은 구분되어야 하며, 아이에게 실제적 지혜의 기초가 충분히 다져지기 전까지는 학문적 지식에 대한 공부를 보류해야 한다.

프란시스 베이컨(Bacon)

- 근대 사회의 대표적인 경험론자로, 중세 스콜라 철학의 전통적 방법을 부정하고, 경험적 지식의 중요성을 강조함
- '아는 것이 힘이다.'

③ 인문주의의 고전 또는 문장 중심의 편협성을 배격하고, 인간사와 관련된 전 영역을 망라하여 백과전서식 내용을 교육 내용으로 채택함
④ 대표적인 인문적 실학주의자에는 비베스, 라블레, 밀턴 등이 있음

(2) 사회적 실학주의
① 고전에 의한 교육을 지양하고, 사회 생활의 경험을 주요 교육 내용으로 삼음
② 사회 생활의 구체적인 경험을 통해 교양 있는 신사(Gentleman)를 양성하고자 함
③ 이론 교육을 넘어 사회적 활동을 중심으로 한 교육을 강조함
④ 여행을 권장하고, 사교계에 진출하여 여러 가지 풍속이나 습관 등을 습득하도록 함
⑤ 직접적인 경험을 통한 유용성과 실천성을 강조함
⑥ 대표적인 사회적 실학주의자에는 몽테뉴가 있음

(3) 감각적 실학주의 [05 중등]
① 자연 과학의 지식과 연구 방법을 교육에 도입하고자 함
② 자연 현상에 관심을 기울이면서 교육을 자연적 과정으로 파악함
③ 인간에 대한 과학적 탐구를 중시하고, 과학적 방법론을 통해 과학적 지식을 습득하고자 함
④ 대표적인 감각적 실학주의자에는 라트케, 코메니우스 등이 있음

> **Wide 과학적 실학주의**
>
> 감각적 실학주의는 고전이나 사회적 인간관계를 통한 교육보다는 감각적 직관과 과학적인 방법을 통해 과학적인 내용을 익히고, 이를 바탕으로 인간 생활의 개선을 추구하였다. 때문에 과학적 실학주의라고도 불린다.

4 실학주의 교육 사상가

(1) 라블레(Rabelais)
① 인문적 실학주의자로, 문법 중심의 고전 연구에 반대하고, 넓은 의미의 자유와 자율 교육을 지향함
② 백과전서식 교육을 강조하고, 실제적 생활에 적용하는 교육을 주장함
③ 지·덕·체의 완성된 인간을 추구하고, 정신적 발달을 위한 조건으로 체육, 직관 학습, 자주적 사고를 중시함
④ 암송보다 이해를 통한 교육 방법을 중시하고, 모든 학습은 아동이 즐거운 가운데 이루어져야 한다고 주장함

(2) 밀턴(Milton)
① 인문적 실학주의자로, 종교 교육과 세속 교육의 조화를 추구함
② 현실 세계에서 실제를 위한 준비로서의 교육을 강조함
③ 중등학교와 대학 교육을 12~21세까지 병행하는 아카데미 교육 기관을 구상함
④ 폭넓은 지식을 철저하게 이해하도록 가르치며, 교사와 학생이 서로 토론하도록 함
⑤ 인문주의에서 실학주의로 넘어가는 과도기적 역할을 수행함

(3) 몽테뉴(Montaigne)

① 사회적 실학주의자로, 사회적 적응을 위한 귀족 교육에 관심을 가짐
② 여행을 통해 세상 견문을 넓히고, 실생활에 유용한 지식을 이해하고 경험해야 한다고 주장함
③ 유능한 신사 교육은 학교보다 가정 교육에서 가능하다고 주장함
④ 학생의 개성을 파악하여 능력과 적성에 알맞은 교육 방법을 선택해야 함
⑤ 체벌을 삼가고, 암기보다 이해와 판단을 강조하는 교육 방법을 중시함

(4) 코메니우스(Comenius) [02 중등, 12 중등]

① 17세기를 대표하는 감각적 실학주의 교육 사상가로, 근대 교육의 아버지로 불림
② 대표적인 저서로는 『언어입문』, 『세계도회』, 『대교수학』이 있음
  - 『언어입문』: 라틴어 학습을 위한 교과서
  - 『세계도회』: 그림을 삽입하여 아동의 학습을 도운 최초의 시청각 교재
  - 『대교수학』: 교육에 대한 생각을 체계적으로 정리한 교육학 서적
③ 모든 사람에게, 모든 것을, 모든 방법으로 가르치는 범교육(보편 교육)을 강조함
④ 교육 목적
  - 신과 더불어 영원한 행복을 누릴 수 있는 인간을 길러내는 것
  - 지식의 발달(이성), 도덕적 수양(덕성), 종교적 도야(경건성)를 통해 완전한 삶을 준비하는 것
  - 전체를 이루는 지식의 총체인 범지학(汎知學)의 획득
⑤ 교육 내용
  - 모든 지식을 가르쳐야 한다는 범지주의에 근거하여 모든 교과를 적절한 수준에서 가르침
  - 모든 학문을 종합하고, 이를 바탕으로 사물의 원인과 결과에 대해 분석함
  - 교과의 상호 연관성을 중시하여 인간과 사물의 상관관계, 법칙 등을 파악함
⑥ 교육 방법
  - 합자연의 원리: 자연의 원리에 따라 인간의 본성을 발달시켜야 함(객관적 자연주의)
    - 보편적이고 일반적인 원리를 먼저 가르치고, 세부적이고 구체적인 원리를 나중에 가르쳐야 함
    - 모든 자연 현상에는 원인과 시기, 순서가 있으며, 학습에도 각각의 시기와 순서가 있으므로 인간의 발달 순서에 따라 가르쳐야 함
    - 자연의 형성 과정에 있어 재료가 먼저 있고 형태는 나중에 만들어지므로 사물에 대한 지식을 먼저 가르치고 논리적 지식은 나중에 가르쳐야 함
  - 직관주의 원리: 직접적인 사물(실물)을 통한 교육을 강조함
⑦ 교육 단계
  - 어머니 학교(출생~6세): 유아 대상의 가정 교육으로, 감각 훈련과 도덕적 습관 및 신앙 훈련을 강조함
  - 모국어 학교(7~12세): 아동 대상의 교육으로, 그리기·노래·셈하기 등 기초 지식을 가르침

출제 Point

2012학년도 중등 객관식 2번
자연적, 초월적 지식을 망라하는 전반적인 지식의 체계를 수립하고자 하였다.

『세계도회』

시청각 교재의 효시로, 각 주제에 대한 설명과 이를 뒷받침하는 그림이 수록된 언어 입문을 위한 초등학교 통합 교과서

범지학(Pansophism)

신(神)의 지혜는 만물에 깃들어 있으므로 자연에 대한 연구를 통해 신의 뜻을 알 수 있다는 사상

- 라틴어 학교(13~18세): 청소년 대상의 중등 교육으로, 모국어, 라틴어 등의 언어와 7자유학과, 자연 과학 및 사회 과목 등 모든 학문을 종합적으로 가르침
- 대학(19~24세): 청년 대상의 고등 교육으로, 이미 배웠던 모든 분야의 학문적 지식을 철저히 익혀 인간다운 삶을 주도해 나가는 데 중점을 둠

⑧ 교육적 의의
- 모든 사람을 위한 교육(범교육)을 통해 균등한 교육 기회와 의무 교육을 강조하여, 의무 교육 제도의 성립을 촉진함
- 어머니 학교를 통해 조기 교육의 중요성을 강조함
- 직관주의 원리를 통해 시청각 교육의 중요성을 강조함

Wide 코메니우스의 교수 방법 원리와 법칙

① 교육은 어린이의 자연스러운 흥미를 끌어내야 한다.
② 가르쳐야 할 내용은 사물을 직접 제시하고 지도해야 한다.
③ 일상생활에 실제적으로 응용되는 내용을 가르쳐야 한다.
④ 복잡한 방법으로 가르치지 말고 단순한 방법을 사용해야 한다.
⑤ 일반적인 원리를 먼저 설명하고 나서 자세한 부분을 생각하게 해야 한다.
⑥ 사물의 순서, 위치, 관계를 학습하게 해야 한다.
⑦ 연속해서 가르치되, 한 번에 한 가지만 가르쳐야 한다.
⑧ 한 가지 내용을 완전히 학습할 때까지 다른 내용으로 진행해서는 안 된다.
⑨ 지식이 명료하고 뚜렷해지도록 하기 위하여 사물의 차이점을 강조해야 한다.
⑩ 감각, 기억, 상상, 이해가 결합되도록 매일 연습시켜야 한다.
⑪ 알려져 있는 것을 먼저 가르치고 그다음에 알려지지 않은 것을 가르쳐야 한다.
⑫ 사물, 대상, 행동을 모국어로 표현된 단어와 연관시켜야 한다.
⑬ 어린이의 이해력에 맞추어 교수해야 한다.
⑭ 어린이는 행함으로써 배우도록 해야 한다.
⑮ 낱말들이 반복되어서는 안 된다.

07 계몽주의의 교육

> **출제 Point**
>
> 2011학년도 중등 객관식 6번
> 감정이나 종교적 계시보다 합리성을 기르는 데 초점을 두었다.

1 계몽주의 교육

(1) 계몽주의

① 17세기 후반 절대주의 왕정과 엄격한 계급 제도, 비과학적 인간관과 세계관을 비판하면서 등장한 경험론적 · 합리론적 사상

② 자연 과학과 경험론, 합리론의 발달로 인간의 이성에 대한 확신이 강화됨에 따라 등장한 혁신적 사상

③ 인간의 이성과 과학의 가능성에 대한 낙관주의적 사고방식에 입각하여, 인간의 이성을 통해 불평등한 사회를 개혁할 수 있다고 생각함

④ 과학적 자연주의, 실증주의, 공리주의

(2) 계몽주의 교육의 특징 [11 중등]

① 합리적이고 비판적인 이성을 중시함에 따라 교육을 통한 합리적 · 비판적 사고의 계발을 강조함

② 교육의 목적을 합리적 사고 능력을 길러 사회 구조의 속박에서 벗어나는 것으로 봄

③ 객관적인 관찰과 경험의 교육 방법을 강조하고, 과학을 가치 있는 교과로 강조함

(3) 로크(Locke) [08 중등]

① 백지설(Tabula Rasa)
  - 인간의 타고난 마음은 흰 종이처럼 텅 비어 있으며, 인식이 형성되려면 감각과 반성이라는 두 종류의 경험이 필요함
  - 모든 관념과 지식은 감각적 경험에 의해 획득된다는 경험론을 주장하고, 후천적 경험을 강조하여 교육만능설로 이어짐

② 훈련을 통한 습관의 형성을 교육 목적으로 삼고, 체육, 덕육, 지육의 순서로 강조함
  - 체육: 인간의 정신은 신체의 건강을 전제로 하는 경험에 의하여 형성된다고 주장하며 체육을 강조함
  - 덕육: 욕망을 억제하고 이성에 따라 행동할 수 있는 능력을 기르는 것으로, 절제와 금기, 엄격한 훈련의 필요성을 강조함
  - 지육: 덕을 쌓고 사고하는 습관을 기르기 위한 수단으로서의 필요성을 주장함

③ 노동의 중요성을 강조하고, 빈민 아동을 위한 노동학교 설립을 주장함

④ 인간의 마음은 몇 가지 능력으로 구성되어 있으며, 이러한 심적 능력은 훈련을 통해 단련시킬 수 있다는 능력 심리학이 형식도야설에 영향을 미침

CHAPTER 2 서양 교육사

> **출제 Point**
>
> **2007학년도 중등 객관식 3번**
> 범애파(汎愛派)를 대표하는 바제도우(J. Basedow)의 교육론
> ① 직관의 원리에 따른 교과서 편찬 방법을 도입하였다.
> ② 자연에 관한 관찰 및 실험에 의한 교수를 중시하였다.
> ③ 훈육을 위하여 기숙제 학교에서의 규율적 생활을 강조하였다.

2 자연주의 교육

(1) 자연주의 교육

① 지나친 이성 중심의 합리주의와 주지주의적 경향에 반발하여 등장함
② 인간 내면의 심리와 감성을 중시하고, 전인 교육을 강조하는 교육 사상
③ 인간의 발달 과정이 자연의 법칙과 일치한다고 보고, 자연과 일치하는 교육과정을 주장함
④ 모든 인위적인 것에 반대하며, 현재 생활 자체를 위한 교육을 강조함

(2) 루소(Rousseau) [04 중등, 06 중등, 07 중등]

① 자연주의, 합리주의, 자유주의
② '자연은 선하고 사회는 악하다.'는 성선설을 바탕으로 함
③ 개인의 자연적인 본성을 잘 보전하고 사회적 제약에서 벗어나, 자기 자신의 삶을 살아가는 자연인의 육성을 교육 목적으로 둠
  - 자연인은 인간의 순수한 본성과 양심에 따라 행동하는 자율적 인간을 의미함
  - 교육은 자연적 성장 과정에 따라 이루어져야 함
④ 합자연의 원리에 의한 교육
  - 자연에 의한 교육: 인간이 날 때부터 자연적으로 타고난 능력의 자발적 성숙
  - 인간에 의한 교육: 자연적 능력을 신장시키기 위한 교사의 노력과 방법
  - 사물에 의한 교육: 직접적인 경험과 환경
⑤ 아동의 자연적 성장을 강조하고, 교사는 아동의 성장을 촉진하는 보조자로서 소극적인 역할을 해야 한다고 봄
⑥ 아동 중심 및 생활 중심 교육을 강조함에 따라 아동 중심 교육의 기틀을 마련함
⑦ 교육 단계
  - 유아기(출생~5세): 신체 단련을 강조함
  - 아동기(6~12세): 감각 교육을 강조함
  - 소년기(13~15세): 유용한 지식을 학습하는 지식 교육을 강조함
  - 청년기(16~20세): 도덕 교육, 종교 교육 등 의도적이고 적극적인 교육을 전개함
⑧ 소극적 교육으로 자유 방임주의의 경향을 보임

3 범애주의 교육

> **범애주의(Philanthropinism)**
> 바제도우가 설립한 범애학교에서 따온 명칭으로 종파, 빈부, 계층의 차별 없이 박애 정신으로 모든 아동을 가르치고자 함

(1) 범애주의

① 세계주의 교육 또는 현실적 실리주의 교육이라고도 함
② 루소의 교육 사상을 실천한 교육 개혁 운동
③ 이상적 계몽 사상을 기반으로 한 학교 교육의 개혁 운동

(2) 범애주의 교육의 특징

① 실생활에 필요한 지식과 기능 중심의 교육으로 즐거운 학습을 강조함
② 빈부귀천의 차별 없이 누구나 행복하게 학교에 다닐 수 있도록 해야 한다고 주장함

(3) 범애주의 교육 사상가

① 바제도우(Basedow)
- 자연주의 교육 원리를 실천하기 위한 일종의 시범 학교로서 6~18세까지의 학생을 수용하는 김나지움 형태의 기숙 학교인 범애학교를 설립함
- 박애주의 정신에 따라 부유한 집 아이들에게는 비싼 수업료를 받고, 가난하면서도 능력이 뛰어난 아이들은 장차 교사가 될 조건으로 학비를 면제해 줌
- 교육의 목적은 아이들로 하여금 자신의 행복을 누릴 수 있게 함과 동시에 공공의 이익을 증진하고 국가에 봉사할 수 있도록 준비시키는 데 있음
- 실제 생활상의 기능을 중시하고, 사회 현실과 관련된 학습의 필요성을 강조함
- 직관적, 자기 활동적, 유희적인 교육 방법을 적극적으로 활용함

② 잘츠만(Salzmann)
- 바제도우의 영향을 받아 독일에 새로운 범애학교를 설립함
- 건강하고 유쾌한 생활을 통한 합리적이고 선한 인간의 양성을 목적으로 함
- 생활의 체험과 식물의 관찰을 강조함
- 교육의 효과는 교사의 자질에 의해 좌우된다고 보고, 교사의 자질을 강조함

(4) 범애주의의 교육적 의의

① 자연주의 교육 사상을 실천하고, 아동의 수준에 맞는 교육을 실시함
② 실제적 활동을 학교 교과에 도입하고, 교과의 유용성을 강조함

08 19세기의 교육

1 19세기 문화와 교육

(1) 19세기 시대적 특징

① 19세기 전반에는 자유주의와 민족주의가, 후반에는 사회주의가 유력한 사상으로 대두됨
② 산업 혁명의 결과, 공장제 기계 공업이 모든 생산 시스템을 지배함
③ 기술 혁신이 나타나고 교통·통신이 발달했으며, 개인적 자유주의와 사유 재산이 극대화됨

(2) 19세기 교육의 특징

① 신인문주의, 국가주의, 심미주의, 과학적 실리주의 등이 발달함
② 국가의 이익과 국민의 복지를 위해 의무 교육이 확대됨
③ 교육학이 학문적으로 체계를 갖추기 시작함
④ 인간에 대한 과학적 발견을 교육에 적극적으로 활용함

2 신인문주의 교육

(1) 신인문주의

① 계몽주의의 지나친 합리주의적 경향에 반대하여 일어난 사상 운동으로, 인간의 정서와 감정을 중시하는 심미적·문예적 사상
② 인간의 심리적 측면을 존중하고, 인간성의 조화로운 발달을 강조함
③ 고전 문화에 대한 형식적 모방을 극복하고, 그리스 고전 속에 담긴 정신과 내용을 본받고자 함
④ 고대 그리스 문화를 중시하고, 그리스 문화의 핵심인 인간성의 조화로운 발전을 추구함
⑤ 각자의 개성과 역사 및 민족의 특수성을 강조함(역사주의, 민족주의, 국가주의)

> **Wide 신인문주의**
>
> 신인문주의(Neo-humanism)는 18세기 말부터 19세기 초에 걸쳐 독일에서 개화한 제2의 인문주의 운동을 말한다. 계몽주의를 극복하면서 동시에 키케로주의에 빠지지 않는 균형 잡힌 인간상의 실현을 목적으로 하였다.

(2) 페스탈로치(Pestalozzi) [06 중등]

① 교육 사상
- 루소의 교육관을 계승하여 교육을 통해 인간성을 계발하고자 함
- 인간성을 자연적 상태의 인간, 사회적 상태의 인간, 도덕적 상태의 인간으로 구분함

- 교육을 통해 지적 능력과 기술적 능력, 도덕적 능력을 조화롭게 발달시키는 개인의 전인적 완성을 추구함
- 교육은 개인의 인격적 완성을 추구하고, 이를 통해 사회 개혁이 이루어진다고 주장함
- 인간성은 사회적 맥락 속에서 개발될 수 있으며, 사회의 교육적 기능을 강조함

② 인간의 모든 능력, 3H(Heart, Head, Hand)의 조화로운 계발을 통한 사회 개혁을 교육 목적으로 봄

③ 교육 내용
- 지적 도야를 위한 수(數), 형(形), 어(語)를 강조함
- 도덕적 도야를 위한 도덕 교육, 종교 교육, 시민 교육을 강조함
- 기술, 신체, 직업의 신체적 도야를 강조함

④ 교육 방법(교육 원리)
- 자발성의 원리: 아동의 내재적 소질을 스스로 발전시킬 수 있도록 도움
- 조화의 원리: 지적 능력, 신체적 능력, 도덕적 능력의 조화로운 발달을 추구함
- 방법의 원리: 인간성 발달 과정에 적합한 최적의 방법에 따라 교육함
- 직관의 원리: 아동의 직접적인 경험을 강조하고, 외적·내적 직관의 활용을 추구함
  - 외적 직관: 감각 기관을 통해 외부의 인상을 받아들이는 것
  - 내적 직관: 마음의 눈으로 세계의 본질을 체험하는 것
- 사회의 원리: 사회 생활과 사회적 관계의 힘을 교육에 활용함

⑤ 노작 교육(勞作敎育)을 강조함

⑥ 페스탈로치 사상과 루소의 사상
- 루소의 교육이 소극적 교육이라면, 페스탈로치는 교육을 통해 아동의 능력을 계발할 수 있다고 보고, 교육의 적극적인 측면을 강조함
- 루소는 사회를 악한 존재로 보고 개인주의적 교육을 주장하였으나, 페스탈로치는 교육을 통한 개인과 사회의 조화로운 발달을 강조함
- 루소는 학교 교육을 부정하였지만, 페스탈로치는 학교 교육이 가정 교육을 이어나갈 수 있다고 판단하여 긍정함
- 루소에 비해 교사의 역할을 강조함

(3) 헤르바르트(Herbart) [10 중등]

① 윤리학과 심리학을 바탕으로 교육학을 하나의 학문으로 체계화한 과학적 교육학의 창시자

② 교육 목적
- 인간이 갖추어야 할 최고의 가치인 도덕성의 함양을 교육의 목적으로 보고, 도덕적 이상을 추구하는 인간을 육성하고자 함
- 도덕적 행위는 다섯 개의 측면으로 이루어져 있으며, 하나라도 결여되면 완전한 도덕성이 될 수 없음

출제 Point

2010학년도 중등 객관식 1번
김 교사의 교수 행위를 헤르바르트의 '교수 단계론'에 따라 순서대로 배열한 것은?

노작 교육(勞作敎育)

일의 교육적 가치를 가르치는 교육으로, 학생들의 자발적이고 능동적인 정신과 신체의 작업을 중심 원리로 하여 행하는 교육

- 다섯 가지 도덕적 이념
  - 내면적 자유의 이념: 도덕적 행위를 결정하는 개인의 의지가 자유라는 생각
  - 완전성 또는 완벽성의 이념: 의지를 통해 행동이 실천될 수 있도록 강력, 충실, 조화의 세 조건을 구비하는 것
  - 선의지 또는 호의의 이념: 다른 사람의 행복을 자신의 의지의 대상으로 삼는 것
  - 권리의 이념: 재산 문제나 사회 제도 문제와 관련되는 것으로, 다른 사람의 의지를 나의 의지와 동등하게 존중하는 것
  - 형평 또는 공정성의 이념: 누구인지를 막론하고 자신이 행한 선과 악에 따라 응분의 보상 또는 대가를 받아야 한다는 생각

③ 교육 방법
- 관리
  - 교수의 전 단계로, 맹목적 욕망과 충동을 억제하여 일정한 질서를 유지하기 위한 교육 방법
  - 위협과 벌 등의 소극적인 방법과 권위와 사랑과 같은 적극적 방법이 있음
- 교수
  - 교육의 목적을 달성하기 위한 최선의 방법
  - 학습자가 판단할 수 있는 정보를 제공함
- 훈련
  - 교재를 매개로 하지 않고 직접적으로 아동의 도덕적 품성을 도야하는 방법
  - 교사의 모범이 중요함

④ 교육 내용
- 교수가 이루어지기 위해서는 아동의 흥미가 유발되어야 함
- 흥미는 사물에 주의를 기울이게 함으로써 사물의 표상이 우리 의식 속에 두드러지게 나타날 수 있도록 해줌
- 대상에 주의를 기울이는 상태를 '원초적 주의'와 '통각적 주의'로 구분함
  - 원초적 주의: 강한 자극에 무의식적으로 주의를 기울이게 되는 것
  - 통각적 주의: 특정 대상에 선택적으로 주의를 기울이는 것
- 통각적 주의가 한 가지 대상이나 주제에 고정되는 것은 바람직하지 않으므로 '다면적 흥미'를 강조함
  - 지적인 흥미: 자연물의 대한 지식과 관련된 흥미로서 물리적 세계와의 접촉을 통하여 획득함(경험적 흥미, 사변적 흥미, 심미적 흥미)
  - 윤리적 흥미: 마음에 대한 공감과 관련된 흥미로서 다른 사람과의 사회적 교섭을 통하여 획득함(공감적 흥미, 사회적 흥미, 종교적 흥미)
- 흥미가 발생하기 위해서는 전심과 숙고가 번갈아 가면서 이루어져야 함
  - 전심: 마음이 하나의 대상에 집중하여 개념을 명확히 파악하는 것
  - 치사: 전심의 과정을 통하여 파악한 대상을 다른 관념들과 비교하면서 조정하고 관계를 맺는 과정

> **Wide** 전심과 치사
>
> 전심은 그 대상에 몰입해 있는 상태이고, 치사는 전심을 통해 파악된 대상이 이미 가지고 있는 다른 관념들과 관계를 맺으며 비교하고 결합하고 통일하는 과정이다. 이를 세분화하면 다음과 같다.
> ① 정적인 전심은 대상을 뚜렷하게 인식하는 것으로, 명료화라고도 한다.
> ② 동적인 전심은 이미 이해된 개념을 새로 습득한 개념과 연결하는 것으로, 연합이라고도 한다.
> ③ 정적인 치사는 연합된 개념들이 일정한 질서를 갖추는 것으로, 체계라고도 한다.
> ④ 동적인 치사는 체계를 적용·활용하는 것으로, 방법이라고도 한다.

⑤ 교수의 4단계
- 명료화: 학습해야 할 주제를 명료하게 제시함
- 연합: 새로운 주제를 이미 알고 있는 것들과 관련지어 해석하고 이해할 수 있도록 함
- 체계: 새롭게 배운 내용을 기존의 지식 체계 내에서 자리를 잡도록 함
- 방법: 새롭게 배운 내용을 활용하여 새로운 문제에 적용함

⑥ 표상 심리학
- 인간의 마음을 표상의 결합체로 보고, 표상이 인간의 인식 구조에 어떻게 결합되는지를 설명함
- 표상은 우리의 영혼 속에 들어와 있는 사물이나 사건에 대한 영상 또는 이미지를 의미함
- 새로운 표상이 기존의 표상과 결합할 때, 이를 통각이라 하고 통각은 곧 학습을 의미함

(4) 스펜서(Spencer)

① 사회는 단순하고 동질적인 사회에서 다양하고 전문적인 사회로 변화한다는 사회적 진화론을 교육 활동에 적용함

② 과학적 방법과 과학적 내용의 적용을 강조함(과학적 실증주의)

③ 사회 변화에 따라 산업 사회의 교육은 직업 교육과 전문 교육으로 변화되어야 한다고 주장함

④ 교육은 현실의 행복을 위한 완전한 삶이 되도록 개인을 준비시키는 일이라고 봄 (자기 보존 → 모든 능력의 자유로운 발휘 → 행복 → 완전한 삶)

⑤ 인간 활동의 우선순위에 따라 교육 내용을 분류하고 5가지 영역의 교과목이 균형을 이룰 때 인간의 행복이 보장된다고 봄
- 직접적 자기 보존에 필요한 교과: 생리학, 위생학 등
- 간접적 자기 보존에 필요한 교과: 수학, 물리학, 화학, 생물학 등
- 자녀 교육에 필요한 교과: 육아법, 심리학 등
- 사회적·정치적 생활을 하는 데 필요한 교과: 역사, 사회학, 자연 과학 등
- 여가를 위한 교과: 미술, 문학, 음악 등

⑥ 구체적인 것에서 추상적인 것을 학습하는 페스탈로치의 교육 방법과 유사하며, 자연의 법칙에 맞게 교육할 것을 강조함

> **사회적 진화론**
> 사회의 성격을 생물학적 유기체에 비유하여 자연 유기체와 유사하게 파악하는 학설

3 국가주의 교육 [05 중등]

(1) 국가주의 교육의 특징

① 교육을 국가의 목적과 이상 실현을 위한 수단으로 삼음
② 국가주의 교육을 통해 국가 지원의 의무 교육 제도와 공교육 제도가 발전함
③ 위계성이 강한 조직 형태로, 모국어 교육, 역사와 지리 교육 등을 강조함
④ 교육에 대한 강력한 국가 통제가 이루어짐

(2) 국가주의 교육 사상가

① 피히테(Fichte)
- 조국과 민족을 구하기 위해 교육에 의한 인간성의 개조와 교육의 개혁을 주장함
- 교육을 통해 개인의 타고난 인간성을 균형 있게 발달시키면서 공동체를 위해 희생하는 애국적 인간을 양성하고자 함
- 일반 시민 전체를 대상으로 하는 새로운 국민 교육을 주장함
- 독일의 학교 제도 정비와 발전에 영향을 미침

> **Wide** 「독일 국민에게 고함」
>
> '각 개인의 자아를 완성하는 유일한 길은 국가에 봉사하며 국가를 재건하고 자기와 국가가 일체가 되는 것이다. … 모든 국민이 정열을 가지게 하려면 학교를 설립하고 아동을 … 사회적 봉사와 협동의 분위기 속에서 교육할 필요가 있다.'

② 오웬(Owen)
- 인간의 생활 환경에 대한 개조 없이는 인간 교육이 불가능하다는 환경교육론을 주장함
- 아동의 노동 환경 개선과 교육 기회 제공을 위한 공장법 제정 운동을 추진함
- 공장 고용인을 위한 성격형성학원을 설립함
- 유아기 교육의 중요성을 강조하고 1816년 유아를 위한 최초의 유아학교를 설립함
- 교육을 사회 개혁의 수단으로 삼음

> **Wide** 「사회에 관한 새로운 견해」
>
> ① 성격은 사회에 의해 형성되는 것이다.
> ② 각 개인은 자신의 소비 이상의 생산이 가능하도록 교육받을 수 있어야 한다.
> ③ 모든 사회는 빈곤과 악덕, 불행을 제거하고 모든 사람이 행복을 누리도록 환경을 개혁해야 한다.

4 각국의 공교육 제도 [03 중등]

(1) 프랑스의 공교육

① 샬로테(Chalotais)는 『국가교육론』을 통해 국가 교육 체제의 수립을 주장함

② 1790년 콩도르세(Condorcet)는 『공교육에 관한 다섯 논문』을 통해 공교육 제도의 이론적 근거를 마련함

③ 1802년 나폴레옹(Napoleon)은 「공교육 일반법」을 통해 중등학교 이상의 교육을 정비·확충하고 제국대학을 설치하여 국가의 통제하에 획일적인 교육을 실시하고자 함

④ 1881~1882년 교육부 장관 페리(Ferry)는 교육법을 통해 무상교육 제도와 의무교육 제도를 확립함에 따라 국가의 관리 아래 공립·무상·의무 초등 교육과 근대적 보통 교육 제도가 확립됨

⑤ 1833년 루이 필립(Louis Philippe)은 「초등교육법」을 제정하여 초등 교육을 법제화함

(2) 독일의 공교육

① 1713년 빌헬름(William) 1세는 보통 교육에 관한 「의무취학령」을 발표하고, 5~12세의 아동을 의무적으로 취학하도록 규정함

② 1763년 프리드리히(Friedrich) 2세는 초등 교육 시행령 「일반지방학사령」을 공포하고, 취학 의무 연령을 5~13세로 규정함

③ 1767년 훔볼트(Humboldt)는 페스탈로치 사상에 의해 중등 교육을 중심으로 각급 학교를 국가 차원에서 정비하고, 1817년 국민 교육 제도를 확립하여 교육 행정 조직을 편성함

④ 1891년 독일 사회 민주당은 에르푸르트 강령을 채택하였고, 이는 공립 초등학교의 의무 취학과 능력에 따른 상급 학교의 진학, 무료 배급 등의 내용을 담고 있음

(3) 영국의 공교육

① 교육은 가정과 교회에 의해 이루어져야 한다는 전통적 사고방식에 따라 영국의 공교육 제도는 프랑스나 독일에 비해 100년이나 늦게 갖추어짐

② 아담 스미스(Smith)는 『국부론』을 통해 공교육 제도에 찬성하고, 노동자의 자녀를 위한 교구학교를 설립해야 한다고 주장함

③ 1870년 「초등교육령」을 통해 공교육 제도를 추진함

(4) 미국의 공교육

① 1834년 펜실베니아 「무상학교법」에 의해 공립 무상 교육 제도가 시행됨

② 1852년 매사추세츠 교육법에 따라 근대적 의미의 의무 교육 제도가 시행됨

CHAPTER 3 교육철학

> **출제 Point**
>
> 2005학년도 중등 객관식 4번
> - A 교사: 나는 지식의 전달자로서 지식의 속성, 진리의 요건, 인간이 지식을 획득하는 과정에 대해 관심이 있다.
> - B 교사: 나는 인성을 지도하는 사람으로서 선악에 관한 인간의 인식과 선악을 구분하는 기준에 대해 관심이 있다.

> **철학(哲學, Philosophy)**
>
> Philosophy는 Philos(사랑함)과 Sophia(지혜)의 합성어로, 지혜를 사랑하는 것을 의미함

01 교육철학의 이해

1 교육철학의 기초

(1) 교육철학의 개념

① 철학의 여러 기능을 구사하여 교육 현상 및 교육학을 체계적으로 분석·연구·구축하는 학문
② 교육의 기본 원리를 연구하는 학문으로, 교육 현상을 체계적으로 고찰함
③ 교육학에서 쓰이는 언어 및 전제를 다듬어 논리적으로 재구축하고, 교육 작용의 본질을 탐구함

> **Wide** 피닉스(Phenix), 철학의 본질적 기능
>
> ① 언어의 분석: 다양한 용어와 개념의 의미를 밝힘
> ② 전제나 가정에 대한 비판: 명제의 전제나 가정을 명백히 밝히고, 옳고 그름을 따짐
> ③ 방법의 연구: 학문에서 사용하고 있는 연구 방법의 타당성을 탐구함
> ④ 합리적 근거에 의한 신조의 정당화: 신념과 신조 등이 정당한 근거에 의해 합리화되고 있는지를 밝힘
> ⑤ 통일적 시각으로 조정: 개별 과학에서 밝힌 여러 지식을 일정한 기준에 따라 조정함
> ⑥ 규범적 이상과 전망 제시: 삶의 이상과 규범을 제시함

(2) 교육철학의 영역 [05 중등]

① 존재론(형이상학)
  - '참으로 실재하는 것은 무엇인가?'에 대한 탐구
  - 존재의 본질, 궁극적인 실재에 대해 탐구함
  - 실재에 대한 인식(유물 혹은 정신 등)에 따라 교육의 목적이 달라짐
② 인식론
  - '참된 앎은 무엇인가?'에 대한 탐구
  - 지식의 근거와 본질, 구조와 방법에 관하여 탐구함
③ 가치론
  - '무엇이 선(善)이고 미(美)인가?'에 대한 탐구
  - 윤리학: 인간의 도덕성과 훌륭한 삶의 본질을 다룸
  - 미학: 미의 본질과 기준을 탐구함
④ 논리학
  - 지식의 원리를 분석해 명제로 만들어 체계화하는 학문
  - 연역적 방법: 일반적 원리에서 구체적 사실을 이끌어내는 추리 과정
  - 귀납적 방법: 구체적 사실에서 일반적 원리를 이끌어내는 추리 과정

(3) 교육철학의 기능 [04 중등]

① 분석적 기능
- 교육과 관련된 언어의 개념과 논리적 근거를 고찰하는 기능
- 교육 이론이나 철학의 목적과 동기, 이념과 가치관 등을 분석하여 드러내는 기능
- 교육 내용을 이루고 있는 용어나 개념, 이론 등의 인과 관계를 밝히는 기능
  예) '교육'과 '훈육'은 어떤 점에서 다른가?

② 평가적 기능
- 교육과 관련된 모든 것들을 어떤 기준에 비추어 평가하는 기능
- 평가 기준에 입각하여 교육 이론에 대한 수용 여부를 판단하는 기능
  예) 군사 교육에서의 '교육'을 교육이라고 할 수 있는가?

③ 사변적 기능
- 다양한 교육의 문제를 해결하기 위해 새로운 이론, 원리 등을 창출하여 제언하는 기능
- 문제 해결을 위한 새로운 방안 창출과 교육의 목표 설정에 도움이 됨
  예) 현대 사회에서 '교육받은 교양인'은 무엇을 의미하는가?

④ 종합적 기능
- 교육에 관한 다양한 이론이나 관점을 종합적으로 이해하는 기능
- 다양한 이론의 관점들을 유기적으로 연결하는 기능
  예) 교육 평등의 문제를 철학적으로 어떻게 고찰할 수 있는가?

2 교육의 목적

(1) 교육 목적의 역사적 변천

① 원시 사회: 집단의 위기에 대처하고, 생활 경험을 쌓는 등 사회 존속을 위한 것
② 플라톤: 국가 사회주의 입장에서 공동체에 필요한 인재를 양성하기 위한 것
③ 페스탈로치: 아래로부터의 교육, 개인으로서 행복한 인간을 일깨워주는 데 초점

> **Wide 성인식**
>
> 원시 사회의 성인식은 고통을 이겨내고 사회의 보람된 일원으로 편입시키는 것을 목적으로 하였다. 성인식은 부모 혹은 족장의 권위에 의해 자녀들에게 집단적으로 행해지는 계획된 교육 활동이나, 조직성과 계획성의 치밀함이 결여되어 있었다.

(2) 내재적 목적과 외재적 목적

① 내재적 목적
- 교육 그 자체가 가지고 있는 목적을 의미함
- 지식과 이해, 인지적 안목, 합리성의 발달 등 교육의 개념에 내재된 가치를 추구함
- 교육의 내재적 목적만 강조할 경우 교육이 사회적 현실과 유리될 수 있음

② 외재적 목적
- 교육이 다른 활동의 수단으로 사용되는 목적을 의미함
- 국가 발전, 경제 성장, 출세 등 교육 바깥의 가치를 추구함
- 교육의 외재적 목적만 강조할 경우 교육은 자율성을 상실하고, 개인과 사회의 필요성을 충족시킬 수단으로 전락하게 됨

3 지식의 종류

(1) 명제적 지식

① '~라는 것을 안다.'와 같이 어떤 명제가 참(眞)임을 아는 지식을 의미함
② 지식의 검증 방법에 따라 사실적 지식과 논리적 지식, 규범적 지식으로 구분함
- 사실적 지식: 사실이나 현상을 기술하거나 설명하는 지식
  예) 지구는 둥글다.
- 논리적 지식: 문장을 구성하는 요소 간의 의미상 관계를 나타내는 지식
  예) 지능이 높은 학생은 똑똑하다.
- 규범적 지식: 평가적 언어를 포함하는 진술로 구성된 지식
  예) 민주주의는 바람직한 사회 제도이다.

(2) 방법적 지식

① '~을 할 줄 안다.'와 같이 어떤 과제의 절차와 방법에 대한 지식을 의미함
  예) 나는 덧셈을 할 줄 안다.
② 과제를 수행하는 데 필요한 규칙과 원리 습득을 전제함

02 전통 철학과 교육

1 관념론(Idealism, 이상주의)과 교육

(1) 관념론
  ① 관념, 정신, 이성, 이념 등을 우주의 본질적 실재라고 주장하는 철학적 이론
  ② 물질적인 것보다는 관념, 사고, 정신, 자아를 강조함
  ③ 관념을 유일한 실재로 여기는 인생관 및 세계관을 의미함
  ④ 정신을 물질에 선행하는 근본적인 것으로 강조함

> **이상주의**
> 그리스어 'Idea(이데아)'에서 나온 말로, 가장 완전한 형상을 본다는 뜻

(2) 관념론의 교육 원리
  ① 교육은 정신적 필요에 의해 존재하는 인간 사회의 기능임
  ② 정신적 가치, 절대적 가치의 추구를 교육 목표로 삼음
  ③ 인격 교육, 도덕 교육, 정신 교육을 강조함
  ④ 논리학, 형이상학, 미술, 문학 등 정신적·이성적 교과를 강조함
  ⑤ 교사는 도덕적·문화적 가치의 모범 또는 모델이 되어야 함
  ⑥ 학생을 각각 귀한 가치와 개성을 지닌 존재로 존중함

(3) 관념론의 한계
  ① 지나치게 유토피아적이어서 현대의 과학적 세계관과 동떨어져 있음
  ② 현실의 세계를 긍정적으로 수용하는 데 회의적임
  ③ 산업 사회의 요구에 따른 직업 교육과 기술 교육에 소홀함

2 실재론(Realism, 현실주의)과 교육

(1) 실재론
  ① 관념론(이상주의)과 대립하는 철학 사조로, 물질을 우주의 본질적 실재로 보는 철학적 이론
  ② 실재의 객관적 질서가 존재하고, 그 실재에 대한 지식을 인간이 획득할 수 있다는 입장
  ③ 경험적 실재론: 감각하는 것이 실재한다는 입장
  ④ 자연 과학적 실재론: 귀납적 경험을 통해 알 수 있는 실재
  ⑤ 철학적 실재론: 의식과 주관으로부터 독립된 실재

> **실재**
> 라틴어 'Realis'에서 유래한 말로, 우리의 의식이나 입장을 떠나 객관적으로 존재하는 사물을 뜻함

(2) 실재론의 교육 원리
  ① 교육은 우주의 이치를 깨칠 수 있는 핵심적 지식과 경건한 마음을 갖추게 함
  ② 교육의 목적은 이상적 생활을 즐기게 하는 데 있음
  ③ 실재의 세계가 중요하므로 수학, 자연 과학 등의 과학적 지식을 교육 내용으로 강조함

CHAPTER 3 교육철학

④ 관찰, 실험 등의 과학적 방법을 중시하고, 교사의 주도권을 존중함
⑤ 교사는 보편적 지식을 지닌 교육 전문가로서 다양한 교수법을 구사하여 학생들을 안내함
⑥ 학생을 고도의 지성을 확장할 수 있는 자질을 충분히 지닌 존재로서 존중함

(3) 실재론의 한계
① 교사 중심의 주입식 교육이 이루어짐
② 보수적·전통적 지식의 전달로 실존적으로 사는 인간을 키워내지 못함
③ 개인차 및 개성을 무시함

3 자연주의(Naturalism)와 교육

(1) 자연주의
① 자연에는 아름다운 질서가 있으며, 이 질서에 따라 사는 것이 가장 올바르다고 생각함
② 물질적 자연을 강조한다는 점에서 관념론(이상주의)과 대립됨
③ 실용주의(프래그머티즘)와 진보주의 교육 운동에 많은 영향을 미침

> **Wide 자연주의의 전개**
>
> 자연주의는 가장 오래된 철학으로, 만물의 근원을 물에서 찾은 탈레스로부터 시작되었다. 이후 사회에 의해 억압된 인간성을 자연으로 돌아가 찾자는 루소, 교육이란 지상에서 행복한 삶을 영위하는 것이라는 스펜서, 아동의 자발적 발달을 강조한 몬테소리, 아동의 자연스러운 성장을 주장한 섬머힐 학교의 닐까지, 자연주의의 역사와 폭은 깊고도 넓다.

(2) 자연주의의 교육 원리
① 교육은 인간의 타고난 본성에 따른 발달과 성장을 도움
② 교육의 목적은 사회적 적응력과 함께 개인의 생활을 즐길 수 있도록 하는 데 있음
③ 교육의 과정은 가정과 교사가 잘 지도하면서 자녀가 잘 성장하도록 하는 과정임
④ 아동은 언어적 활동보다 주변 환경과의 직접적·감각적 경험을 통해 학습함
⑤ 교사는 아동의 발달 수준에 알맞은 활동을 제공하는 소극적 역할을 함

> **Wide 루소(Rousseau)의 『에밀』 중**
>
> '교육은 세 가지를 통해 이루어지는데, 자연, 인간, 사물이 그것이다. 자연은 인간을 내적으로 성장시키고, 인간은 성장을 활용하도록 돕는다. 반면 사물은 그것과 부딪쳐 얻는 경험의 측면에서 교육을 돕는다. 자연의 교육이 다른 두 가지의 교육을 이끌어야 한다.'

(3) 자연주의의 한계
① 교육의 가치 지향성을 밝히는 데 소홀함
② 물질적·현세적·신체적·사회적 존재 이상의 교육을 강조하지 못함

4 실용주의(Pragmatism)와 교육

(1) 실용주의

① 19세기 후반 미국을 중심으로 발달한 철학으로, 영국의 경험론을 발전시킨 철학
② 경험과 변화를 유일한 실재로 보고, 객관적·보편적 실재는 존재하지 않는다고 주장함
③ 모든 진리는 수정 및 재구성되고 새롭게 창조된다고 봄
④ 선험적 개념과 절대 진리를 거부하고, 변화하는 경험 세계의 진리를 강조함
⑤ 실험과 경험에 의한 검증을 중시하며, 경험을 통해 실용성과 유용성이 입증된 것만을 판단함

> **Wide 실용주의 근본 원리**
>
> 실용주의의 이론적 체계를 마련한 미국의 학자로는 퍼스, 제임스, 듀이를 들 수 있다. 이들에 의해 마련된 근본 원리는 다음과 같이 요약될 수 있다.
> ① 이 세상에 영원·불변한 것은 없고 변화만이 실재한다.
> ② 가치는 상대적이다.
> ③ 인간은 사회적이고 생물학적인 존재다.
> ④ 모든 인간의 행동에 있어 비판적 지성의 가치가 발동되어야 한다.

> **프래그머티즘(Pragmatism)**
> 그리스어 'Pragma'에서 유래한 것으로, 행위·사실·활동·상호 작용을 의미함

(2) 실용주의의 교육 원리

① 교육은 생활 그 자체이며, 학교는 생활과 분리될 수 없음(생활 중심 교육)
② 교육은 끊임없는 경험의 재구성 과정임(경험 중심 교육)
③ 교육 목적은 교육을 받는 아동과 공동으로 협의해서 정해야 하며, 당국자 등의 밖으로부터 주어져서는 안 됨
④ 교사는 수업 활동의 참여자로, 아동의 학습 활동을 안내하고 원조하는 역할을 수행함
⑤ 학교는 아동이 변화하는 세계에 대처할 수 있도록 돕는 사회적 기관이 되어야 함
⑥ 아동은 미숙하지만 수용력과 잠재적 능력을 갖춘 발전적 성장체로 보아야 함(아동 중심 교육)

(3) 실용주의의 한계

① 가장 기본적인 가치·지식을 철저하게 가르치는 것을 등한시함
② 인류의 역사를 통해 지속되어 온 가치 있는 지식에 대한 교육이 부족함
③ 사회는 퇴보할 수 있으나, 진보만을 강조하여 사회에 대해 지나치게 낙관적인 입장임

CHAPTER 3 교육철학

출제 Point

2005학년도 중등 객관식 1번
교육의 출발점은 아동이어야 한다. 따라서 모든 교육 활동은 아동의 필요와 흥미를 중심으로 이루어져야 한다.

구안(構案) 학습 (Project Method)

학습자 자신의 흥미에 따라 생활 속에서 과제를 찾아 스스로 계획하고, 수행하고, 평가하는 학습 활동

03 현대 고전적 교육철학과 교육

1 진보주의와 교육 [05 중등]

(1) 진보주의
  ① 전통주의나 보수주의에 대비되는 혁신주의를 총칭하는 개념
  ② 실용주의(프래그머티즘)에 근거한 교육 개혁 운동을 지칭함
  ③ 아동의 흥미, 욕구, 경험을 존중하는 교육철학

(2) 진보주의 교육 이론
  ① 킬패트릭(Kilpatrick)의 구안 학습
    • 학습자 스스로 계획하고, 구체적인 활동을 전개하는 유(有)목적적 활동으로서 구안 학습법을 강조함
    • 아동의 창의적 활동을 범주화하여 교육과정을 제시함
    • 구성·창조적 프로젝트, 감상·음미적 프로젝트, 문제 해결력 프로젝트, 연습·특수 훈련 프로젝트
  ② 올센(Olsen)의 지역 사회 학교
    • 학교가 지역 사회 교육의 중심이 되어야 한다고 주장함
    • 지역 사회의 전문가 초빙, 현장 견학, 조사 연구, 야영, 봉사 활동 등을 강조함
  ③ 파커스트(Parkhurst)의 달톤 플랜
    • 달톤시(市)에서 시작된 특수한 교육과정 조직 및 학습 활동
    • 아동과 교사가 학습 활동에 대해 계약을 맺고 활동을 진행함
    • 구조화된 교육과정보다 교사와 아동의 협약이 중요함
  ④ 쿡(Cook)의 놀이 학습법
    • 놀이와 작업의 결합을 강조함
    • 놀이의 특성을 교육의 방법으로 도입함

> **Wide 진보주의 교육 협회의 강령**
> ① 아동은 외적 권위에 의하지 않고 자신의 필요에 의하여 자연스럽게 발달한 자유를 누려야 한다.
> ② 모든 학습과 활동의 동기는 아동의 흥미와 욕구의 충족이 되어야 한다.
> ③ 교사는 아동의 활동을 고무하고, 적절한 정보를 제공하는 안내자가 되어야 한다.
> ④ 아동의 평가는 학과에 대한 평가뿐만 아니라, 아동의 신체·지성·덕성·사회성을 포함하는 넓은 것으로서 아동의 발달과 지도에 도움이 되는 것이어야 한다.
> ⑤ 가장 중시되어야 할 것은 아동의 건강이므로 학교의 시설·환경·인적 조건은 명랑해야 한다.
> ⑥ 학교는 학부모와 긴밀한 협조 관계를 유지하면서 아동의 교육에 힘써야 한다.
> ⑦ 진보주의 학교는 좋은 전통 위에 새 것을 담는 실험 학교로서 교육 개혁 운동의 중핵이 되어야 한다.

(3) 진보주의의 교육 원리

① 교육은 현재의 생활 그 자체이며, 미래를 위한 준비가 아님
② 교육은 현실 생활의 경험과 직접적으로 관련이 있어야 함(경험 중심 교육)
③ 학습은 전적으로 아동의 흥미와 관련되어야 함
④ 교육 내용의 이수보다 더 중요한 것은 문제 해결의 방법 학습임(문제 해결 학습)
⑤ 교사는 아동을 지휘하는 것이 아니라 돕는 역할을 해야 함
⑥ 학교는 경쟁이 아닌 협동을 장려하여 아동에게 공동체적 가치를 함양시킴
⑦ 민주주의를 강조함
- 교육 목적: 경험의 재구성을 통한 성장
- 교육 내용: 아동의 발달 단계에 따라 배열한 현실 생활의 경험
- 교육 방법: 구안 학습(프로젝트법), 문제 해결 학습 등

(4) 진보주의의 한계

① 스푸트니크 충격 이후 진보주의 교육에 대한 반성이 나타남
② 아동의 흥미를 지나치게 존중하여 아동이 어려운 과목에 도전하지 않게 됨
③ 현재 생활을 중시한 나머지 미래에 대한 준비를 소홀히 함
④ 교육의 목표 설정이 명확하지 못하였고, 본질적 지식이 소홀하게 다루어짐

> **Wide 스푸트니크 충격(Sputnik Crisis)**
>
> 스푸트니크 충격은 1957년 10월 4일 소련이 스푸트니크 1호의 발사에 성공하면서 미국이 받은 과학 기술·교육 부문의 충격을 말한다. 이후 기초 학문의 교육을 중시하면서 본질주의 교육이 득세하게 된다.

출제 Point

2006학년도 중등 객관식 50번
최 교사는 민족적 경험이 엄선되어 체계화되었다고 생각하는 교재를 사용하여 교사 중심의 수업을 실시한다. 그리고 수업의 주안점을 학생의 미래 준비를 위한 훈련에 둔다.

2 본질주의와 교육 [02 중등, 06 중등]

(1) 본질주의

① 진보주의 교육의 문제점을 지적하면서 발전함
② 인간의 문화 가운데 가장 본질적인 요소를 강조한다는 말에서 유래함
③ 교육을 통해 문화를 구성하는 가장 본질적인 것을 다음 세대에 계승함으로써 역사를 전진시키는 원동력을 길러내자는 교육 사조
④ 진보주의와 항존주의를 절충한 성격의 교육 이론

(2) 본질주의 교육 이론

① 문화유산의 계승을 강조함
② 역사 창조를 위한 지적 엘리트 육성의 필요성을 강조함
③ 학문적 체계를 중시하고 역사 의식을 배양하는 인문 교육을 강조함

(3) 본질주의의 교육 원리
① 학습에는 강한 훈련이 수반되어야 한다고 보고, 훈련과 노력을 강조함
② 교육과정에 있어서 교사가 주도권을 쥐어야 한다고 봄
③ 소정의 교과를 철저하게 이수하고 그것에 몰두해야 함
④ 전통적인 학문적 훈련 방식을 회복해야 함
⑤ 학교는 기본적인 지식을 가르치는 데 전념해야 함

> **Wide** 학교 교육
>
> 학생의 흥미를 중심으로 하다 보면 탭댄스나 바구니 엮기 등을 교육할 수 있겠지만, 본질주의자들이 보기에는 이런 것들은 학교 교육의 임무가 아니라고 보았다. 본질주의자들은 학교가 학생들에게 핵심이 될만한 근본적이고 본질적인 것을 가르쳐야 한다고 주장했다.

(4) 본질주의의 한계
① 자연 과학이나 역사 의식을 강조하는 인문 과학을 중시한 나머지 사회 과학을 경시함
② 교사의 주도권과 지식의 전수를 강조함으로써 아동의 자발적 참여 의식을 약화시킴
③ 종교적 감각 도야의 결여로 항존주의자들의 비판을 받음
④ 사회 혁신에 대한 전망의 미흡으로 재건주의자들의 비판을 받음

3 항존주의와 교육

(1) 항존주의
① 진보주의에 대한 강한 비판 의식을 가지고 등장함
② 진리의 절대성과 불변성에 대한 믿음을 바탕으로 전개된 교육 사상
③ 철학적 근원을 플라톤, 아리스토텔레스, 아퀴나스의 스콜라 철학에서 찾음
④ 지성·도덕성·경건성의 계발을 강조함

> **Wide** 진보주의에 대한 비판
>
> 본질주의와 항존주의 모두 진보주의에 대해 비판적이다. 본질주의가 진보주의적 교육의 문제점을 지적하면서 등장했다면, 항존주의는 교육의 본질이 무엇인지를 묻는 철학적 성격이 강하다.

(2) 항존주의 교육 이론
① 마리탱(Maritain)의 인격도야론
  • 교육은 아동이 진·선·미에 대한 감각을 갖추게 하는 활동임
  • 이성·지성의 도야를 통해 자유로운 인간이 되어야 한다고 주장함
  • 종교 교육의 중요성을 강조함

② 허친스(Hutchins)의 고전 독서 교육
- 미국의 교육 기관들이 전문화, 직업주의, 실용주의로 흐르는 것을 비판함
- 교양 교육 및 지적 도야를 강조하고, 고전 독서 교육을 통한 교양 교육을 실시함

> **Wide 고전 읽기 독서 프로그램**
>
> 허친스와 아들러는 1921년 100종에 걸치는 144권의 '위대한 책들(Great books)'을 선정하고 고전 읽기 독서 프로그램을 시카고대학에 처음 적용했다. 고전 읽기 독서 프로그램은 많은 나라들의 인문 교양 교육 프로그램으로 자리잡았다.

(3) 항존주의의 교육 원리

① 인간의 본성(이성)은 언제 어디서나 동일하므로 교육도 항상 동일해야 함
② 교육은 인간의 공통된 본성인 이성의 발달에 관심을 가져야 함
③ 교육은 영원불변의 진리에 인간을 적응시키는 활동임
④ 교육은 생활의 모방이 아니라 생활을 위해 준비시키는 것으로, 이상적인 삶을 위한 준비를 의미함
⑤ 기본적 교과(교양 교과)의 철저한 학습과 고전 독서 교육을 강조함

(4) 항존주의의 한계

① 지나치게 금욕적이고 귀족적임
② 실제 생활의 장은 항존주의의 이상과 다름
③ 학습자들의 민주적 요구를 무시하는 교육과정이 운영될 수 있음
④ 주지적인 측면을 지나치게 강조하여 전인적 인간 양성에 위배됨
⑤ 영원불변의 것에 대한 옹호(보수주의 관점)로, 비판 정신과 사고력 신장을 저해할 수 있음

4 재건주의와 교육

(1) 재건주의

① 1950년대 이후 미국에 등장한 새로운 교육 사상으로, 기존 진보주의, 본질주의, 항존주의의 비판에서 시작함
② 브라멜드(Brameld)에 의해 교육적으로 체계화되었으며, 현대의 문화를 점검하고 개혁하여 새로운 문화를 형성해야 한다고 주장함
③ 실업, 공황, 독점 자본주의, 전쟁의 위협 속에서 사회 파멸에 대한 인식이 확산됨에 따라 등장함

> **Wide 브라멜드(Brameld)**
>
> 브라멜드(Brameld)는 현대 문명의 위기에 봉착하고 있는 상황에서 현대에만 집착하는 진보주의나 과거만을 동경하는 본질주의, 항존주의 교육 사상을 모두 비판하고 목표 중심성과 미래 지향성을 가진 새로운 교육철학을 수립하고자 하였다.

(2) 재건주의의 교육 원리

① 우리가 달성해야 할 새로운 사회를 위해 교육이 주도적 역할을 해야 한다고 주장함
② 교육은 문화의 기본적 가치를 완성시키면서 새로운 사회 질서를 창조해야 하며, 동시에 현대 사회의 경제적·사회적 세력과 조화를 이루어야 함
③ 사회적 자아실현을 교육 목적으로 삼고, 사회 과학을 중시함
④ 교실과 지역 사회에서의 정확한 의사소통과 집단 활동, 토의법 등의 교육 방법을 강조함
⑤ 교사는 재건주의 사상의 타당성과 긴급성을 민주적 방식으로 학생에게 설득해야 함
⑥ 교육의 목적과 방법은 행동 과학의 연구 성과에 의해 혁신되어야 함
⑦ 아동·학교·교육은 사회적·문화적 힘에 의해서 형성되어야 함
⑧ 학교는 문화적 유산을 비판적으로 검토하여 사회적 재건에 활용할 수 있는 내용 중심으로 다루어야 함

> **Wide 재건주의의 새로운 세계 질서**
>
> ① 불안하고 불공평한 경제 질서 대신에 풍요로운 경제 질서
> ② 건설적이고 종합적인 기관으로서 국가의 역할 강조
> ③ 실험의 자유를 확보하고 공공복지에 봉사하는 과학을 통한 세계 질서 정립
> ④ 자유로운 분위기 속에서, 자아를 재설계하고 문화를 창조적으로 표현하는 예술로서의 질서
> ⑤ 개인·집단의 생활을 건설하고 향상시키는 주력을 기울이는 조직적 교육
> ⑥ 모든 사람들이 온갖 권리와 의무를 다 같이 공정하게 나누는 사회 질서 확립

(3) 재건주의의 한계

① 미래 사회를 어떤 가치관에 의해 세울 것인가에 대한 합의가 결여되어 있음
② 행동 과학에 대해 지나치게 강조하나, 행동 과학만으로 인간의 특성을 모두 설명하기는 어려움
③ 민주적 방식에 대한 지나친 기대로, 중우 정치가 될 수 있다는 인식이 부족함
④ 교육의 역할에 대한 지나치게 낙관적인 태도를 지님

04 현대의 비판적 교육철학과 교육

> **출제 Point**
>
> 2012학년도 중등 객관식 3번
> 실존주의는 철저한 신념과 확신으로 뭉친 책임감을 지닌 실천가와 개성을 가진 인간을 양성하는 것을 추구한다.

1 실존주의와 교육 [02 중등, 09 중등, 12 중등]

(1) 실존주의

① 주체적 존재로서 인간의 실존과 구조를 밝히려는 사상
② 19세기 합리주의적 관념론과 실증주의에 대한 비판과 도전으로 시작해 분석 철학과 함께 현대 철학의 주류를 이룸
③ 현대 문명의 비인간화에 대한 반항으로 등장하여 인간성을 상실한 자신의 본모습을 되찾음으로써 주체적인 삶을 추구하고자 함
④ 인간은 자유 의지를 지닌 존재로, 개인의 자유, 책임, 주관성을 중요시 여김
⑤ 인간은 자유 의지에 의해 본질을 창조해 가는 존재이므로 실존이 본질에 선행함

(2) 실존주의의 교육 원리

① 교육의 목적을 자유롭고 창조적인 인간의 형성으로 봄
② 전인 교육, 인격 교육, 도덕 교육을 강조함
③ 개인의 중요성을 강조하고 개성과 주체성을 존중함에 따라 학습자 중심의 교육과정을 강조함
④ 교사와 학생 간의 인격적 만남을 통한 대화, 참여를 중시함

(3) 실존주의 교육 사상가

① 부버(Buber)
- 대표적인 실존주의 교육 사상가로, '모든 참된 삶은 만남'이라고 주장함
- 교육은 인간과 인간 사이에 이루어지는 활동으로, 교육을 통해 독자적이고 자유로운 인격의 형성을 도와야 한다고 주장함
- 교사-학생 간의 직접적인 의사소통이 교육 매체로 대체되는 것을 비판하고, '만남을 통한 교육'이 이루어져야 한다고 주장함
- 교육의 목적은 참된 만남을 전제로 한 인격 교육으로, 만남은 인격 대 인격의 만남인 대화로 이루어짐
- 교사는 언제나 학생과 동등하게 만날 준비를 하고 있어야 하며, 학생의 자발성, 개성을 존중해야 함

> **Wide** 부버(Buber)의 '만남'
>
> ① 만남은 직접성을 특징으로 한다.
> ② 만남은 현재성을 특징으로 한다.
> ③ 만남은 상호성을 특징으로 한다.
> ④ 만남은 강렬성을 특징으로 한다(만남은 전 존재를 기울인 본질적 행위이다).
> ⑤ 만남은 표현 불가능성을 특징으로 한다.

② 볼노브(Bollnow)
- 실존주의의 교육적 의의를 학문적 체제로 철학화한 실존주의 교육철학의 선구자로, '만남이 교육에 선행한다.'고 주장함
- 인간의 '삶의 과정'을 비연속적인 것으로 파악하고, 교육도 비연속적인 것으로 파악함
- 인간은 위기, 각성, 충고, 상담, 만남, 모험을 통해 지금까지 생각할 수 없었던 새로운 자기 발견을 이루며 성장함
- 각성은 원래 자신이 지니고 있었으나 만남을 통해 깨달아지는 것을 의미함
- 서로가 인격적으로 끌리게 될 때 비로소 진정한 교육의 터전이 마련된다고 봄

(4) 실존주의의 교육적 의의
① 교육에서 비연속적 형성 가능성의 일면을 주목하게 함
② 획일화·보편화하는 현대 교육의 경향 속에서 인간의 개성과 주체성을 최대한 존중하는 교육으로 전환하고자 함
③ 학생 개개인의 개성을 존중하여 다양한 교육과정을 제공함
④ 학생의 개성을 존중하고, 자신의 자아를 결정할 수 있도록 돕는 실존적 교사론이 요청됨
⑤ 삶의 밝은 측면뿐 아니라 어두운 측면까지도 교육의 영역으로 끌어들임

(5) 실존주의의 한계
① 인간의 현존재의 바탕을 사회 과학적 시각으로 파악하고자 하는 노력이 부족함
② 비연속적 교육으로 인해 무의도성과 혼란으로 변질될 우려가 있다는 한계가 존재함

2 분석 철학과 교육

(1) 분석 철학
① 20세기의 대표적인 철학 중 하나이며 일종의 철학적 방법론으로, 사고의 명료화를 위해 언어의 의미를 분석하고자 함
② 철학적 분석, 논리 실증주의, 논리 경험주의, 언어 분석 등 여러 사상을 토대로 언어의 개념이나 논리를 분석함
③ 사변 철학에 대한 비판으로, 논리적 분석을 통해 문제를 명확히 하고 해결하고자 함

(2) 분석 철학의 교육 원리
① 피터스(Peters)와 허스트(Hirst)는 분석 철학을 교육에 접목시킨 대표적인 학자로, '교육, 교수, 학습' 등과 같은 개념들의 준거를 밝히고, 가치 있는 교육의 내용과 목적 등을 밝힘
② 교육학에서 사용되는 여러 개념의 의미와 교육 이론의 논리적 관계를 밝힘

(3) 분석 철학의 교육적 의의
① 교육학 용어의 뜻을 분명히 밝히려고 노력함으로써 교육에 대한 사고나 판단을 명료하게 하고, 교육철학이 독립적이고 객관적인 학문으로 성립하는 데 기여함

② 지식의 성격에 대한 탐구를 통해 교육 내용을 선정·조직하는 데 도움을 줌
③ '교화, 훈련, 자유' 등의 개념을 분석하고 이들의 사용에 대한 정당성을 검토함으로써 교육의 윤리적 차원을 분명히 함
④ 교사가 보다 명료하게 생각하고 말할 수 있도록 촉구하여 교사의 태도에 영향을 줌

> **Wide 명료화**
>
> 교육 상황에서 전해지는 언어는 분명한 전달이 불가능하므로 교사의 규칙이 학생의 규칙과 합치되지 않는다. 따라서 공통의 언어 전달을 위하여 교육의 현장에 내재한 언어 게임의 규칙을 분석하고, 그 의미를 명료화하는 노력이 필요한데 분석 철학은 이 명료화에 기여한다.

출제 Point

2008학년도 중등 객관식 4번
교육철학은 교육 이론과 교육 실천에 숨어 있는 이데올로기적 전제를 드러냄으로써 교육의 자율성을 추구한다.

(4) 분석 철학의 한계
① 개념의 명료화에 집중하여 교육의 이념이나 목표를 정립하는 일에 소홀하였고, 바람직한 세계관이나 윤리관 확립에 도움을 주지 못함
② 체험적, 가치 판단적, 사회·역사적 요소를 배제하여 인간 경험의 실제적 측면을 무시함
③ 논리적·이론적 이성을 강조함으로써 정의적(情意的) 차원의 실재와 그 의의를 긍정적으로 수용하지 못함

3 비판이론과 교육 [08 중등, 09 중등, 11 중등]

(1) 비판이론
① 프랑크푸르트 대학의 '사회연구소'를 중심으로 나타난 철학 사조
② 인간 해방을 강조하면서 여러 학문 분야에 영향을 끼친 철학 사조
③ 현대 사회의 문제점을 개인이 아닌 사회에서 찾았는데, 특히 자본주의 사회의 문제점을 밝힘
④ 과학주의와 실증주의를 비판하고, 철학, 사회학, 정치학 등의 여러 분야를 종합적으로 받아들임
⑤ 인간의 자유로운 의식 형성을 억압하고 왜곡시키는 사회적·경제적·정치적 요인을 분석·비판하고, 이러한 억압으로부터 벗어난 자유롭고 합리적인 인간과 사회의 해방을 추구함
⑥ 이성을 목적 달성을 위한 도구로 활용하는 도구적 이성을 비판함

(2) 비판이론의 교육 원리(신좌파)
① 개성을 실현하고 인격을 성숙시키고자 하는 인격적 목표와 자율적이고 의식화된 인간의 육성을 통해 이상 사회를 건설하고자 하는 사회적 목표를 동시에 추구함
② 정치 교육, 인문 교육, 여성 해방 교육, 사회 과학 교육, 이상 사회 구상을 통해 지배 체제의 이데올로기를 비판하고 성차별 문제 등을 다룸
③ 학교와 사회의 관계 회복, 학습자의 교육 주체성 존중, 갈등 현장 견학, 친교, 갈등 상황에 대한 문헌 접근 등의 교육 방법을 통해 학습자의 흥미를 존중하고 사회의 문제를 다룸

(3) 비판이론의 교육적 의의

① 사회 구조의 문제점을 밝히고, 소외·억압당한 인간 해방의 길을 실천적으로 제시함
② 교육의 가치 중립성의 한계를 제시하고, 가치와 이상 사회에 대한 지향성을 부각함
③ 해방으로서의 교육을 강조하고, 학교 교육의 도구적 기능을 규명함

(4) 비판이론의 한계

① 지나친 비판 의식으로 사회 제도와 교육의 순기능을 간과함
② 기독교적 휴머니즘과 변증법적 유물론적 이론을 취사선택한 결과로, 논리적 모순이 생김

4 포스트모더니즘과 교육 [03 중등, 05 중등, 07 중등, 09 중등]

(1) 포스트모더니즘

① 모더니즘을 극복하기 위한 사회, 문화, 예술의 총체적 운동으로, 20세기 이후 탈산업사회의 특징을 대변하는 문화 논리를 의미함
② 반합리주의(반이성주의): 인간의 이성 혹은 합리성의 절대성을 거부하고 개인의 감정과 정서를 중요시함
③ 상대적 인식론: 진리의 보편타당성을 부정하고 모든 인식 활동은 상대적 관점에서 이루어진다고 주장하며, 지식은 상대적으로 달라진다는 반정초주의와 다양한 형태의 작은 담론을 중시하는 다원주의를 표방함
④ 유희적 행복감의 향유: 이성적이거나 합리적인 것의 추구를 위해 번민하는 것보다 유희나 감정을 즐기며 행복을 누리는 것이 바람직함

> **Wide 모더니즘과 포스트모더니즘**
>
> 포스트모더니즘은 모더니즘과의 관계에 있어 두 가지 시각으로 파악된다. 이는 'post'가 가지는 의미와 관련이 깊다. 'post'를 '~ 이후'로 해석할 때 포스트모더니즘은 후기 근대주의로, 모더니즘의 연장 선상에서 연속이나 지속으로 바라보게 된다. 반면 'post'를 'anti'의 의미로 사용할 때 포스트모더니즘은 탈(脫)근대화, 즉 모더니즘과의 단절을 의미한다.

(2) 포스트모더니즘 교육 원리

① 교육에서 소외되었던 정의적 영역에 관심을 갖고 다양한 교육 목표를 추구함
② 다원주의에 근거하여 지식을 사회적·문화적 맥락에 따라 구성되는 상대적인 것으로 봄
③ 토론, 탐구 학습, 창의적 문제 해결 학습 등의 다양한 교육 방법을 강조함
④ 여성, 성차별, 빈민 문제 등을 중요한 교육 주제로 다룸

(3) 포스트모더니즘 교육 사상가

① 리오타르(Lyotard)
  - 공통의 교육 이념을 거부하고, 숭고한 미학을 교육 목표로 설정함
  - 수행적 지식관의 논리에 의해 좌우되는 현대 교육을 비판함
  - 교육 현장에서 작은 서사와 차이를 존중함

모더니즘

전통이나 권위 등에 반대하여, 근대의 과학이나 문화에 의해 자유·평등한 근대인으로 살아가려는 개인주의 입장을 말하며, 기계 문명이나 생활의 근대성 또는 미학적 근대주의와 서양 미술 전반의 보편적 감각을 중시하는 경향을 지칭함

② 푸코(Foucault)
- 지식과 권력의 관계
  - 근대 사회는 특정 지식이나 가치를 통해 권력을 제도화함
  - 권력은 끊임없이 지식을 생산하고, 지식은 정당성을 유지하기 위해 권력을 필요로 함
  - 인간은 권력이 만들어낸 지식에 의해 통제됨(규율적 권력)
- 대표적으로 원형 감옥(Panopticon)에서 규율적 권력이 행사되며, 이는 감옥에 국한되지 않고 군대, 학교, 회사 등 사회에 확산되어 통제를 위해 행사됨
- 훈육론(규율적 권력 행사의 세 가지 방법)
  - 관찰: 규율을 효과적으로 행사하기 위해 구성원을 관찰하고 감시함
  - 규범적 판단: 일정한 규범을 정하고 이를 위반할 경우 구성원을 처벌하여 통제함
  - 시험: 시험을 통해 인간을 '정상'과 '비정상'으로 구분하고, 질서에 순응하도록 함

(4) 포스트모더니즘의 교육적 의의
① 교육에 대한 획일적이고 고정적인 사고의 틀에서 벗어나고자 함
② 과학적 지식에 의해 소외되었던 일상생활 속에서 터득한 지식을 학교 교육에 반영하고자 함
③ 인종, 민족, 종교 등 현대 사회의 문제를 비판적으로 바라볼 수 있음
④ 새로운 학교, 새로운 교육 체계 등 공교육 체제의 변화를 요구함

(5) 포스트모더니즘의 한계
① 전통 교육의 문제점을 제시하지만, 자체의 포괄적 교육 원리를 생산하지 못하므로 문제에 대한 대안적 이론을 제시하지 못함
② 다양한 교육적 가치에 대한 합의가 어려움
③ 교육에 대한 전체 방향이나 비전을 상실함
④ 삶과 도덕성에 대한 보편적 기반이 부재함
⑤ 체계적으로 논리적인 연구와 논의가 미비함

5 현상학과 교육 [10 중등]

(1) 현상학
① 후설(Husserl)에 의해 창시된 철학으로, 인식 주체의 인식 과정을 이해·해석하는 철학
② 대상에 대한 선입견에서 벗어나 오직 주체가 대상을 어떻게 느끼고 의식하는지 기술하고 분석함

(2) 현상학의 주요 개념
① 인간 의식의 지향성: 인간의 의식은 능동성을 지니고 있으며 이를 통해 외부의 대상을 현상으로 새롭게 구성함
② 현상학적 환원: 의식을 결정하는 것처럼 보이는 것들을 배제하고 순수하게 의식 자체를 기술함

출제 Point

2010학년도 중등 객관식 3번
현상학은 아이즈너의 예술적 교육과정, 반 마넨의 체험적 글쓰기, 스프래들리의 문화 기술 연구, 랑에펠트의 아동 인간학, 마이어-드라베의 학습 이론에 영향을 끼침

③ 노에시스(Noesis)와 노에마(Noema): 노에시스는 지각, 기억 등 의식의 기능적·작용적 측면을 의미하고, 노에마는 노에시스에 대해 의식 내면에서의 객관적 측면을 의미함
④ 생활 세계: 인간이 대상에 부여하는 의미는 구체적 생활 속에서 경험을 통해 획득됨
⑤ 상호 주관성: 지식은 인간의 의식 작용을 통해 구성됨

(3) 현상학의 교육 원리
① 지식은 인식 주체자와 분리될 수 없으며, 인식 주체자의 중요성을 부각함
② 신체적 체험에 의한 학습의 중요성을 부각하고 구체적 생활 환경에서의 현장 학습 및 체험 학습을 강조함

> **Wide 랑에펠트(Langeveld)**
> 현상학을 교육에 적용시킨 대표적인 학자인 랑에펠트(Langeveld)는 종래의 아동 심리학적 어린이 이해의 편협성에서 벗어나 어린이의 본질적이고 실존적 상황을 현상학적·인간학적 관점에서 규명하고자 하였다.

6 해석학과 교육

(1) 해석학(Hermeneutics)
① 텍스트의 의미를 해석하기 위한 이론과 해석의 방법에 관한 학문
② 현상학의 영향으로 텍스트의 해석뿐만 아니라 교육을 포함한 인간 행위의 의미를 이해하는 방법으로 확대되어 언어, 대화를 중시함

(2) 해석학의 주요 개념
① 텍스트: 고전, 성서, 문학 작품 뿐만 아니라 담론, 표정, 상징 등을 모두 포함함
② 해석: 텍스트가 만들어진 과정을 상황의 맥락 속에서 이해함
③ 체험: 의식, 감정 등 인간 삶 속에서의 구체적인 경험으로, 체험을 통해 해석이 명료해짐
④ 추체험: 텍스트가 탄생한 정신적 삶이나 과정을 추적하여 체험함으로써 텍스트를 재구성함
⑤ 해석학적 이해: 체험을 통해 한 사람의 정신이 다른 사람의 정신을 파악함

(3) 해석학의 교육 원리
① 대화를 통해 합리적으로 사고하고, 성찰적 태도를 함양함
② 교사와 학생 간의 대화 및 이해 과정에서 교사와 학생의 개방적 태도가 중요함

(4) 가다머(Gadamer)의 철학적 해석학
① 의미를 해석하기 위해서는 선입견과 전통이 필요함
- 선입견: 이해의 주관적 조건
- 전통: 이해의 객관적 조건

② 이해는 구체적인 맥락을 수반하며, 해답처럼 주어지는 것이 아니라 다른 이해를 위해 열려 있음
③ 본문 전체를 이해하기 위해서는 부분을 알아야 하고, 부분을 알기 위해서는 본문의 전체적인 내용을 알아야 한다는 해석학적 순환 관계를 제시함

메가쌤
교육학 통합 이론서(상)

PART 03

교육과정

CHAPTER 1 | 교육과정의 이해
CHAPTER 2 | 교육과정의 역사
CHAPTER 3 | 교육과정 개발
CHAPTER 4 | 교육과정 유형
CHAPTER 5 | 교육과정 운영
CHAPTER 6 | 교육과정 평가 모형
CHAPTER 7 | 현대 교육과정의 쟁점

PART 03 교육과정

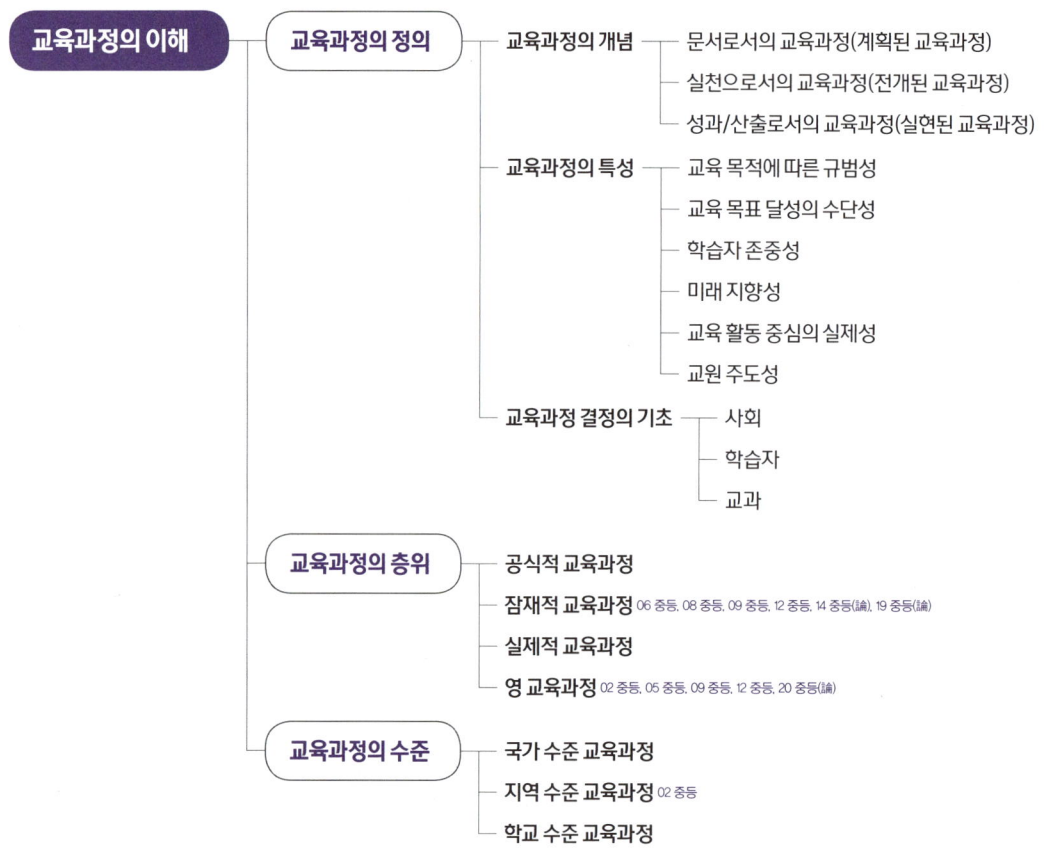

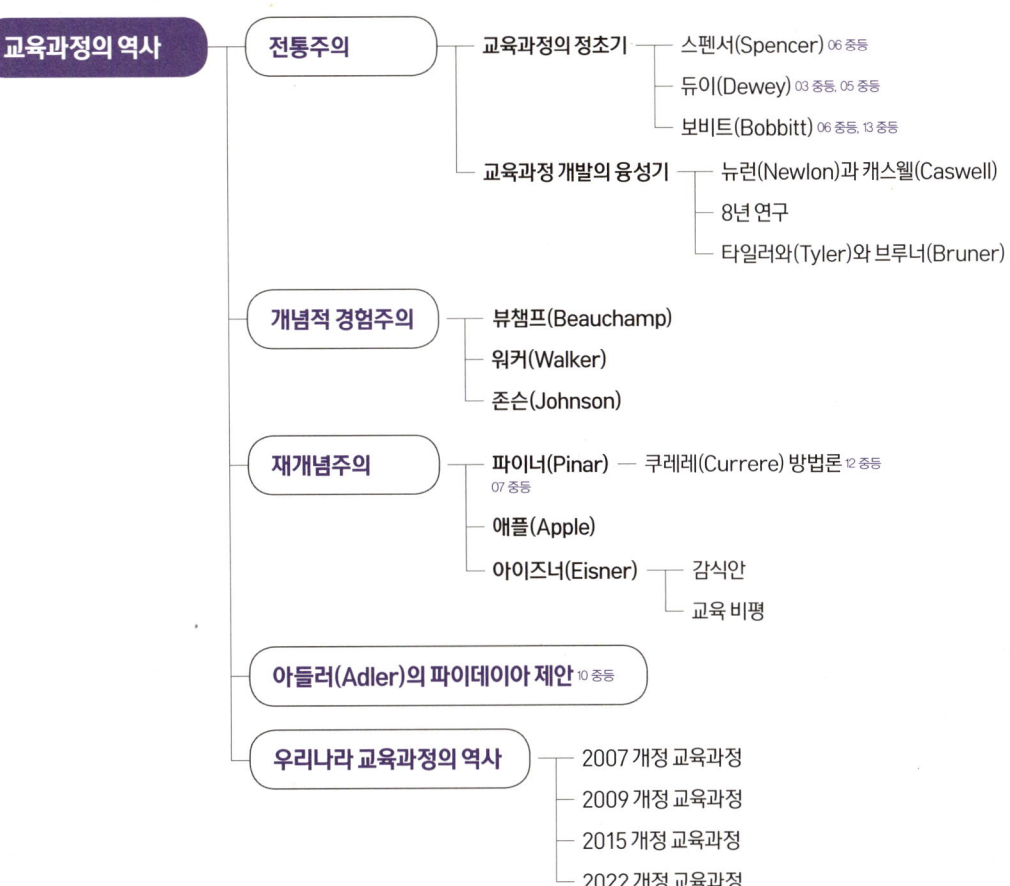

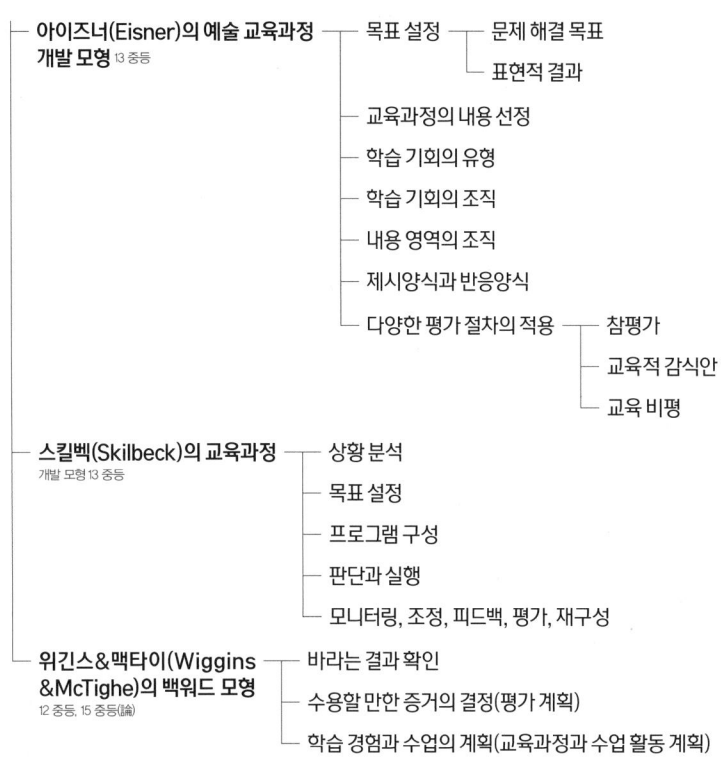

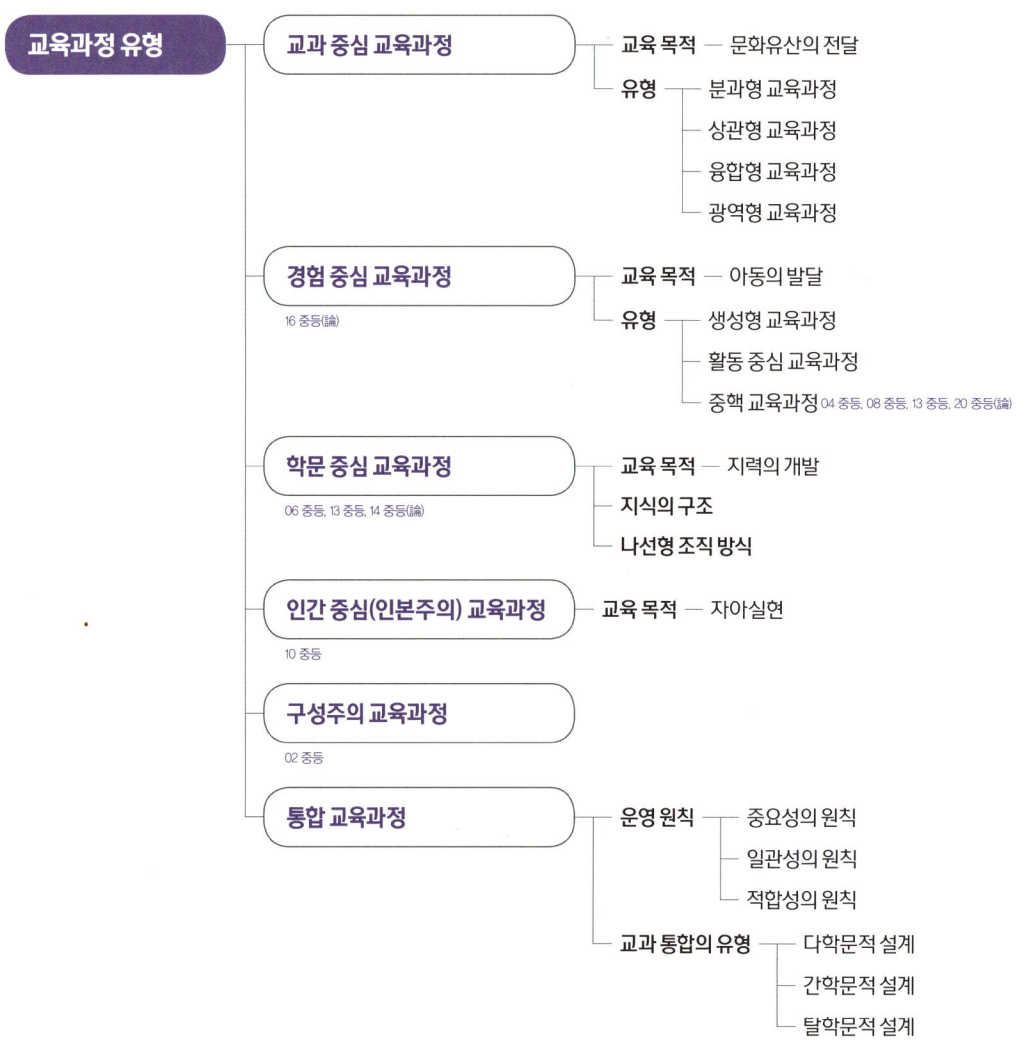

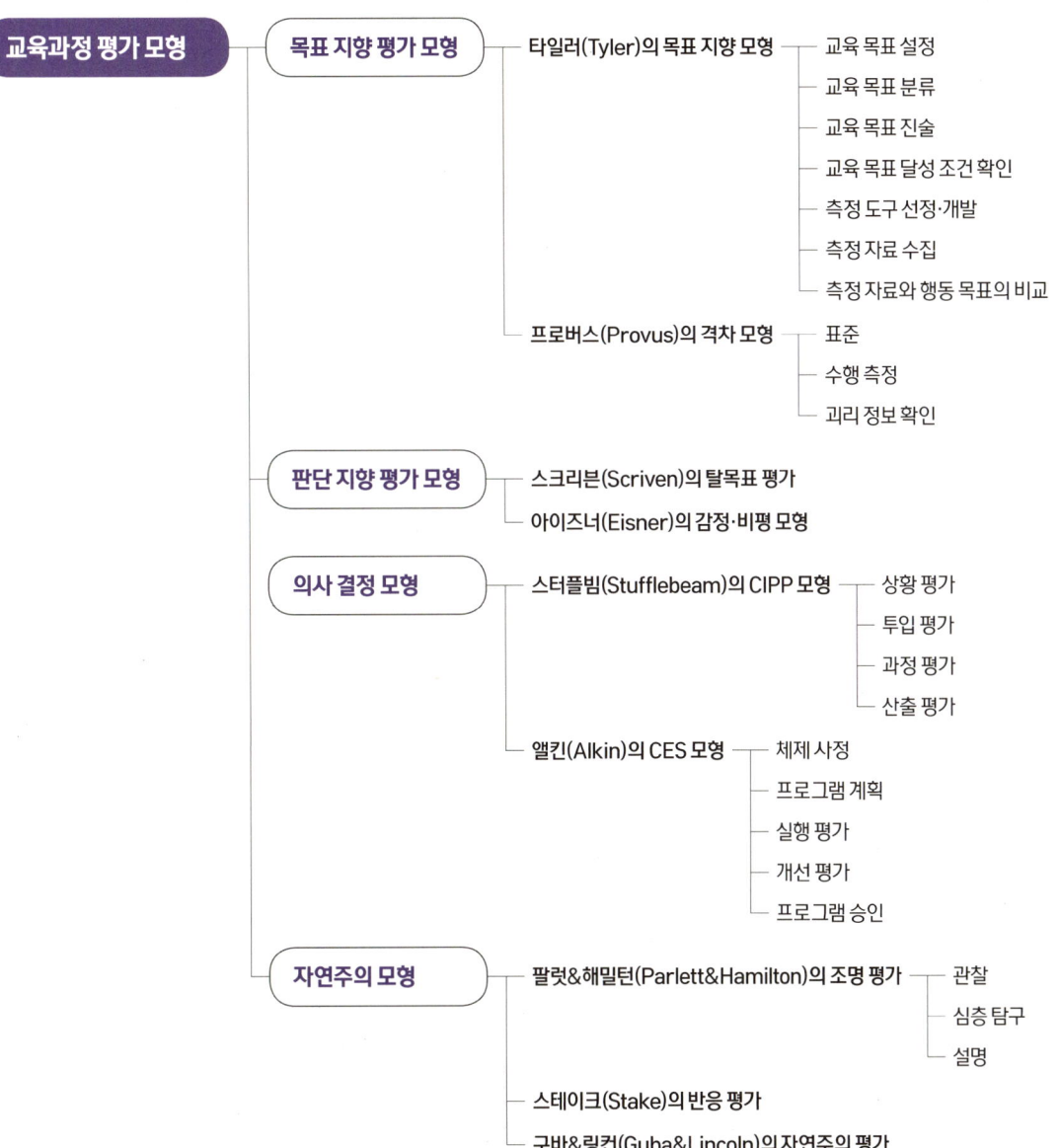

CHAPTER 1 교육과정의 이해

01 교육과정의 정의

1 교육과정의 개념

(1) 교육과정의 고전적 의미
  ① 교육과정은 영어 '커리큘럼(Curriculum)'을 번역한 것으로, 라틴어 '쿠레레(Currere)'와 어원상 관련을 맺고 있음
  ② '경주로'를 뜻하는 커리큘럼은 공부의 과정에서 이수해야 하는 '교수요목'으로, '공부해야 하는 일련의 교육 내용 항목'을 뜻함
  ③ 교육과정의 의미를 교수요목, 즉 공부의 과정에서 이수해야 하는 교과목으로 정의하려는 사람들은 교육의 목적을 마음을 닦는 일, 즉 형식을 도야하는 것으로 간주하였으며, 교과는 도야를 위한 방편으로 간주함
  예 서양의 7자유학과, 동양의 고전 등
  ④ 학자들은 교수요목을 결정하는 것뿐만 아니라 그것을 가르치고 배우는 과정, 그 결과의 평가까지를 교육과정의 개념적 범주에 포함시키려 하였으며, 실제로 교육과정학의 탐구 범위를 확충시켜 나감

(2) 교육과정의 여러 가지 정의
  ① '학습자에게 교육적 성취를 의도하여 학교에서 유효할 수 있도록 지식, 사고 양식, 경험 등의 문화 내용을 재구성한 모든 수준의 계획' (곽병선)
  ② '단순한 교육적 의도를 넘어 정치적·사회 경제적 의도를 포함하고 있는 것으로, 사회의 경제적·정치적 불평등을 조장하는 도구가 됨' (애플)
  ③ 개인과 공동체의 지속 가능한 발전을 위하여 교육 활동의 기준을 계획하며, 이를 전문적으로 실천하고, 질 높은 성과를 달성하는 총체적인 과정

> **Wide** 교육과정 개념의 확장
>
> 교육과정에 관한 연구가 본격적으로 전개되면서 교육과정의 개념은 단순히 교육 내용의 항목을 열거한 교수요목이라는 고전적인 개념에서 벗어나 연구의 범위가 확장되기 시작했다. 즉, 단순한 교수요목에서 수업을 포괄하는 개념으로 발전하였으며, 수업뿐만 아니라 평가 계획까지 포함하는 개념으로 확장되었다. 결국에는 의도의 범위에서 결과의 범위로 확장되어 잠재적 교육과정도 교육과정의 범주에 포함시켜야 한다는 주장이 나오게 되었다.

(3) 교육과정의 여러 가지 측면
  ① 문서로서의 교육과정(계획된 교육과정)
    • 일반적으로 무엇을, 어떻게, 왜 가르칠 것인가에 대한 계획을 담고 있는 문서를 가리키는 용어로 사용됨

쿠레레(Currere)

Currere의 뜻은 '달리다'이며, Currere의 명사형 Curriculum은 '말이 뛰는 길(Course of race)'이라는 의미를 지님

7자유학과

로마 시대부터 중세에 걸쳐 주로 중등교육 이상에서 교수(敎授)되어 오던 과목으로, 문법·수사·변증법의 3과, 산수·기하·천문·음악의 4과를 말함

- 우리나라의 경우 운영하는 주체에 따라 국가, 지역, 학교 세 가지 교육과정으로 구분함

수준	주요 역할
교육부	국가 수준 교육과정 기준 고시
시·도 교육청	지역 수준 교육과정 편성·운영 지침 작성 제시
학교	학교 교육과정 편성·운영

㉠ '초등학교 때 수학이라는 교과를 가르쳐야 하는가', '가르친다면 몇 학년 때 가르칠 것인가', '필수 교과로 가르칠 것인가, 선택 교과로 가르칠 것인가', '일주일에 몇 시간 가르칠 것인가', '어떤 내용을 가르칠 것인가', '어떻게 가르칠 것인가', '어떻게 평가할 것인가' 등에 관한 내용을 담고 있는 문서

② 실천으로서의 교육과정(전개된 교육과정)
- 교실에서 교사가 실제로 가르치는 것으로, 교사에 의해 해석되어 실행된 교수 활동
- 문서로서의 교육과정이 교사의 해석을 통하여 실행에 옮겨진 것
- 일반적으로 문서로서의 교육과정보다 학생들에게 더 큰 영향을 미침
- 문서로서의 교육과정은 현장 적합성이 결여되어 실제로는 문서에 제시된 계획과 다르게 전개될 수 있으므로, 교육과정 자체가 비교적 충실하더라도 유동적인 교수·학습 상황에 따라 실천으로서의 교육과정과 문서로서의 교육과정이 서로 다른 경우가 있을 수 있음

③ 성과/산출로서의 교육과정(실현된 교육과정)
- 교수·학습 활동에 참여한 결과 학생들이 실제로 갖게 되는 경험이나 성취
- 동일하게 계획되거나 전개된 수업 상황 속에서도 학생들은 자신의 지적 능력, 흥미와 관심, 개인의 삶의 역사, 경험, 진로 등에 따라 서로 다른 교육적 경험을 하게 되므로 서로 다른 결과(산출물)를 드러냄

> **Wide 검치 호랑이 교육과정**
>
> 어느 시골, 고요하고 한적한 마을에 검치 호랑이가 나타났다. 검치 호랑이는 마을 논밭에 자주 내려와 채소와 곡식을 상하게 하였다. 특히 마을 사람들은 어린이들이 호랑이에게 다칠까 봐 걱정하게 되었다. 이에 마을 회의가 열리고 호랑이 퇴치법을 개발하여 마을의 모든 어린이에게 호랑이 퇴치법을 가르치기로 의견을 모았다. 다음 날부터 마을의 어린이들은 동네 회관에 모여 호랑이 발자국 탐지법, 호랑이 회피법, 호랑이 퇴치법 등에 대하여 배우게 되었다.
> – 해롤드 벤자민(Harold Benjamin), 「검치 호랑이 교육과정」

이 에피소드에 나타난 교육 행위를 분석하면서 교육과정이 어떤 종류의 학문 또는 실천 영역인가를 살펴보자.

① 무엇을 가르칠 것인가?
이 마을에서 어린이들에게 가르칠 것은 친구들과 사이좋게 지내는 방법, 물고기를 잡는 방법, 새를 잡는 방법, 채소를 재배하는 방법, 가축을 기르는 방법 등 이루 헤아릴 수 없이 많을 것이다. 그러나 현재 이 마을의 가장 큰 관심거리는 검치 호랑이의 피해를 예방하는 것이다. 따라서 학생들에게 검치 호랑이를 다루는 법을 가르칠 필요가 있다. 검치 호랑이를 다루는 법을 가르친다고 할 때, 구체적으로 어떤 내용을 가르쳐야 하는가? 검치 호랑이

CHAPTER 1 교육과정의 이해

를 피하는 법을 주로 가르칠 것인가? 아니면 검치 호랑이를 공격하여 퇴치하는 법을 가르칠 것인가? 이처럼 무엇을 가르칠 것인가 하는 문제는 교육과정의 내용 선정과 관련되어 있다.

② 어떻게 가르칠 것인가?

이 질문은 내용 선정과도 밀접히 관련되어 있지만, 내용 선정을 넘어 내용을 조직하여 전달하는 행위와 더 직접적으로 관련되어 있다. 즉, 선정한 내용을 어떻게 조직하여 제시할 것인가가 주요 관심사로 등장한다. 검치 호랑이를 다루는 법을 가르친다고 할 때, 어떤 방식으로 가르칠 것인가? 어린이의 나이에 따라 서로 다른 내용을 가르쳐야 하는가? 아니면 나이에 상관없이 동일한 내용을 가르쳐야 하는가? 여자 어린이와 남자 어린이에게 서로 다른 내용을 가르칠 것인가? 신체가 허약한 어린이와 강한 어린이에게 동일한 방식으로 가르칠 것인가? 어떻게 가르칠 때, 모든 어린이들이 가장 효과적으로 학습할 수 있는가? 이처럼 어린이의 나이, 성별, 신체 조건, 경험 등에 따라 어떤 방식으로 조직하여 가르쳐야 가장 효과적인가라는 질문은 여전히 중요한 교육과정의 문제이다.

③ 왜 가르쳐야 하는가?

이 질문은 선정된 내용에 대한 정당화 논리를 개발하거나 내용을 새로 선정해야 하는 논리를 제공하는 일과 관련되어 있다. 예를 들어, 시간이 흘러 그 마을 근처에서 검치 호랑이가 사라지고 곰이 그 자리를 대신했다고 가정하자. 마을 회의에서는 검치 호랑이를 다루는 법을 계속 가르쳐야 하느냐는 논란이 있을 수 있다. 어떤 사람들은 검치 호랑이가 사라졌기 때문에 이제 더 이상 검치 호랑이를 다루는 법을 가르칠 필요가 없다고 주장한다. 어떤 사람들은 새로 이주해 온 곰을 잡거나 피하는 방법을 가르쳐야 한다고 주장한다. 또 어떤 사람들은 검치 호랑이를 다루는 법은 검치 호랑이뿐만 아니라 다른 사나운 맹수를 다루는 데도 유용하기 때문에 계속해서 가르쳐야 한다고 주장한다. 또 다른 사람들은 검치 호랑이를 다루는 법이 이 마을의 전통, 즉 성년식의 일부로 간주되고 있는 한, 실용성 여부와 상관없이 가르쳐야 한다고 주장한다. 이처럼 왜 가르쳐야 하는가에 대한 이유를 탐색하고, 가르칠 내용에 대한 정당화 논리를 구성, 분석, 비판, 재구성하는 것이 교육과정의 중요한 과업 중 하나이다.

2 교육과정의 특성

(1) 교육 목적에 따른 규범성

① 교육과정에서는 이상적인 인간을 기르기 위한 지식과 가치, 행동 양식에 대해 사실을 넘어 규범적으로 판단함
② 정치, 경제, 사회, 문화, 계급, 종교, 성 등의 사회적 측면에서 공정하지 못한 면을 교정하려는 특성이 있음

(2) 교육 목표 달성의 수단성

① 교육 목표를 실현하기 위한 수단으로서의 구체적인 계획과 실천 및 반성
② 교육과정 정책의 입안과 집행, 교육 목적과 목표의 수립, 교육과정 개발과 실행 및 평가를 모두 포함함

(3) 학습자 존중성

　① 교육과정은 다양한 학습자의 적성과 진로, 능력 등을 존중함
　② 학습자를 보다 더 나은 배움과 삶으로 인도하고자 함

(4) 미래 지향성

　① 개인적·사회적·교육적으로 덜 중요한 내용과 활동은 점차 축소시켜 제외하고, 보다 적절하고 타당한 것은 새롭게 포함함
　② 자기 쇄신을 위한 파괴와 건설을 되풀이하며 발전하는 미래 지향적 특성을 지님

(5) 교육 활동 중심의 실제성

　① 교육 활동 전개를 위한 내용, 방법과 절차, 환경 조성의 기준이 됨
　② 교육 목표 달성과 구체적인 수업을 위해 교육과정, 교재, 교원, 시설, 설비, 학생 수용, 정책 등이 상호 협력적으로 맞물려 돌아감
　③ 학습자와 사회의 지속 가능한 발전을 위해 적절한 학습 기회를 제공하는 실제 교육 활동의 기준으로 작용함

(6) 교원 주도성

　① 교육과정 실천의 성패는 교원에게 달려 있음
　② 교사는 교육과정의 구체적인 의사 결정, 전문적인 실천, 반성과 질 관리를 담당함

3 교육과정 결정의 기초

(1) 사회

　① 학교 교육은 일정한 사회적 틀 속에서 이루어지며, 학교를 통해 길러진 학습자가 일정한 사회 속에서 활동한다는 점에서 사회가 교육과정의 결정에 영향을 줌
　② 사회는 교육과정에 대해 유용성(쓸모)을 요구하므로, 교육과정을 구성하고 있는 요소들 하나하나가 사회적 쓸모가 있을 때 가르치고 배울 가치가 있다고 봄
　③ 사회가 요구하는 유용성은 사회를 유지하거나 변화시키는 것으로, 교육과정이 사회의 현 상태를 유지·존속하는 데 도움이 되느냐 혹은 사회를 변화·발전시킬 수 있느냐의 문제임
　④ 교육과정과 사회의 관련성에 대한 질문
　　• 교육과정은 사회의 정치적·경제적·문화적 특징과 요구를 잘 반영하고 있는가?
　　• 교육과정은 학습자들로 하여금 사회의 바람직한 전통에 적응하는 능력을 키워주고 있는가?
　　• 교육과정은 학습자들로 하여금 사회의 잘못된 관례를 변화시킬 능력을 키워주고 있는가?
　⑤ 사회를 중심으로 한 교육과정의 종류
　　• 생활 적응 교육과정: 실생활이 요구하는 지식·기능·태도, 행동 양식을 효과적·효율적으로 습득하여 실생활 적응을 강조함
　　• 직업 준비 교육과정: 직업 세계가 요구하는 기본 소양, 주요 소양, 핵심 역량을 익혀 효율적이고 생산성 있는 직업인 양성을 강조함

CHAPTER 1 교육과정의 이해

- 중핵 교육과정: 사회의 문제와 쟁점을 중심으로 여러 교과의 내용을 통합적으로 구성함
- 사회 개조 교육과정: 불합리하고 모순된 사회 현실을 꿰뚫어 보고, 이를 구조적으로 변화시킬 반성적 · 주체적 실천인의 양성을 강조함

(2) 학습자(개인과 집단)

① 교육과정은 학생들의 발달 단계, 소질과 적성, 진로와 요구, 개인이 처한 어려움, 환경의 개인차와 집단차를 고려하여 제안된 많은 아이디어 중에서 학생들의 가치 있는 발달을 증진시킬 수 있는 것들만을 엄선하고 재조정하여 제안함

② 현대의 교육과정은 학생의 다른 학문적 · 사회적 요구보다 흥미와 관심을 우위에 둠

③ 학생의 타고난 측면이나 발달은 과학적 연구 방법을 통한 실증적인 증거에 기초해서 밝혀내고, 이를 교육과정 설계의 기초로 삼음

④ 교육과정과 학습자의 관련성에 대한 질문
- 교육과정은 학습자들의 성장, 변화, 발달 수준과 이해 수준을 반영하고 있는가?
- 학습자들은 교육과정을 통해 타고난 소질과 적성을 계발하고 있는가?
- 학습자들은 자신의 학업적 · 직업적 관심과 진로 요구에 따른 적절한 교육과정을 접할 수 있는가?

⑤ 학습자를 중심으로 한 교육과정의 종류
- 경험 중심 교육과정: 학습자의 흥미를 기초로 교육적 경험의 계속적 성장을 강조함
- 인간 중심 교육과정: 인간의 타고난 선한 본성을 유지하거나 현대 사회에서 뒤틀린 학습자의 본성 회복을 강조함
- 인지주의 교육과정: 학습자의 학습 내용 이해를 통한 인지 구조의 질적 변화를 도모함
- 구성주의 교육과정: 학습자의 적극적 · 능동적 · 참여적 지식 구성을 강조함

(3) 교과(학문)

① 교과는 인류가 축적한 문화유산 중 다음 세대에게 물려줄 가치가 있는 것들의 정수(Essence)로, 사회와 학습자의 요구를 실현해 주는 주요 수단임

② 학문이라고 알려진 지식 체계 중 학생을 수련시킬 만한 가치가 있는 것이면서 동시에 교수 · 학습 가능성이 높은 것들을 정련한 것

③ 교과가 대변하는 대상 세계의 표상에 있어서 포괄성과 정확성이 있어야 하며, 그 내용과 활동은 체계적으로 잘 조직되어 논리 정연성이 있어야 함

④ 교육과정과 교과의 관련성에 대한 질문
- 전체 교육과정 속에서 각 교과는 어떤 성격, 목표, 구조, 비중, 지위, 기능을 갖는가?
- 교과는 학습자를 둘러싼 세계의 실재에 대해 적절하게 설명해 주고 있는가?
- 교과는 학습자와 심리적 대화를 할 수 있도록 조직되어 있는가?
- 교과는 교과 자체의 고유한 논리를 반영하고 있는가?
- 교과는 최근에 정설이 된 학문적 성과를 반영하고 있는가?
- 교과는 역사와 사회의 요구를 제대로 반영하고 있는가?

교수 · 학습

교사가 학생을 가르치고 학생이 배우는 활동을 의미함

- 교과는 다른 교과와 구별하여 독립적으로 제공할 가치가 있는가?
- 교과는 필수로 가르칠 가치가 있는가?

⑤ 교과를 중심으로 한 교육과정의 종류
- 교과 중심 교육과정: 전통문화 중 다음 세대에게 전해 줄 핵심적 문화 내용을 담은 교과를 가르치고 배우자는 전통적·보수적 입장을 드러냄
- 학문 중심 교육과정: 1960년대 이후 수학과 과학을 중심으로, 각 학문의 기본 아이디어, 개념, 주제, 이론, 법칙, 원리 및 탐구 방법을 효과적인 학습 전략으로 강조함
- 행동주의 교육과정: 구체적인 수업 목표를 행동적으로 기술함으로써 교과 교육의 효과를 높이려고 함

CHAPTER 1 교육과정의 이해

출제 Point

2008학년도 중등 객관식 9번
ㄱ. 학생들의 교실 생활이나 학교의 문화 풍토를 중시한다.
ㄴ. 교육과정을 '의도'나 '계획'의 차원에 한정하지 않는다.
ㄷ. 공식적(Formal) 교육과정의 부정적 결과에도 관심을 기울인다.

02 교육과정의 층위

1 공식적 교육과정(표면적 교육과정)

(1) 개념
① 교육적 목적과 목표에 따라 분명하게 의도되고 계획된 교육과정
② 가시적 혹은 표면적이어서 학생들이 뚜렷이 겪는 교육과정

(2) 예시
① 국가 교육과정의 기준을 담은 문서
② 시·도 교육청의 교육과정 지침
③ 지역 교육청의 장학 자료
④ 교과서를 비롯한 수업용 교재
⑤ 학교의 교육과정 운영 계획, 교사의 수업 계획 등

(3) 특징
계획, 실천, 평가 등을 통해 기술, 측정, 예측, 통제가 가능함

2 잠재적 교육과정 [06 중등, 08 중등, 09 중등, 12 중등, 14 중등(論), 19 중등(論)]

(1) 개념
학교와 같은 교육 기관의 공식적 교육과정에서 의도·계획하지 않았으나, 수업이나 학교 교육의 관행 등 물리적 조건과 심리적 환경을 통해 학생들이 은연중에 배우는 교육 결과로서, 경험된 교육과정

(2) 예시
① 공식적 교육과정의 잘 보이지 않는 숨은 기능으로, 긍정적·부정적 효과, 약점의 보완과 강점의 강화, 편견의 강화, 타산지석, 반면교사 등
② 교사의 언행, 교사와 학생의 관계, 학생들의 하위 문화, 학교의 물리적 환경, 교풍과 같이 학교의 문화와 관행 등에 의한 것

(3) 특징(표면적 교육과정과 잠재적 교육과정의 비교)
① 표면적 교육과정은 학교에 의하여 의도적으로 조직되고 가르쳐지는 반면, 잠재적 교육과정은 의도되지 않았지만 학교 생활을 하는 동안 은연중에 배우게 됨
② 표면적 교육과정이 주로 지적인 것과 관련이 있다면, 잠재적 교육과정은 주로 정의적인 영역과 관련이 있음
③ 표면적 교육과정이 주로 교과와 관련이 있다면, 잠재적 교육과정은 주로 학교의 문화 풍토와 관련이 있음
④ 표면적 교육과정은 단기적으로 배우며 어느 정도 일시적인 경향이 있는 반면, 잠재적 교육과정은 장기적이고 반복적으로 배우며 항구성을 지니고 있음

⑤ 표면적 교육과정은 주로 교사의 지적·기능적 영향을 받으나, 잠재적 교육과정은 주로 교사의 인격적인 감화를 받음
⑥ 표면적 교육과정은 주로 바람직한 내용으로만 구성된 반면, 잠재적 교육과정은 바람직한 것뿐만 아니라 바람직하지 못한 것도 포함됨
⑦ 표면적 교육과정과 잠재적 교육과정이 서로 조화되고 상보적인 관계에 있을 때, 학생 행동에 강력한 영향을 미칠 수 있음
⑧ 잠재적 교육과정을 찾아내어 이를 계획하여도 표면적 교육과정과 잠재적 교육과정의 구조는 변하지 않음

(4) 의의

① 교육과정의 의미 확장에 기여함
- 잠재적 교육과정의 개념이 등장하여 '학교에 의해 계획되지 않았으나, 학생이 경험한 것'을 개념화하기 이전까지 교육과정 전문가의 관심은 '학교 교육의 계획과 의도' 또는 '학교의 계획하에 학생이 경험한 것'에 제한되었음
- 잠재적 교육과정 개념의 등장과 함께 교육과정 전문가의 관심은 '계획된 것'에서 '계획되지 않는 것'으로 변화함
- '계획되지 않았으나 학생이 경험한 것'이 강조됨에 따라 의도했든 의도하지 않았든 교육 활동으로 인하여 나타난 모든 작용과 부작용을 총체적으로 평가하고자 하는 '탈목표 평가 관점'이 등장함

② '학교 교육이 이러이러해야 한다.'라는 '당위적 진술'보다는 '학교 교육이 이러이러하다.'라는 '사실적 진술'에 더 많은 관심을 갖게 함

③ 학교 교육과 교육과정의 효율성 제고에 기여할 것으로 기대됨
- 잠재적 교육과정은 공식적 교육과정보다 학생들에게 더 강한 영향력을 미침
- 기존에는 표면적 교육과정만 활용하여 교육을 실시했다면, 이제는 잠재적 교육과정까지 고려하여 학교 교육을 수행할 수 있게 됨

> **Wide** 잠재적 교육과정 관련 논의
>
> 〈보수적 관점: 잭슨(Jackson, 1968)의 잠재적 교육과정 논의〉
> 잭슨(Jackson)은 교실에서 학생들의 생활을 관찰하면서 학생들이 학교에 적응하게 되는 과정에 관심을 갖게 되었다. 학생들은 학교와 교실에서 공식적인 교육과정을 통해 제공되는 교과 내용에 관해서 배울 뿐만 아니라, 교과 내용과는 무관한 또는 상반된 내용에 대해서도 학습을 하고 있음을 발견하였다. 잭슨(Jackson)에 의하면 학생들은 학교 생활을 통하여 군집, 상찬, 권력 속에서 적응하고 살아가는 스타일을 배우게 된다. 즉 학생들은 다른 학생들과 어울려서 생활하는 방식(군집), 여러 가지 형태의 평가 속에서 살아가는 법(상찬), 조직의 권위 관계를 인정하면서 살아가는 법(권력)에 관해서 배우게 된다.
>
> ① 군집에 관하여
> 대부분의 사회 제도에 있어서 가장 핵심적인 미덕은 '인내'라는 한 단어에 담겨있다. 이 미덕이 그야말로 미덕이 아니라면, 감옥에서, 공장에서, 또 사무실에서 시간을 보내야 하는 사람들에게 삶이란 견딜 수 없을 만큼 비참할 것이다. 학교에서의 삶도 마찬가지이다. 이 모든 장면에 있어서 사람들은 '진인사(盡人事)하고 대천명(待天命)'하는 것을 배우지

CHAPTER 1 교육과정의 이해

않으면 안 된다. 사람들은 또한 다소간은 묵묵히 고통을 참는 것도 배우지 않으면 안 된다.

② 상찬에 관하여

학교에서 생활하는 것을 배울 때, 자기 자신의 업적이나 행동이 평가되는 사태에 어떻게 대처해 나가는가 하는 것뿐만 아니라, 다른 사람에 대한 평가를 지켜보고, 때로는 다른 사람을 평가하는 일에 참여하는 방법을 배우지 않으면 안 된다. 자기 자신의 강점과 약점이 객관적으로 공개되는 생활에 익숙해지는 것과 동시에, 학생들은 다른 동료들의 강점과 약점을 주시 내지 목격하는 사태에도 익숙해지지 않으면 안 된다.

③ 권력에 관하여

학교에서 체득되는 복종과 순종의 습관은 다른 생활 사태에서 큰 실제적 가치를 지니게 된다. 권력 구조의 측면에서 보면, 학교의 권력 구조는 공장이나 사무실과 같이 성인들의 삶의 상당한 시간을 보내는 다른 사회 조직의 그것과 별로 다름이 없다. 그리하여 학교는, 종래 교육학자들이 구호로 사용해 온 것과는 다른 의미에서, '생활을 위한 준비'라고 볼 수 있다. 학교에서도 권력은 다른 사회 기관에서와 마찬가지로 남용될 수 있다. 그러나 권력이 존재한다는 것은 삶의 엄연한 사실이며, 우리는 여기에 적응하지 않으면 안 된다.

잭슨(Jackson)에 따르면, 교실 생활의 특징인 군집, 상찬, 권력은 학생들이 학교 생활을 성공적으로 수행하기 위해 반드시 배워야만 하는 잠재적 교육과정을 구성한다. 이러한 잠재적 교육과정은 일반적으로 교육의 목적이나 목표의 어디에서도 명시적으로 나타나 있지는 않지만, 매우 효과적으로 학교에서 가르쳐지고 있다. 따라서 교육자들 또는 교육학자들은 의도된 목표가 얼마나 효과적으로 달성되었는가를 파악하는 데 자신의 관심을 제한하지 말고, 학교 생활을 통해서 학생들이 경험하게 되는 모든 내용에 대해 심층적인 분석을 수행할 필요가 있다.

〈급진적 관점: 일리치(Illich)의 잠재적 교육과정 논의〉

학교 교육이 갖는 잠재적 교육과정의 부정적인 측면을 가장 먼저 극단적으로 드러낸 사람은 탈학교론자로 알려진 일리치(Illich)이다. 일리치(Illich)에 의하면 '학교 교육의 구조' 자체가 부정적인 잠재적 교육과정의 원천이다. 현행의 학교라는 교육 기관이 존속하는 한, 부정적인 잠재적 교육과정은 나타날 수밖에 없다. 따라서 잠재적 교육과정을 극복하기 위한 유일한 길은 학교라는 제도를 폐기하는 것이다.

학교 교육의 구조와 잠재적 교육과정은 떼려야 뗄 수 없는 관계를 맺고 있다. 학교 교육의 구조는 가장 최선의 상태에서조차도 '사악한' 잠재적 교육과정, 즉 인간의 자아실현에 적대적일 수밖에 없는 잠재적 교육과정과 연결되어 있다. 일리치(Illich)가 지적하는 사악한 잠재적 교육과정의 네 가지 요소는 다음과 같다.

첫째, 학교는 학생들에게 가르치는 것을 배우는 것으로, 학년이 올라가는 것을 교육받는 것으로 간주하도록 가르친다. 물론 가르치는 것이 특정 환경에서는 학생의 학습에 도움이 되는 경우도 있다. 그러나 대부분의 사람들은 학교 밖에서 대부분의 지식을 습득하며, 이들에게 있어서 대부분의 학습은 학교에서 계획된 교수의 결과라고 볼 수 없다.

둘째, 학교는 학생들에게 학교 교육이 반드시 필요한 것이라고 확신시킨다. 학교는 오로지 학교만이 충족시킬 수 있는 요구를 창출해 낸다. 즉 자기 영속적이고 자기 보존적인 요구를 만들어 낸다. 또한 학교 교육을 받은 사람들은 높은 자리에, 학교 교육을 받지 않는 사람들은 낮은 자리에 배치하거나, 학교 교육을 오래 받은 사람은 높은 자리에, 학교 교육을 짧게 받은 사람은 낮은 자리에 정착시키는 카스트 제도를 만들어 낸다.

셋째, 학교는 학생들을 소외시킨다. 학생들을 학년별로 나누고, 교육과정을 강제로 부과하고, 학생의 동의 없이 임의적으로 수업 시간을 편성하는 등의 일을 통하여 생물학적 존재로서의 학생과 자아실현을 할 수 있는 학생 간의 건널 수 없는 간극을 형성한다. 학교라는 장에서 학생들은 객관화되고, 수량화되며, 자아실현 과정으로부터 분리됨으로 인하여 소외 현상이 발생한다. 그 결과, 학생들은 스스로에게 충실한 존재가 되기보다는 타인을 위한 존재, 즉 교사를 위한 존재, 기업가나 사업가를 위한 존재, 학력 평가를 위한 존재가 된다.

넷째, 학교는 학생에게 현존하는 제도나 기관이 절대적으로 필요하다는 신념을 전달한다. 이러한 교육의 결과, 학교 교육을 받은 사람은 현존하는 제도, 즉 학교 교육의 필요성에 의문을 제기하기 쉽지 않다. 즉 학생들은 현존하는 제도에 대해 어떤 의문도 제기하지 않는다. 여기서 현존하는 제도는 그 제도를 벗어나면 결코 안전하지 않을 것임을 경고해 주는 일종의 안전지대로 작용한다.

3 실제적 교육과정

(1) 글래트혼(Glatthorn)

① 실제적 교육과정은 가르친 교육과정, 학습된 교육과정, 평가된 교육과정으로 나눌 수 있음
  - 가르친 교육과정(Taught Curriculum): 교사들이 교실에서 실제로 가르친 교육 내용
  - 학습된 교육과정(Learned Curriculum)
    - 학생들이 실제로 학습한 교육 내용을 말하며, 교육과정의 모든 유형 중에서 가장 중요하지만 가장 통제하기 어려움
    - 수학 교사가 한 시간 내내 함수 개념(가르친 교육과정)을 가르쳤는데, 학생들이 개념에 대한 이해는 하지 못하고 선생님의 말씀을 바른 자세로 듣는 참을성(학습된 교육과정)을 배웠다면, 가르친 교육과정과 학습된 교육과정은 판이하게 다른 것이 됨
  - 평가된 교육과정(Tested Curriculum)
    - 평가를 통하여 사정되는 교육 내용
    - 공식적 교육과정보다 가르친 교육과정과 학습된 교육과정에 더 많은 영향을 미침
      예 대학입학수학능력시험에 출제되는 문제는 공식적 교육과정과 관계없이 고등학교 교사들이 가르치게 되고, 학생들은 이에 대한 학습을 철저히 하게 됨

② 교육과정 개발자나 교육 행정가는 공식적 교육과정, 가르친 교육과정, 학습된 교육과정, 평가된 교육과정을 긴밀하게 연결하기 위해 노력하지만, 교육과정 유형 사이에는 사실상 거리가 있음

(2) 김호권

① 공약된 목표로서의 교육과정
- 의도된 교육과정
- 국가 수준이나 지역 및 학교 수준에서 개발된 교육과정
- 학교 현장에서 전개되거나 실천되기 이전에 하나의 '교육적 의도'로서 머물러 있는 상태의 교육과정

② 수업 속에 반영된 교육과정
- 전개된 교육과정
- 공약 또는 규범으로서의 교육과정은 교사에 의해서 재해석되고, 교사의 손에 의하여 그의 수업 행위 속에서 재현됨
- 의도에 머물러 있던 교육과정이 수업이라고 하는 실천적 현상으로 변역되고 변형됨
- '머릿속에 그리고 있는' 교육과정이 아닌 '실제로 가르쳐지는' 수준의 교육과정

③ 학습 성과로서의 교육과정
- 수업을 통하여 실현된 교육과정
- 학생들의 학습 능력이나 경험, 배경, 교육적 필요에 의해 커다란 개인차가 있을 수 있다는 점을 고려할 때, 동일한 교육과정에 의하여 전개된 수업 조건 속에서도 천차만별의 교육과정이 실현될 수 있음

(3) 마쉬(Marsh)와 윌리스(Willis)

① 교육과정을 단일한 것으로 이해하기보다는 교실에서 의도된 것(계획된 교육과정), 교실에서 일어난 것(실행된 교육과정), 교실에서 일어난 것이 어떻게 개인에게 영향을 미치는지(경험된 교육과정)의 합성물로 이해하는 것이 적합함
② 교육과정은 단지 잘 계획했다는 것만으로는 의미를 가질 수 없고, 교실에서 실행되었을 때 의미를 갖는다고 주장함

(4) 교육과정에 대한 최근의 흐름

① 교육과정을 단지 계획된 교육과정 또는 실행된 교육과정 또는 경험된 교육과정으로 단정지을 것이 아니라, 이들을 서로 연관된 합성물로 이해해야 함
② 교육과정은 계획이나 개발 수준의 의미에 머무는 것이 아니라 교육과정이 실행되는 '장'에서, 교육과정이 실행되는 '과정'에서, 그리고 얻어진 '성과'의 차원에서 종합적으로 이해되어야 함

4 영 교육과정 [02 중등, 05 중등, 09 중등, 12 중등]

(1) 개념
학교에서 소홀히 하거나 공식적으로 가르치지 않는 지식, 사고 양식, 가치, 태도, 행동 양식, 교과 등을 일컬으며, 학습자들이 아직 경험하지 못한 것을 말함

(2) 특징
① 교육과정은 선택의 결과로 인한 포함과 배제의 산물이므로 영 교육과정은 공식적 교육과정의 필연적 산물임
② 소극적 의미에서 보면 학생들이 공식적 교육과정을 배우는 동안 놓치게 되는 '기회 학습' 내용이라고 할 수 있지만, 적극적 의미에서 보면 의도적으로 특정 지식, 가치, 행동 양식을 배제시켜 아예 접할 수 없도록 지워 버린 것임
③ 한 나라의 정치 및 경제 체제, 종교, 사회 문화적 관심 등으로 인해 고의로 숨기거나 왜곡되는 교육과정
④ 국가의 정치 및 경제 체제, 종교, 사회, 문화 분야 등에서 더 가치 있다고 여겨지는 것이 가치가 덜하다고 여겨지는 것을 삭제, 폐지, 배제, 무효화, 소홀히 하는 교육과정

(3) 의의 [20 중등(論)]
① 공식적으로 가르치지 않거나 소홀히 되는 영역은 시대와 사회가 변하면 더 중요해지기도 함
② 공식적 교육과정은 특정 정치(이념), 경제, 문화(종교) 세력들에 의해 금기시된 영 교육과정을 새롭게 조명함으로써 풍성해질 수 있음

출제 Point

2009학년도 중등 객관식 8번
김 선생님이 말한 경우는 ⓒ 당연히 발생해야 할 학습 경험이 학교의 의도 때문에 일어나지 않은 것으로 해석할 수도 있겠네요.

2005학년도 중등 객관식 11번
- A교사: 고고학은 정말 중요한 학문인데, 우리나라 고등학교에서는 왜 안 가르치는지 모르겠어요.
- B교사: 어떤 것을 가르친다는 것은 다른 것을 가르치지 않는다는 것을 의미하지요. 제한된 여건 때문에 모든 것을 동시에 다 가르칠 수는 없지요.

CHAPTER 1 교육과정의 이해

03 교육과정의 수준

1 국가 수준 교육과정

(1) 개념
  ① 교육에 대한 국가의 의도를 담은 문서 내용
  ② 국가의 교육 목적, 내용 기준, 학생의 성취 기준, 교육 기관 및 교육 행정 기관의 교육과정 운영 기준 등을 포함함

(2) 특징
  ① 정치적·사회적·문화적 통합과 국가의 시대적·사회적 요구를 충족시킴
  ② 전문 인력, 막대한 비용, 장시간의 투자로 만들어짐
  ③ 교육과정의 표준화로 학교 교육의 질 관리가 용이함
  ④ 학생들이 진학하거나 학교를 옮겼을 때도 교육과정의 일관성과 연속성을 보장할 수 있음
  ⑤ 각 지역이나 학교의 특성을 반영하지 못함
  ⑥ 너무 구체적이거나 상세하게 규정되면 지역이나 학교의 자율성과 교사의 전문성을 해치게 됨
  ⑦ 기본적이고 필수적인 최소한의 기준만을 담아야 함
  ⑧ 개발 과정에서 지역이나 학교 현장의 목소리를 많이 담아낼 수 있도록 다양한 의견을 조사하고 반영해야 함

(3) 우리나라의 국가 수준 교육과정
  교육부 장관이 교육 관계 법령에 의거하여 결정·고시하며, 초·중등학교에서 편성·운영해야 할 교육과정의 목표(교육 목적), 내용(내용 및 성취 기준), 방법·평가·운영(교육과정 운영 기준) 등에 관한 기준 및 기본 지침을 담고 있음

2 지역 수준 교육과정 [02 중등]

(1) 개념
  ① 교육에 대한 지역의 의도를 담은 문서 내용
  ② 국가 수준의 기준과 학교의 교육과정을 연결하는 교량 역할을 함
  ③ 각 시·도와 지역의 특성, 필요, 요구, 교육 기반, 여건 등의 요인을 조사·분석하여 전국 공통의 일반적 기준인 국가 수준 교육과정을 조정하고 보완하며, 그 결과를 학교 교육과정에 반영함

(2) 특징

① 지역의 특수성을 반영함

② 지역 교육청의 교육 문제 해결 능력을 신장함

③ 지역 교육청의 교육 관련 전문성을 키울 수 있음

④ 시간, 인력, 비용 등의 부족으로 질이 낮아짐

⑤ 지역 간의 교육 격차가 심화될 수 있음

(3) 우리나라의 지역 수준 교육과정

① 지방 교육 자치에 관한 법률 제20조로 규정하고 있으며, 대개 국가 수준 교육과정으로부터 위임받은 사항의 수행과 관련됨

② 시·도 교육청에서는 교육과정 편성·운영 지침을 작성하며, 시·군·구 교육 지원청에서는 장학 자료를 개발하여 학교 교육과정을 안내하고 통제함

3 학교 수준 교육과정

(1) 개념

① 학교의 실태를 반영하고, 학부모와 학생의 특성과 요구를 고려하여 교육에 대한 의도를 담은 문서 내용

② 교육의 목표, 내용, 방법, 평가, 운영 방식 등으로 구성되며, 교육의 효율성·적합성, 교사의 자율성·전문성, 교육의 다양성, 학습자 중심 교육의 실현을 위해 필요함

(2) 특징

① 교육과정 관련 권한을 학교에 대폭 이양해야 함

② 교장 및 교사가 교육과정 개발에 대한 관심 및 지식과 능력이 있어야 하며, 이를 발휘할 수 있는 여건이 마련되어 있어야 함

(3) 우리나라의 학교 수준 교육과정

① 국가 수준 교육과정 문서와 시·도 교육청이 작성한 교육과정 편성 지침에는 교육과정과 관련되어 학교가 해야 할 일을 편성, 운영, 평가의 세 영역으로 나누어 제시함

② 교육부와 시·도 교육청은 학교가 해야 할 일을 제대로 추진할 수 있도록 방법과 절차를 사례 연구와 함께 제시함

③ 현재 학교 수준 교육과정은 학교가 교육과정의 형태와 내용을 결정하는 실질적인 권한을 갖는 것이 아니라, 중앙 정부에서 개발한 교육과정을 채택, 변용, 재구조화하는 권한 행사에 머무르고 있음

CHAPTER 2 교육과정의 역사

> **출제 Point**
>
> **2006학년도 중등 객관식 4번**
> 스펜서(H. Spencer): 근대 과학의 연구 성과를 교육과정 논의에 적용하였고, 실생활을 향상시키는 데 기여하는 지식의 우선순위를 정하였다.

01 교육과정의 정초기

1 현대 교육과정의 논의 시작: 스펜서(Spencer) [06 중등]

(1) 기본 입장

① 저서 『교육론: 지, 덕, 체(Education: Intellectual, Moral, and Physical)』를 통해 상류 귀족층의 지적 허영심을 만족시키는 형식적 교육과 대학 준비를 위한 암기식 교육 등의 고전적 교육을 비판함
② 교육의 목적을 '어떻게 살 것인가?'라는 실제적 물음에 대한 대답에서 찾음
  • 어떻게 하면 우리의 모든 재능을 자신과 타인의 최대 이익이 되도록 활용할 것인가?
  • 어떻게 하면 개인과 사회의 행복을 위한 준비, 곧 온전한 생활을 누리도록 준비시킬 수 있는가?
③ 농업 봉건 사회, 계급 신분제 사회에서 도시 산업 사회의 노동자와 민주 시민의 대중들에게 지, 덕, 체를 기르는 교육이되, 귀족을 위한 것이 아닌 과학적 기반의 지식에 대해 우선순위를 두고 교육할 것을 주장함

(2) 교육 내용(가치 있는 지식)

① 직접적 자기 보존에 기여하는 활동
② 의식주에 필요한 물질 획득에 도움이 되는 간접적 자기 보존에 기여하는 활동
③ 자녀의 양육과 교육에 관한 활동
④ 적절한 사회적·정치적 관계 유지에 관련한 활동
⑤ 생활의 여가를 즐기는 활동

(3) 의의

① 전근대 사회와 근대 사회를 가름하면서 근대 사회에서 필요한 교육을 기능적으로 정의함
② 지, 덕, 체 3육의 고른 균형 교육, 민주 사회의 대중 교육과 공교육의 교육과정 발전에 큰 영향을 미침

2 고전적 교육과정과 새교육의 등장

(1) 고전적 교육과정

① 예일 보고서(1828)에서는 육체의 근육을 단련하듯 상상력, 이해력, 분석력, 종합력 등의 정신 근육도 특정 고전 교과목에 의해 단련할 수 있다고 봄
② 1860~1890년대 미국에서 정신도야론에 해당하는 능력 심리학이 유행함

③ 능력 심리학에 기초를 둔 교육과정의 재설계 노력은 1890년대 미국 교육 협회(National Education Association)의 10인 위원회, 15인 위원회, 대학 입학 요건 위원회 등의 활동에서 구체화됨

④ 정신도야론과 능력 심리학에 따른 교과의 암기와 교사 중심의 훈육은 20세기 교육과정론이 극복해야 할 과제가 됨

(2) 교육과정과 수업의 접합: 맥머리(McMurry) 형제

① 교수(Teaching)를 통해 학생의 흥미와 관심을 일깨워 의지를 도야함으로써 견고한 도덕적 품성을 도야하고자 한 헤르바르트(Herbart) 사상에 영향을 받음

② 교육과정에 대한 다섯 가지 기본 질문과 대답

- 첫째, 교육의 목적은 무엇인가?
  : 아동이 선량한 시민의 도리를 다할 수 있도록 유도하고, 사회에 대한 현명한 신체적·사회적·도덕적 적응을 할 수 있도록 도움
- 둘째, 교육적 가치가 가장 높은 것은 어떤 교과인가?
  : 초기에는 문학과 지리를 강조했으나, 후기에는 학습자의 생각을 표현하는 데 도움이 되는 교과와 다른 사람의 생각을 수용하고 생각할 거리를 제공해 주는 교과를 구분하여 강조함
- 셋째, 교과는 교수 방법과 어떤 관계가 있는가?
  : 지리, 수학, 문학 등 어떤 교과든지 형식적 요소와 개념에 상응하는 최적의 교육 방법이 있음
- 넷째, 가장 좋은 학습 결과를 낳는 학습 순서는 어떻게 정할까?
  : 교과는 나이의 발달 단계에 따라 맞는 수준이 있음
- 다섯째, 교육과정을 가장 잘 조직하는 방법은 무엇인가?
  : 학교 공부를 생활에 근거하여 조직할 것을 주장함

3 다양한 유파의 절충과 종합

(1) 등장 배경

① 20세기 초반 능력 심리학과 정신도야설에 입각한 전통적 교육과정을 거부하는 운동이 다양하게 일어남

② 새로운 심리학과 과학의 발전으로 산업 사회가 등장함

③ 유물론적 사고와 제국주의의 팽창을 반영하는 직업적·기술적·과학적 교과를 강조함

(2) 프랜시스 파커(Francis Parker)

① 모든 교육은 인간의 전인적 발달을 도모해야 하고, 그 중심에는 아동이 있어야 한다고 주장함

② 표준화, 석차, 엄격한 훈육, 단순 암기와 주입을 폐지하고, 소집단 활동, 아동 흥미 중심의 새교육을 통해 독립적인 개인을 키워야 한다고 봄

③ 시카고 대학교에 실험 학교를 설립하여 예술·체육 교과와 학생 활동을 강조하고, 아동 중심의 교육, 교과 통합적 교육, 실제적인 체험 중심의 교육을 실천함

위넷카 플랜(Winnetka Plan)

학생의 개인차에 따른 개별 지도를 시도한 것으로, 모든 학생이 학습해야 할 지식과 기능인 공통 필수 교재 영역과 사회화된 활동을 위한 집단 활동 영역으로 구성됨

(3) 워시번(Washburne)

① 지, 덕, 체와 사회성을 지닌 전인 양성이라는 진보주의 교육 목표를 위해 무학년제 개별화 교육의 위넷카 플랜(Winnetka Plan)을 제안함
② 읽기를 제대로 하기 위해서는 정신 연령이 6.5세는 되어야 하므로 학년보다는 적당한 시기를 기다려 교육해야 한다고 주장함
③ 읽기, 쓰기, 산수, 지리, 역사를 공통 핵심 과목으로 선정하고, 음악, 미술, 문학, 체육 등을 창의적 집단 활동으로 선정한 진보주의식 교육과정을 제안함

(4) 파크허스트(Parkhurst)

① 중등 학생의 주도성과 독립성을 강조하며, 사회성과 타인에 대한 책임감을 높여주어야 한다고 봄
② 개인의 창조 능력을 기르고 협동과 자치의 훈련을 시도한 교육 방법으로 돌턴 플랜(Dalton Plan, 1914)을 창안함
  - 학생의 교육과정을 필요와 흥미 및 능력에 맞춰 수립함
  - 일일 숙제를 폐지하는 대신 월정 학습 과제를 교사와 계약하며, 학생이 스스로의 책임하에 학습 속도를 조절함
  - 일제식 진급이 아니라 과제를 제대로 수행했을 때 학년을 진급하게 함

(5) 플렉스너(Flexner)

『A Modern School』(1916)에서 중등학교의 전통 교육과정을 거부하고, 현대 사회에 맞는 교육과정을 제안함

(6) 찰스 저드(Charles Judd)

① 교육 심리학 분야의 발전에 기여하고, 교육과정 내용의 가치를 결정하는 과정에서 통계적이고 과학적인 방법을 제안함
② 성공한 성인이 사용하는 언어를 통계적으로 분석하여 읽기, 쓰기, 철자를 가르치고, 실제 사회에서 많이 사용하는 실용 수학을 가르쳐야 한다고 주장함

(7) 미국 학교 교육 평가 협회(NSSE)의 연구 보고서(1926)

① 이상적인 교육과정의 아홉 가지 특징
  - 인생의 여러 일에 초점을 맞춘다.
  - 지역 사회, 국가, 인류 사회의 여러 가지 사실과 문제를 다룬다.
  - 학생들로 하여금 여러 가지 정부의 형태에 대해 비판적으로 생각하도록 한다.
  - 개방적인 마음가짐의 태도가 어떤 것인가를 알려 주고 이를 개발하도록 한다.
  - 아이디어를 둘러싼 논쟁, 토론, 교환 기회를 제공하고 학생의 관심과 요구를 고려한다.
  - 사회의 문화적·역사적 측면과 함께 현대 생활의 쟁점을 다룬다.
  - 문제 해결 활동과 대안을 선택하는 경험을 중시한다.
  - 학년별로 주의 깊게 조직된 문제와 연습으로 구성된다.
  - 인본주의적 주제를 다루고, 유목적적이고 건설적인 태도와 통찰을 다룬다.

② 중등 교육 개발의 정교화·체계화에 기여함
③ 훈련된 교육과정 전문가는 교육과정을 사전에 계획해야 하며, 교육 목표의 진술, 교육 목표를 달성하기 위한 경험의 계열화, 교과의 적절성 여부, 성취 결과에 대한 진술을 계획에 포함해야 함
④ 학교 교육과정 수립 시 교육과정 전문가와 경험이 많은 교사가 협동해야 한다는 타일러(Tyler)의 교육과정 이론에 많은 영향을 줌

4 아동 중심 교육과정 논의의 구체화: 듀이(Dewey) [03 중등, 05 중등]

(1) 기본 입장(교육관)

① 20세기 초반에 나타난 고전 인문 중심, 아동 발달 중심, 사회 효율 개선, 사회 구조 개혁 등의 다양한 교육과정 이론을 종합하고 절충함
② 아동을 교과를 익혀야 할 존재를 보고, 교과를 우위에 두는 전통적 입장과 아동의 경험을 옹호하는 진보주의적 입장을 변증법적으로 극복하고자 함
③ 교육을 아동의 본성과 교육과정에 담긴 사회 문화의 상호 작용으로 봄
④ 논리적으로 조직되고 분류 체계가 뚜렷한, 성인의 경험 세계로 대표되는 교과와 즉흥적이고 혼란스럽지만 연속된 아동의 세계를 '경험'으로 연결함
⑤ 교사는 아동의 과거와 현재의 발전 가능성이 있는 경험을 주의 깊게 보면서 논리와 추상의 집합체인 교과 내용을 훤히 꿰뚫고 있어야 한다고 주장함
⑥ 학습자는 경험을 심리적으로 축적하고, 교과는 인간 경험과 탐구 결과를 논리적으로 축적하므로 경험의 심리적 측면을 지닌 학습자와 경험의 논리적 측면인 교과를 만나게 하기 위해서는 교과가 학습자의 흥미, 관심, 발달 단계, 일상 경험에 따라 구성되어야 한다고 봄

(2) 교육과정에 대한 관점

① 교육적 경험의 조직
 - 교과의 내용이 범위와 수준을 더해 가면서 확대되듯이 아동의 경험도 계속적으로 재구성되면서 성장·발전해야 함
 - 경험이 계속적으로 성장하기 위해서는 학습자의 내면과 외부 환경이 상호 작용해야 하며, 과거-현재-미래의 경험이 계속적으로 이어져야 함
 - 이전의 경험은 보다 나은 경험의 수단이 되며, 목적이었던 보다 나은 경험은 다시 계속될 경험의 수단으로 사용됨

② 학습과 생활의 통합
 - 교실 밖에서 계획·개발된 교육과정이 교실에 강제적으로 적용·실행되어서는 안 된다고 주장함
 - 학생의 관심과 흥미를 이해하는 교사가 실제적 탐구를 통해 교육과정을 개발해야 함
 - 학습과 생활 경험, 개인과 사회, 학교와 사회는 긴밀히 연결되어야 함
 - 학생들은 직접 옷을 만들고, 음식을 조리하고, 집을 짓는 실제적 활동을 실천함으로써 교과를 배움

CHAPTER 2 교육과정의 역사

출제 Point

2013학년도 중등 객관식 8번
학교 교육과정은 과학적 연구에 기초하여 개혁되어야 한다. 지금까지 학교에서 전통적으로 가르쳐 온 교과는 근거가 불분명한 이론에 기초하고 있다. 학교 교육과정은 장차 젊은이들이 몸담게 될 '성인의 활동 영역'에 대한 과학적 조사를 바탕으로 새롭게 구성되어야 한다. 보비트(Bobbitt)의 연구에 의하면, 성인의 활동 영역은 언어 활동, 건강 활동, 시민 활동 등 10가지로 분류될 수 있다. 학교에서는 이런 것들을 가르쳐야 한다.

2006학년도 중등 객관식 4번
보비트(Bobbitt): 과학적 관리에 기초한 활동 분석법을 활용하여 교육 목표를 설정하였고, 전문가에 의한 교육과정 개발을 강조하였다.

Wide 진보 교육 협회의 강령

① 자연스럽게 발달하는 자유
② 모든 공부의 동기로서 흥미
③ 척척박사, 해결사로서의 교사가 아닌 안내자로서의 교사
④ 아동 발달에 대한 과학적 연구
⑤ 아동의 신체 발달에 영향을 미치는 모든 요인에 대한 주목
⑥ 아동의 생활 요구를 들어주기 위한 학교와 가정의 협조
⑦ 교육 운동 선구자로서의 진보적 학교

5 교육과정 구성의 과학화·전문화: 보비트(Bobbitt) [06 중등, 13 중등]

(1) 기본 입장(교육관)

① '교육은 인간이 원만한 성인 생활을 꾸리는 데 또는 꾸려 가야 하는 데 요구되는 온갖 활동을 준비시켜 주는 것이다.'
② '교육은 성인의 삶을 위한 것이지, 아이들의 삶을 위한 것은 아니다. 교육의 기본적인 책무는 성인기의 50년을 위한 것이지 청소년기의 20년을 위한 것이 아니다.'
③ 교육을 성인 생활을 위한 준비로 보고, 교육과정을 성인이 되어서 해야 할 일을 미리 준비하는 과정으로 봄
④ 교육과정을 '성인 생활의 일을 잘하기 위한 능력과 성인으로서 갖추어야 할 품성을 개발할 목적으로 아동과 청소년들이 반드시 행해야 하고 경험해야 하는 일련의 일'로 정의함
⑤ 교육과정의 목적을 각 교과에서 중요한 지식을 개괄하는 것으로 보고, 학습자들을 훈련시키고 그들의 수행 능력을 끌어올리기 위한 다양한 활동을 개발하고자 함

(2) 교육과정에 대한 관점

① 교육과정은 특정 대상을 분명히 밝혀내고 구성 요소를 상세화하는 것으로, 성인의 경험과 활동 영역을 분석하여 교육과정 활동의 일부가 될 때까지 보다 더 작은 단위로 분할해야 한다고 주장함
② 교과에 대한 분석보다 인간의 주요 활동에 대한 조사·분석이 중요하며, 교과는 삶을 준비하는 수단에 불과하다고 주장함
③ 교육과정을 만드는 절차, 순서, 진술하는 방법을 연구하는 것의 중요성을 강조함
④ 당시의 시대정신인 사회적 효율성을 달성하기 위해 과학적 직무 관리 기법을 교육과정에 적용함
⑤ 듀이가 주장한 '좁은 경험 세계의 아동의 흥미나 요구에서 출발하여 보편적인 성인의 세계로 이르게 하는 확대 과정'을 거꾸로 세워, '광범위한 성인의 생활 활동에서 출발하여 아동에게로 이르게 하는 축소 과정'을 교육과정의 구성으로 봄
⑥ 학교 교육을 통해 반드시 공부해야 할 것만 공부하는 것이 경제적이고 낭비가 없는 교육이라고 봄
⑦ 교육과정을 구성하는 5단계
  • 첫째, 인간 경험(성인들의 삶)을 광범위하게 분석함

- 둘째, 주요 분야의 직무를 분석함
- 셋째, 교육 목표를 열거함
- 넷째, 교육 목표를 선정함
- 다섯째, 상세한 교육 계획을 세움

(3) 의의와 한계

① 교육과정 구성에 과학성을 부여했다는 의의가 있음

② 아동의 현재 내면적 흥미보다 어른의 미래 사회적 활동을 준비하는 일을 중시함으로써 교육을 수단화했다는 비판을 받음

CHAPTER 2 교육과정의 역사

02 교육과정 개발의 융성기

1 뉴런(Newlon)과 캐스웰(Caswell)의 교육과정 개발

(1) 교사에 의한 학교·지역 수준의 교육과정 개발: 뉴런(Newlon)

① 교사는 전문가라는 신조 아래, 교사가 교육과정 개발 과정에 주축이 되는 길을 엶
② 교수요목을 단순히 수업에 적용하는 것에서 벗어나 교사 스스로 교육과정을 마련하는 것이 전문성 향상의 지름길이라고 봄
③ 교육과정의 개정을 교사의 수업과 교육을 바꾸는 유용한 수단으로 여김
④ 뉴런(Newlon)의 교육과정 개발 사업
- 교장과 장학사 등이 참여한 교과 교육과정 개발 위원회에서 교사가 책임자를 맡음
- 각 교과의 교육과정 개발 위원회에서는 학습 목표와 학습 내용을 선정하고, 수업 방법, 다양한 대안 활동, 학습 자료 등을 개발하여 제시함
- 교육과정 개발 위원회는 교사의 의견을 반영하여 교수요목을 수정하고, 이를 확산 보급함
- 교육청의 측정 평가부에서는 교육과정에 근거한 검사 항목을 검토함

(2) 수업 개선을 위한 주 수준의 교육과정 개발: 캐스웰(Caswell)

① 실제적 수업 개선을 교육과정 개발의 중심에 두어야 한다고 주장함
② 교육과정의 내용
- 다양한 분야에서 나온 내용이 학교 교육과정으로 적절한가를 판단하는 식견
- 교육과정 개발 과정에 대한 종합적 이해
- 교육과정 개발 과정에 직접 참여함으로써 얻는 실제적 경험

2 8년 연구

> **8년 연구**
> 미국의 진보주의 교육 협회(PEA)가 중심이 되어 8년간 진보주의 교육의 효과를 증명하기 위해 실시한 교육 연구

(1) 등장 배경

① 미국 교육 협회(NEA)는 10인 위원회 보고서의 보수성을 탈피하기 위해 중등 교육 개편 위원회를 결성하여 「중등 교육의 기본 원리」(1918)를 펴냄
② 중등 교육은 장차 봉사하게 될 사회의 필요와 교육 대상이 되는 학생들의 개인적 특성, 교육 이론에 대한 지식과 실제적 활용 가능성에 근거하여 새로운 방향을 잡아야한다고 주장함
③ 미국 교육 협회(NEA)가 보고서에서 제안한 〈중등 교육의 7대 목표〉
- 건강한 사람 기르기
- 기초 학습 능력 기르기
- 가족 구성원으로서의 역할 익히기
- 직업 수행 능력 준비하기
- 시민성 함양하기
- 여가 선용하기
- 윤리적 품성 기르기

④ 20세기 전반 교육과정 논의의 교육적 실효성을 검증하기 위해 8년 연구를 실시함

(2) 8년 연구의 목표
① 초등 교육과 중등 교육의 연계로서 초등 교육에서와 같은 진보주의 교육을 중등학교에서 시행해도 성공할 수 있는가
② 중등 교육과 고등 교육의 연계로서 진보주의식 중등 교육을 받은 학생이 대학에 가서도 성공적으로 학습하고 생활할 것인가

(3) 8년 연구의 결론
① 대학에서의 성공은 중등학교의 특정 기간 동안 특정 과목을 공부하는 것에 달려 있지 않음
② 학생의 성공적인 대학 공부(생활)를 위해 준비하는 경험의 종류는 매우 다양함
③ 대학과 중등학교를 모두 만족시키는 관계는 보다 항구적인 기초 위에 정립될 수 있음
④ 대학과 중등학교의 교수진들이 상호 존중과 이해 속에 협조할 수 있는 길을 찾아야 함

3 타일러(Tyler)와 브루너(Bruner)의 교육과정

(1) 20세기 교육과정 논의의 거대한 디딤과 걸림: 타일러(Tyler)
① 교육과정과 수업을 하나의 과정으로 보고, 이를 계획하는 사람은 누구나 4가지 질문을 던져야 한다고 주장함
- 학교에서 달성하고자 하는 교육 목표는 무엇인가?
- 수립된 교육 목표를 달성하는 데 유용한 교육 경험은 어떻게 선정하는가?
- (수업을 위해) 선정된 교육 경험을 어떻게 효과적으로 조직할 수 있는가?
- 교육 목표가 달성되었는지 여부를 어떻게 결정(평가)할 수 있는가?

② 학생의 행동으로 표현되는 학습 경험을 강조함으로써 객관식 지필 시험의 대가(Master), 행동적 목표에 따른 평가의 열렬한 지지자로 평가됨
③ 평가는 지필 검사 이상의 매우 폭넓은 방법과 영역을 포함하는 것으로 교육 목표-교육 내용-교육 평가 간의 논리적 일관성을 유지하고, 오늘날 교육 평가의 단초를 제공함

(2) 지식의 구조와 학문으로 견고해진 교과: 브루너(Bruner)
① 교육은 학생들로 하여금 교과의 논리적·근본적·학문적 구조를 탐구하여 실제 상황에 적용(전이)할 수 있도록 함
② 각 학문을 구성하고 있는 근본적인 개념이나 원리 및 이론을 구조적으로 파악하면 습득과 이해가 쉽고, 기억하기도 쉬우며, 이를 적용(전이)하기도 쉬움
③ 수학, 물리학과 같은 과학은 학문의 구조를 잘 갖추고 있으며, 학문의 구조는 탐구적 방법, 발견의 방법을 통해 밝혀질 수 있음

④ 학문이나 교과는 초보적인 데서 가장 첨단적인 것에 이르기까지 폭과 깊이를 더해 가는 나선형적 조직을 가지고 있음
⑤ 지식은 구체적 행동에서 출발하여 이를 좀 더 추상적이게 형상화한 것으로 옮겨 가고, 나중에는 가장 추상적이고 형식적인 것으로 표현됨

03 개념적 경험주의

1 개념적 경험주의의 이해

(1) 등장 배경
- ① 1970년대 이후 교육과정 연구자들은 교육과정의 개혁 과정에서 역할이 축소되고, 연구를 위한 기반이 흔들리는 위험에 직면함
- ② 교육과정 연구자들은 교육학의 학문적 정체성과 정당성을 유사한 학문 영역과의 관계에서 찾기 시작했고, 이는 학교와 교육 문제에 관심을 갖는 철학, 심리학, 사회학 등과의 만남으로 이어짐
- ③ 교육 분야는 독립적 학문으로서의 지적 자율성을 상실하고 정치적으로 우세한 사회 과학 학문의 영향 아래 종속되었는데, 그 결과 개념적 경험주의의 연구 흐름이 강세를 보이게 됨

(2) 기본 입장
- ① 교육과정을 설명·통제·예측이 가능한 실증적 탐구 분야로 봄
- ② 교육은 하나의 독립적인 학문이 아니며 여러 학문에 의해 탐구되어야 할 영역이라고 주장함
- ③ 사회 과학자들의 '개념적'이고 '경험적'인 용어를 사용하여 사회 과학의 방법론적 특성인 가설의 개발과 검증을 통해 과학적 이론을 형성하고자 함

2 개념적 경험주의자

(1) 뷰챔프(Beauchamp)
- ① 교육과정 연구자들은 교육과정에서 사용되는 경험을 명확히 하고, 교육과정 분야의 다양한 명제(원리, 법칙)를 찾아내야 한다고 주장함
- ② 개념을 명확히 하는 일은 연구에서 '논리'를 설정하는 일이며, 교육과정 분야의 기술적, 예언적, 관계적 명제를 수립하는 일은 '경험적(실증적)' 연구를 통하여 가능하다고 주장함
- ③ 교육과정, 교육과정 설계, 교육과정 공학, 교육과정 연구의 개념을 구별함
- ④ 교육과정을 '하나의 학교를 위하여 계획된 교육 프로그램의 범위와 조직을 기술한 문서화된 계획'으로 정의함
- ⑤ '교사를 교육과정 계획에 참여시킬 때 교육과정의 실행이 촉진된다.'는 교육과정 분야의 예언적 명제는 실증적인 근거에 의하여 참과 거짓으로 밝혀져야 한다고 봄

(2) 워커(Walker)
- ① 교육과정 개발에 관한 자연주의적 모형을 제시함
- ② 교육과정 개발은 교육에 대한 신념에서 출발하여 기존 교육과정의 정책과 관련 자료를 바탕으로 숙의를 통해 이루어짐
- ③ 교육과정 개발이 실제로 어떻게 이루어지는가를 밝히는 데 목적이 있었다는 점에서 개념적 경험주의로 볼 수 있음

CHAPTER 2 교육과정의 역사

(3) 존슨(Johnson)
① 교육과정 연구자들은 교육과정 이론(행동과학적 이론과 그것에 바탕을 둔 체제 이론)을 개발하는 일을 해야 한다고 주장함
② 교육과정의 개념을 '구조화된 일련의 의도적 학습 성과'로 규정함
③ 수업과 구분되는 교육과정은 교육과정 개발 체제를 통하여 만들어지며, 수업 체제를 이끄는 원리와 지침을 제공한다고 주장함

04 재개념주의

1 재개념주의의 이해

(1) 기본 입장

① 1970년대 교육과정의 이론과 관련하여 나타난 새로운 움직임으로, 교육과정을 새로운 인문학적·사회 과학적 방법을 통해 다룸

② 교육과정의 개선을 위한 처방적 원리보다 교육과정 문제의 복합성과 역사적 중요성에 관심을 가짐

③ 일부 교육의 문제는 정치적·사회적 문화와 깊은 관련을 가지므로 공학적 합리성에 의해 해결할 수 없으며, 오히려 문화의 근본적·구조적 변화가 필요하다는 인식을 가짐

④ 학교나 교육의 문제는 보다 큰 사회적 틀 안에서 이해되어야 하고, 교육과정과 학교, 사회 간의 상호 관련성에 초점을 맞추어야 함

⑤ 교육과정에 대한 의사 결정과 설계보다는 교육 경험의 질적인 특성이 가지는 의미에 관심을 가짐

⑥ 학교와 교사 및 교재의 사회적 기능을 통해 교육과정을 재해석하고, 비판적 이해를 통해 새로운 가치를 창조함

(2) 재개념주의의 탐구 영역

① 교육과정에 대한 역사적 탐구
② 이론과 실제의 관련성에 대한 탐구
③ 정치적 관점에서의 교육과정 탐구
④ 심미적 관점에서의 교육과정 탐구

2 쿠레레 방법으로서의 교육과정 탐구: 파이너(Pinar) [07 중등]

(1) 기본 입장

① 지금까지의 교육과정이 개발과 설계, 계열화, 교수, 목표 등 공식적이고 거시적인 것에만 관심을 기울임으로써 학생들의 경험에는 소홀하였음을 지적함

② 교육과정이 '개인'을 강조해 왔음에도 불구하고, 단지 슬로건이나 추상적 개념으로만 남아 있으며, 구체적인 삶은 결여되어 있다고 지적함

③ 학교 교육이 초래한 비인간화의 병폐로부터 벗어나기 위해 교육적 경험의 본질을 밝히는 일이 무엇보다 중요하므로 인간 내면의 경험에 대한 탐구에 초점을 맞추어야 한다고 생각함

(2) 쿠레레(Currere) 방법론 [12 중등]

① 쿠레레(Currere)는 교육과정을 뜻하는 라틴어로서, 교육과정을 '코스에서 학생이 달리면서 갖게 되는 교육적 경험'으로 재해석한 것을 의미함

② 쿠레레 방법에서 교육과정의 탐구란 교육 경험의 본질을 규명함으로써 스스로 교육과정의 지식을 만들어 가는 활동이라고 볼 수 있음

출제 Point

2007학년도 중등 객관식 11번
파이너(Pinar)에 의하여 1970년대부터 추진되어 온 교육과정 재개념화의 특성
- 개인적 교육 체험의 자서전적 서술 방법 도입
- 역사적, 정치적, 심미적 텍스트로서의 교육과정 탐구

쿠레레(Currere) 방법

교육과정이 외부에서 주어지는 하나의 자료라면, 그것을 접하고 읽고 생각하고 느끼며 배우는 모든 생생한 경험들의 의미를 찾아가는 것

CHAPTER 2 교육과정의 역사

③ 쿠레레 방법의 궁극적 목적은 교육적 경험의 분석으로, 개인의 교육적 경험에 내재되어 있는 무의식적인 가정을 찾아내어 교육적 경험이 가지는 본질을 밝히는 것임
④ 4단계(회귀, 전진, 분석, 종합)를 통해 학생 스스로 자신의 자서전을 기술함으로써 교육적 경험의 기원을 밝히고, 그것이 가지는 본질을 밝혀낼 수 있다고 봄
⑤ 교육적 경험의 시간적·반성적 움직임의 중요성을 강조하며, 학문 연구와 인간의 삶을 관련시키려고 했다는 점에서 학문적·교육적 의의를 가짐

Wide 쿠레레(Currere) 방법의 4단계

회귀 (Regression)	회귀는 과거를 현재화하는 단계라고 할 수 있다. 과거에 있는 실제 그대로의 모습, 그리고 그것이 현재에 남아 맴돌고 있는 모습을 포착하기 위해서 과거로 돌아간다. 이 단계에서는 정보 수집이라는 차원에서 과거의 경험을 최대한 생동감 있게 묘사하는 것이 중요하다. 파이너(Pinar)는 살아 있는 혹은 실존적 경험을 '자료의 원천'으로 가정한다. 원자료를 모으기 위해서는 자유 연상을 통해 정신 분석학적 기술에 따라 과거를 상기하고 자신의 기억을 확장시켜 나간다.
전진 (Progression)	전진은 자유 연상을 통해 미래를 상상하는 단계이다. 이 단계에서 학생은 심사숙고하여 가능한 미래를 상상한다. 아직 일어나지 않은 사건, 아직 현재가 아닌 것에 눈을 돌리면서 미래도 현재 속에 존재하고 있다는 점에 주목한다. 즉, 미래가 현재가 되는 장면을 상상해 보는 것이다.
분석 (Analysis)	분석은 현재로부터 보다 자유롭게 되기 위해서 자신을 과거와 미래로부터 분리시킨다. 과거에서는 미래가 어떻게 나타났으며, 미래에서는 과거가 어떻게 나타날 것인가, 그리고 과거와 미래 양자에서 현재는 어떻게 나타날 것인가에 대해 스스로 질문한다. 즉, 과거, 미래, 현재라는 세 장의 사진을 동시에 펼쳐 놓은 후, 이들을 연결하고 있는 복잡한 관계를 분석해 내는 과정이라 할 수 있다.
종합 (Synthesis)	종합은 생생한 현실로 다시 돌아와 내면의 목소리에 귀를 기울이고, 자기에게 주어진 현재의 의미를 다시 묻는 단계이다. 살아 있는 현재의 자신에게로 되돌아와, 누군가의 존재를 의식하고 자신의 목소리에 귀를 기울이면서 현재의 의미에 대해 질문하는 과정이다. 즉, 자신의 삶에 과거의 교육이 어떻게 기여했는지, 자신의 성장에 어떠한 도움을 주었는지, 교육에 대한 이해가 제대로 획득되었는지에 대해 자문하는 단계로 볼 수 있다.

3 정치적 텍스트로서의 교육과정 탐구: 애플(Apple)

(1) 기본 입장

① 교육과정을 정치(경제학)적 관점에서 연구함
② 오늘날의 학교는 기성세대의 사회 체제와 권력 관계를 다음 세대에 그대로 전달해 주는 문화 재생산(Cultural Reproduction)의 기능을 한다고 비판함
③ 학교에서 가르치는 지식이 곧 문화 자본(Cultural Capital)이라고 주장함

(2) 학교의 권력 관계 재생산

① 학교는 공식적인 교육과정을 통하여 특정한 지식을 적법화시킴
② 교육과정은 모든 사람이 배우도록 요구되는 지식을 선정함에 있어 지배 집단의 이익에 도움이 되는 지식에는 특수한 지위를 부여하고, 그렇지 않은 지식은 하찮은 것으로 규정하여 무시함
③ 학교는 사회의 지배적인 경제 세력이 갖는 문화 자본을 유지·계승하는 일에 핵심적인 역할을 함
④ 학교는 잠재적 교육과정을 통하여 사회가 갖는 기존의 권력 관계를 유지하는 데 기여함

(3) 교육과정에 대한 비판적 연구

① 누구의 문화 자본이 학교의 공식적인 교육과정이 되는가, 학교에서의 지식 분배와 통제 방식은 어떤 사회적 배경에서 어떤 방식으로 이루어지는가에 관심을 가짐
② 교육과정을 탐구하기 위해서는 교실 안에서 일어나는 일을 관찰할 뿐만 아니라 학교를 둘러싸고 있는 사회적 구조와 어떤 관련이 있는가를 비판적으로 분석해야 함
③ 교육과정 연구자들은 계급, 인종, 성별 등의 다양한 사회적 지위가 학교의 공식적 교육과정에 어떻게 반영되고, 잠재적 교육과정으로 어떻게 스며드는지를 바라보는 눈을 가져야 함

4 심미적 관점에서의 교육과정 탐구: 아이즈너(Eisner)

(1) 교육 비평

① 행동 목표를 비판하고, 질적 평가의 중요성을 강조함
② 수업이 끝난 후 학생들에게 나타날 수 있는 행동을 수업이 시작하기 전에 미리 행동 목표로 구체화하는 것은 불가능함
③ 교육 목표에는 행동 목표 외에 문제 해결 목표와 표현적 결과로서의 목표가 존재한다고 주장함
④ 교육과 관련된 다양한 문제를 이해하기 위해 미학적 탐구법(교육 감식안, 교육 비평)을 주장함

(2) 감식안

① 오감을 통하여 세계를 구성하는 특질을 경험하고 이해하며, 그 가치를 판단하는 능력을 의미함
② 감식의 상황과 관련된 다양한 선행 경험, 지식의 영향을 받으며, 그 중 학문적 지식은 세계에 대한 일관성 있고 지속적인 구조를 제공하므로 감식에 도움을 주기도 하나, 추상적 성격으로 인하여 감식을 방해하기도 함
③ 사람들은 누구나 어느 정도의 감식안을 가지고 있으나, 관찰 연습이나 관찰한 내용의 분석 등을 통해 감식안을 향상시킬 수 있음
④ 교육 감식안은 학교나 교실에 퍼져 있는 특질들의 미묘한 차이점을 구별하고 그 가치나 질을 평가하는 인식(Appreciation)의 기술로서, 오감을 통하여 교육 현실을 파악하는 능력을 가리킴

(3) 비평
① 복잡하고 미묘한 대상이나 사건에 대하여 전에는 파악하지 못하고 이해할 수 없었던 것을 파악하고 이해할 수 있도록 도움을 주기 위하여 작성한 이야기를 의미함
② 비평은 관심이 있는 대상이나 사건의 특질을 파악하고 이해하는 감식의 능력과 그 특질들을 다른 사람에게 생생하게 전달하는 표현의 능력을 필요로 함
③ 명제적 언어는 환경의 질적 특성을 충분히 드러낼 수 없으므로 비평에서는 질적인 것을 전달할 수 있는 비명제적 언어를 사용하여 사실을 넌지시 비춤으로써 의미를 전달함
④ 교육 비평은 교육 감식안을 통하여 파악된 것을 비평의 언어로 표현한 것으로, 학교나 교실에서 일어나는 일들을 파악하고 이해하는 데 도움을 줌
⑤ 교육 비평은 교육과 관련된 사건이나 사태의 의미와 가치를 읽을 줄 아는 감식안을 가진 사람이 자신이 본 것을 다른 사람들이 볼 수 있도록 언어를 포함한 매체를 통하여 표현하는 기술로서, 교육 현실을 읽고 가치를 평가하는 방법을 가리킴
⑥ 교육 연구와 교육 평가의 방법으로 교육 비평 쓰기를 제안함
⑦ 교육 비평 쓰기와 읽기는 기존의 과학적 방법에 의거한 실증주의적 연구의 한계점을 보완하고, 분석적이고 측정 지향적인 교육 평가의 제한점을 해소한다는 장점을 지님

> **Wide   아이즈너(Eisner)의 교육 비평 형식**
>
> 아이즈너(Eisner)는 교육 비평의 형식을 기술(Descriptive Aspect), 해석(Interpretive Aspect), 평가(Evaluative Aspect), 주제(Thematics)의 네 가지로 나누었다.
>
> 먼저 기술적 교육 비평은 교육적으로 관련 있는 삶의 특질들을 언어로 묘사하는 것을 말한다. 여기서 묘사(Rendering)한다는 것은 눈에 띄는 모든 것을 기술하는 것이 아니라, 관심을 가지고 선택한 것을 그림 그리는 것처럼 기술하는 것을 의미한다.
>
> 해석적 교육 비평은 사람들의 행동 양식이 갖는 사회적 의미와 상징성을 이해하려는 노력을 가리킨다. 감정 이입을 통하여 다른 사람의 삶에 참여하고, 책이나 손짓 등의 문화적 상징의 의미를 파악하는 능력을 필요로 한다. 해석적 교육 비평을 위해서는 사회 과학의 활용과 학교에서의 경험을 통하여 얻게 된 실천적 지혜가 필요하다.
>
> 평가적 교육 비평은 교실에서 일어나는 일을 교육적 중요성에 비추어 가치를 판단하는 것으로, 이러한 점에서 문화 기술자, 심리학자, 사회학자들이 하는 작업과 구별된다. 교육적 가치를 판단하기 위해서는 교실에서 일어나는 미묘한 특질들을 파악하고 그것들의 의미를 해석할 수 있는 능력뿐만 아니라, 교육 이론, 교육철학, 교육사 등의 이론적 배경과 교실 생활의 실제를 파악할 수 있는 감각을 지녀야 한다.
>
> 예를 들어, 어떤 학교에서 갑순이가 1년 동안 국어 수업을 통해서 학습한 것은 학년 말에 통지표에 나타난 국어 성적이나 학생 발달 상황에 기록된 내용으로는 제대로 알 수 없다. 국어 교과서에 실린 내용은 학생들의 현재의 삶과 어떤 관련이 있는가? 국어 수업은 어떻게 진행되었는가? 학생은 국어 시간에 어떻게 참여하였는가? 국어 수업을 통하여 무엇을 얻게 되었는가? 국어 시간에 즐거웠던 일은 무엇이며, 힘들었을 때는 언제인가? 즐겁거나 괴로웠던 느낌은 어떤 것인가? 등 이러한 질문에 답하기 위해서는 교육 감식안에 바탕을 두고 다양한 형식의 교육 비평을 작성하는 것이 교육 현상을 제대로 이해하고 실제를 개선하는 데 지침을 제공한다.

05 아들러(Adler)의 파이데이아(Paideia) 제안 [10 중등]

1 아들러(Adler)의 기본 입장

(1) 항존주의
① 세상에는 시간과 공간을 초월하여도 변하지 않는 개념과 원리가 있는데, 교육은 학생들로 하여금 이러한 개념과 원리를 파악하도록 하는 데 목적이 있다고 봄
② 학생들은 인류 역사 속 위대한 성인(聖人)들이 작성한 각 분야의 고전 학습을 통하여 지적인 능력을 개발해야 한다고 주장함
③ 아들러는 「파이데이아 제안: 교육 선언(The Paideia Proposal: An Educational Manifesto)」에서 항존주의 교육철학 이념을 주장함

(2) 고전 교육과정
① 대학 교육에서 서양의 고전을 읽는 '위대한 저서 읽기 프로그램'을 실시함
② 서양의 고전을 펴내는 작업을 이끎

2 「파이데이아 제안: 교육 선언(The Paideia Proposal: An Educational Manifesto)」

(1) 파이데이아(Paideia)
① 그리스어 파이스(Pais)와 파이도스(Paidos)에서 유래된 것으로, 아동의 양육을 의미함
② 넓은 의미로는 라틴어 후마니타스(Humanitas)와 동의어로, 모든 인류의 자산이 되어야 할 일반 교양 교육을 의미함

(2) 주요 개혁안
① 유치원부터 고등학교 3학년까지의 학교 교육에서는 복선제와 선택 과목 제도를 배제하여야 함
② 만인이 평등한 교육 기회를 가질 수 있도록 모든 아동을 위한 동일한 수준의 학교 교육을 실현해야 함
③ 학교 교육은 아동의 개인적 발달을 위해 사회가 제공하는 모든 기회를 아동이 이용할 수 있도록 도와야 함
④ 민주주의를 유지하고 발전시키기 위해서는 아동이 시민의 의무와 책임을 수행할 수 있도록 학교 교육을 통하여 적절하게 준비시켜야 함
⑤ 학교 교육은 아동에게 생계를 꾸려 나갈 수 있는 길을 열어 주어야 함
⑥ 파이데이아 학교 교육의 기본 원리
 • 모든 아동은 학습할 수 있다.
 • 아동은 양적인 교육의 기회균등과 질적인 교육의 기회균등을 가질 권리가 있다.
 • 질적인 교육의 기회균등을 위해 학교는 부모가 자녀에게 학습하기를 기대하는 내용과 모든 사람을 위한 최상의 교육 내용을 제공해야 한다.

> **복선제**
> 과거 유럽은 아동의 교육 제도를 진학과 취업으로 구분하여 운영함으로써 취업 계열의 학문적 학습을 억제함

CHAPTER 2 교육과정의 역사

- 학교는 학생들이 가장 좋은 상태에서 전 생애를 교양인으로 살아갈 수 있도록 돕는 교육 내용을 제공해야 하고, 그러한 교육 내용을 어떻게 제공할 것인가를 판단해야 한다.
- 학교는 모든 학생이 적절한 생계를 유지하고, 국가적·세계적으로 훌륭한 시민이 되며, 스스로 훌륭한 삶을 설계하도록 준비시켜야 한다.
- 진정한 학습은 학생의 사고 활동을 통해서 이루어지고, 때때로 교사의 조력이나 교사와 학생의 협력 학습을 통해 이루어진다.
- 교수 방법으로는 교과에 대한 직접적인 설명, 인지적 코칭(Coaching), 세미나에서 사용되는 소크라테스식 산파술의 세 가지 방법을 사용한다.
- 교수 방법은 교과의 조직된 지식을 습득하고, 인지 기능을 개발하고, 개념과 가치의 이해를 확장하는 것을 목표로 한다.
- 학생의 성취 결과는 다른 학생과의 상대적 평가가 아닌 학생 자신의 능력의 진보 정도에 따라 평가된다.
- 교장은 단순한 관리자가 아닌 교육 개혁에 교사를 협동적으로 참여시키는 역할을 해야 한다.
- 교장과 교사는 학습에 활동적으로 참여해야 한다.
- 계속적으로 학습하고자 하는 학생의 욕구가 학습의 주요 동기가 되어야 한다.

06 우리나라 교육과정의 역사

1 2007 개정 교육과정

(1) 주요 특징

교육과정 수시 개정 체제에 따라 개정이 이루어지면서 기존 교육과정과의 연계를 통한 안정성을 획득하고, 사회의 급격한 변화에 대한 신속한 대응이 가능해졌으며, 사회 각계각층의 개정 요구에 대한 탄력적 수용이 가능해지면서 교육 현장의 실태와 필요를 즉각적으로 반영하는 현장 적합성을 획득함

(2) 세부 내용

① 단위학교별 교육과정 편성·운영의 자율권을 실질적으로 확대하고자 함
② 국가·사회적 요구 사항을 보다 적극적으로 반영하고자 함
③ 고등학교 선택 중심 교육과정을 개선함
④ 교과별 교육 내용을 적정화함
⑤ 주 5일 수업제의 월 2회 시행에 따라 수업 시수 일부를 조정함
⑥ 수준별 교육을 위한 처방의 주안점을 교육과정에서 수업으로 전환함

2 2009 개정 교육과정

(1) 주요 특징

글로벌화된 세계 속에서 창의력을 발휘하여 미래를 개척하면서 살아가는 글로벌 창의 인재 육성을 교육 목적으로 삼음

(2) 세부 내용

① '미래형 교육과정 구상'을 기반으로 함
② 공통 교육과정과 선택 교육과정으로 이원화됨
③ 학년군제와 교과군제를 도입함
④ 창의적 체험 활동의 교육과정 영역을 도입함
⑤ 학교 교육과정의 자율적 운영을 강화함
⑥ 진로 교육을 강화하고 각종 사회적 요구 사항을 반영하는 교육과정을 설정함

CHAPTER 2 교육과정의 역사

3 2015 개정 교육과정

(1) 주요 특징

① 국가 수준의 공통성과 개인 수준의 다양성을 동시에 추구함
② 학습자의 자율·창의 신장과 교사, 학생, 학부모의 학교, 지역과의 협력을 강조함
③ 학교 교육과정을 중심에 두며, 학교 교육의 질 관리에 힘쓸 것을 제시함
④ 교육 목적으로부터 나온 자주적 인간, 창의적 인간, 교양인, 공동체적 인간이라는 인간상을 구현하기 위하여 '자기 관리 역량', '지식 정보 처리 역량', '창의적 사고 역량', '심미적 감성 역량', '의사소통 역량', '공동체 역량'의 교육을 강조함(역량 기반 교육과정)

(2) 세부 내용

① 추구하는 인간상

- 전인적 성장을 바탕으로 자아정체성을 확립하고 자신의 진로와 삶을 개척하는 자주적인 사람
- 기초 능력의 바탕 위에 다양한 발상과 도전으로 새로운 것을 창출하는 창의적인 사람
- 문화적 소양과 다원적 가치에 대한 이해를 바탕으로 인류 문화를 향유하고 발전시키는 교양 있는 사람
- 공동체 의식을 가지고 세계와 소통하는 민주 시민으로서 배려와 나눔을 실천하는 더불어 사는 사람

② 핵심 역량

- 자아정체성과 자신감을 가지고 자신의 삶과 진로에 필요한 기초 능력과 자질을 갖추어 자기 주도적으로 살아갈 수 있는 자기 관리 역량
- 문제를 합리적으로 해결하기 위하여 다양한 영역의 지식과 정보를 처리하고 활용할 수 있는 지식 정보 처리 역량
- 폭넓은 기초 지식을 바탕으로 다양한 전문 분야의 지식, 기술, 경험을 융합적으로 활용하여 새로운 것을 창출하는 창의적 사고 역량
- 인간에 대한 공감적 이해와 문화적 감수성을 바탕으로 삶의 의미와 가치를 발견하고 향유하는 심미적 감성 역량
- 다양한 상황에서 자신의 생각과 감정을 효과적으로 표현하고 다른 사람의 의견을 경청하며 존중하는 의사소통 역량
- 지역·국가·세계 공동체의 구성원에게 요구되는 가치와 태도를 가지고 공동체 발전에 적극적으로 참여하는 공동체 역량

③ 교육과정 구성의 중점

- 인문·사회·과학 기술 기초 소양을 균형 있게 함양하고, 학생의 적성과 진로에 따른 선택 학습을 강화함
- 교과의 핵심 개념을 중심으로 학습 내용을 구조화하고 학습량을 적정화하여 학습의 질을 개선함
- 교과 특성에 맞는 다양한 학생 참여형 수업을 활성화하여 자기 주도적 학습 능력을 기르고 학습의 즐거움을 경험하도록 함

- 학습의 과정을 중시하는 평가를 강화하여 학생이 자신의 학습을 성찰하도록 하고, 평가 결과를 활용하여 교수ㆍ학습의 질을 개선함
- 교과의 교육 목표, 교육 내용, 교수ㆍ학습 및 평가의 일관성을 강화함
- 특성화 고등학교와 산업 수요 맞춤형 고등학교에서는 국가직무능력표준을 활용하여 산업 사회가 필요로 하는 기초 역량과 직무 능력을 함양함

④ [중학교] 교육과정 편성ㆍ운영 기준

- 학교는 3년간 이수해야 할 교과목을 학년별, 학기별로 편성하여 학생과 학부모에게 안내한다.
- 교과(군)의 이수 시기와 그에 따른 수업 시수는 학교가 자율적으로 결정할 수 있다.
- 학교는 학교의 특성, 학생ㆍ교사ㆍ학부모의 요구 및 필요에 따라 자율적으로 교과(군)별 20% 범위 내에서 시수를 증감하여 편성ㆍ운영할 수 있다. 단, 체육, 예술(음악/미술) 교과는 기준 수업 시수를 감축하여 편성ㆍ운영할 수 없다.
- 학교는 학습 부담을 적정화하고 의미 있는 학습 활동이 이루어질 수 있도록 학기당 이수 교과목 수를 8개 이내로 편성한다. 단, 체육, 예술(음악/미술) 교과는 이수 교과목 수 제한에서 제외하여 편성할 수 있다.
- 전입 학생이 특정 교과목을 이수하지 못할 경우, 교육청과 학교에서는 보충 학습 과정 등을 통해 학습 결손이 발생하지 않도록 한다.
- 학교가 선택 과목을 개설할 경우, 2개 이상의 과목을 개설함으로써 학생의 선택권이 보장되도록 한다.
- 학교는 필요한 경우 새로운 선택 과목을 개설할 수 있다. 이 경우 시ㆍ도 교육청이 정하는 지침에 따라 사전에 필요한 절차를 거쳐야 한다.
- 학교는 창의적 체험 활동의 영역을 학생들의 발달 수준, 학교의 여건 등을 고려하여 자율적으로 편성ㆍ운영한다. 창의적 체험 활동은 학교스포츠클럽 활동 및 자유학기에 이루어지는 다양한 활동들과 연계하여 운영할 수 있다.
- 학교는 학생들이 자신의 적성과 미래에 대해 탐색하고, 학습의 즐거움을 경험하여 스스로 공부하는 자기 주도적 학습 능력과 태도를 기를 수 있도록 자유학기를 운영한다.
  - 중학교 과정 중 한 학기는 자유학기로 운영한다.
  - 자유학기에는 해당 학기의 교과 및 창의적 체험 활동을 자유학기의 취지에 부합하도록 편성ㆍ운영한다.
  - 자유학기에는 지역 사회와 연계하여 진로 탐색 활동, 주제 선택 활동, 동아리 활동, 예술ㆍ체육 활동 등 다양한 체험 중심의 자유학기 활동을 운영한다.
  - 자유학기에는 협동 학습, 토의ㆍ토론 학습, 프로젝트 학습 등 학생 참여형 수업을 강화한다.
  - 자유학기에는 중간ㆍ기말고사 등 일제식 지필 평가는 실시하지 않으며, 학생의 학습과 성장을 지원하는 과정 중심의 평가를 실시한다.
  - 자유학기에는 학교 내외의 다양한 자원을 활용하여 진로 탐색 및 설계를 지원한다.
  - 학교는 자유학기의 운영 취지가 타 학기ㆍ학년에도 연계될 수 있도록 노력한다.
- 학교는 학생들의 심신을 건강하게 발달시키고 정서를 함양하기 위해 '학교스포츠클럽 활동'을 편성ㆍ운영한다.
  - 학교스포츠클럽 활동은 창의적 체험 활동의 동아리 활동으로 편성한다.
  - 학교스포츠클럽 활동은 학년별 연간 34~68시간(총 136시간) 운영하며, 매 학기 편성하도록 한다. 학교 여건에 따라 연간 68시간 운영하는 학년에서는 34시간 범위 내에서 학교스포츠클럽 활동을 체육으로 대체할 수 있다.

- 학교스포츠클럽 활동의 시간은 교과(군)별 시수의 20% 범위 내에서 감축하거나, 창의적 체험 활동 시수를 순증하여 확보한다. 다만, 여건이 어려운 학교의 경우 68시간 범위 내에서 기존 창의적 체험 활동 시간을 활용하여 확보할 수 있다.
- 학교스포츠클럽 활동의 종목과 내용은 학생들의 희망을 반영하여 학교가 정하되, 다양한 종목을 개설함으로써 학생들의 선택권이 보장되도록 한다.

⑤ [고등학교] 교육과정 편성·운영 기준

- 고등학교 교육과정의 총 이수 단위는 204단위이며 교과(군) 180단위, 창의적 체험 활동 24단위(408시간)로 나누어 편성한다.
- 학교는 3년간 이수해야 할 과목을 학년별, 학기별로 편성하여 학생과 학부모에게 안내하도록 한다.
- 학교는 학습 부담을 적정화하고 의미 있는 학습 활동이 이루어질 수 있도록 학기당 이수 과목 수를 8개 이내로 편성한다. 단, 과학 탐구 실험, 체육·예술·교양 교과목, 진로 선택 과목, 실기·실습 과목은 이수 과목 수 제한에서 제외하여 편성·운영할 수 있다.
- 과목의 이수 시기와 단위는 학교에서 자율적으로 편성·운영할 수 있다. 단, 공통 과목은 해당 교과(군)의 선택 과목 이수 전에 편성·운영하는 것을 원칙으로 한다.
- 선택 과목 중에서 위계성을 갖는 과목의 경우, 계열적 학습이 가능하도록 편성한다. 단, 학교의 실정 및 학생의 요구, 과목의 성격에 따라 탄력적으로 편성·운영할 수 있다.
- 학교는 일정 규모 이상의 학생이 이 교육과정에 제시된 선택 과목의 개설을 요청할 경우 해당 과목을 개설해야 한다. 이 경우 시·도 교육청이 정하는 지침에 따른다.
- 학교에서 개설하지 않은 선택 과목 이수를 희망하는 학생이 있을 경우 그 과목을 개설한 다른 학교에서의 이수를 인정한다.
- 학교는 필요에 따라 이 교육과정에 제시되어 있는 과목 외에 새로운 과목을 개설할 수 있다. 이 경우 시·도 교육청이 정하는 지침에 따라 사전에 필요한 절차를 거쳐야 한다.
- 학교 및 학생의 필요에 따라 지역 사회의 학습장에서 이루어진 학습을 이수 과목으로 인정할 수 있다. 이 경우 시·도 교육청이 정하는 지침에 따른다.
- 학교는 필요에 따라 대학 과목 선이수제의 과목을 개설할 수 있고, 국제적으로 공인된 교육과정이나 과목을 개설할 수 있다. 이 경우 시·도 교육청이 정하는 지침에 따른다.
- 학교는 필요에 따라 교과의 총 이수 단위를 증배 운영할 수 있다. 단, 특수 목적 고등학교와 특성화 고등학교는 전문 교과 과목에 한하여 증배 운영할 수 있다.
- 학교는 창의적 체험 활동의 영역을 학생들의 발달 수준, 학교의 여건 등을 고려하여 자율적으로 편성·운영하고, 학생의 진로와 연계하여 다양한 활동이 이루어질 수 있도록 한다.
- 학교는 학생이 자신의 진로에 적합한 과목을 체계적으로 이수할 수 있도록 진로 지도와 연계하여 선택 과목 이수에 대한 정보를 적극적으로 안내한다.

4 2022 개정 교육과정

(1) 주요 특징

① 미래 사회가 요구하는 역량 함양이 가능한 교육과정을 개발함
- 삶과 연계한 깊이 있는 학습과 탐구 능력을 강조하고, 디지털 기초 소양과 생태 전환·민주 시민 교육을 강화함
- 학습 부진 학생, 특수 교육 대상 학생과 다문화 학생 등 다양한 특성을 가진 학생을 지원하는 모두를 위한 교육을 강화함

② 학습자의 삶과 성장을 지원하는 맞춤형 교육과정을 개발함: 학습자 주도성을 강화하고, 진로 연계 교육과정 운영 및 고교학점제 등 모든 학생의 개별 성장 맞춤형 교육과정을 구현함

③ 지역·학교 교육과정 자율성 확대 및 책임 교육을 구현함
- 학교 자율 시간을 도입하여 다양한 지역 연계 교육과정 운영이 가능하도록 선택 과목 개발·운영, 교사의 교육과정 운영 자율권을 확대함
- 지역 사회와 교육 공동체 간 상호 협조 체제 마련을 통해 지역·학교 간 교육 격차를 완화할 수 있도록 지원함

④ 디지털·인공 지능 교육 환경에 맞는 교수·학습 및 평가 체제를 구축함: 실생활 맥락과 연계한 수업, 온·오프라인 연계 수업 및 평가, 창의력 및 비판적 사고력 함양을 위한 교수·학습 및 평가로 개선함

(2) 세부 내용

① 미래 변화에 대응하는 교육과정 혁신

- 새 교육과정은 우리 교육이 지향해야 할 가치와 소양 및 역량을 기초로 교육적 인간상, 핵심 역량, 교육 목표를 개선할 예정이다.

■ 추구하는 인간상	■ 인간상과 핵심 역량을 연계하여 교육 목표 개선
(핵심 가치) 자기 주도성, 창의와 혁신, 포용과 시민성 중심으로 현행 교육과정의 인간상을 재구조화	시민성, 개인과 사회의 지속 가능성 및 생태 감수성 등 반영 검토

(좌측 + 우측)

- 언어, 수리, 디지털 소양 등을 기초 소양으로 강조하고, 학습자가 스스로 자신의 학업과 진로를 설계할 수 있도록 자기 주도성을 강화한다.
- 인간과 환경의 공존, 지속 가능한 사회를 위한 생태 전환 교육 및 시민성 함양을 위한 민주 시민 교육 등 공동체 가치 교육을 강화한다.
  - 기후 환경 변화 등에 대응하는 생태 환경 교육을 교육 목표와 전(全) 교과의 내용 요소에 반영한다.
- 디지털 기초 소양을 함양할 수 있도록 학교급별 발달 단계에 따라 내용 기준을 개발하고, 모든 교과*에 디지털 소양을 강화한다.
  (* 학교급별 디지털 기초 소양 내용 기준을 마련하고 교과별 교육과정에 반영)
  - 디지털 혁신 기술의 기초·심화 원리 학습을 위해 학교별 자율적인 정보 교과목 편제와 교육과정 편성 기준을 마련할 수 있도록 지원한다.

CHAPTER 2 교육과정의 역사

- 다양한 특성을 가진 학생이 차별받지 않도록 지원하고, 지역·학교 간 교육 격차를 완화할 수 있는 지원 체제를 마련할 예정이다.
  - 학교급을 연계하여 특색 있는 교육과정을 운영할 수 있도록 소규모 학교 및 초·중등 통합 운영 학교 지원 체제를 마련한다.
  - 직업계 고등학교 현장 실습 및 교육과정 편성·운영 시 직업 생활의 공통 기본 소양으로 노동인권 및 안전의 중요성을 강화한다.
    ※ 과목 신설: (전문 공통 과목) 노동 인권과 산업 안전 보건, (교양 교과) 인간과 경제 활동 등
- 특수 교육 교육과정은 기본 교육과정의 성격을 확립하고 장애 특성과 정도 등을 고려하여 교과 이외의 '일상생활 활동*'을 신설한다.
  (* 의사소통 방법, 자립 생활, 여가 활동, 신체 활동 등으로 구성)
  - 일반 학교 특수 교육 대상 학생의 통합 교육을 강화하기 위해 초·중등학교 교육과정 총론에 통합 교육 기준 및 지원 방향 등을 제시한다.
    ※ 특수교육 대상 학생 중 72.2%(70,864명)가 일반 학교 특수 학급 및 일반 학급에 배치

② 현장의 자율적인 혁신을 지원·촉진하는 교육 강화

- 초·중학교에서 학교 자율 시간을 활용할 수 있도록 교육과정 총론에 근거를 마련하고, 다양한 선택 과목을 개발·운영할 수 있도록 학교급별 교육과정 편성·운영 지침을 개선한다.
  (※ 교과(군) 및 창의적 체험 활동 20% 범위 내 시수 증감, 수업량 유연화를 통한 학교 자율 시간 확보)
  - 시·도 교육(지원)청과의 협조 지원 체제를 구축하여 다양한 학교 자율 시간 활용 모형을 안내하고 교원 역량 강화 등 현장의 자율적 혁신을 지원한다.
- 초·중학교의 교육과정 운영의 유연성을 제고한다.
  - 중학교는 자유학기를 개선하여 자유학기(1학년)*와 진로연계학기(3학년 2학기)로 운영하고, 편성 영역 및 운영 시수를 적정화한다.
    (* 주제 선택 및 진로 탐색 활동의 2개 영역으로 통합·운영하고 1개 학기 총 102시간 운영)
  - 학교스포츠클럽 활동의 의무 편성 시간을 적정화하여 학교 교육과정 편성·운영의 어려움을 해소하고 근본 취지를 되살린다.
- 학생의 자기 주도성과 선택을 확대하고 학생의 자발적 참여와 실천을 위해 창의적 체험 활동 영역을 재구조화*하고 자치 활동을 강화한다.
  (* 자율 활동, 동아리 활동, 봉사 활동, 진로 활동 4개 영역 → 자율·자치 활동, 동아리 활동, 진로 활동 3개 영역)
- 범교과 학습 주제는 그간 제기되어 온 학교 교육과정 편성·운영의 어려움을 해소하기 위해 관련 주제를 교과와 연계하여 반영하고 중·장기적으로 의무적 부과 시수를 조정하는 법령 정비 등을 추진한다.
  (타 법령에 명시되어 과다하게 부과하는 조항에 대한 일몰제 부여 등 특별법 제정 방안 검토)

③ 교육과정 혁신을 통한 학습자 맞춤형 교육 강화

- 상급학교로 진학하기 전(초6, 중3, 고3) 2학기 중 일부 기간을 활용하여 학교급별 연계 및 정서 지원, 진로 교육 등을 강화하기 위해 진로연계학기를 도입한다.
- 다음 학년 학습에 필요한 교과별 학습 경로, 학습법, 진로 및 이수 경로 등으로 교과 내 단원을 구성하고, 진로 탐색·설계 활동으로 운영한다.

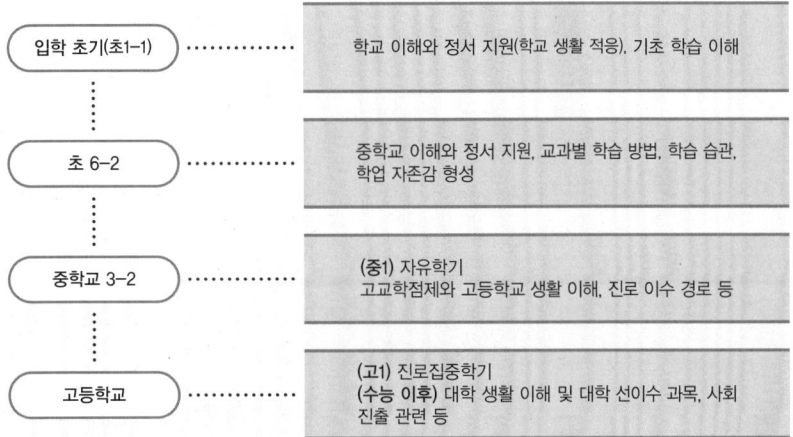

진로연계학기 운영 예시

- 입학 초기(초1-1) …… 학교 이해와 정서 지원(학교 생활 적응), 기초 학습 이해
- 초 6-2 …… 중학교 이해와 정서 지원, 교과별 학습 방법, 학습 습관, 학업 자존감 형성
- 중학교 3-2 …… (중1) 자유학기 / 고교학점제와 고등학교 생활 이해, 진로 이수 경로 등
- 고등학교 …… (고1) 진로집중학기 / (수능 이후) 대학 생활 이해 및 대학 선이수 과목, 사회 진출 관련 등

- 고교학점제 기반 고등학교 맞춤형 교육과정을 구현한다.
  - 고등학교의 수업·학사 운영이 '학점' 기준으로 전환됨에 따라, 1학점의 수업량을 17회(16+1회)에서 16회로 적정화한다.
  - 과목별 기본 이수 학점(5단위 → 4학점) 및 증감 범위를 조정하여 다양한 선택 과목 개설 및 교육과정 편성의 유연성을 확보한다.
  - 필수 이수 학점을 조정(94단위 → 84학점)하고 자율 이수 학점 범위를 확대(86단위 → 90학점)하여 학생의 진로와 적성에 맞게 과목을 선택할 수 있도록 한다.
  - 고교 단계 공통 소양 함양을 위한 공통 과목 유지 및 다양한 탐구·융합 중심의 선택 과목을 실질적으로 선택할 수 있도록 일반 선택 과목을 적정화한다.
  - 창의력 및 비판적 사고 함양 등의 역량 함양을 위해 실생활 체험 및 응용을 위한 융합 선택 과목을 신설한다.
  - 다양한 진로 관련 및 심화 학습으로 현행의 진로 선택 과목을 재구조화하고, 특수목적고에서 개설되었던 전문 교과 I 은 일반고 학생들도 선택할 수 있도록 보통 교과로 통합한다.
  - 지역 연계 공동 교육과정 운영 및 학교 밖 교육 학점 인정 등을 통해 학생의 흥미와 적성을 고려한 다양한 학습 기회를 확대한다.
- 직업계 고등학교는 신산업 기술의 생성 및 기술 고도화에 대비하여 전문 교과를 재구조화하고 학생 희망에 따라 세부 전공, 부전공, 타 전공 과목을 이수할 수 있도록 선택 자율 이수 학점을 확대한다.
  (학습자 수준에 따라 보통 교과 대체 이수 과목을 통해 기초 학력 신장 지원, 직업 생활에 필요한 핵심 역량인 직업 기초 능력 함양을 위해 보통 교과 내 진로 선택 과목 신설)
  - 학교에서 직업 세계로의 이행에 필요한 직업 생활의 공통 기본 소양 함양을 위해 전문 공통 과목을 세분화하고, 학생의 디지털 소양 함양을 위한 전문 교과 교육과정을 개선한다.
    ※ 성공적인 직업 생활 → 노동 인권과 산업 안전 보건, 디지털 정보 기술 등

CHAPTER 2 교육과정의 역사

④ 교육 환경 변화에 적합한 교과 교육과정 개발 및 지원

- 역량 함양 교과 교육과정 개정 방향은 다음과 같다.
  - 깊이 있는 학습, 교과 간 연계와 통합, 삶과 연계한 학습, 학습 과정에 대한 성찰을 중심으로 역량 함양 교과 교육과정을 개발한다.
  - 학습 내용을 적정화하고, 교과 내 영역 간 내용 연계성을 강화하고 학생의 삶과 연계한 실생활 맥락 속에서 깊이 있는 학습을 지원한다.
  - 국가 교육과정 각론 조정 위원회를 구성·운영하여 총론과 교과 간 연계 강화, 학습량 적정화 및 중복 내용 해소, 교과서 개발에 대한 공통 지침 제시 등 교과별 연구를 조정하는 역할을 한다.
  - 총론과 교과 연구 간 소통과 연계를 강화하기 위해 각론 조정 연구 추진 및 합동 연수(워크숍), 전문가 협의회 등을 운영한다.
  - 시안 개발 연구 과정에 현장 교원의 참여를 50% 이상 확보하여 보다 현장 적합성 높은 교과 교육과정을 개발한다.
- 디지털 기반 교수·학습 혁신 및 교육과정 지원 체제를 구축한다.
  - 원격 수업 등 교실 수업 개방성 증대와 디지털 기반(인프라)을 활용한 다양한 교육 방식의 현장 안착을 위해 교육과정 개선과 지원을 강화한다.

교육과정	교수·학습 및 평가	운영기반 마련
✓ 온·오프라인 연계 등 원격 수업을 반영한 총론 교육과정 편성·운영 기준 마련 ✓ 교과 교육과정 등에 다양한 원격 수업 유형 제시 ✓ 지역 및 학교 상황 등을 고려한 온·오프라인 수업 및 온라인 공동 교육과정	✓ 다양한 원격 수업 모델 및 공정한 평가 기준 마련 ✓ 빅데이터·AI의 맞춤형 교수·학습 및 평가 활용 ✓ 원격 수업에서의 온라인 평가 및 과정 중심 평가 등 활성화 ✓ 창의력, 비판적 사고력 등 역량 함양을 위한 평가 강화	✓ 학습관리시스템(LMS)을 통한 출결, 평가 등 운영 ✓ 원격 수업 유형에 따른 다양한 학습 콘텐츠 개발 ✓ 다양한 원격 교수·학습 및 평가 모델 구안 ✓ 원격 수업에 대한 교원 역량 강화 지원

  - 온·오프라인 각각의 특성을 최적화한 교육과정 편성·운영이 가능하도록 총론과 교과 교육과정에 근거를 마련하고 교육 기술(에듀테크)을 활용한 다양한 방식의 교수·학습 및 평가 체제를 구축한다.
  - 비판적 사고력, 창의력 등 미래 역량 함양을 지원하는 평가, 과정 중심 평가 등을 강화하는 방향으로 개선한다.

CHAPTER 3 교육과정 개발

01 교육과정 개발 유형

1 중앙 집중형 교육과정 개발

(1) 개념
① 무엇이 어떻게 가르쳐지고 평가되어야 하는가에 대한 결정이 국가의 상부 조직에 의해서 내려지는 것을 의미함
② 중앙의 상급 기관은 개발된 교육과정이 모든 학교에서 효율적으로 시행될 수 있도록 이를 체계적으로 전달하고 홍보하며 훈련시킴

(2) 필요성
① 전국의 모든 학교에 공통적인 교육과정을 제공함으로써 전국적으로 학교 교육의 수준과 질을 조절할 수 있음
② 중앙에서 교육과정을 개발하므로 지역이나 학교 단위에서의 교육과정 개발을 위한 노력이나 재정, 시간 등을 줄일 수 있음
③ 중앙에서 장기적인 노력에 의해 개발된 것이므로 어느 정도의 지속성이 보장되며, 학생이 학교를 옮긴다 할지라도 교육의 계속성이 보장됨
④ 중앙에서 선별한 전문가들에 의해 개발되므로 전문성이 높은 교육과정이 개발됨

(3) 한계
① 교육과정 개발 과정에서 교사가 배제되므로 교사는 주어진 교육과정을 시행에 옮기는 기술자에 불과함
② 주로 중앙에서 의도한 교육과정을 개발하는 데 관심이 있으므로 학교 수준에서의 실행 전략이 부족함
③ 전국적으로 표준화된 하나의 교육과정을 제시하므로 학교 교육의 획일화를 가져올 수 있음
④ 중앙에서 개발한 교육과정이 그대로 학교에서 시행되리라는 합리주의적 가정에 근거하고 있으나, 이러한 가정은 실제와 다름

CHAPTER 3 교육과정 개발

2 학교 중심 교육과정 개발

(1) 개념

학생들이 구성원인 학교에서 학생 학습 프로그램을 계획, 설계, 시행, 평가하는 것을 의미함

(2) 필요성

① 사회 전반적인 의사 결정 과정에서 당사자의 직접적 참여를 통한 민주화가 진행되고 있듯이 교육과정 결정에 있어서도 학교 구성원인 교사, 학생, 학부모, 지역 공동체가 참여하여 학교의 자율성을 증대시켜야 함

② 중앙 집중적 통제 모델은 쇠퇴하는 추세로, 교육과정의 내용 및 조직에 있어서 교사의 불만족이나 저항을 야기할 수 있음

③ 학교는 학교를 둘러싼 환경과 적극적으로 상호 작용해야 하는 사회 기관으로, 환경과의 상호 작용에서 적극적인 역할을 할 필요가 있음

④ 학생들을 위한 교육과정을 계획하고 설계하는 일은 학교가 가장 잘할 수 있음

⑤ 학습은 다양한 유형의 집단 활동과 학습 과제, 자원 및 장비를 이용해야 하므로 교육과정 운영의 융통성이 요구되며, 학교는 교육과정을 상황에 맞게 채택하여 수정하고 적용해야 함

⑥ 교사의 자기 실현, 동기화, 성취감 등은 교육과정의 의사 결정과 밀접하게 관련되며, 계획, 설계, 평가를 포함하는 교육과정 개발 과정에 교사의 직접적인 참여가 없다면 전문가로서의 교사 역할은 실현될 수 없음

⑦ 학교는 안정적이고 지속적인 교육과정 개발 기관으로 간주될 필요가 있으며, 교육과정 개발을 위한 가장 가치있는 인적 자원이 학교에 있다는 점에서 구조적으로 안정적이고 지속적임

(3) 한계

① 최근 학교 중심 교육과정 개발의 필요성이 증대되고 있으나, 학교 중심 교육과정 개발이 중앙 집중형 교육과정 개발을 전면적으로 대치할 수는 없음

② 일반적인 학교 체제에서 학교가 교육과정과 관련한 모든 의사 결정을 한다는 것은 현실적으로 불가능함

③ 모든 교육과정의 결정을 학교가 책임을 지는 데 한계가 있으므로 학교는 제한된 영역에서만 의사 결정의 자유를 행사할 가능성이 많음

02 교육과정 개발의 일반적 원리

1 교육 목표

(1) 교육 목표 분류 [10 중등]

① 인지적 학습: 블룸(Bloom)은 인지적 학습을 가장 단순한 것에서 가장 복잡한 수준까지 6가지 수준으로 나눔
- 지식: 지식 수준에서는 독립된 정보를 회상할 것을 요구함
  - 예 '할로겐족의 구성 원소는 무엇인가?', '이 이야기의 주인공은 누구인가?'
- 이해: 이해 수준에서는 학습자가 정보 간의 관계를 알 것을 요구함
  - 예 '선거에서 젊은 유권자, 중년층 유권자, 노인 유권자가 어떻게 투표했는지를 말해 주는 도표로 알 수 있는 것은 무엇인가?', '이 이야기 다음에 이어져야 하는 것은 어떤 내용일까?'
- 적용: 적용 수준에서는 학습자가 하나의 상황에서 학습한 정보를 다른 상황에 적용할 수 있어야 함
  - 예 '백만 명 이상의 인구를 가진 도시를 지도 기호를 사용해서 표시하라.', '두운을 사용한 7행시 한 편을 써라.'
- 분석: 분석 수준에서 학습자는 대규모 현상을 부분으로 나누어 검토하고 추론함으로써 그 현상을 이해할 수 있어야 함
  - 예 '정량·정성 분석 기법을 이용하여 이 화학 약품을 알아맞혀라.', '이 이야기에서 주인공이 다양한 상황에서 어떻게 행동하는지를 살펴본 뒤에 그의 성격을 기술하라.'
- 종합: 종합 수준에서는 학습자가 내용의 각 요소들을 모아서 새로운 전체를 만들어 내야 함
  - 예 '한반도 방위 계획을 마련하라.', '창의적인 단편 소설을 써라.'
- 평가: 평가 수준에서는 학습자가 규준에 비추어 판단해야 하며, 학습자는 규준을 명확히 해야 하고, 자신의 결론을 지지하는 증거를 인용해야 함
  - 예 '논리적 오류의 기준으로 다음을 비판하라.', '고전 소설의 정형성을 기준으로 『춘향전』과 『허생전』을 평가하라.'

② 정의적 학습: 태도나 가치에 관련된 것에 중점을 둠
- 수용: 수용은 열린 마음으로 새로운 내용을 학습하려는 학습자의 자발성으로, 내용에 대한 학습자의 선입견과 적대감에서 생기는 벽을 없애려는 것을 의미함
  - 예 학습자가 새로운 내용을 편견 없이 기꺼운 마음으로 대한다.
- 접근: 수용은 내용을 기꺼이 받아들이려는 마음인 반면, 접근은 내용에 대한 판단을 유보하고, 장점에 비중을 두려는 학습자의 자발성을 의미함
  - 예 학습자는 개별 주제의 장점을 생각하고, 내용에 대한 편견을 갖지 않으며 증거에 기초해서 판단하려고 한다.
- 결정: 결정 수준에서는 학습자가 판단을 유보해 두고, 개별 주제의 장점을 고려한 뒤에 개인적 의사 결정을 할 것을 하도록 기대함

+✦ 출제 Point

2010학년도 중등 객관식 10번
블룸(Bloom)의 인지적 영역 교육 목표 분류와 크래쓰월(Krathwohl) 등의 정의적 영역 교육 목표 분류에 대한 설명
① 인지적 영역 목표의 분류 준거는 복잡성이다.
② 하위 수준의 인지 능력은 상위 수준의 인지 능력을 성취하기 위한 선행 조건이다.
③ 정의적 영역 목표는 위계적으로 구성되어 있다.

㉠ 학습자가 편견 없이 대안을 고려한 후에 최선의 판단에 기초한 선택을 할 것이다.
- 공유: 공유 수준에서는 학습자가 내린 개인적 결정을 다른 사람과 공유하려는 의향이 두드러짐
  ㉠ 학습자는 다른 사람이 과학 소설을 읽는 것에 흥미를 갖도록 행동할 것이다.

③ 신체적 학습: 신체 근육의 사용과 관련된 학습을 의미함
- 지각: 지각 수준에서 학습자는 신체적 과제가 어떻게 수행되어야 하는지를 바르게 기술해야 하며, 인지적 학습의 지식 수준과 비슷함
  ㉠ '볼링공을 던질 때 발의 위치가 어떠해야 하는지를 기술하라.', '회전판을 돌리기 전에 회전판 위에 진흙을 놓는 방법을 말하라.'
- 개별적 구성 요소: 복잡한 신체 활동을 한꺼번에 학습자에게 요구한다면 학습자는 좌절을 겪을 수 있으므로 개별적 구성 요소 수준에서는 학습자에게 복잡한 활동을 개별 활동으로 나누어 한 번에 한 가지씩 해 보도록 하여 점진적으로 전체 활동을 학습하게 함
  ㉠ '스윙을 시작할 때 방망이가 어디 있어야 하는지를 보여라. 좋아. 그럼 발의 위치를 잡아 봐라. 다음은 스윙을 한 다음 방망이가 어디 있어야 하는가? 훌륭해.'
- 통합: 신체적 기능을 학습하는 사람들은 각 부분을 학습하는 것에 멈추지 않고 전체 활동을 통합하며, 활동이 매끄럽게 연속적으로 수행될 때 분리된 부분은 없어진다.
  ㉠ '가능한 한 원반을 멀리 던져라. 던지는 매 단계마다 발의 위치를 주의해라. 내가 지켜볼 것이다.'
- 자유 연습: 자유 연습 수준에서는 교사의 지시나 감독 없이 학습자 혼자서 활동한다. 학습자에게 그 과정이 내면화되어 있다고 가정하고, 지시는 거의 하지 않는다. 이 수준의 학습은 학습자 스스로 신체적 기능을 익히며, 자신의 취향에 맞추어 행동을 수정한다.
  ㉠ '오목·쐐기못을 사용하여 4단 서랍장을 만들어라.'

> **Wide 새로운 교육 목표 분류**
>
> ① 획득 수준: 이해를 발전시키는 정보를 수용하고, 인식하고 개념화하는 능력
> 학생들은 수용하고, 알아차리고, 자극받고, 수용력이 풍부하고, 주의 깊다. 그들은 용어와 사실, 약정, 경향과 결과, 분류와 범주, 척도, 방법론, 원리와 일반화 그리고 이론과 구조의 새로운 지식을 개념화하고, 인식하고, 생각해 내고 준수한다.
>
> ② 동화 수준: 유사하거나 다른 상황에 이해를 전달하고 전환하는 능력
> 학생은 정보를 번역하고, 해석하고, 미지의 사항을 기존 사실로부터 추정할 수 있다. 그들은 지각을 행동으로 전환할 수 있고, 일반적인 원형을 따르기 위해 그들의 능력을 조화시킬 수 있으며 그들의 행동에서 만족(가치)을 찾을 수 있다.
>
> ③ 순응 수준: 다양한 상황에서 지식과 행동을 원리, 가치와 척도에 따라 수정하는 능력
> 학생은 문제를 풀기 위해 원리와 절차를 적용하고, 배열과 가치를 시험하고, 증명하고, 그리고 귀속 특질과 성질들과 함께 능력과 기술을 발전시킨다.

④ 수행 수준: 상황과 행동을 가치와 신념에 따라 평가하는 능력

학생은 정보와 상황을 분석하고, 한정하고, 평가하고, 가치와 신념을 수용하고 통합하고, 그리고 일상적으로 행동과 신념에 작은 변화를 생산하고 순응한다.

⑤ 포부 수준: 지식을 종합하고 가치와 신념을 반영하는 방식으로 행동하는 능력

학생은 종합하고, 가정하고, 복잡한 문제를 해결하고, 그들의 행동과 기술을 창조하고 완벽하게 하기를 추구한다. 학생은 전문 지식의 더 높은 단계를 달성하기 위해 힘쓰고, 그들의 행동에서 가치와 신념을 나타낸다.

(2) 교육 목표의 설정 지원

① 사회
- 교육 목표는 사회 구성원 간에 전통적으로 합의해 온 가치 체계 및 생활 양식, 사회의 전통과 문화 등 사회 전체의 이념을 반영해야 함
- 현대 사회를 살아가는 사람들은 급변하는 사회에 적절히 대응할 수 있어야 하므로 교육 목표는 사회의 직접적인 요구를 반영해야 함

② 학습자
- 교육 목표는 학습자의 심리학적 조건과 맞아야 함
- 학습자의 일반적인 발달 단계의 특성에 대한 이해뿐만 아니라 학습자 간에 나타날 수 있는 개인차에 대한 올바른 이해가 필요함

③ 교과
- 교과에서 반드시 학습되어야 할 기본적인 내용이 교육 목표에 반영되어야 함
- 교과의 최근 동향에 대한 분석이 필요함
- 교과 전문가들의 견해를 수용하는 데 있어서 다양한 의견 수렴과 합의 과정이 중요함

(3) 교육 목표의 진술

① 교육 목표는 관찰할 수 있는 학생들의 행동을 규명하여 이를 행위 동사로 진술한 것을 의미함
② 교육 목표는 구체적일수록 교육 활동의 내용과 이를 통해 달성해야 할 것들을 분명히 밝혀줄 수 있음

피해야 하는 진술 용어			권장하는 진술 용어		
인식하다	이해한다	배운다	설계한다	비교한다	재구성한다
깨닫는다	좋아한다	안다	번역한다	선택한다	계산한다
			식별한다	편집한다	구분한다
			인용한다	열거한다	배열한다
			쓴다	그래프를 그린다	

CHAPTER 3 교육과정 개발

③ 행동적 교육 목표의 장점과 문제점

장점	문제점
• 구체적이므로 교사에게 유용한 도구가 됨 • 무엇을 가르쳐야 하는지, 어떤 수업 방법과 평가가 사용되어야 하는지에 대한 분명한 방향을 제시함 • 학부모, 학생과 분명한 의사소통이 가능함	• 수업을 통해 기대되는 결과를 제한된 교육 목표로 구체화하는 것은 불가능함 • 의도하지 않은 결과는 사전에 구체화된 목표로 진술될 수 없음 • 단지 몇 개의 목표를 구체화하는 것은 교수에 있어 동등하게 중요한 다른 영역을 배제할 수 있음 • 행동적 교육 목표가 어떤 교과 영역에서는 도움이 되지만, 다른 교과 영역(미술, 문학 등)에서는 그렇지 않음

④ 타일러(Tyler)의 교육 목표 진술 방법
- 구체성이 결여된 채 포괄적으로 진술된 학생의 행동 변화에 대한 표현은 교육 목표라고 할 수 없음
- 바람직하고 실현성 있는 교육 목표가 되기 위하여 학습 내용 또는 자료와 함께(㉠), 학습자를 주체로 하여(㉡), 학습자의 기대되는 행동이 구체적으로 진술되어야 함(㉢)

> 예 학생은 단리법을 이용하여 이자를 계산할 수 있다.
>   ㉡   ㉠   ㉢

⑤ 메이거(Mager)의 교육 목표 진술 방법
- 진술된 교육 목표는 다른 대안적인 해석을 배제할 정도로 분명해야 함
- 오늘날 교과 교육의 성취 목표를 진술하고자 할 때 활용됨
- '학습자의 행동'으로 진술되어야 하고(㉠), '도착점 행동'이 명시되어야 하며(㉡), 그 도착점 행동이 일어나는 '상황 및 조건'이 밝혀져야 하고(㉢), 도착점 행동이 어느 정도 숙련되어야 하는지를 밝혀 놓은 준거인 '수락 기준'이 명시되어야 함(㉣)

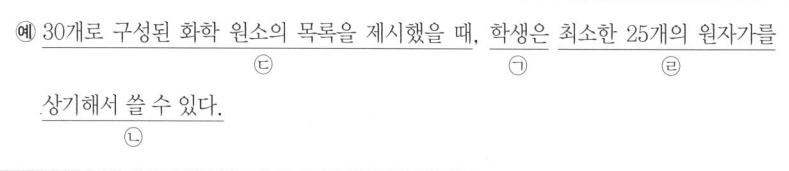

> 예 30개로 구성된 화학 원소의 목록을 제시했을 때, 학생은 최소한 25개의 원자가를
>   ㉢   ㉠   ㉣
>   상기해서 쓸 수 있다.
>   ㉡

⑥ 가네(Gagne)의 교육 목표 진술 방법
- 첫째, 학생에게 요구되는 학습 능력이 무엇인가를 밝히고,
- 둘째, 행위 동사를 이용하며,
- 셋째, 필요한 조건과 상황이 제시되고,
- 넷째, 무엇을 해내야 하는지 그 대상을 밝히며,
- 다섯째, 도구를 밝혀야 한다.

> 예 배터리, 소켓, 전구, 전선 등을 제시했을 때(상황), 배터리와 소켓에 전선을 연결하여(도구) 전구에 불이 들어오는가를 확인해 봄으로써(행동) 전기 회로를(대상) 만들 수 있다(학습 능력).

⑦ 그론룬드(Gronlund)의 교육 목표 진술 방법
- 교육 목표를 일반적 교육 목표와 명세적 교육 목표로 구분하여, 먼저 일반적 교육 목표를 진술한 다음 그것을 기초로 명세적 교육 목표를 진술해야 함
- 교육 목표에는 내용과 함께, 학습자를 주어로 하여, 교수·학습의 결과로 변화되기를 기대하는 내용을 빠짐없이 진술하여야 함

> 예 일반적 교육 목표: 임진왜란에 관련된 중요한 역사적 사실 알기
> 예 명세적 교육 목표: 날짜, 사건, 관련 인물을 확인하기

2 교육 내용의 선정 [19 중등(論)]

(1) 타당성의 원리
① 교육 내용은 교육의 일반적 목표 달성에 도움을 주는 것이어야 함
② 교육의 일반적 목표는 어떤 교과를 가르쳐야 하는가를 시사해 주며, 그 속에 어떤 지식, 기능, 가치들이 포함되어야 하는가를 알려줌

(2) 확실성의 원리
① 지식으로 구성되는 교육 내용은 가능한 참이어야 함
② 참인가의 여부는 논리적이거나 경험적인 경우에는 간단하지만, 윤리적이거나 미학적인 지식의 경우에는 가리기 쉽지 않음

(3) 중요성의 원리
① 학문을 토대로 교과를 구성할 때는 학문을 구성하는 가장 본질적인 것들을 교육 내용으로 삼아야 함
② 학문을 구성하는 가장 본질적인 부분에는 사실, 개념, 원리, 이론을 가리키는 학문의 구조와 탐구 방법이 있으므로 교육 내용은 학문의 구조를 확인하고, 그 학문의 탐구 방법을 포함해야 함

(4) 사회적 유용성의 원리
① 사회 적응·재건주의 관점에서 볼 때 교육 내용은 사회의 유지와 변혁에 도움을 주는 것이어야 함
② 사회 기능 분석법, 항상적 생활 사태법 등은 학생들이 장차 살아갈 사회에서 필요로 하는 지식, 기능, 가치가 무엇인지를 제시함
③ 사회를 개조하거나 이상적인 미래 사회를 만드는 데 필요한 지식, 기능, 가치를 찾아 제시해야 함

(5) 인간다운 발달의 원리

① 인본주의 관점에서 교육 내용은 학생의 성장과 자아실현에 도움을 주는 것이어야 함
② 교육 내용은 그 자체로서 가치를 가지는 것이 아니며, 인간다운 발달에 기여할 때 빛을 발하는 것임
③ 교육 내용은 지식, 기능, 가치 등의 요소로 분리된 것이 아니라 통합된 것으로 간주되어야 함

(6) 흥미의 원리

① 학생들의 흥미가 다양하다는 점은 어떤 학생에게 어떤 내용이 적합한지를 가려내는 데 도움을 줌
② 오늘날 교육 내용에 대한 선택 폭의 확대는 흥미가 교육 내용 선정에 주요한 원리가 되고 있음을 보여 줌

(7) 학습 가능성의 원리

① 학생들이 학습할 수 있는 교육 내용을 선정해야 함
② 학생들은 능력, 학습 여건 등에서 동질적이지 않으므로 하나의 교육과정 속에 심화, 보통, 보충의 교육 내용을 제시해야 함

> **Wide | 내용 선정 기준의 예시**
>
> ① 한국 교육 개발원에서는 과학과의 내용 선정 준거를 다음과 같이 제시함(신세호 외, 1981)
> - 교과 특성에 따라 타당성, 포괄성, 일관성이 유지되는 내용
> - 기본 개념과 원리 및 기능이 중심이 되어야 하며 참신성과 신빙성이 있는 내용
> - 목표 달성에 적합하며 중요성에 따른 비중이 적절한 내용
> - 학생의 발달 정도, 흥미와 만족, 학습 기회 등이 적절한 내용
> - 시대적 요청과 전통문화를 반영하는 내용
> - 종적으로 계속성, 계열성이 유지될 수 있는 내용
> - 횡적으로 통합성, 논리성이 있는 내용
>
> ② 영국의 중등과학 교육과정연구회(SSCR)는 과학과의 내용 선정 준거를 다음과 같이 제시함(조희형, 1987)
> - 교과 내용 선정의 일반적 준거
>   - 과학에 긴요한 과정, 기술, 태도 등을 효과적으로 가르칠 수 있고 이들에 대한 학생들의 능력을 기를 수 있어야 한다.
>   - 누구에게나 쉽게 가르칠 수 있고 누구나 쉽게 배울 수 있어야 한다.
>   - 학생들의 생활과 관계가 있고 응용이 가능하며 학교 안팎의 다양한 상황에 전이가 가능해야 한다.
>   - 과학 교과의 다른 내용과 균형이 맞아야 한다.
>   - 가르칠 수 있는 교수법과 자료가 개발되어야 한다.
>   - 후속 학습의 기초가 되는 것이어야 한다.
>   - 지역의 여건과 상황에 맞아야 한다.
> - 교과 내용 선정의 구체적 준거
>   - 기능적 측면: 현대적 내용, 개인적·직업적으로 유용한 내용, 후속 학습에 바탕이 되는 내용, 태도와 흥미를 고취시킬 수 있는 내용, 자연·인공 환경 설명 방식을 보여줄

- 수 있는 내용
  - 교육적 측면: 학생들이 중요하고 의미 있게 받아들일 수 있는 내용, 지적 발달 수준에 적합한 내용, 다양한 방법으로 가르칠 수 있는 내용, 교사 연수가 가능한 내용, 과학의 전 분야를 섭렵할 수 있는 내용
  - 조직적 측면: 내용의 교수·학습에 필요한 자료를 손쉽고 값싸게 구할 수 있는 내용, 학교의 여건과 환경에 적합한 내용, 교육과정상의 다른 내용과 조화롭게 조직될 수 있는 내용, 운영상의 융통성이 있는 내용
  - 문화적 측면: 가능한 한 경쟁 이론을 가지는 내용, 특정 성(Gender)이나 계층에 편향되지 않는 내용, 문화적으로 형성된 내용으로서 사회적 문제와 관련이 있고 인지 발달에 도움이 되는 내용, 다른 교과와 상호 보완적인 성격을 가지는 내용

③ 국어과 교과서의 글감(지문) 선정은 다음과 같은 원칙을 적용할 수 있음
- 한 학년에서 다루는 교과서에서 시, 소설, 수필, 희곡, 판소리, 시조, 전래 동요 등 다양한 글의 종류 가운데 학생들의 수준에 적합한 유형의 글감을 고루 담을 수 있도록 구성한다.
- 다른 교과(사회, 과학 등)의 학습 내용과 관련되는 글감은 다른 교과의 지도 시기에 맞추어 단원의 순서를 정한다(예 국어과의 방언 관련 지문과 사회과의 지역 단원을 비슷한 시기에 위치시킨다. 『백범일지』에 관한 내용은 우리나라 근현대사를 가르치는 시기에 위치시킨다).
- 하나의 글감으로 여러 학습 목표를 달성하도록 내용을 구성한다(예 실감 나게 읽기와 인물의 모습과 행동에 어울리는 목소리로 이야기 읽기는 같은 글감으로 지도한다). 이와 같은 방법을 활용하여, 한 학년에 다루는 글감의 수를 최소화하고 교육적 효과는 극대화한다.
- 글감의 길이는 학년에 따라 차등을 두되, 6학년의 경우에도 소리 내어 15분 이내에 읽을 수 있을 정도로 한다. 특히 연극의 대본은 해당 학년 학생들이 외워서 할 수 있을 만큼의 분량으로 선정한다.
- 글감의 소재는 학년에 따라 차등을 두되, 해당 학년의 학생들이 관심을 둘 만한 내용, 현실 속에서 가치 있게 활용할 만한 감동과 교훈을 주는 글, 도덕적 사고와 올바른 삶에 대한 판단을 가르칠 수 있도록 도와주는 글, 문학적 감수성이 뛰어난 글, 극단적인 내용이 아닌 긍정적인 삶의 태도를 담은 글, 신선한 정보가 담겨 있는 글, 성장 소설, 학생 우수 작품, 현존 작가와 작고한 작가의 작품 비율 적정화, 다문화 및 글로벌 관련 내용 등을 선정 원리로 삼는다.
- 국어 교과에서 (타) 문화·다문화 이해 교육 관련 지문을 추가한다.
- 특히 중학교 교과서의 글감은 신문 사설이나 칼럼 등 실제적·비판적 사고 형성을 위한 작품을 포함한다.

> **출제 Point**
>
> **2017학년도 중등 논술**
> 교육과정 내용 조직의 원리 2가지(연계성 제외) 제시
>
> **2004학년도 중등 객관식 2번**
> 관악기의 종류에 관한 음악과 수업 계획안을 작성할 때, 범위(Scope), 계열성(Sequence), 중요성의 원리, 기회의 원리 등의 교육 내용 선정·조직 준거 중 '범위'와 가장 관련이 깊은 것은?

3 교육 내용의 조직 [04 중등, 06 중등, 09 중등, 11 중등, 17 중등(論), 22 중등]

(1) 범위(Scope)
① 특정한 시점에서 학생들이 배우게 될 내용의 폭과 깊이를 지칭하는 것으로, 교육 내용의 횡적 조직에서 고려해야 할 원리에 해당함

CHAPTER 3 교육과정 개발

② 스코프 결정에 영향을 미치는 주요한 원인으로는 교육관계법, 역사적 전통, 국가적·사회적·개인적 가치 등이 있음

③ 교육과정에 어떤 내용을 포함시키고, 그 내용을 어느 정도까지 상세하게 다룰 것인지를 결정한다는 것을 의미함
  - 특정 학년에서 어떤 교과나 활동을 어느 정도의 시간으로 다룰 것인지
  - 개설된 특정 프로그램이나 교과목에서 어떤 내용을 어느 정도로 다룰 것인지 등

④ 교육 내용의 범위로는 학생들의 학습을 이끌기 위해 창안된 모든 유형의 학습 경험(인지적, 정의적, 심동적 영역 등)이 포함됨

⑤ 일반적으로 교육과정에 주어진 시간을 고려할 때, 교육 내용의 폭을 확대하면, 즉 다루어질 교과목이나 내용 요소의 수를 늘리면, 각 내용에 할애된 시간이 줄어들면서 모든 내용이 피상적으로 다루어질 수 있고, 반대로 다루어질 교과목이나 내용 요소의 수를 줄여 교육 내용의 폭을 축소하면, 각 내용들에 대한 깊이 있는 학습이 가능할 수 있음

> **Wide** 2015 개정 교육과정과 교과의 범위(Scope)
>
> ① 2015 개정 교육과정의 범위(Scope)
> 우리나라의 경우 학년군과 교과군을 바탕으로 집중이수제를 실시하고 있으므로 중학교 1학년의 범위는 학교마다 차이가 있을 수 있다. 그러나 일반적으로 중학교 각 학년에서 배우게 되는 과목의 수와 내용을 가리키며, 이들에 배당된 시간 수로 표시된다.
>   - 중학교에서 배워야 할 내용의 폭: 국어, 사회(역사 포함)/도덕, 수학, 과학/기술·가정/정보, 체육, 음악, 미술, 영어, 선택, 창의적 체험 활동
>   - 내용의 깊이: 각 교과에 배당된 시간의 수
>
> 학년군별 한 과목의 범위는 그것을 구성하는 단원이나 대주제 속에 포함된 내용과 할당된 시간 수로 표시된다. 예를 들어, 중학교 도덕 교과의 범위는 자신과의 관계, 타인과의 관계, 사회·공동체와의 관계, 자연·초월과의 관계 등의 내용과 이들에 배당된 시간 수를 가리킨다.
>
> ② 교과 내 범위의 변화
> 국가 수준 중학교 교육과정의 역사 교과의 범위 변화를 살펴보면 재미있는 사실을 알게 된다. 교수요목 시대와 2015 개정 교육과정의 역사 교과를 비교하면, 교수요목 시대에는 왕조사 중심의 구성으로 고대사가 전체 8개의 단원 중 5개를 차지하는 데 반하여, 2015 개정 교육과정에서는 고대사, 중세사, 근대사, 현대사가 골고루 안배되어 있고, 우리나라 역사를 세계사와 연관 짓는 방식으로 단원을 구성하고 있다.
> 역사 교과와 달리 학문의 체계성과 계통성이 강한 과학 교과의 경우에는 범위의 결정에 정치적 협상의 여지가 적은 탓에 시대와 사회에 따른 차이가 크지 않다. 우리나라 중학교 교육과정의 과학 교과와 미국의 중학교 과학 교과의 범위를 비교하면, 양쪽 다 물리, 화학, 생물, 지구 과학을 주요 영역으로 하고 각 영역별 하위 요소들이 대개 일치한다고 볼 수 있다.

(2) 계열(Sequence)

① 교육 내용을 배우는 순서를 말하며, 학습자가 어떤 내용을 먼저 배우고 어떤 내용을 나중에 배우는가를 결정하는 것(학생들이 학습 내용이나 경험을 접하게 되는 순서)을 의미함

② 교육 내용의 조직에서 계열에 대한 고려는 학생들의 누적되는 지속적인 학습을 촉진하기 위한 것으로 볼 수 있음
③ 계열은 교과 내용의 논리적 구조에 따라 정해지기도 하고, 학습자의 흥미나 학습 과정에 비추어 정해지기도 함
④ 배워야 할 내용의 순서는 학교급, 학년, 학기, 월, 주, 차시별로 결정됨
  • 초등학교, 중학교, 고등학교에서 어떤 내용(교과)을 먼저 배우며, 어떤 내용(교과)을 나중에 배우는가?
  • 한 교과를 한 학기, 한 학년 또는 초등학교부터 고등학교 3학년까지 연속해서 배운다면 어떤 단원이나 주제를 어떤 시기(학교급, 학년, 학기, 월, 주, 일, 차시)에 배울 것인가?
⑤ 교육 내용 계열화의 방법
  • 연대순 방법
    - 다루게 될 교과의 내용이 시간의 흐름과 관련 있을 때 의의가 있음
    - 순서는 과거에서 현재로 혹은 그 반대로 조직될 수 있음
    - 역사 교과에서 주로 사용하지만 국어 교과나 예술 교과에서 문학이나 예술 장르의 발전 과정을 가르치기 위하여 사용하기도 함
  • 주제별 방법
    - 여러 단원이 상호 독립적이어서 학습자가 새로운 단원을 학습하기 전에 이전 단원에서 배운 정보를 활용할 필요가 없을 때 사용함
      예 중학교 1학년 과학 교과에서 '생물의 구성' 단원과 '지구의 구조' 단원은 서로 관련이 없기 때문에 어떤 것을 먼저 배치해도 상관없음
  • 단순에서 복잡으로의 방법
    - 기초적인 내용이 복잡한 내용의 앞에 오도록 순서 짓는 것을 의미함
    - 영어 교과의 구성에 종종 사용되며, 과거나 완료 시제를 배우기 전에 현재 시제를 먼저 배우는 것을 예로 들 수 있음
    - 영어 교과에 한정된 것이 아니라, 과학이나 사회 교과를 포함하여 복잡한 내용을 하위 부분으로 나눌 수 있는 모든 교과에서 사용될 수 있음
  • 전체에서 부분으로의 방법
    - 전체에 대한 이해가 부분을 이해하는 데 필수적일 때 사용됨
    - 전체에서 부분으로의 설계는 학습자에게 배울 내용의 개요를 먼저 소개하고, 학습자가 개요를 학습한 후에 전체의 더 작은 부분인 구체적인 정보를 배우게 됨
      예 지리 교과는 학습자에게 대륙 전체를 가르친 다음 각 나라와 나라 안의 도시를 소개함
  • 논리적 선행 요건 방법
    - 어떤 내용을 학습하기 위해서 반드시 배워야 할 내용이 있을 때 사용됨
      예 수학 교과는 이차 방정식 문제를 풀기에 앞서 일차 방정식 문제를 풀도록 구성됨
    - 논리적인 구조가 선명한 물리학이나 화학 등의 자연 과학 관련 교과에 널리 사용됨

CHAPTER 3 교육과정 개발

출제 Point

2022학년도 중등 논술
송 교사가 언급한 교육과정의 수직적 연계성이 학습자 측면에서 갖는 의의 2가지

송 교사: 정말 감사합니다. 그동안은 교과 간 통합에 주로 관심을 가져왔는데, 김 선생님의 특강을 들어 보니 이전 학습 내용과 다음 학습 내용이 자연스럽게 연결되어야 한다는 수직적 연계성도 중요한 것 같더군요. 그래서 이번 학기에는 교과 내 단원의 범위와 계열을 조정할 계획입니다. 선생님께서는 교육과정을 어떻게 재구성하시는지 함께 이야기할 수 있을까요?

- 추상성의 증가에 의한 방법
  - 학습자가 친숙한 교육 내용으로부터 시작하여 점차 낯선 교육 내용으로 안내되도록 배치함
    예) 초등학교의 도덕 교과는 개인 생활, 가정·이웃·학교생활, 사회생활, 국가·민족 생활의 순으로 교육 내용을 배열함
- 학생들의 발달에 의한 방법
  - 학생들은 인지, 정서, 신체 등에서 일정한 단계를 거쳐 발달하므로 발달 단계에 맞추어 교육 내용을 배열함
  - 피아제(Piaget)의 인지 발달 이론, 에릭슨(Erikson)의 인격 발달 이론, 해비거스트(Havighurst)의 발달 과업 이론 등은 교육 내용을 배열하는 데 도움을 줌

> **Wide** 2015 개정 교육과정의 계열성
>
> 2015 개정 교육과정의 경우 초등학교 1, 2학년 과정에서는 국어, 수학, 통합 교과를 배우고, 초등학교 3학년부터 중학교 3학년까지는 국어 교과를 포함하는 7개 교과군과 선택 과목(중학교에 한함)을 배우도록 하고 있다. 고등학교에서는 9개의 교과군을 학습하도록 하고 있으며, 학년별 이수에 관해서는 언급하고 있지 않다.
> 2015 개정 교육과정에서는 계열성의 문제와 관련하여 학교에 다음과 같은 권한을 부여하고 있다.
>
> > 교과와 창의적 체험 활동의 내용 배열은 반드시 학습의 순서를 의미하는 것은 아니므로, 지역의 특수성, 계절 및 학교의 실정과 학생의 요구, 교사의 필요에 따라 각 교과목의 학년군별 목표 달성을 위한 지도 내용의 순서와 비중, 방법 등을 조정하여 운영할 수 있다.
>
> 즉, 교육과정에서 제시하는 교과별 교육과정의 학년별 내용은 학습의 순서를 의미하지 않는다. 예를 들어, 2015 개정 중학교 도덕 교과 교육과정의 경우 자신과의 관계(①), 타인과의 관계(②), 사회·공동체와의 관계(③), 자연·초월과의 관계(④) 등의 내용으로 구성되어 있으나, 학교에 따라서 ②-③-④-①이나 ④-③-②-①로 순서를 정하여 지도해도 무방하다는 것이다.
> 국가나 지역 교육청 또는 학교가 계열성을 어떻게 결정하였는가와 상관없이 대부분의 교사들은 학생들이 배울 내용의 계열성을 단원 수준에서 어느 정도 통제하고 있다. 교사들은 한 단원 내에서 어떤 내용을 먼저 가르치고, 어떤 내용을 나중에 가르칠 것인가 하는 것을 결정하게 된다.

(3) 수직적 연계성 [22 중등(論)]

① 이전에 배운 내용과 앞으로 배울 내용의 관계에 초점을 둔 것으로, 특정한 학습의 종결점이 다음 학습의 출발점과 잘 맞물리도록 교육 내용을 조직하는 것을 말함
② 학교급 간의 교육 내용을 연결하는 데 중요한 역할을 함
   예) 중학교에서 수학 교과를 제대로 이수한 학생들이 별다른 이유 없이 고등학교 수학 수업을 따라가지 못한다면 수학 교과의 수직적 연계성에 문제가 있을 가능성을 생각할 수 있음
③ 학년이나 단원의 교육 내용을 연결하는 데 중요한 구실을 함
   예) 초등학교 3학년까지 전 과목의 성취도가 90% 이상이던 학생들이 4학년에 올

라와서 학습 성취도가 급격하게 떨어진다면 과목들의 수직적 연계성 상태를 점검할 필요가 있음

> **Wide** 2015 개정 교육과정의 수직적 연계성
>
> 2015 개정 교육과정에서 중학교 과학 교과의 '기체의 성질'이라는 소단원의 내용과 수직적 연계성에 관한 설명은 다음과 같다.
>
> (4) 기체의 성질
> 이 단원에서는 기체가 입자로 구성되어 있다는 사실을 알고, 기체의 확산과 증발 현상을 입자적인 관점으로 이해함으로써 물질 현상에 대해 관심을 갖도록 한다. 기체의 압력 및 온도에 따른 부피 변화를 입자의 운동 상태 변화로 설명하고, 이를 실생활 현상과 관련지어 이해하도록 한다.
> [9과04-01] 기체의 확산과 증발 현상을 관찰하여 입자가 운동하고 있음을 알고, 이를 입자 모형으로 표현할 수 있다.
> [9과04-02] 기체의 압력을 입자의 운동으로 설명할 수 있다.
> [9과04-03] 기체의 압력과 부피의 관계를 입자 모형으로 해석하고, 이와 관련된 실생활의 예를 찾을 수 있다.
> 이 단원은 초등학교 5~6학년군의 '온도와 열', '여러 가지 기체', 중학교 1~3학년군의 '물질의 상태 변화', 고등학교 '화학Ⅱ'의 '물질의 세 가지 상태와 용액'과 연계된다.

(4) 통합성

① 교육 내용의 관련성을 바탕으로 교육 내용을 하나의 교과나 단원으로 묶는 것을 말함

② 수업의 효과를 높이기 위하여 관련 있는 내용들을 동시에 혹은 비슷한 시간대에 배열하는 것을 말함

③ 교육 내용을 통합하는 이유는 학년 구분과 교과의 구분을 인위적으로 보기 때문이며, 교육과정 전문가는 교육 내용들이 반드시 학년이나 교과로 조직되어야만 된다는 생각을 갖지 않도록 하는 데 주의를 기울임

CHAPTER 3 교육과정 개발

+☆ 출제 Point

2019학년도 중등 논술
타일러(Tyler)의 학습 경험 선정 원리 중 기회의 원리로, 첫째 물음을 설명하고 만족의 원리로 둘째 물음을 설명하기

2009학년도 중등 객관식 9번
타일러(Tyler) 모형: 사회, 학습자 및 교과의 필요를 계획적으로 조사하여 교육 목표를 미리 설정한다.

2008학년도 중등 객관식 12번
타일러(Tyler)의 교육과정 개발 모형에 대한 비판
① 교육과정 개발을 지나치게 단순화해서 파악한다.
② 교육 내용 선정에 대하여 직접적인 답을 제공하지 못한다.
③ 교육과정 개발에 개입되는 정치적 이해관계에 관심을 기울이지 않는다.

2007학년도 중등 객관식 12번
타일러(Tyler)의 『교육과정과 수업의 기본원리』(1949)에서 제시한 교육 목표에 대한 주장
ㄱ. 교육 목표에 기초하여 교육 경험(학습 경험)을 선정, 조직해야 한다.
ㄹ. 교육 목표에는 학생이 성취해야 할 행동, 그리고 삶의 내용 또는 영역이 포함되어야 한다.

03 교육과정 개발 모형

1 타일러(Tyler)의 전통적 교육과정 개발 모형(= 합리적 교육과정 개발 모형)

[07 중등, 08 중등, 09 중등, 19 중등(論)]

(1) 개념

① 교육과정 개발 수준과 관계없이 전통적으로 교육과정 개발의 전형이 된 모형
② 국가, 지역, 학교 수준에서 교육과정을 개발할 때 개발자들이 주로 의존해 온 대표적 모형
③ 교육과정과 수업은 하나의 과정이며, 이를 계획하거나 평가하기 위해서는 4가지 질문에 답해야 함
  • 학교에서 달성하고자 하는 교육 목표는 무엇인가?
  • 교육 목표를 달성하는 데 유용한 교육 경험은 어떻게 선정하는가?
  • 효과적인 수업을 위해 교육 경험은 어떻게 조직할 수 있는가?
  • 학습 경험의 효과성, 즉 교육 목표 달성 여부는 어떻게 판단(평가)할 수 있는가?

(2) 특징

① '교육 목표 설정 → 학습 경험 선정 → 학습 경험 조직 → 평가'의 네 가지 단계가 순차적으로 이루어져야 함
② 절차적 순서를 따르는 합리적 모형으로, 설정한 교육 목표가 어느 정도 달성되었는지를 알아보는 데 중점이 있으므로 목표 중심 모형, 평가 중심 모형으로 불림
③ 교육과정 개발자가 따라야 할 절차를 제시한다는 점에서 처방적 모형, 교과에서 단원으로 진행한다는 점에서 연역적 모형, 목표에서 평가로 진행하는 일정 방향을 가진다는 점에서 순차적 모형으로 불림
④ 교육 목표는 교육과정 개발 과정에서 가장 먼저 결정되어야 할 뿐만 아니라, 그 이후의 절차를 밟는 데 기준이 되므로 교육 목표 설정을 가장 중요시함

(3) 절차

① 교육 목표 설정
  • 타당한 목표를 설정하기 위해 고려해야 할 점
    – 교육과정의 최종 수혜 대상이 되는 학습자에 대한 연구
    – 학교 밖의 현대 사회에 대한 연구
    – 시민들에게 가장 중요한 지식은 무엇인가에 대한 교과 전문가의 견해
  • 학생(개인), 사회, 교과(학문)의 3요소가 교육과정의 방향을 결정하며, 이때 잠정적인 교육 목표가 설정됨
  • 교육철학과 학습심리학은 잠정적 목표를 명세적 목표로 정련하는 체의 역할을 수행함
    – 잠정적 교육 목표에서 가치 판단의 문제를 해결할 수 있도록 교육철학을 통해 우선순위를 정함

- 학습심리학을 통해 학습 가능성과 교수 가능성을 밝힘으로써 보다 명세적인 교육 목표를 수립함
- 교육 목표는 이후의 교육과정인 교육 내용과 경험, 수업 그리고 교육 평가의 기준으로 작용함
- 교육 목표는 분명하고 명확한 용어의 행동 목표로 진술되어야 함

② 학습 경험 선정
- 학습 경험은 학습자와 외적 환경과의 상호 작용으로, 학습은 학습자가 행한 행위를 통해서만 이루어짐
- 학습 경험은 학습자에게 무엇을 제공했느냐의 문제라기보다 학습자들이 무엇을 경험했는가의 문제임
- 교육 목표 달성에 유용한 대표적인 학습 경험 일곱 가지
  - 지식과 이해를 함양하기 위한 학습 경험
  - 사고 능력을 계발하는 데 필요한 학습 경험
  - 정보 습득에 도움이 되는 학습 경험
  - 사회성 함양에 도움이 되는 학습 경험
  - 흥미를 계발하는 데 필요한 학습 경험
  - 감상 능력을 함양하기 위한 학습 경험
  - 기능 습득을 위한 학습 경험
- 일곱 가지 유형의 학습 경험은 특정 교과에 대응시킬 수 있으며, 전인의 형성에 반드시 필요한 경험에 해당함
- 일곱 가지 유형의 학습 경험은 교육 목표의 유형을 인지적 목표와 정의적 목표로 나누는 데 쓰이게 됨
- 학습 경험의 선정 원리
  - 기회의 원리: 교육 내용은 학생들에게 학습할 수 있는 실질적 기회를 제공해야 함
  - 만족의 원리: 학습 경험의 과정에서 학생들이 만족감을 느낄 수 있어야 함
  - 가능성의 원리: 학생들의 능력을 고려하여 학생들이 학습 가능한 교육 내용을 선정해야 함

③ 학습 경험 조직
- 계속성: 주요한 교육과정 요소를 연습하고 계발할 수 있도록 여러 차례에 걸쳐서 반복적으로 기회를 주는 것
- 계열성: 시간의 흐름에 따른다는 점에서 계속성과 관련되지만, 동일 요소나 같은 수준이 아닌 이해, 기능, 태도, 흥미 등이 조금씩 다른 수준으로 단계적으로 깊어지고, 넓어지고, 높아지도록 조작하는 것
- 통합성: 교육과정의 요소를 수평적으로 관련 짓는 것

④ 평가
- 교육의 목적은 인간의 변화, 즉 학습자 '행동'의 바람직한 변화를 가져오도록 하는 것이므로 평가는 행동 변화가 어느 정도 일어났는지를 확인하고 판별하는 과정임
- 평가는 한 번 이상 이루어져야 하며, 수업을 시작하기 전과 수업 중간, 그리고 수업이 끝난 후 이루어짐으로써 행동의 변화 정도를 알 수 있음

추수 연구

장기적인 연구 설계의 일종으로, 교육을 마친 후 적응 상태 파악이나 관계성 파악 등에 활용함

예) 고등학교를 졸업한 학생들의 4년간 대학 생활 연구

• 목표 달성의 지속 여부를 확인하기 위해 추수 연구가 필요함

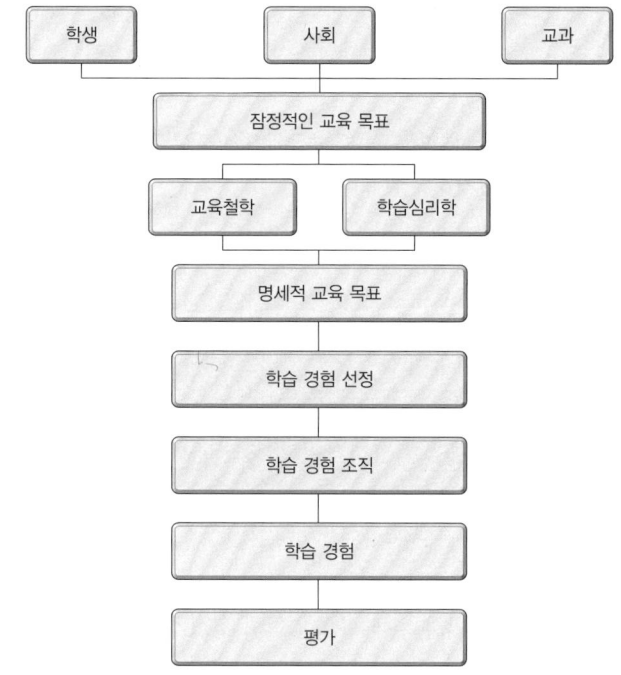

(4) 의의

① 어떤 교과, 어떤 수업 수준에서도 활용·적용할 수 있는 폭넓은 유용성이 있음
② 논리적이고 합리적인 일련의 절차를 제시하므로 교육과정 개발자나 수업 계획자가 따라 하기 쉬움
③ 학생의 학습 경험과 행동 변화를 강조함으로써 매우 광범한 평가 지침을 제공함
④ 교육과정과 수업을 구분하지 않고 '목표 → 경험 선정 → 경험 조직 → 평가'를 통합적으로 포괄하는 광범위한 종합성을 띠고 있음
⑤ 교육 성과를 경험적·실증적으로 연구하는 경향을 촉발함

(5) 한계

① 목표의 원천을 제시하고 있으나, 무엇이 교육 목표이고, 그것이 왜 우선적으로 선정되어야 하는지를 밝히지 못함
② 목표를 미리 분명하고 자세하게 설정함으로써 수업 진행 과정 중에 새롭게 생겨나는 부수적·확산적·생성적 목표의 중요성을 간과함
③ 목표를 내용보다 우위에 둠으로써 내용을 목표 달성을 위한 수단으로 전락시킴
④ 목표는 내용과 행동으로 이루어진다고 하였으나, 가시적이고 평가 가능한 행동에만 초점을 둠
⑤ 교육과정 개발 절차를 지나치게 절차적·체계적·합리적·규범적으로 처방함
⑥ 교육과정 구현에서 볼 수 있는 일련의 전체적인 과정보다 계획과 개발 부분에 치중하여, 교육과정의 실천(운영과 수업, 지원과 질 관리 등)은 상대적으로 취약함

2 타바(Taba)의 교육과정 개발 모형 [06 중등, 10 중등]

(1) 개념
① 교육과정의 개발과 실천을 하나의 과정으로 이해함
② 교육과정의 구체적인 측면에 관한 교사의 실험을 기반으로 틀이 개발되면 교육과정 개발은 새로운 역동성을 갖게 될 수 있음
③ 주로 사회과의 단원 수준에서 교사에 의한 교육과정 개발을 강조함

(2) 절차
① 단원의 구성: 여덟 개의 하위 단계가 순차적으로 이루어짐
- 학습자 요구의 진단
- 목표의 형성
- 내용의 선정
- 내용의 조직
- 학습 경험의 선정
- 학습 활동의 조직
- 평가할 대상, 평가 방법 및 수단의 결정
- 균형성과 계열성의 점검

② 단원의 검증
- 하나 이상의 학년 수준과 다른 교과 영역으로 확대될 수 있는 교육과정을 창출하기 위한 단계
- 교수 가능성과 타당성을 검증하기 위해, 필수적으로 성취해야 할 능력의 상한과 하한을 정하기 위한 시험을 해야 함

③ 단원의 개선
- 개발된 단원들을 수정하고 통합하여 모든 유형의 학급에 잘 맞는 보편화된 교육과정을 개발함
- 단원들은 서로 다른 차이를 보이는 학습자들의 요구와 능력, 서로 다른 교육 자원(시설, 설비, 재정), 서로 다른 교수 형태에 맞추어 수정이 거듭되어야 여러 교실 상황에서 쓰일 수 있음

④ 단원의 구조화
- 여러 개의 단원을 구조화하여 전체 범위와 계열성을 검증함
- 여러 개의 단원이 개발된 후 교육과정 개발자들은 횡적 범위의 적정성과 종적 계열의 적절성을 시험해야 함

⑤ 단원의 정착
- 새로 개발된 단원을 적용하고 보급함
- 새 단원을 교실 수업에 본격적으로 투입하고 정착시키기 위해 교육 행정가들은 교사에 대한 현직 연수를 확산해 나가야 함

출제 Point

2010학년도 중등 객관식 11번
타바(Taba)의 교육과정 개발 모형
ㄱ. 귀납적 접근 방법을 사용하였다.
ㄴ. 요구 진단 단계를 설정하였다.
ㄷ. 내용과 학습 경험을 구별하여 개발 단계를 설정하였다.

2006학년도 중등 객관식 4번
타바(Taba): 귀납적 탐구 과정과 교육과정 개발에서 교사의 역할을 강조하였으며, 사회과의 '단원' 구성법을 제시하였다.

3 슈왑(Schwab)의 교육과정 개발 모형

(1) 개념
① 교육과정에 대한 연구가 이론적 탐구에 치우쳐 교육 현장의 실제와 괴리가 있음을 지적함
② 교육과정을 실제의 문제로 인식할 것과 그 방법론으로 숙의를 제안함
③ 숙의란 실제적 문제를 해결하기 위한 과정으로서, 집단적으로 문제를 이해하고, 문제에 대한 알맞은 대안적 해결책을 창출하여 비교·검토하고, 대안의 결과를 고려하여 최고의 행동 방향을 선택하거나 밝혀 가는 과정을 의미함

Wide 탐구의 유형

구분	이론적 탐구	실제적 탐구
문제의 성격	이해라는 마음의 상태와 관련되며, 우리가 이해하지 못하지만 이해하기를 원하는 문제를 취급함	개선이 필요하다고 믿는 실제 사태의 해결과 관련된 문제를 다룸
탐구의 대상	이해와 관련된 문제가 되는 대상의 일반적이고 보편적인 특성을 탐구함	개선이 필요한 문제가 일어나는 특정한 상황 속에서 대상의 개별적 특성을 탐구의 대상으로 삼음
탐구의 방법	문제를 해결하기 위하여 일반적인 자료를 찾고, 학문적인 원리에 따라 자료를 연역적이거나 귀납적으로 분석함	문제를 해결하기 위하여 따라야 할 일반적인 규칙이나 원리가 없으므로, 개인이나 혹은 집단이 논의를 통하여 판단을 내리는 숙의의 과정을 필요로 함
탐구의 산물	관심의 대상이 되는 문제에 대한 설명을 얻음	문제 해결을 위한 실제적 행위를 최종 결과로서 얻게 됨

(2) 특징
① 교육과정 개발의 과정을 숙의의 과정으로 봄
② 교육과정 개발의 과정을 개발자들이 모여서 문제를 발견하고, 문제를 해결하기 위하여 발견한 것을 모으고, 이를 활용하여 새로운 교육의 목표나 자료를 만들어 가는 과정으로 봄
③ 교육과정 개발은 단계적으로 일어나는 것이 아니라 동시에 일어나며 나선형 교육과정으로 전개됨

나선형 교육과정

브루너(Bruner)가 처음 제안한 교육과정으로, 지식 구조가 교육의 수준과 관계없이 동일하며 동일한 성격의 내용은 학습자의 수준이 높아짐에 따라 폭넓고 깊이 있게 제공됨

4 워커(Walker)의 실제적 교육과정 개발 모형(= 자연주의적 모형)

[09 중등, 18 중등(論)]

(1) 개념
① 워커(Walker)는 교육과정의 개발 과정을 관찰하고, 개발 과정을 묘사하는 데 관심을 가짐
② 실제 교육과정이 어떻게 개발되는지를 설명하며, 숙의 단계를 강조함

(2) 절차
① 강령(토대 다지기)
- 참여자들이 다양한 견해를 표방하는 단계
- 참여자들의 교육적 강령은 이미 가지고 있는 다양한 개념과 이론, 심사숙고된 목적으로 구성됨
- 토대는 참여자들이 지닌 지식과 신념 체계로, 다음 숙의를 위한 자원이 됨

② 숙의
- 다양한 대안에 대한 논쟁을 거쳐 합의의 과정에 이르는 단계
- 집단적·체계적 논의 과정을 거치면서 목적 달성과 문제 해결에 최선의 대안을 선택하는 과정
- 올바른 의미에서의 숙의
  - 주어진 교육과정 문제를 가장 설득력 있고 타당한 방법으로 논의함
  - 가장 유망한 교육과정 실천 대안을 검토함
  - 대안을 내세우면서 거론한 관련 지식을 고려하고, 그 지식이 토대로 하는 바를 검토하기 위해 적절한 논쟁을 벌임으로써 각 대안들이 지닌 장점을 낱낱이 따져 봄
  - 작은 결정 하나에도 관련된 모든 집단의 입장과 가치를 탐색함
  - 공정하고 균형 잡힌 판단에 이르도록 함

③ 설계
- 숙의 단계에서 선택한 대안을 실천 가능한 것으로 구체화하는 단계
- 교육과정 개발자들은 개발된 교육과정에 대해 다음과 같은 질문을 던져 보아야 함
  - 교육과정의 특징적 측면은 무엇인가?
  - 교육과정이 초래할 사회적·개인적 영향은 무엇인가?
  - 교육과정의 특징에서 찾아볼 수 있는 지속적 안정 측면과 새로운 변화 측면은 무엇인가?
  - 교육과정에 담긴 여러 특징에 대한 장점과 가치를 교육과정 인사들은 어떻게 판단하는가?
  - 특정한 상황에서 특정한 목적을 갖는 교육과정에 포함되어야 할 교육과정의 특징적인 측면은 무엇인가?

출제 Point

2018학년도 중등 논술
박 교사가 제안하는 워커(Walker)의 교육과정 개발 모형의 명칭, 이 모형을 교육과정 개발에 적용하는 이유 3가지

> 박 교사: 그렇습니다. 그런데 교육과정을 개발하는 과정에서 학생의 개인별 특성을 중시하는 의견과 교과를 중시하는 의견 간에 차이가 있습니다. 이를 조율하기 위해서는 시간이 걸리겠지만 적절한 논쟁을 거쳐 합의에 이르는 심사숙고의 과정이 필요합니다

2009학년도 중등 객관식 9번
실제 상황 속에서 참여자들의 논의를 거쳐 최선의 대안을 자연스럽게 구체화한다.

CHAPTER 3 교육과정 개발

> **출제 Point**
> 2013학년도 중등 객관식 8번
> 교육 활동을 시작하기 전에 교육의 목적을 명확하게 설정하기 곤란한 경우가 있다. 대표적으로 예술 교육이 여기에 해당한다. 이 경우에는 교사가 사전에 예측할 수 없는 수많은 변인이 교육 활동에 작용하며, 교사는 교육을 하는 과정에서 학습자의 요구에 맞게 반응해야 한다. 교육 활동이 수행된 후에 가지게 되는 학습 경험을 교육의 목적이라고 할 때, 아이즈너(Eisner)는 이 목적을 '표현적 결과'라고 불렀다.

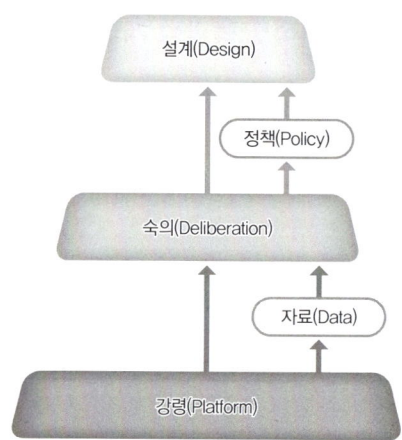

(3) 의의
① 교육과정 계획 측면을 상세하게 제시하여 교육과정 참여자들이 처음부터 서로 다른 토대와 입장에서 출발하고 있음을 보여 줌
② 참여자들이 서로 다른 입장에 반응하고 숙의하기 위해 의견 조정에 상당한 시간을 보내고 있음을 보여 줌
③ 교육과정을 계획하는 동안 실제로 일어나는 것을 정확하게 묘사해 줌

(4) 한계
① 교육과정 계획에만 초점이 맞추어져 있다는 비판을 받음
② 교육과정 설계가 완성된 뒤에 무슨 일이 어떻게 일어나야 하는지에 대해서는 언급하지 않은 채, 설계가 이루어지기 전까지의 과정에 대해서만 상세하게 제시하고 있음
③ 교육과정에 관한 의사 결정을 어떻게 효과적으로 전개할 수 있는가에만 역점을 둘 뿐, 숙의 과정과 설계 과정에서 왜 이 내용을 가르쳐야 하는지에 대해서는 의문을 제기하지 않음

5 아이즈너(Eisner)의 예술 교육과정 개발 모형 [13 중등]

(1) 개념
① 아이즈너(Eisner)의 주된 관심은 예술 교육을 위한 교육과정으로, 이를 교육학 일반에 확대 적용하고자 함
② 교육과정의 계획, 실행, 평가에서 과학적·행정적 측면이 아닌 예술적 측면을 드러내고자 함
③ 교육과정을 목적에 대한 수단 강구의 논리에 따라 사전에 계획된 대로 실천하는 것이 아닌 교육과정 자체의 내재적 원리에 따라 실제적 기예가 발휘되는 구체적 실천의 총합으로 봄
④ 가시적이고 측정 가능한 행동 목표는 수업의 복잡성과 역동성, 비언어적인 질적 경험과 감정, 수학·과학과 예술 교과의 차이, 기준에 따른 양적 측정과 질적 판단의 차이를 무시한다고 비판함

(2) 절차

① 목표 설정
- 명백한 교육 목표뿐만 아니라 정의되지 않은 목표(표현적 결과)도 고려해야 함
- 목표의 중요성(우선순위)을 토의하는 과정에서 심사숙고할 필요가 있음
- 교육 목표의 3가지 형태

교육 목표	특징	평가 방법
행동 목표	행동 동사로 진술한 목표 - 정답이 미리 정해져 있음 - 학생이 행위 주체가 됨(주어로 진술함) - 순위와 상벌 매김(책임 묻기)이 가능함 예) 학생들은 두 자릿수 덧셈 50문항을 20분 안에 풀 수 있다.	양적 평가, 결과 평가, 객관적 평가
문제 해결 목표	주어진 조건을 만족시키면서 문제를 해결하는 목표 - 하나의 정답이 미리 정해져 있지 않음 - 일정 조건 아래 다양한 정답이 있음 - 열린 정답, 정답보다 최선의 답안을 요구함 예) 1만 원으로 내 건강에 가장 알맞은 한 끼 식사 재료를 구입할 수 있다.	질적 평가, 총체적 평가, 교육 비평, 교육적 감식안
표현적 결과	활동 도중이나 종결 후에 얻게 되는 것 - 별도의 조건이 없음 - 문제와 정답이 사전에 주어지지 않음 예) 친구들과 벽화 그리기	질적 평가, 총체적 평가, 교육적 감식안

② 교육과정의 내용 선정
- 내용 선정 시 고려해야 할 사항: 교육과정 개발자는 개인, 사회, 교과의 세 자원으로부터 내용을 추출해야 함
- 영 교육과정에 대한 고려: 중요하지만 학교 교육과정에서 전통적으로 배제되어 온 내용도 신중하게 고려해야 함

③ 학습 기회의 유형
- 목표와 내용을 학생에게 의미 있는 학습 활동으로 변형함
- 교육적 상상력: 예술성에 대한 은유적 용어로, 교사가 실제 학생들에게 의미 있고 만족스러운 다양한 학습 기회를 제공할 수 있도록 교육 목표와 교육 내용을 적합한 형태로 변형하는 능력을 의미함
- 교실 수업에서 교사의 교육과정 재구성 능력을 강조함

④ 학습 기회의 조직: 학생들의 다양한 학습 결과를 유도할 수 있는 비선형적 접근 방법을 강조함

⑤ 내용 영역의 조직: 다양한 교과 사이를 꿰뚫는 내용 조직을 강조함

⑥ 제시 양식과 반응 양식
- 학생의 교육 기회를 넓혀 주는 다양한 의사소통 양식을 사용해야 함
- 교사나 학생이나 다양한 표상 형식을 주고받을 필요가 있음
  - 모방적 형식: 사물의 외형을 본뜬 상형 문자나 도로 표지판에서 보이는 형식

- 관습적 형식: 십자가나 절 표시 등 특정 문화권과 집단에서 상통하는 형식
- 표현적 형식: 사건과 현상의 본질적 특성을 드러내는 형식
  - 학생들의 의사소통 영역을 제한해서는 안 되며, 다양한 선택 사항을 제공해야 함
  - 오늘날 멀티미디어 시대에는 동영상, 그래픽, 이모티콘 등 다양한 표현 형식을 동원할 수 있음

⑦ 다양한 평가 절차의 적용
- 교육과정 개발 과정의 다양한 단계에서 종합적인 평가 절차를 사용함
- 평가는 공개적·형식적으로 이루어지는 면이 있지만, 궁극적으로는 비형식적으로 이루어짐
- 참평가: 실제 생활에서 의미 있고 유용한 과제의 수행에 대한 평가를 의미함
- 교육적 감식안: 미묘한 포도주의 맛을 구별해 내듯이 학생들의 수행 사이의 미묘한 차이를 구별할 수 있는 전문적 능력을 의미함
- 교육 비평: 학생의 수행 결과와 과정의 미묘한 차이를 비전문가(학생, 학부모)도 이해할 수 있도록 언어로 표현하는 능력을 의미함

(3) 의의

① 교육과정의 개발 과정에서 불변하는 단계를 설정한 타일러(Tyler)와 달리 아이즈너(Eisner)는 교육과정 계획·개발 과정을 끊임없이 계속되는 과정으로 묘사함
② 계획된 교육과정을 개발하는 문제 상황 속에서 숙의 과정을 설명한 워커(Walker)와 달리 아이즈너(Eisner)는 숙의 과정에서 예술성이 계획·실행된 교육과정, 학생이 경험한 교육과정의 내재적 가치를 어떻게 강화시켜주는가를 설명하고자 함
③ 아이즈너(Eisner)는 사회적 실재란 단순히 그 자체로서 존재하는 것이 아니라, 사회적 실재 안에 살고 있는 사람들에 의해 끊임없이 구성, 재구성되는 것이라고 봄
④ 타일러(Tyler)나 워커(Walker)와는 달리, 교육과정이란 계획되고 실행되며 경험되는 과정에서 그 과정에 있는 사람들의 숙의를 통해 지속적으로 구성되고 재구성될 수 있으며, 다양한 표상 양식을 활용하여 제시될 수 있다고 봄
⑤ 교육과정의 개발 과정이 미리 정해진 틀에 의해서만 이루어질 수 없음을 보여주며, 교사가 교육과정에 관한 숙의와 실행의 전면에 나서야 함을 시사함

(4) 한계

① 교육과정에 대한 지나친 합리주의적 접근을 적절히 비판하고 있으나, 대안 제시가 미흡함
② '예술'이라는 은유가 교육과정 개발에 구체적으로 어떻게 활용될 수 있는지 분명하지 않음

6 스킬벡(Skilbeck)의 교육과정 개발 모형 [13 중등]

(1) 개념
① 학교 중심 교육과정 개발 모형(School-Based Curriculum Development)
② 학생들이 다니는 교육 기관(학교)에서 학생들의 학습 프로그램을 기획, 설계, 적용, 평가하는 것을 의미함
③ 전통적 교육과정 개발 모형의 경직성과 비현실성을 비판함
④ 학교 현장의 교사가 교육과정 개발에 참여할 수 있도록 허용하는 모형

(2) 특징
① 상황 분석을 중시하여 학교가 처한 상황 분석에 교육과정 개발의 출발점을 둠
② 학교 특성에 따른 교육과정을 구성함으로써 교육과정은 학교, 교사, 학생의 특성에 따라 다르게 구성되어야 함을 강조함
③ 개방적인 상호 작용 모형으로, 교사, 학생, 학부모, 지역 사회의 요구와 필요에 따라 발전적으로 수정이 가능함
④ 일정한 순서와 관계없이 상황 및 판단에 따라 어느 단계에서나 모형을 시작할 수 있음

(3) 절차
① 상황 분석
- 외적 요인: 사회·문화적 변화, 교육 제도, 교과의 성격, 교사 지원 체제, 사회의 이데올로기 등
- 내적 요인: 학생의 적성 및 능력, 교사의 인지적·정의적 특성, 교사의 태도와 가치관, 학교 풍토, 학교 시설 등

② 목표 설정
- 교육적 행위의 방향을 제시하기 위한 가치나 판단을 포함함
- 교사와 학생의 행동을 구체화하는 목표를 설정함

③ 프로그램 구성: 교수·학습 활동과 수단의 설계, 적절한 연구 장면의 설계, 인사 발령과 역할 분담, 학습 시간표 및 규정 등을 구성함

④ 해석과 실행: 교육과정의 변화를 일으키는 문제를 판단하고 실행함

(4) 의의
① 교육의 효율성과 적합성을 높임
② 교원의 자율성과 전문성을 신장함
③ 교육의 다양성을 추구함
④ 학습자 중심의 교육을 구현함

출제 Point

2013학년도 중등 객관식 10번
스킬벡(Skilbeck)의 모형(SBCD)에 따른 학교 교육과정 개발의 단계
'상황 분석 → 목표 설정 → 프로그램 구성 → 해석과 실행 → 모니터링, 피드백, 평가, 재구성'

CHAPTER 3 교육과정 개발

출제 Point

2015학년도 중등 논술
교육과정 설계 방식의 특징 3가지 설명

교육과정 설계 방식 측면에서, 종전의 방식은 평가 계획보다 수업 계획 중심으로 설계되어 있어서 교사가 교과의 학습 목표에 비추어 학생들이 배우는 내용을 올바르게 이해하였는지를 확인하는 데 한계가 있었습니다. 교사는 계획한 진도를 나가기에 급급한 나머지, 학생들의 학습 결손을 예방하지 못하였습니다. 내년에는 학생들의 학습 목표 달성 정도를 확인하는 데 유용한 교육과정 설계를 하고자 합니다.

⑤ 모니터링, 피드백, 평가, 재구성: 지속적인 모니터링과 피드백, 평가를 수행하여 다음 교육과정을 재구성함

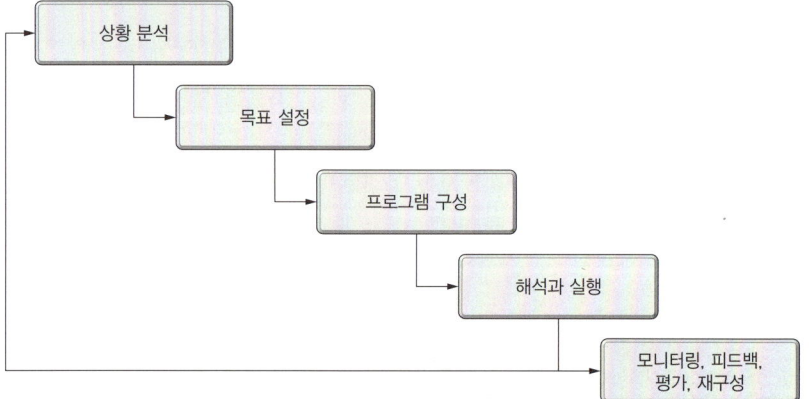

7 위긴스와 맥타이(Wiggins&Mc Tighe)의 백워드 모형 [12 중등, 15 중등(論)]

(1) 개념
① 교사 수준에서의 활용을 염두에 둔 것으로, 국가나 지역 수준에서 제시한 기준을 중심으로 교사가 교육과정 단원을 설계할 때 활용할 수 있는 교육과정 모형
② 대부분의 교사는 주어진 교과서의 단원이나 활동으로 바로 수업을 진행하는 경향이 있었으나, 백워드 모형은 이와 반대되는 것으로서, 교사가 바라는 결과, 즉 목표나 기준으로부터 출발해야 한다고 봄

(2) 특징
① 백워드라는 표현은 교사가 기존에 해왔던 것과는 반대되는 순서로 교육과정에 접근해야 한다는 의미에서 사용됨
② 수업을 통해 결과·목표를 향해 가기보다는, 결과·목표를 먼저 확인하고 그에 비추어 수업을 계획해야 함
③ 평가에 대한 계획은 단원의 마무리 단계에서 하기보다는 학습 경험이나 수업 활동을 계획하기 전에 세워야 함
④ 바람직한 결과·목표를 밝히는 것으로부터 출발하여, 그 결과·목표가 달성되었는지를 확인할 수 있는 평가 계획을 수립한 뒤, 이로부터 학습 경험이나 수업 활동을 도출해야 함
⑤ 교육과정을 목표·결과에 도달하기 위한 수단으로 보는 관점으로, 타일러(Tyler)의 모형에 의존함

(3) 절차
① 바라는 결과의 확인
• 목표나 기준을 확인하는 것으로, 이는 학생이 반드시 알아야 하고, 이해해야 하며, 할 수 있어야 하는 것이 무엇인가를 밝히는 것임
• 교사는 교과별로 정해진 국가 혹은 지역 수준의 기준을 확인하고, 기준에 비추어 교육과정 단원에서 어떤 내용을 다룰지에 대한 목표를 세움

- 목표는 가르칠 내용에 대한 목표, 즉 내용에 대한 성취 기준이라고 할 수 있음
- 교사가 바라는 결과·목표를 결정할 때, 단순한 암기가 아닌, '영속적 이해(Enduring Understanding)'를 이끌 수 있는 교육 내용을 선정하는 것에 유의해야 함(학문의 구조를 교육 내용으로 강조했던 브루너의 영향을 받음)
- 영속적 이해(최상위의 원리)
  - 영속적: 학문의 중심부에 있는 기본적이고 중요한 아이디어, 개념, 혹은 원리를 가리키며, 시간이 지나도 가치가 변하지 않는 불변의 지식을 말함
  - 이해: 일상에서 가장 빈번히 사용되는 말 중 하나로, 이해를 여섯 가지 종류로 구분하여 설명함

이해의 종류	정의
설명 (Explanation)	사건이나 아이디어를 '왜' 그리고 '어떻게'를 중심으로 서술하는 능력
해석 (Interpretation)	의미를 제공하는 서술이나 번역
적용 (Application)	지식을 새로운 상황이나 다양한 맥락에 효과적으로 사용하는 능력
관점 (Perspective)	비판적이고 통찰력 있는 견해
공감 (Empathy)	타인의 감정과 세계관을 수용할 수 있는 능력
자기인식 (Self-knowledge)	자신의 무지를 아는 지혜 혹은 자신의 사고와 행위를 반성할 수 있는 능력

- 내용의 영속성 판단 기준
  - 교실 밖에서도 지속적인 가치를 지니는 것인지
  - 학문의 핵심에 해당하는 것인지
  - 학생을 참여시킬 가능성이 많은 것인지

② 수용할 만한 증거의 결정(평가 계획)
- 학생들이 바라는 결과를 달성했는지를 판단하기 위한 평가를 계획하는 단계
- 학생들이 바라는 결과를 성취했는지를 어떻게 확인할 수 있으며, 학생들이 내용 기준을 이해하고 숙달했다는 증거로서 어떤 것을 수용할 수 있는지 결정하는 단계
- 교사가 구체적인 수업 활동을 설계하기 전에 먼저 평가자가 되어야 함을 강조함
- 교사는 학생들이 내용 기준을 이해했음을 보여주는 증거를 수집하기 위해 다양한 범위의 평가 방법을 고려해야 하며, 이를 반영한 여러 가지 형태의 수행 과제를 개발하는 일에 집중해야 함

③ 학습 경험과 수업의 계획(교육과정과 수업 활동 계획)
- 앞의 두 단계에 근거하여 수업 활동을 구체적으로 계획하는 단계
- 구체적인 학습 경험과 수업의 계획
  - 학생들이 효과적으로 수행해야 할, 또는 바라는 결과를 성취하기 위해 요구되는 지식(사실, 개념, 원리)과 기능(절차)은 무엇인지
  - 학생들이 이러한 지식과 기능을 갖추기 위해 해야 할 활동이 무엇인지

- 어떤 방법으로 가르칠 것인지
- 어떤 소재와 자료를 사용할지 등
- 교사들은 바라는 결과와 평가 방식을 확인한 뒤, 구체적인 수업을 계획하게 됨
- 학습 경험과 수업을 계획할 때의 유의 사항(WHERETO 원리)
    - W: 어떻게 아이들에게 목표와 방향을 안내할 것인가?
    - H: 어떻게 아이들의 관심을 불러일으키고 유지할 것인가?
    - E: 어떻게 아이들이 중요한 개념과 본질적 질문을 탐구하게 할 것인가?, 기대되는 수행 과제에 대해서 어떻게 아이들을 준비시킬 것인가?
    - R: 아이들이 다시 생각하고 수정하도록 어떻게 도울 것인가?
    - E: 아이들이 자기 평가를 하고 자기 학습을 돌아보게 할 방법은 무엇인가?
    - T: 학습을 어떻게 다양한 요구, 관심, 스타일에 맞춰서 조정하는가?
    - O: 어떻게 학습을 재조직하고 순서를 세울 것인가?

(4) 의의

① 교육과정 개발 과정이 도달해야 할 지점, 즉 바라는 결과를 확인하는 것으로부터 시작함

② 도달해야 할 목표로부터 시작한다는 것은 도착점에 대한 분명한 이해로부터 시작함을 의미하며, 이는 어디로 가고 있는지, 지금 어디에 있는지를 잘 이해할 수 있게 도와줌

③ 현장 교사에게 직접적인 도움을 제공하기 위한 것으로, 국가나 지역 수준에서 제공하는 기준에 따른 교육과정을 운영해야 하는 교사에게 실용적인 틀을 제공할 수 있음

(5) 한계

① 타일러(Tyler) 모형과 마찬가지로 목표와 수단의 패러다임을 따르고 있어, 교육과정을 설정된 기준이나 목표를 효율적으로 달성하기 위한 수단으로 이해함

② 기준이나 목표로 설정되지 않은 학습 경험들은 무시될 수 있으며, 설정된 기준이나 목표는 당연시될 가능성이 있음

③ 평가에 대한 계획을 학습 경험이나 수업에 대한 계획을 세우기 이전에 수립하도록 함으로써 평가 의존적인 수업 활동이 전개될 가능성이 있음

④ 목표는 주로 학문적인 지식에 기반한 내용의 이해에 있는 것으로서, 학생들의 관심사나 흥미를 고려하지 못할 수도 있음

CHAPTER 4 교육과정 유형

01 교과 중심 교육과정

1 교과 중심 교육과정의 이해

(1) 기본 관점

① 교육과정은 민족의 축적된 지식을 모든 아동이 이용할 수 있도록 만들어 주는 것을 의미함
② 보편적인 교육은 서구 문명의 주요한 문화유산을 전달하는 데 초점을 두어야 함
③ 교육은 '개인이 인간으로 발전되어 가는 과정'을 의미함
④ '전래의 문화유산 가운데 보존되어야 할 가장 중요한 내용은 무엇인가'에 대한 해답을 중요하게 생각함

(2) 학교 교육

① 학교는 기본적인 내용을 가르치는 것을 주된 임무로 삼는 사회적 기관임
② 학교에서 가르쳐야 하는 내용
  - 기본적인 읽기, 쓰기, 계산하기의 숙달
  - 교육 받은 모든 사람이 알아야 하는 기본적인 사실과 전문 용어, 지식
  - 선량한 시민이 되는 데 필요한 공통적·기본적 가치

2 교육 목적과 교육 내용

(1) 교육 목적

문화유산의 전달

(2) 교육 내용

① 문화적 유산으로부터 선정된 것으로, 인류에게 알려진 것 중 가장 영구적이고, 확정적이며, 객관적인 사실, 개념, 법칙, 가치, 기능을 의미함
② 교육 받은 사람이라면 누구나 알아야 하는 사실, 기본 지식과 기능, 전통적 가치 등에 초점을 맞춤
  - 교육 받은 사회 구성원들과의 의사소통에 필요한 용어와 이름에 대한 숙달
    ㉠ 사설시조의 정의나 지역의 이름
  - 생산적인 사회 구성원이 되는 데 필요한 기본 기능에 대한 능력
    ㉠ 읽기, 쓰기, 계산
  - 사회가 원만하게 기능하도록 하는 데 필요한 기본 가치의 수용
    ㉠ 정직과 권위의 존중

CHAPTER 4 교육과정 유형

> **Wide** 교과 중심(전통적인) 교육과정의 계획
>
> | 교과 | 1~3학년 | 4~6학년 | 7~8학년 |
> |---|---|---|---|
> | 영어 | 읽기, 쓰기의 기초(정음법, 묵독과 음독, 문법과 철자의 기본 규칙, 어휘, 쓰기 및 정서법, 작문의 기본) | 비판적 읽기의 기초(아동 문학, 자유 독서와 보고서, 중급 문법, 철자와 어휘, 작문 기능) | • 7학년: 초보적인 문법과 작문의 개관
• 8학년: 초보적인 문학의 분석 |
> | 사회 | 역사, 지리, 공민의 기초(위인들, 탐험가, 미국 원주민들, 미국의 공휴일, 관습, 문자, 풍경, 기후, 지도 만들기) | • 4학년: 남북전쟁사
• 5학년: 1865년 이후의 미국사
• 6학년: 중세까지의 미국사 | • 7학년: 중세~1990년대까지의 세계사
• 8학년: 세계 지리와 미국 정치 |
> | 수학 | 수학의 기초(수, 기본 연산, 분수와 소수, 원, 도형, 길이, 면적, 부피의 측정, 막대 그래프, 어림셈과 통계의 기초) | 중급 산수와 기하(수 이론, 음수, %, 지수, 선 그래프, 피타고라스 정리와 확률의 기초) | 1년 코스 가운데 두 가지 선택(일반수학, 대수학 입문, 대수학) |

(3) 수업과 평가

① 단일 교과에 초점을 맞춤

② 강의법과 암송법 중심의 교사 중심 수업을 강조하고, 학생들을 통제하여 수업을 방해하는 행동이 나타나지 않도록 함

③ 교과서와 학습장(場) 중심의 교재를 사용하며, 교과서는 적절한 범위의 내용을 다루고, 학습장은 내용의 숙달에 필요한 연습의 기회를 제공함

④ 지필 검사용 시험지를 사용하여 정기적으로 평가함

⑤ 학생의 학업 성취 정도나 집단 내 상대적 서열과 평점을 강조함

⑥ 평가의 주요 과제는 학생이 정보를 획득했는가, 기본 기능을 숙달했는가, 합의된 가치를 내면화했는가를 측정하는 것으로, 평가는 사실, 기능, 가치가 효과적으로 전달되었는지를 결정하려는 목적을 띠게 됨

3 교과 중심 교육과정의 유형

(1) 분과형 교육과정

① 각 교과마다 교과의 선을 유지하며, 교과 간 연관 없이 독립적으로 조직하는 형태
② 교과의 특성에 따라 구성하므로 타 교과와의 관련성이 없음
③ 교과 간의 경계선이 뚜렷하고, 분절된 시간표에 따라 운영됨
④ 장점과 단점
  - 장점: 조직성과 체계성을 갖춤
  - 단점: 통합이 어렵고, 교과 간의 중복이 나타남

(2) 상관형 교육과정

① 각 교과의 선은 유지하되, 유사 과목을 상호 관련하여 조직하는 형태
② 교사에게 인접 교과에 대한 지식을 갖출 것을 요구함
③ 교사는 자신의 수업이 다른 영역의 수업과 일치하도록 학문 병렬 설계를 통해 순서를 바꾸어 가르칠 수 있음
④ 장점과 단점
  - 장점: 교과 간의 중복과 누락을 방지함
  - 단점: 무리한 인공적·조직적 상관이 나타날 수 있음

(3) 융합형 교육과정

① 각 교과의 성질을 유지하되, 교과 간의 공통 요인을 추출하여 재구성하는 형태
  예 식물학, 동물학, 생리학의 과목 간 공통 요인을 추출하여 생물학을 조직한다.
② 교과의 선이 완전히 없어지는 과도기적 형태를 의미함
③ 간학문적 통합: 공통되는 개념, 원리, 주제, 탐구 방법을 중심으로 교과의 경계를 허물며 서로 결합하는 형태를 취함

(4) 광역형 교육과정

① 유사한 교과들을 포괄하여 하나의 과목으로 통합·조직하는 형태
  예 음악, 미술, 체육 교과를 예체능 영역으로 통합한다.
② 교과목의 통합을 추진함
③ 다학문적 통합: 사회나 자연 현상 또는 인간 생활에서 나타나는 문제 또는 주제를 통해 각 학문의 지식과 기능을 익히도록 하는 것으로, 유사하거나 인접한 학문을 모아 하나의 교과를 구성하는 방식
④ 장점과 단점
  - 장점: 개괄적 이해와 통합적 학습이 가능함
  - 단점: 교과의 논리성 및 체계성이 결여됨

CHAPTER 4 교육과정 유형

출제 Point

2016학년도 중등 논술
'수업 구성'에 나타난 교육과정 유형의 장점 및 문제점 각각 2가지

- 학생의 경험을 중시하는 교육과정을 실행할 것
- 학생의 흥미, 요구, 능력을 토대로 한 활동을 증진할 것
- 학생이 관심을 가지는 수업 내용을 찾고, 그것을 조직하여 학생이 직접 경험하게 할 것
- 일방적 개념 전달 위주의 수업을 지양할 것

02 경험 중심 교육과정 [16 중등(論)]

1 경험 중심 교육과정의 이해

(1) 등장 배경

① 19세기 미국의 주요한 사회적 변화는 학교의 교육과정에 실제적인 교과를 점차 확대하거나 사회적 유용성을 지향하도록 압력을 가함
② 20세기 초 실용주의 철학의 발달과 진보주의 교육 운동의 영향을 받음
③ 어떻게 하면 '교육과정에 아동의 경험 세계를 반영하고, 그것을 넓혀 줄 수 있을까'에 대한 방안으로 등장함
④ 교육과정에 대한 실제적 의사 결정을 이끌어 갈, 분명하고 실행 가능한 원칙을 개발하려는 노력의 일환으로 볼 수 있음

(2) 기본 관점

① 어떤 경험이 개인을 건전한 성장으로 이끌 수 있을까에 초점을 둠
② 학교 교육의 내용을 학생들의 생활 경험과 긴밀하게 연결하면 학생들의 경험은 더욱 성장할 것이고, 학생들은 민주 사회에서 요구하는 좋은 시민이 될 것으로 기대함

2 교육 목적과 교육 내용

(1) 교육 목적

아동의 발달

(2) 교육 내용

① 경험주의적 교육은 계획하고 발견하며 적절한 자료 활용하기, 과업 지속하기, 새로운 아이디어나 상충되는 의견 그리고 상이한 사람들에게 대처하기, 타인의 복지에 대해 책임 갖기, 타인에 대한 약속 이행하기 등과 같은 영역에서 아동의 능력 증진에 목표를 두고 있으며, 이러한 주체적인 능력은 아동과 성인의 행복과 생산성에 도움이 됨
② 경험주의 교육자들은 교과가 일상생활의 경험으로부터 도출된다고 봄
③ 경험 중심 교육과정에서는 학생들이 특정한 목적을 성취하기 위한 학습 활동(주로 프로젝트를 통해)을 할 때 겪는 경험들을 교육과정 조직의 중심 요소로 활용하고 있음
④ 듀이(Dewey)에 따르면 교육과정은 개인의 계속된 성장을 도와줄 수 있는 상황들을 중심으로 조직되어야 함
⑤ 상황들이 하나의 추진 세력으로 작용하기 위해서는 반드시 외부의 객관적인 조건과 내면적인 조건 간의 상호 작용 혹은 상호 영향 속에서 전개되어야 함
⑥ 교육과정은 학습자의 물리적·사회적 환경과 학생의 흥미, 욕구, 과거 경험들 간의 상호 작용을 통해 생겨나야 함

⑦ 교육과정 개발자나 교사는 사전에 상황을 충분히 계획해 놓을 수 없으며, 오히려 교사와 학생의 상호 협동 과정 속에서 계획될 수밖에 없음

⑧ 교과보다 학습자의 경험과 사회적 활동이 중요시되므로 여러 교과나 주제를 통합하거나 연결시키는 광역 교육과정, 통합 교육과정이 나타남

(3) 수업과 평가

① 교과목의 엄격한 구분보다 통합을 지향함

② 교과서나 그 밖에 미리 준비된 수업 자료보다는 지역 사회를 교수·학습의 자원으로 더 많이 활용함

③ 대집단으로 편성된 경쟁적인 학습 분위기보다 소집단별 협동적인 학습 분위기를 강조하는 학생 중심의 수업을 요구함

④ 수업은 완결짓는 데 비교적 긴 시간이 소요되는 과제, 즉 프로젝트를 중심으로 조직됨

⑤ 교사들이 통제·관리자가 아닌 학습 촉진자, 또는 학습 자원으로 활동해 주기를 기대함

⑥ 사실적 정보나 용어의 회상을 강조하는 시험보다 현실 세계 속의 실제 과제를 처리할 수 있는 능력을 확인하는 평가 방법을 선호함

3 경험 중심 교육과정의 유형

(1) 생성형 교육과정

① 학생의 욕구를 중심으로 교사와 학생이 상호 협력하여 교육과정을 구성함

② 교육 현장에서 교사와 학생의 협력에 의하여 교육과정을 구성함

③ 가장 동적인 형태의 교육과정(현장 학습과 관련)에 해당함

(2) 활동 중심 교육과정

① 아동의 활동을 학습 과정으로 봄

② 아동의 성장과 발달에 대한 학문적 탐구의 결과는 아동이 능동적인 학습자라는 사실을 밝혀줌

③ 활동 중심 교육과정은 사람들이 서로 도우면서 발달할 때 사회도 함께 발전한다는 민주주의 신념을 바탕으로 함

④ 듀이(Dewey)의 실험 학교 교육과정은 대표적인 활동 중심 교육과정으로, 아동이 지닌 4가지 충동(사회적 충동, 구성적 충동, 탐구와 실험의 충동, 미적인 것을 표현하는 충동)을 바탕으로 구성됨

⑤ 1990년대 우리나라에서 전개되었던 열린 교육 운동은 활동 중심 교육과정에 기반을 두고 있으며, 수업에서 학생들의 능동적인 참여를 강조함

⑥ 교사의 역할과 동료 학생의 책임이 중요함

⑦ 활동 중심 교육과정은 '교사와 학생이 함께 만들어 가는 교육과정'이며, 개방형 중핵(Open Core) 교육과정과 같은 의미를 지닐 수 있으나, 교사와 학생의 상호 책임 있는 역할 수행이 전제될 때 교육적으로 가치를 지니게 됨

CHAPTER 4 교육과정 유형

+ 출제 Point

2020학년도 중등 논술
교육 내용 조직과 관련해서는 생활에 필요한 문제를 토의의 중심부에 놓고 여러 교과를 주변부에 결합하는 방식을 활용할 필요가 있다.

2004학년도 중등 객관식 1번
학생의 흥미나 요구를 중심으로 하여 교육 내용을 통합하되 통합 이전 교과의 구분이 완전히 사라진 채 조직되는 통합 유형은?

(3) 중핵 교육과정 [04 중등, 08 중등, 13 중등, 20 중등(論)]

① 기본 관점
- 중핵 교육과정은 교육과정을 편성·운영함에 있어 일정한 핵심(Core)을 갖는 교육과정이라 할 수 있음
- 무엇이 중핵을 차지하는가는 시대와 견해에 따라서 달라짐
- 무엇이 중핵이 되었든 그것은 매우 통합적이고 핵심적인 것이어야 함

② 등장 배경
- 교과 중심 교육과정은 교과 내용에 집착하고, 경험 중심 교육과정은 학습자의 흥미나 필요에만 집착하는 문제점을 시정하기 위해 등장함
- 교과 통합 학습과 사회적 방향의 책임감을 동시에 강조함

③ 교육 목적
- 중핵 교육과정은 생활 문제를 해결하는 과정에서 교육 경험이 적절하게 통합되어야 의미가 있다고 봄
- 중핵 교육과정은 급변하는 사회에서 학습자들에게 사회의 질서, 통치, 사회 개조에 필요한 특성, 능력, 태도를 길러 주고자 하는 교육과정임

④ 교육 내용
- 교육 내용의 통합, 개인의 인격 통합, 나아가 사회의 통합을 지향함
- 중핵 과정과 주변 과정
  - 중핵 과정: 주로 청소년의 관심을 끄는 사회 문제나 쟁점 혹은 생활, 욕구와 관련된 내용, 경험들이 중심을 차지하며, 사회 영역이나 자연 영역이 생활 경험을 중심으로 조직됨
  - 주변 과정: 계통 학습을 하되 몇몇의 영역으로 구분하여 조직되며, 교과별로 조직되는 경우가 많음
- 학교의 주된 기능을 무엇으로 보느냐에 따라 중핵 과정을 구성하는 원리도 변함
  - 교과 중심 중핵 교육과정: 역사와 문학을 중핵으로 수학, 언어, 예술을 재조직함
  - 아동 중심 중핵 교육과정: 개인 생활, 신민 생활, 개인과 사회의 관계를 중핵으로 아동의 필요와 흥미에 따라 재조직함
  - 사회 중심 중핵 교육과정: 사회의 기능이나 사회의 문제에서 중핵의 원리를 찾는 방식으로, 중핵 교육과정의 가장 발전된 형태임

⑤ 수업과 평가
- 학습자의 흥미와 관심을 끄는 활동, 목적 달성이나 해결에 도움이 되는 학습 활동을 강조함
- 생활에 쓰이지 않는 학교 학습을 위한 교과를 낭비적이고 무기력하다고 여겨 주변으로 돌리거나 경시함
- 특징
  - 교사와 학생은 통합적 단원과 주제를 협동적으로 계획함
  - 실험, 조사, 집회, 회의, 토론, 소풍 등을 통해 광범위한 교육이 이루어짐
  - 시간이나 공간 사용에 융통성이 있음

- 보통 수업시간의 2~3배의 길이로 확보하여 운영함
- 교사는 교과 학습의 통합적 안내자이며, 생활지도 및 상담자의 역할도 수행함

CHAPTER 4 교육과정 유형

✚ 출제 Point

2006학년도 중등 객관식 1번
- 과학 교과에서는 초등학교에서 배운 광합성의 원리를 중등학교에서도 심화·반복한다.
- 경제 단원에서 자원의 희소성, 수요와 공급 등의 기본 개념과 원리를 교과 구조 속에서 강조한다.
- 교사가 결과적 지식을 먼저 제시하기보다 학생들로 하여금 탐구 과정을 통해 일반화된 원리를 발견하게 한다.

03 학문 중심 교육과정 [06 중등, 13 중등, 14 중등(論)]

1 학문 중심 교육과정의 이해

(1) 등장 배경

① 경험 중심이나 진보주의에 의해 교과가 전달하려는 내용이나 지식의 상대적 비중이 약화되고, 이에 따라 학생들의 학력이 저하됨
② 전통적 보수주의자들은 국가 경쟁력이 약화된 원인을 경험주의 교육, 듀이(Dewey)의 일상적 실천 교육, 생활과 구분되지 않는 비교적 쉬운 학습 과제가 주어지는 생활 적응 교육과정에서 찾음
③ 산업 사회에서 국가 경쟁력 향상에 중요한 수학과 과학 분야를 새롭게 가르칠 필요성이 대두됨
④ 1957년 10월 4일 소련이 스푸트니크(Sputnik) 1호를 발사하면서 학문적 발전이 국가와 시민의 생존과 경쟁력 강화에 필수적이라는 생각이 반영됨에 따라 교육과정 개혁 계획이 긴박해짐
⑤ 브루너(Bruner)는 「교육의 과정(The Process of Education)」에서 학문의 구조라는 관점에 기반을 둔 지식 체계화 및 탐구 원리를 제공함

(2) 특징

① 교육 내용의 중요도를 판단하는 기준으로 '지식의 구조'를 제시함
② 각 학문의 성격과 지식의 구조를 밝히는 일과 학생들에게 이해 가능한 형태로 번역하는 일을 주요 관심사로 둠

2 교육 목적과 교육 내용

(1) 교육 목적

지력의 개발

(2) 교육 내용

① 어떤 교과든 기본 구조를 잘 조직하여 표현(번역)하면 어떤 연령에 있는 어떤 아동에게도 가르칠 수 있게 됨
② 각 학문(교과)은 나름의 독특한 기본 개념, 주제, 원리, 법칙, 공식, 일반화의 아이디어가 어떤 법칙하에 상호 관련되어 특정 의미를 띠는 구조를 갖고 있음
③ 학문의 구조는 선정된 기초적인 요소들이 상호 관련성을 지니게 하는 일정한 틀을 제공함
   - 지식의 구조를 습득하면 학습자는 학습 내용을 이해하기 쉽고, 기억하기 쉬우며, 학습 이외의 사태에 적용할 수 있고, 초보 지식과 고등 지식의 간극을 좁힐 수 있게 됨
   - 학문은 저마다 탐구 대상이 다르며 이를 탐구하는 최적의 기법, 즉 탐구 방법 또한 다름

- 교과의 구조를 가장 적절하게 파악할 수 있는 최적의 탐구 방법은 내용 못지 않게 중요함
- 조사, 토론, 실험, 실습, 관찰, 실기 등과 같은 활동들도 학문의 내용을 선정할 때 함께 선정되어야 함

(3) 나선형 조직 방식

① 학문 중심 교육과정은 각 학문의 기본 아이디어를 교육과정 개발의 출발점으로 보고 있어서, 보다 기본적인 개념을 찾아낸 뒤 기본 아이디어를 중심으로 그 내용들을 조직해 감
② 학교급에 따라 교육과정 내용의 깊이와 폭을 더해 가도록 지식을 구조화함
③ 학교급별 혹은 여러 학년별로 크게 반복 확대할 수도 있고, 학년 혹은 학기 내에서 작게 반복 확대할 수도 있음

(4) 수업과 평가

① 단일 교과 내에는 단일 학문으로 제한하여 조직함
② 소수의 근본적인 개념 혹은 원리를 선정하여 강조함
③ 학습자의 인지 발달 단계와 지식의 표현 양식을 관련시킴
④ 지식의 탐구 절차, 자료 제시 순서, 실험실 활용 등을 통해 학습자의 능동적인 탐구와 발견을 강조함
⑤ 학습자의 학습 성향 파악과 동기 유발, 문제 해결 과제, 해석할 자료, 설계해 볼 실험 과제를 제시하여, 학습자가 교과의 구조에 관한 통찰력과 탐구 행위를 경험하게 함
⑥ 교사는 정보를 제공하는 자원으로 활동하기보다는 학문적 탐구 활동을 시범으로 보여 주는 사람이어야 함
⑦ 평가에서는 학생들이 획득한 지식, 학생들이 경험한 탐구의 본질, 교사들이 가르칠 내용의 개별적 구조를 측정해 내려고 노력함
⑧ 학생들이 학문의 개념적 구조에 관해 통찰력을 획득했는가, 학생들이 실제 탐구 행위를 경험하는가와 같은 문제들이 평가의 주된 관심거리임
⑨ 평가에서는 학생들에게 해결해야 할 문제를 던져 주거나 해석할 자료, 설계해야 할 실험 과제 등을 제시하는 방법을 활용함

CHAPTER 4 교육과정 유형

04 인간 중심(인본주의) 교육과정 [10 중등]

1 인간 중심 교육과정의 이해

(1) 등장 배경

① 르네상스 이후 코메니우스(Comenius), 루소(Rousseau), 페스탈로치(Pestalozzi)의 영향을 받음
② 인본주의자들은 모든 인간은 가장 위대한 선에 헌신해야 한다는 도적적 믿음에 동의함으로써 민주주의 실천 방안을 따름

> **Wide** 루소(Rousseau)와 페스탈로치(Pestalozzi)
>
> ① 루소(Rousseau)
> 평생 동안 많은 저서를 통하여 지극히 광범위한 문제를 논하였으나, 그의 일관된 주장은 '인간 회복'으로, 인간의 본성을 자연 상태에서 파악하고자 하였다. 인간은 자연 상태에서는 자유롭고 행복하고 선량하였으나, 자신의 손으로 만든 사회 제도나 문화에 의하여 부자연스럽고 불행한 상태에 빠짐으로써 사악한 존재가 되었기 때문에 다시 참된 인간의 모습(자연)을 발견하여 인간을 회복하지 않으면 안 된다는 것이다. 이와 같은 입장에서 인간 본래의 모습을 손상시키고 있는 당대의 사회나 문화에 대하여 통렬한 비판을 하였으며, 그 문제의 제기 방법도 매우 현대적이었다.
>
> ② 페스탈로치(Pestalozzi)
> 스위스의 교육자이자 사회 비평가로, 피히테(Fichte)에게 영향을 주었다. 루소(Rousseau)의 교육론에 열중하여 '왕좌에 있으나 초가(草家)에 있으나 모두 같은 인간'이라는 신념으로 농민의 대중 교육에 힘을 쏟았다. 교육의 목적을 '머리와 마음과 손'의 조화로운 발달에 두고, 노동을 통한 교육과 실물(實物)과 직관의 교육을 스스로 실천하였다. 그의 교육론은 많은 국가에서 받아들여졌으며, 루소(Rousseau)와 함께 신교육의 원천이 되었다.

(2) 특징

① 인간의 타고난 욕구를 자연스럽고 존중할 만한 것으로 받아들이며, 사물 인식의 감각을 연마하고 실제적 필요에 따라 교육하는 것을 자연스러운 것으로 봄
② 교육을 통해 하나님이 주신 천부적 능력을 지적·기능적·도덕적 측면에서 고르게 발달시켜 온전한 인간으로 키워 내는 것이 중요하다고 강조함
③ 교사의 적극적인 가르침보다 학생들이 사물을 배우고, 발전시키고, 인식하는 방식에 초점을 둠
④ 교사의 엄격함과 처벌에 강하게 반대하고, 따뜻하고 우호적인 방식으로 교육이 수행되어야 한다고 주장함
⑤ 개인의 자율성이 강조되는 사회에서 각각의 인간 존재는 개인적 권리와 완전한 시민적 자유를 지님

출제 Point

2010학년도 중등 객관식 8번
ㄱ. 개인의 잠재적 능력 계발과 자아실현을 지향한다.
ㄷ. 교사와 학습자 간의 관계에서 존중, 수용, 공감적 이해를 중시한다.

코메니우스(Comenius)

루소(Rousseau), 페스탈로치(Pestalozzi)의 선구자로서 자연주의 교육을 제창함

2 교육 목적과 교육 내용

(1) **교육 목적**

사람의 온전한 자아실현
① 모든 학생을 특색 있는 개별적인 존재로 대함
② 학생이 소유한 각자의 잠재력을 발현할 수 있도록 도움
③ 인지적·신체적·정서적인 욕구를 반영하고 표현할 수 있는 학습 환경을 제공함
④ 다른 사람들과 효과적으로 지내는 것을 배울 수 있는 환경을 만들어줌
⑤ 착하고, 행복하며, 창조적인 사람으로 발달시킴

(2) **교육 내용**

① 교과를 중심으로 구성하며, 학생들의 자아실현을 위해 필요로 하는 기술과 지식을 위한 기초로 기능할 수 있는 과목을 만들어 제공함
  - 학생들의 정서, 인성, 욕구를 강조한다고 하여 학문적인 주요 과목의 중요성을 무시하는 것은 아님
  - 기본적인 학문적 지식과 기술의 습득 없이 학생들은 자아실현을 위한 실제적인 도구를 획득할 수 없음(실용주의적 특색)
② 학생 개개인의 능력과 재능을 이끌어낼 수 있는 연습과 진행 절차에 초점을 맞춤
③ 학생들이 이기적인 면에서 벗어날 수 있도록, 폐쇄적이고 자기중심적인 것으로부터 자신에 대해 돌아볼 수 있도록 하는 계기를 만듦
④ 자신의 의견과 가치를 객관화하고 역지사지할 수 있도록 설계된 토론과 현장 탐구 활동으로 구성됨

(3) **수업과 평가**

① 수업 내용
  - 학생들과의 형식적인 관계 탈피
  - 학생들과 친밀하고 개인적인 관계의 발달
  - 학생의 흥미와 동기 격려
  - 정보와 지식만 전달하는 것의 극복
  - 교실에서 일어나는 일에 대한 학생 참여적 평가 등
② 아동 중심 교육과 대안 학교의 생활 적응 교육과정은 인본주의적 특성을 띰
③ 학생을 단순한 피교육자 이상으로 보고 독특한 기질과 개성을 가진 존재로 이해하고 대우함

CHAPTER 4 교육과정 유형

출제 Point

2002학년도 중등 객관식 11번
- 학생이 주체적으로 학습에 참여하게 한다.
- 학생은 자신이 속한 역사적·문화적·사회적 상황을 바탕으로 하여 의미와 지식을 만들어 간다.
- 학생은 교사의 도움을 받아 가며 동료들과 협동적으로 탐구한다.

05 구성주의 교육과정 [02 중등]

1 구성주의 교육과정의 이해

(1) 기본 관점

구성주의에서는 지식을 개인의 인지적 작용과 사회적 상호 작용이라는 두 축에 의해 습득·형성되는 것으로 봄

(2) 유형

구분	인지적 구성주의	사회 문화적 구성주의
인지 발달의 기원	인간의 두뇌	사회 관계에 참여하는 개인
학습	적극적인 인지 구조의 재편성	관련 공동체의 문화적 동화
최종 목표	개인 경험의 사회 문화적 타당성 검증	개인들 간의 활발한 상호 작용에 의한 사회 문화적 관습 습득
관심	• 개인의 인지 발달 과정 • 사회적 상황에 의거한 인지적 재구성 과정	• 사회 문화적 동화 과정 • 관련 공동체의 참여를 통한 사회 문화적 행동 양식의 습득 및 동화 과정

2 교육 목적과 교육 내용

(1) 교육 목적

개인 경험의 사회 문화적 타당성을 검증하고, 개인들 간의 활발한 상호 작용에 의한 사회 문화적 관습을 습득하고자 함

(2) 교육 내용

① 학생이 실제 생활에서 당면하는 문제와 관련된 질문을 존중함
② 교사의 역할로는 지식과 정보를 전달하고 가르치는 것보다 학생들과 상호 작용하면서 도와주고 같이 배워가는 동반적 관계를 강조함
③ 평가는 학습 과정을 중심으로 일어나며, 학생의 작품이나 관찰 등 다양한 기법을 동원하여 학습의 다양한 측면을 평가함
④ 학습자가 학습에 주체적·자기반성적으로 참여할 길을 열어주고, 삶에서 직면하는 실제 과제를 주체적으로 또는 교사의 도움을 받아 동료들과 협동적으로 탐구해 나가도록 함
⑤ 하이퍼미디어 시스템을 활용하고, 문제 중심 학습과 사례 연구 및 프로젝트 학습을 강조함

3 구성주의 주요 학습 모델

(1) 인지적 도제 이론

① '도제'라는 용어에서 알 수 있듯이 미술, 의학, 법률 분야에서 예로부터 사용되어 오던 고전적 의미의 도제에서 적용되었던 기본 원칙을 활용함
② '도제'라는 용어에는 '학습이나 지식 습득은 반드시 체험을 통해 이루어져야 하며, 특정 사회 집단의 문화적 양상이 내재되어 있는 특정 상황과 맥락에서 이루어져야 한다.'라는 특성이 포함됨

(2) 상황적 학습 모델

① '학생 주도의 문제 형성 및 해결 학습'
② 특정 상황에서의 문제를 해결하기 위해 그것을 둘러싼 모든 자료와 사물 등을 자세하고 사실성 있게 포함함

(3) 인지적 유연성 모델

① 지식의 재현과 재현 과정에 가장 많은 관심을 가짐
② 지식은 복잡한 다차원적인 개념으로 형성되며, 복잡하고 다원적인 개념의 지식을 제대로 재현하기 위해서는 '상황 의존적인 스키마(지식 구조)의 연합체'를 형성해야 한다고 봄

(4) 문제 중심 학습(PBL; Problem-Based Learning)

① 문제 중심 학습은 '학습자로 하여금 어떤 문제나 과제에 대한 해결안 혹은 자신의 견해나 입장을 전개하여 제시하고 설명하며, 나아가 옹호할 수 있도록 함'을 목표로 함
② 문제 중심 학습의 학습 환경 특성
  • 여러 가지 해결 방안을 가진 비구조적 문제를 대상으로 함
  • 촉진자 역할을 하는 교수자의 도움을 받아 자기 주도 학습 과정과 협동 학습 과정을 통해 진행됨
  • 자아 성찰적으로 기록하는 반추 노트 등을 활용하여 종합 평가를 실시함

CHAPTER 4 교육과정 유형

06 통합 교육과정

1 통합 교육과정의 이해

(1) 개념

국가 수준의 교육과정에서 명확히 구분하고 있는 교과들을 수업에서 다양한 방식으로 상호 연관을 지어 계획하고 가르치며 평가하는 활동

- 예) 중학교 3학년 사회과의 한국사 영역(대한민국의 발전)과 일반 사회 영역(정치 생활과 민주주의)을 연관 짓기
- 예) 중학교 1학년의 사회과 내용(개인과 사회생활)과 도덕과 내용(예절과 도덕)을 관련시켜 수업을 계획하고 평가하기

Wide 교과별 교과 통합 수업 설계(장곡 중학교 사례)

교과	교육과정 목표	관련 자료	평가
국어	• 실학의 시대 읽기 - 박제가의 『북학의』 감상 - 박지원의 『양반전』 감상과 풍자 이해 - 시대 속 지식인의 모습 이해하기 - '이 시대의 실학과 나의 삶'에 대한 토론 및 글쓰기	『북학의』, 『양반전』, 『미스터 방』, 문학 작품 『북학의』 관련 동영상	'이 시대의 실학과 나의 삶'에 대한 토론 및 글쓰기
역사	• (역사) 조선 후기 실학의 등장 - 실학과 실학자들의 이야기: 중농학파와 중상학파의 개혁론 이해 - 과거와 현재의 대화: 오늘의 문제 짚어보기 • (세계사) 실학의 개념 알기 - 실학의 등장 배경인 중국의 양명학과 고증학에 대한 이해와 자료 읽기	영화 영상 자료 〈광해〉, 정약용의 한시 〈애절양〉, 박지원의 『양반전』, 신문 기사 자료, '사료' 제시	조선 후기 실학을 이해하고, 신문을 통해 현대 사회의 문제점을 찾아 그 대안을 제시
한문 + 수학	• 실학과 관련된 용어 이해하기 • (수학과 공동 협력 수업) 실학 사상에서 나온 한자성어 및 계산법을 읽고 해석하기, 한자에 담긴 수학의 원리 이해하기, 현대의 수학과 비교해 보기	자전 〈鷄兎産〉	실학 용어 해석하기
미술	• 조선 후기 풍속화 감상을 통한 시대 변화 읽기(김홍도, 신윤복) 및 비평 활동 • 이 시대의 풍속화(민화) 그리기	풍속화, 민화, 진경산수화 등의 그림 자료	이 시대의 풍속화 (민화) 제작
과학	• 실학과 과학의 만남 '홍대용' - 홍대용의 천문학에 대한 열정을 본받고 당시 주장했던 이론과 현대 천문학 이론을 비교하며 이해하기	지식채널e 영상 자료 홍대용의 『담헌서』	

(2) 교육적 가치

① 지식의 폭발적인 증가로 교육 내용의 선정이 어려워지고 있는 상황에서 교과별로 상호 관련되는 내용을 묶어 제시함으로써 필수적인 교육 내용을 선정하는 데 도움을 줌

② 교과에 포함된 중복된 내용과 기능을 줄임으로써, 학생들이 배워야 할 필수적인 교육 내용을 배울 시간을 확보해 줌

③ 교과 간의 관련성을 파악하는 데 도움을 주고, 교과 학습과 생활과의 연관성을 높여 교과 학습의 의미를 삶과 관련 지어 인식할 수 있게 해 줌

④ 현대 사회의 쟁점을 파악하는 데 도움을 주고, 현대 사회에서 발생하는 복잡한 문제를 해결하는 능력을 길러 줌

⑤ 학생들의 흥미와 관심을 반영하기 쉽고, 주제나 문제를 중심으로 조직될 때 학생들의 학습 선택권이 확대됨

⑥ 인간의 뇌가 정보들을 유형화하거나 관련 지을 때 학습이 효과적으로 일어난다는 인지 심리학의 연구 결과와 일치하며, 정보 내용이 학습자의 삶과 관련이 있을 때 학습이 촉진된다는 구성주의 학습 이론과도 부합됨

⑦ 프로젝트 학습 활동은 대개 활동 중심 교육과정으로 이루어지며, 학생의 적극적인 참여로 학습 동기를 높이고 학습에 대한 책임감을 갖게 함

⑧ 비판적 사고를 길러주고 교과의 경계에서 벗어나 독립적으로 사고하고 문제를 해결하는 능력을 길러 줌

⑨ 학생들 스스로 교과에 흩어진 정보를 관련 짓는 그물망을 형성하는 습관을 길러 줌

2 교과 통합 운영의 원칙

(1) 중요성의 원칙
① 각 교과의 중요한 내용이 반영되어야 함
② 학생의 흥미와 관심에 부합되어야 하지만, 지적 능력의 개발에도 관심이 있음을 강조함

(2) 일관성의 원칙
① 통합 단원에 포함되는 내용과 활동은 단원의 목표 달성을 위하여 고안된 수업 전략에 부합해야 함
② 통합 단원의 얼개를 작성하는 것으로 끝나는 것이 아니라, 효과적인 수업 계획안을 함께 마련해야 함을 의미함

(3) 적합성의 원칙
① 통합 단원은 학습자의 개성과 수준에 맞으며, 학습자의 전인격적인 성장을 목표로 해야 함
② 교과 간의 내용 관련성도 중요하지만, 궁극적으로는 학습자의 과거, 현재, 미래의 삶과 연결되어야 함

> 얼개
>
> 어떤 사물이나 조직의 전체를 이루는 짜임새나 구조

CHAPTER 4 교육과정 유형

3 교과의 통합 운영에 영향을 미치는 주요 요인과 변인

(1) 교사의 관심과 운영
   ① 교사의 개발에 대한 관심
   ② 참여 경험
   ③ 어려움 논의 상대
   ④ 관련된 정보 수집 자원
   ⑤ 정보 수집의 용이성
   ⑥ 교사의 개발 권한
   ⑦ 교사의 개발 경력
   ⑧ 통합 교육과정 개발의 출발점에서 우선적으로 고려해야 할 요인
   ⑨ 개발의 주체
   ⑩ 통합 교육과정 논의 기회

(2) 교사 연수의 기회와 질
   ① 연수 경험
   ② 현행 연수 형태
   ③ 연수 기간
   ④ 필요한 연수 형태
   ⑤ 적절한 연수 시기
   ⑥ 연수 대상자
   ⑦ 전문가 초빙의 필요성
   ⑧ 전문가 초빙에 대한 교장의 지원
   ⑨ 대학, 타 교육청, 타 학교 방문 연수의 필요성

(3) 인적 자원의 지지와 지원
   ① 통합 형태에 따른 동료 교사들의 지지
   ② 교장의 지지
   ③ 학습자의 수용 태세
   ④ 학습자의 개발 참여
   ⑤ 학부모의 수용 태도
   ⑥ 학부모와 지역 사회의 의사 수용 정도
   ⑦ 학부모 및 지역 사회의 역할

(4) 행정적 지원과 재정적 지원
   ① 개발 시간 확보 방법
   ② 통합 교육과정의 시간 운영 – 융통성 있는 시간표 구성
   ③ 교사의 동기 유발 방법
   ④ 시간 외 업무 수당 지급
   ⑤ 운영 자료 구비 정도
   ⑥ 기타 운영 공간과 시설

⑦ 자원의 구비
⑧ 개방성
⑨ 활용률

4 교과 통합의 유형

구분	다학문적 설계	간학문적 설계	탈학문적 설계
도식	예술, 기술, 국어, 수학 → 주제/이슈	예술·기술·국어·수학 • 주제 • 범교과 성취 기준 • 21세기 기능 • 핵심 개념	실생활 맥락 • 문제 중심 • 질문자로서의 학습자 • 연구자로서의 학습자
기본 입장	하나의 주제를 개별 교과의 측면에서 다양하게 다룸으로써 통합적 효과를 노림	교과들 간에 공통되는 사고 기술이나 학습 기술과 같은 요소를 중심으로 교과들을 연결	실제 세계와 관련된 주제를 중심으로 교과들 간에 경계선이 완전히 없어지는 통합
출발점	한 교과의 개념과 주제와의 관계	학생의 역량 반영	학생의 삶의 경험과 세계의 현실을 반영하는 문제를 밝히기 위한 질문
융합의 기반	주제	2가지 학문에서의 공통 기능과 개념	실생활에서의 실제 사회적, 경제적, 문화적, 생태적 문제
초점	특정 교과 지식 및 기능/교과 중심	학생의 역량 개발/학생 중심	가치와 실제 사회의 요구에 부응하는 복잡한 문제 해결/문제 중심
결과	다양한 학문의 관점에서 주제를 이해하고, 각 학문이 서로 영향을 미치지 않음	한 학문의 개념과 기능은 다른 학문의 방법을 변화시킴	다양한 학문/비학문적 내용과 도구를 개발하여 문제를 혁신적으로 해결
학습 결과	학문의 지식과 기능	심층적 수준의 개념적 일관성, 다양한 추론 및 메타인지 전략	삶의 기능과 학습에 대한 이해

CHAPTER 4 교육과정 유형

> **Wide** 교과 통합의 절차

① 교과서 차원의 교과 통합적 수업
- 예비 단계: 팀 구성 및 교과별 지도 계획표 작성
  교과서의 내용을 통합하여 재구성할 때는 가급적이면 동 학년 교사들로 팀을 구성하는 것이 좋다. 팀이 구성되고 나면 교사용 지도서와 학교 교육 계획서를 참고하여 통합 단원을 구성하고자 하는 학년의 교과별 연간 지도 계획표를 작성한다. 이때 교과서에 제시된 내용을 빠뜨리지 않고 다루도록 하며, 교과 수업과 교과 통합적 수업 간에 적정한 균형을 유지시켜 준다.
- 1단계: 통합 단원의 학습 내용 결정
  통합 단원의 중심 내용을 선정한다. 중심 내용은 여러 교과의 내용을 관련시킬 수 있는 것이 적당하다. 그리고 여러 교과의 지도 계획을 살펴서 중심 단원과 관련된 내용을 찾으면, 통합 단원의 스코프(Scope) 윤곽이 어느 정도 드러난다.
- 2단계: 통합 단원의 단원 계획
  통합 단원의 주제를 중심으로 단원의 이름을 결정하고, 설정 근거와 이점 등을 담고 있는 단원의 개관을 기술한다. 다음으로 단원의 목표를 확정하고, 다루게 될 소단원과 학습 내용의 순서가 제시된 단원 전개도를 작성하고, 한 시간 분량의 수업 계획서를 첨부한다.
- 3단계: 학교 교육과정 조정
  통합 단원이 만들어지면 이에 따른 수업 시간표를 조정할 필요가 있다. 통합 단원의 운영 시수와 시기를 결정하고, 통합의 대상이 된 교과별 단원에 원래 배당된 시간과 시기를 이에 맞추어 조정한다.

② 교육과정 차원의 교과 통합적 수업
- 예비 단계: 팀 구성 및 국가 교육과정 문서 분석
  팀 구성은 교육과정 통합 단원을 만들고자 하는 사람들로 이루어진다. 따라서 통합 단원을 학습하게 되는 특정 학년의 담당 교사들이 중심이 되어야 하며, 교육과정 전문가, 행정 담당 등의 인력이 팀의 구성원이 될 수 있다. 한편, 분석 대상이 되는 국가 교육과정 문서는 교육부 고시에 의한 '초등학교, 중학교, 고등학교 교육과정'을 말하는데, 특히 각 교과별 내용, 즉, 국가 교육과정의 각론 부분이 주된 분석 대상이 된다. 다시 말해, 국가 교육과정에 나와 있는 교과의 종류와 교과별 내용에는 어떠한 것이 있는가를 알아보는 것이다.
- 1단계: 통합 단원의 학습 내용 결정
  교과 통합의 결과로 우리는 통합 단원을 만들 수도 있고, 독립된 코스를 만들 수도 있다. 그러나 여기에서는 통합 단원을 만드는 것으로 한정하면, 하나의 통합 단원에서 다루게 될 학습 내용을 국가 교육과정의 교과별 내용을 토대로 하여 결정한다. 재구성 단원에서는 무엇을 단원의 중심 내용으로 삼을 것인가에 따라 학습 내용에 많은 차이가 있으며 단원의 중심 내용은 그 성격에 따라 여러 가지로 나눌 수 있다.
- 2단계: 통합 단원의 단원 계획
  통합 단원에서 다루어야 하는 학습 내용(1단계에서 결정된 내용)을 토대로 하여 단원 계획을 세운다. 단원 계획에는 단원의 이름, 단원의 개관, 단원의 목표, 단원의 전개도 등이 포함된다. 또한 교육과정 통합 단원의 시간을 어디서 확보할 것인가를 결정해 둔다.

- 3단계: 학교 교육과정의 연간 계획

  하나 이상의 통합 단원이 만들어지면, 이를 위해 시간표를 조정할 필요가 있다. 왜냐하면 새로 만들어진 통합 단원에서는 여러 교과의 내용을 다룸과 동시에, 단원의 학습 내용들이 교과 간의 구분 없이 전개되고 있기 때문이다. 이것은 통합 단원을 만드는 데 관련된 교과의 시간 배당에서, 통합 단원을 운영하는 데 필요한 시간을 가져올 때, 연간 진도표를 참고해야 한다는 것을 의미한다.

③ 창의적 체험 활동

- 1단계: 문제·질문의 제기

  교사나 학생이 수업에서 다루어야 할 질문이나 문제를 제기한다.

- 2단계: 상호 작용적 의사소통

  교사와 아동은 서로 질문과 대답을 계속하여 교사와 학생들 간에 목적 있는 상호 작용이 이루어진다. 이러한 과정을 통하여 문제 해결에 관한 아이디어들이 도출되고 정리된다.

- 3단계: 실행

  학생은 상호 작용적 의사소통을 통해 도출된 아이디어들과 관련된 활동들을 한다. 이때 학생의 사전 지식과 실제적 경험이 결합된다.

- 4단계: 의미 있는 사건의 계획과 추진

  활동의 마지막 단계로서 주제와 관련하여 수행한 모든 활동을 종합하는 극적인 사건(연극 공연, 작품 전시 등)을 마련한다. 이때 자신이 한 활동에 대한 반성의 기회를 동시에 제공한다.

CHAPTER 5 교육과정 운영

01 교육과정 운영

1 교육과정 운영의 이해

(1) 개념

교육과정 운영은 교육과정을 학교와 교실에서 사용하고 실천하는 과정을 총칭함

(2) 교육과정 운영에 영향을 미치는 요인
① 국가 정책과 교육 개혁
② 국가 교육과정 기준의 품질과 개정 관행
③ 학교급별 교육과정의 특성
④ 교육과정 운영 중점과 관행
⑤ 교육과정의 편성
⑥ 교원: 교원의 지식과 교과에 대한 이해 정도, 전달 방식의 숙련도, 교실 장악 능력, 개인의 건강, 가족과 동료 교사 및 학생과의 관계 등
⑦ 학생: 학생의 성별, 나이, 가정 형편, 친구나 교사와의 관계, 학습 준비도, 학습 참여도, 학습 능력, 자기효능감, 성취 의욕, 진로, 적성 등
⑧ 기타: 교재, 시설과 설비, 시간, 교육평가, 재정과 여건 등

2 교육과정 운영의 기본 원리

(1) 사회 제도적 특성에서 본 교육과정 운영 원리
① 합목적성의 원리: 학교에서 편성하고 운영하는 교육과정이 교육 목표를 달성하는 효과적인 수단인가 하는 점을 주의 깊게 살펴야 함
② 합법성의 원리
  • 교육과정의 운영은 합헌적이고 법률 적합성을 지녀야 함
  • 교육과정의 운영은 국가가 정한 법령 및 기준의 테두리 속에서 진행되어야 함
③ 민주성의 원리
  • 교육과정의 운영을 통해 민주주의 이념을 구현해야 함
  • 교육의 기회균등, 교육의 자주성, 조직 내 민주 행정의 확립 등이 보장되어야 함

(2) 교육과정 특성에서 본 교육과정 운영 원리
① 학습자 존중의 원리: 교육과정의 운영은 학습자의 발달, 능력, 적성, 진로 등을 존중하는 가운데 이루어져야 함
② 계열성의 원리: 교육과정의 운영은 학교급 간, 학년 간, 교과의 단원 간 선수 학습과 후속 학습, 초급·중급·고급의 교육 내용과 활동이 연계되는 종적 계열성을 달성하는 것이어야 함

③ 통합성의 원리
- 교육과정의 운영은 학생의 관심, 사회의 요구, 인접 교과 간의 횡적 통합이 이루어지도록 운영되어야 함
- 지식의 통합성은 지식의 폭발, 사회 전문화의 가속화, 기술의 발달에 따라 교육과정에서 중요한 쟁점이 되고 있음

④ 균형성의 원리
- 학교의 전체 교육과정을 운영할 때는 교육과정의 핵심 요소들(교육 목표, 교육과정, 수업, 교육 평가 등)을 확인하고, 이들 요소 간의 조화와 통일성을 높이는 방향으로 진행되어야 하며, 이러한 작업이 성공적으로 이루어지도록 교사, 학생, 학부모, 학교 조직, 학교의 물리적 환경 등 제반 요소들을 종합적으로 고려해야 함
- 교육과정에서 균형성은 교과 중심과 학생 중심, 개인과 사회, 공통 필수와 상이 선택, 교과 내용의 폭과 깊이, 전통 내용과 혁신 내용, 개인차와 공통 가치, 학습과 놀이 등에 걸쳐서 확보되어야 함

(3) 운영 주체인 교원의 역할에서 본 교육과정 운영 원리

① 자율성의 원리: 교육과정 운영에서 학교와 교원이 부당한 외부의 간섭으로부터 벗어나 독립적인 자기 결정과 실천을 할 수 있음을 인정하는 것

② 전문성의 원리: 교육과정의 운영은 일상인의 교육 활동과 다른 차원의 전문성을 띠어야 함

③ 책무성의 원리: 학교와 교원은 교육과정에 제시된 학교급별 목표, 학년별 교과별 목표, 교과의 단원 목표 및 정해 놓은 성취 기준을 달성해야 함

CHAPTER 5 교육과정 운영

02 학교 수준 교육과정의 운영

1 기본 관점

(1) 개념
　① 학교 수준 교육과정은 국가 수준 교육과정 기준과 시·도의 교육과정 편성·운영 지침을 근거로, 지역의 특수성과 학교의 실정 및 실태에 알맞게 학교별로 마련한 의도적인 교육 실천 계획을 말함
　② 각 학교의 교육과정은 학교가 수용하고 있는 학생에게 책임지고 실현해야 할 교육목표, 내용, 방법, 평가 등에 관한 실천 가능한 구체적인 실행 교육과정을 의미함
　③ 특색 있는 당해 학교의 교육 설계도와 상세한 교육 운영 세부 실천 계획을 포함함

(2) 학교 중심 교육과정의 개발
　① 스킬벡(Skilbeck): 학교 중심 교육과정의 개발을 '학생들의 학습 프로그램을 학생들이 다니는 교육 기관에서 기획하고 설계하며, 실행하고 평가하는 과정'이라고 정의함
　② 타바(Taba): 학교 중심 교육과정의 개발을 '학교 바깥에 의하여 강제되기보다는 학교와 학교가 속해 있는 지역 사회 속에서 교육과정에 관한 계획, 설계, 운영, 평가와 관련하여 의사 결정이 이루어지는 과정'으로 봄

(3) 학교 수준 교육과정의 필요성
　① 교육의 효율성: 학교 교육과정의 편성을 통하여 국가 수준 교육과정을 당해 학교의 실정에 알맞게 지속적으로 보완·조정함으로써 학생의 실태에 적합한 학습자 중심의 교육과정을 다양하게 운영할 수 있음
　② 교육의 적합성: 지역이나 학교의 특수성, 교육의 실태, 학생·교원·학부모의 요구와 필요를 반영하여 해당 학교의 교육 중점을 설정·운영함으로써 학교 교육의 적합성을 높일 수 있음
　③ 교원의 자율성과 전문성 신장: 학생들의 능력과 욕구를 가장 잘 이해하고 학교의 지역적인 특수성을 잘 아는 학교의 교사들이 교육과정 편성·운영 과정에 능동적·적극적으로 참여하도록 유도함으로써 자율성과 전문성을 신장할 기회를 가지도록 할 수 있음
　④ 교육의 다양성: 획일적인 주입식 교육을 탈피하여 학생 개개인의 적성에 따라 모든 학생이 성공할 수 있도록 개별 교육을 실천하려면 '교과서 중심의 학교 교육 체제'를 탈피하여 '교육과정 중심의 학교 교육 체제'로 전환되어야 함
　⑤ 학습자 중심의 교육 구현: 학교 교육과정의 편성·운영을 통하여 학생 개인의 특기, 관심, 흥미를 담은 새로운 영역과 내용을 설정함으로써 학습자 중심의 교육과정이 융통성 있고 탄력적으로 운영될 수 있음

2 학교 수준 교육과정 편성과 운영의 기본 원리와 실제

(1) 학교 수준 교육과정 편성과 운영의 기본 원리

① 타당성의 원리: 학교가 설정한 교육 목표가 타당한지, 타당하다면 학교에서 편성하고 운영하는 교육과정이 이를 달성하는 효과적인 수단인가 하는 점을 주의 깊게 살필 필요가 있음
② 적법성의 원리: 학교는 교육과정과 관련하여 지닌 법적인 책무와 권한을 분명히 하고, 이러한 범위 내에서 의사 결정 권한을 행사할 수 있음
③ 전체성의 원리: 학교에서 교육과정을 편성하고 운영할 때는 교육과정의 핵심 요소들(교육 목표, 교육 내용, 교과 체제, 교육 방법, 교육 평가, 특별 활동 등)을 확인하고, 이들 요소 간의 연관성을 높이는 방향으로 진행해야 하며, 이러한 작업이 성공적으로 이루어질 수 있도록 학교의 제반 요소들(교사, 학생, 학부모, 학교 조직, 학교의 물리적 환경 등)을 종합적으로 고려해야 함
④ 민주성의 원리: 학교 교육과정의 편성은 학교 교육에 관여하는 제 집단의 광범위한 참여를 보장하고, 그들의 의사가 공정하게 처리되도록 하며, 운영에 있어서는 권한의 이양을 통하여 독선과 전횡을 막는 장치를 필요로 함
⑤ 전문성의 원리: 학교에서 교육과정을 합리적으로 편성하고 효과적으로 운영하기 위해서는 이를 전담하는 연구 조직과 실행 조직을 구성해야 하며, 이와 같은 작업에 참여하는 모든 교직원이 이에 관련된 전문적인 지식과 기술을 가져야 함
⑥ 현실성의 원리: 학교 교육과정을 편성하고 운영할 때는 학생에 대한 이해, 지역 사회의 요구, 교사 조직의 특성, 학교의 물리적 환경, 외부 기관의 지원과 통제 등을 잘 알고 있어야 함

(2) 학교 수준 교육과정 편성과 운영의 실제

① 준비 단계
- 학교 교육과정 위원회의 조직: 조직, 임무, 역할의 구체화
- 학교 교육과정 편성 계획 수립
- 국가 수준 교육과정과 지침, 법령 등의 내용 분석
  - 교육과학 기술부 고시 교육과정, 시·도 교육청의 교육 중점과 편성·운영 지침 분석
  - 관계 법령, 교육 시책, 지표, 과제의 분석
- 각종 실태 조사·분석과 시사점 유출
  - 교직원 현황, 학교 여건, 학생과 학부모 실태, 지역 사회의 특성 조사·분석
  - 교원, 학생, 학부모의 요구 사항 조사·분석
  - 교과, 특별 활동, 재량 활동의 운영 실태 분석
- 학교 교육과정의 기본 방향과 설정
  - 학교장의 학교 경영 방침 및 학교 교육 목표 설정
  - 교과·영역·학년별 교육 중점 제시

② 편성 단계
- 학교 교육과정 시안 작성
  - 학교 특색을 알리는 창의적인 교육 계획 수립
  - 편제와 시간 배당, 수업 일수, 수업 시수 결정
  - 교과와 창의적 체험 활동의 연간 운영 계획 수립
  - 목표, 내용, 수준, 지도 순서, 시간, 방법의 조정
  - 교육 평가 계획 수립
  - 생활 지도, 특수아·귀국자·다문화 가정의 자녀 지도
  - 교육 자료 활용 계획의 수립
  - 교과 전담 운영, 특별 교실·운동장 활용 계획
  - 기타 학교 운영 전반에 필요한 계획 수립
- 학교 교육과정 시안의 심의 및 확정
  - 시안의 심의, 검토 분석
  - 추출된 문제점 반영, 시안의 수정·보완
  - 학교 교육과정의 확정

③ 운영 단계: 학교 교육과정의 운영
- 지속적인 연수 시행, 교내 자율 장학의 활성화
- 운영 과정의 문제점에 탄력적으로 대처
- 교내외 장학 협의를 통한 교육과정의 수정·보완
- 융통성 있는 운영(시간 운영, 장소 활용, 교사 조직, 주제 선정, 집단 편성 등)

④ 평가 단계: 학교 교육과정의 평가와 개선
- 교과, 특별 활동, 재량 활동의 운영 평가
- 평가 기준에 따른 교육과정 평가
- 개선점 추출, 다음 해의 편성·운영에 반영

> **Wide 학교 수준 교육과정의 발전 과제**
>
> 첫째, 학교 안팎에서 권력과 권위가 분산되어야 한다. 즉, 권한의 분권화가 필요하다. 국가와 지방 자치 단체에서는 학교 당국 및 구성원에게 교육과정 편성과 운영에 관련된 실질적인 권한을 부여해야 하며, 학내에서도 여러 조직 및 조직의 구성원에게 권한을 부여해야 한다.
> 둘째, 의사소통 체제가 변화되어야 한다. 관료적이고 수직적인 의사소통 체제가 아니라 민주적인 의사소통 체제가 작동하는 민주적인 조직 구조가 필요하다. 팀 내 그리고 팀 간의 협동 및 협력이 강조되어야 한다.
> 셋째, 학교장의 교육과정 지도성이 발휘되어야 한다. 교장은 교사의 전문성을 인정하면서 학교 구성원들 간의 다양한 이해와 의견을 통합하고 조정해야 하며, 적극적으로 행정적·재정적 지원을 하면서 교육과정과 수업 분야에서 전문성을 발휘해야 한다.
> 넷째, 공동체적인 학교 문화가 조성되어야 한다. 학교의 구성원들이 비전을 공유하고 설정된 목표 달성을 위해 열성을 가지고 함께 논의하고 실천하며, 그 결과에 대하여 책임감을 공유하도록 한다.

다섯째, 학교 구성원들에게 교육과정 편성·운영에 필요한 전문적인 지식과 경험을 습득할 수 있는 기회를 제공하고, 교육과정과 관련된 활동을 하는 데 필요한 시간을 충분히 확보해 준다. 시설, 설비, 교구, 교재 등 필요한 재원을 확보, 운영하도록 해야 한다.

여섯째, 교육 평가 체제와 학력주의 풍토 등이 바뀌어야 한다. 현재와 같은 기관 평가, 교원 평가, 학업 성취도 평가가 맞물리게 되면 실적 위주의 교육이 판을 치게 되어 학생의 성장과 교직원의 성취감보다는 평가를 잘 받기 위한 방편으로 학교 수준 교육과정의 편성과 운영이 왜곡되고, 학력주의 풍토 속에서는 명문 대학 진학을 위한 방향으로 학교 교육이 전개되어 학교 수준 교육과정의 정상적인 편성과 운영이 어렵게 되므로 실적주의와 학력주의 문화라는 그릇된 풍조가 일소되어야 한다.

CHAPTER 5 교육과정 운영

✈ 출제 Point

2021학년도 중등 논술
교육과정 운영 관점을 스나이더 외(J. Snyder, F. Bolin&K. Zumwalt)의 분류에 따라 설명할 때, 김 교사가 언급한 자신의 기존 관점의 장점과 단점 각각 1가지, 새롭게 관심을 가지게 된 관점에 적합한 교육과정 운영 방안 2가지

> 학생의 선택과 결정의 기회를 확대하기 위해 우리 학교가 학교 운영 계획을 전체적으로 다시 세우고 있어. 그 과정에서 나는 교육과정 운영, 교육 평가 방안, 온라인 수업 설계 등을 고민했고 교사 협의회에도 참여했어. 그동안의 교육과정 운영을 되돌아보니 운영에 대한 나의 관점이 달라진 것 같아. 교직 생활 초기에는 국가 교육과정의 내용을 있는 그대로 실행하는 관점으로 교육과정을 운영해 왔어. 그런데 최근 내가 새롭게 관심을 가지게 된 관점은 교육과정을 교사와 학생이 함께 생성하는 교육적 경험으로 보는 거야. 이 관점으로 교육과정을 운영하는 방안을 찾아봐야겠어.

03 교실 수준 교육과정의 운영

1 스나이더(Snyder)의 교육과정 실행의 관점 [21 중등(論)]

(1) 충실성(Fidelity)의 관점

① 개념: 교육과정 실행의 성격을 기존에 계획되어 있는 교육과정을 원래의 의도대로 이행하는 것으로 규정하는 관점

② 기본 입장
- 말단의 사용자가 교육과정 혁신의 목적과 내용을 제각각 정의하게 되면 교육과정 실행의 효율성이 저하될 수 있으므로 계획과 설계는 중앙에서 이루어져야 함
- 현장의 실행자가 중앙의 문제의식에 더 많이 동의할수록, 수정과 변형에 대한 권한을 더 적게 지닐수록 실행의 충실성은 높아짐
- 평가는 현장의 실행 과정과 결과가 중앙에서 수립한 계획에 일치하는지에 따라서 수행됨

③ 교육과정 실행의 성공 여부는 최초 목적의 달성 여부에 따라 판단됨
- 예상과 다른 결과를 얻게 되면 그것을 일종의 오류나 실패로 간주하며, 이를 초래한 원인을 파악하고 분석하는 데에 관심을 둠
- 초과 달성을 한 결과에 대해서는 촉진 요인을 분석하고 그에 미달한 경우에는 저해 요인을 분석하여, 이를 토대로 새로운 교육과정 개발 과정에 적용하는 방식으로 교육과정을 개선해 나감
- 교육과정 목표와 계획, 실행과 결과 간의 유사성, 일관성 등에 근거하여 교육과정 전반을 평가한다는 특징을 지님

④ 특징
- 교육과정 실행의 과정보다 결과물에 더 관심을 두는 경향이 있음
- 교육과정의 개선과 혁신은 학교나 수업 외부에서 수업 당사자 이상의 전문성을 담보하는 집단에 의해 미리 계획되어야 함
- 교육과정의 기획과 실행은 명확한 역할 분담과 실행 체제에 따라야 함
- 계획된 교육과정은 가능한 해석의 다양성이 제한되어야 하고, 명확하고 명료하게 전달되어야 함
- 특정 단원이나 차시에서 어떤 내용을 가르쳐야 할지 가능한 세밀하고 명백하게 안내해야 함

(2) 상호적응적(Mutual-adaptation) 관점

① 개념: 교육과정의 계획과 실행은 하향식의 일방적 관계로 존재하지 않고 서로 영향을 주고받는 상호적 관계에 있다는 입장을 말함

② 기본 입장
- 충실성의 관점에서 성공적인 교육과정 실행 체제는 중앙에서 기획하고 현장에서 이행하는 일방향적 관계를 전제하고 있지만, 상호적응적 관점에서는 중앙과 현장 간에 상호 교섭 과정이 개입하고 실행자의 유연한 권한이 부여된다는 것에 주목함
- 아무리 세밀하고 명확하게 진술된 교육과정 문서라고 하더라도 실행자에 따른

다양한 해석의 여지가 존재하며 현장의 실행 결과는 교육과정 개선을 위한 정보를 제공하게 되므로 계획과 실행은 상호 보완하고 상호 규정하는 관계에 있음

③ 교육과정의 실행과 혁신
- 대규모의 데이터를 동원하고 해당 분야 최고 전문가의 식견을 참조한다고 하더라도 복잡한 현장의 특수성에 예외 없이 적용 가능한 계획은 존재하지 않음
- 모든 교육과정은 언제나 다른 해석과 상이한 적용의 가능성이 열려 있으며, 예상치 못한 변인과 결과에 따라 스스로 보완되고 개정되어야 함
- 교육과정의 목표 달성 혹은 교육과정 혁신은 현장과의 교섭과 계획의 수정 과정이 필수적임

④ 특징
- 상호적응적 관점에서 교육과정 연구는 교육과정 실행에서 교육과정 문서를 해석하고 적용하는 과정, 즉 타협과 조정, 변형이 일어나는 과정에 관심을 두게 됨
- 교사는 개발자의 의도를 해석하면서 자신의 기존 관점과 관행을 수정하고, 동시에 자신의 관점에 따라 개발자의 계획을 재해석하고 수정함
- 개발자는 교사의 수업 결과를 조사하고 파악하여, 그것을 계획의 수정과 개선을 위해 활용함
- 개발자와 실행자, 교육과정 전문가와 교사, 학생들은 다양한 기제를 통하여 정보를 교환하고 의미를 협상하면서 교육과정의 실제를 구성해 나감
- 교육과정 실행을 중앙의 계획과 수업적 실천 간의 의미 협상과 상호 구성의 과정으로 이해함

(3) 형성적 관점

① 개념
- '형성'은 영어 단어 'Enactment'를 번역한 것인데, 이는 흔히 법을 제정하는 행위나 대본을 무대 위 공연으로 구현하는 행위를 지칭함
- 형성적 관점은 교육과정 실행의 성격을 일종의 입법 혹은 공연의 과정과 유사하게 이해하는 관점으로서, 특별히 교사와 학생이 함께 만들어 나가는 교육 경험을 중심으로 교육과정 실행의 성격을 규정함

② 기본 입장: 교육과정 실행의 핵심은 그것을 실천하는 교사와 학생의 수업 장면에 있으며, 수업 바깥에서 주어진 교육과정 문서는 실제의 교육과정 형성에 있어서 부수적인 역할에 국한됨

③ 특징
- 상호적응적 관점에서는 외부에서 사전에 기획된 교육과정과 그것을 해석하고 실행하는 수업 과정이 두 축을 이루면서 상호 참조하고 보완하며 서로 적응해 나가는 과정으로 교육과정의 실행과 전개를 묘사하고 있으나, 형성적 관점에서는 무게 중심의 축이 교사와 학생, 그들이 함께 만들어 나가는 교육 경험, 즉 수업으로 이동함
- 외부에서 주어진 교육과정은 교사와 학생의 공동 창작물인 수업을 구성해 나가는 데에 하나의 소재가 될 뿐이며, 교사와 학생은 이를 바탕으로 창의적이고 역동적인 교육 경험을 구성해 나감

2 홀(Hall)의 교사의 관심에 기초한 교육과정 적용 모형

(1) 관심에 기초한 채택 모형(CBAM; Concerns-Based Adoption Model)
① 교육 혁신을 실행하는 주체(교사 또는 교수)의 정의적(Affective) 측면에 기초하여 교육 혁신이 실행되는 과정을 이해하고자 하는 모형
② 홀(Hall)은 교육과정 실행의 과정을 이해하기 위해서 실행자의 정의적 특성을 넘어서서 실행에 관한 체제 전반에 대한 이해가 필요하다고 봄
③ 교육과정의 충실도 관점과 관련이 깊음
④ 관심 정도, 실행 수준, 실행 형태라는 3가지 도구를 활용하여 교육과정 실행에 대한 교사의 관심과 실행 수준 및 형태를 진단함
⑤ 진단 결과에 따라 지원책을 개발하여 변화를 촉진함

(2) 관심 정도
① 관심 정도는 교사들이 교육과정을 실행하면서 갖는 느낌에 초점을 둠
② 교사들의 교육과정 실행에 대한 관심은 크게 자신, 업무, 결과에 대한 관심으로 나누어지며, 다시 7단계로 세분화됨
- 지각 단계: 새 교육과정에 관심이 전혀 없음
- 정보 단계: 새 교육과정에 대하여 알고 있으며, 더 많이 알려고 함
- 개인 관심 단계: 새 교육과정이 자신과 주변에 미치는 영향에 관심이 있음
- 운영 단계: 새 교육과정의 운영과 관리에 관심이 있음
- 결과 단계: 새 교육과정이 학생에게 미칠 영향에 대하여 관심이 있음
- 협동 단계: 새 교육과정의 운영을 위해 다른 사람들과 협동하는 데 관심이 있음
- 강화 단계: 새 교육과정을 보완하거나 수정하여 더욱 큰 효과를 얻는 데 관심이 있음

(3) 실행 수준
① 실행 수준은 새 교육과정을 실행하는 동안 실제로 하는 행동을 나타내는 데 사용됨
② 실행 수준을 3단계의 비실행 수준과 5단계의 실행 수준으로 구분함
- 비실행 수준
  - 비운영: 새 교육과정을 운영하지 않음
  - 오리엔테이션: 새 교육과정에 대해 알게 되었거나 알아가는 과정에 있음. 혹은 새 교육과정의 필요성과 가치를 알게 되거나 알아가는 과정임
  - 준비: 새 교육과정을 운영하기 위한 준비를 하는 단계
- 실행 수준
  - 기계적 운영: 새 교육과정을 단기적으로 운영하는데, 대개 연계성이 부족하고 피상적인 운영을 함
  - 일상화: 새 교육과정을 처방된 대로 운영함
  - 정교화: 학습자에게 미치는 장·단기 영향력을 고려하여 학습자에 맞게 새 교육과정을 수정하여 사용함
  - 통합화: 학습자의 학습을 극대화하기 위하여 새 교육과정의 운영에서 동료 교사들과 협동함

- 갱신: 새 교육과정을 재평가하여 미비점을 보완하고 수정할 뿐만 아니라, 근본적인 개정 방향을 제시함
③ 실행 수준은 교사가 새 교육과정을 실행하는 데 어느 단계에 있는가를 알려줌
④ 교사들의 실행 수준이 매우 다양하므로 교사마다 다른 연수 프로그램의 계획이 교사들의 실행 수준을 높이는 데 도움이 됨
⑤ 교육과정 지도자들은 교사들이 개정 교육과정에 익숙해질 시간을 충분하게 주도록 노력해야 함

(4) 실행 형태

① 교육과정의 실행이 교육과정 개발 의도와 어느 정도 일치하는가를 알아보기 위하여 실행 형태를 조사함
② 새 교육과정의 주요 구성 요소나 특징을 확인한 다음, 교육과정 실행에서 이들 구성 요소나 특징이 어느 정도 수용되고 있는지를 알아봄

㈎ 초등 과학 프로그램의 실행 형태 맵

- 구성 요소 1: 초등 과학 프로그램 자료
  (차원: 프로그램 교재 및 보충 자료, 교사 제작 자료, 다른 여러 자료)

a	b	c	d	e
교실과 실험실에서 프로그램 교재와 보충 자료를 이용한다.	교실과 실험실에서 프로그램 교재만 이용한다. 보충 자료는 전혀 이용하지 않는다.	실험실과 교실에서 프로그램 교재와 교사가 만든 자료를 이용한다.	교사는 오래된 교과서와 자신이 만든 자료를 이용한다.	교사는 자신이 만든 자료만을 이용한다.

- 구성 요소 2: 과학 수업에 할애하는 시간
  (차원: 매일, 주별)

a	b	c	d	e	f
매일 과학을 가르친다.	일주일에 2~4번 과학을 가르친다.	한 주에 1번 과학을 가르치지만 오랜 시간 동안 가르친다.	한 주에 1번 과학을 가르친다.	한 주에 1번 미만으로 과학을 가르치지만 정기적으로 가르친다.	시간이 있을 때만 가끔 과학을 가르친다.

- 구성 요소 3: 실험실 활동 시 학생 집단
  (차원: 소집단, 개별적, 대집단)

a	b	c	d	e
학생들이 개별적으로 수행하도록 한다.	학생들을 3~4명의 소집단으로 묶는다. 학생들은 돌아가면서 실험을 한다.	학생들을 6~8명의 대집단으로 묶는다. 학생들은 돌아가면서 실험을 한다.	특정 학생들만 골라서 실험하도록 하고 나머지는 보고 있도록 한다.	학생들은 대집단으로 지켜보고 교사가 실험을 수행한다.

CHAPTER 5 교육과정 운영

(5) 의의와 한계
① 교육과정 실행에 대한 교사들의 관심 정도, 실행 수준, 실행 형태를 밝혀줌으로써 실행의 수준을 높일 수 있는 방안을 찾는 데 도움을 줌
② 교사들의 태도와 행동을 지나치게 강조한 나머지, 학교 조직의 특성뿐만 아니라 학교가 존재하는 사회적 맥락을 경시함

3 던킨과 비들(Dunkin&Biddle)의 교실 내 수업 과정의 연구 모형

(1) 전조 변인(교사 특성 변인)
① 교사의 특성에 관련된 모든 변인들이 다 포함됨
② 교사의 성, 연령, 건강, 신체적 특징과 같은 인구학적 요인
③ 성품, 가치관, 태도 등과 관련되는 성격적 요인
④ 교사의 학력, 출신 성분 등과 같은 사회적 요인

(2) 상황 변인
① 수업에서 교사의 특성 변인과 상호 작용할 것으로 예상되는 모든 종류의 변인들이 포함됨
② 학생과 관련된 변인들: 학생의 재능, 성격, 적성, 흥미, 연령 등
③ 교사가 가르치는 과목이나 학년, 학급의 크기나 학교 분위기, 학부모의 관심이나 사회적 분위기 등과도 상호 작용하여 교육의 효과에 영향을 미침
④ 상황 변인의 설정은 교육 효과 또는 교육과정의 효과를 논함에 있어서 교사의 특성 변인만으로는 그 설명이 불충분함을 의미함

(3) 과정 변인
① 수업 활동 시 교사가 나타내 보이는 모든 관찰 가능한 행동들을 의미함
② 대표적인 변인
- 명료한 수업 전개 행동
- 열정적인 수업 행동
- 단조롭지 않고 다양한 수업 활동
- 과제 중심의 수업 활동
- 학생의 생각을 격려하고 인정하는 교사 행동
- 칭찬과 꾸중
- 수업의 시작이나 과정에서 앞으로 배울 내용을 제시하고 이미 배운 내용은 요약해 주는 행동
- 다양한 종류의 질문 사용
- 학생의 응답이나 반응이 완전치 않은 경우 계속 올바른 응답을 유도하는 행동

(4) 결과 변인

① 교육과정의 결과로 학생에게서 나타날 수 있는 모든 종류의 변화가 포함됨
② 학업 성취나 사고 방식의 변화와 같은 인지적 영역의 변화
③ 태도나 가치관, 흥미나 감정의 변화로 대표되는 정의적 영역의 변화
④ 신체 기능의 변화와 같은 심동적 영역의 변화

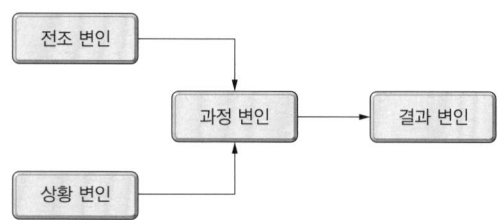

CHAPTER 6 교육과정 평가 모형

01 교육과정 평가

1 교육과정 평가의 이해

(1) 개념
① 교육과정 평가는 교육과정 개발의 전 과정과 학교 교육과정 운영 전반에 걸친 평가를 의미함
② 교육과정 총론과 각론의 진행 과정에 따른 기획과 개발, 경영과 운영, 성과 평가 및 개선의 세 국면을 대상으로, 이를 둘러싼 다양한 요인을 포괄하여 그 가치를 판단하고, 그 결과를 교육과정의 질을 유지·개선하는 판단 자료로 제공하는 것을 의미함

(2) 평가 요소
① 교육 목표 평가
② 교육 내용 및 활동 경험 평가
③ 교사의 수업 평가
④ 학생의 학습 평가
⑤ 학생의 성취 평가
⑥ 평가의 평가
⑦ 교원 평가
⑧ 학생 평가
⑨ 교육 수요자의 만족도 평가
⑩ 교육과정을 질 높게 운영하기 위한 교육 제도나 문화의 평가 등

(3) 평가 영역
① 교육과정 평가는 교육과정 내용만을 평가하는 것이 아니라, 개발 체제 또는 진행 단계 등의 교육과정 생명 주기에 따라 상정되는 모든 국면을 평가 대상으로 함
② 교육과정 평가는 교육과정과 관련된 활동 영역, 즉 분석, 설계, 개발, 운영, 평가를 평가 영역으로 삼으며, 교육과정의 활동과 모든 요소가 평가의 대상이 될 수 있음
③ 교육과정 실행 또는 운영 영역의 평가는 수업 평가와 구별되어야 하며, 수업 관련 요소들의 배치 및 지원에 대한 평가가 이루어져야 함
④ 교육과정 성과 또는 평가 영역의 평가는 평가 결과의 활용에 대한 평가를 포함해야 하며, 결과를 얻어 낸 평가에 대한 평가도 포함해야 함
⑤ 교육과정 성과의 평가 기준을 학업 성취도 결과로만 한정해서는 안 됨

(4) 학교 교육과정의 평가 준거

　① 학교 교육과정 연구와 개발
　　• 학교 교육과정 위원회의 구성과 활동
　　• 학교 교육과정 편성과 개선을 위한 연구 활동의 적절성
　　• 전문성 신장을 위한 연구와 자율 장학의 적절성
　② 학교 교육과정 기본 계획
　　• 학교 교육 목표의 적절성
　　• 교육과정 편제의 타당성
　　• 학생의 과목 선택권
　③ 교과 교육과정 편성과 학습 지도
　　• 교과별 교육과정 계획의 충실성
　　• 교과 수업의 충실성
　　• 교과 평가 활동의 충실성
　　• 교과 학습 성취도
　④ 특별 활동과 방과 후 교육 활동
　　• 특별 활동 운영 계획
　　• 특별 활동 운영 실태
　　• 특별 활동 성취도
　　• 방과 후 교육 활동의 효율성
　⑤ 학교 교육과정 지원 체제
　　• 교육과정 운영에 대한 학교 지원의 적절성
　　• 학교 지원의 적절성 평가 및 개선의 적절성

2 교육과정 평가 영역의 설정 과정

(1) 계획 단계

　① 교육과정 활동: 교육과정 편성
　② 평가 영역: 편성 평가
　③ 평가 요소
　　• 관련 집단의 요구
　　• 교육 목표
　　• 교육과정 위원회의 구성/활동
　　• 교과목 구성
　　• 이수 구성

CHAPTER 6 교육과정 평가 모형

(2) 실행 단계
 ① 교육과정 활동: 교육과정 운영
 ② 평가 영역: 운영 평가
 ③ 평가 요소
  • 교원
  • 학생
  • 지원 체제

(3) 산출 단계
 ① 교육과정 활동: 교육과정 성과 평가
 ② 평가 영역: 성과 평가
 ③ 평가 요소
  • 수업 평가
  • 학생 평가
  • 교육과정 만족도

02 목표 지향 평가 모형

1 개관

(1) 평가관

목표 지향 모형(Goal Attainment Model)에 의하면, 평가는 프로그램에 의해 교육 목표가 달성된 정도를 밝히는 과정을 의미함

(2) 일반적인 평가 절차

① 프로그램 목표 확인
② 목표의 명세적 진술
③ 측정 도구의 개발 및 실시
④ 목표와 측정 결과 비교
⑤ 프로그램에 대한 결정

(3) 특징

① 프로그램의 목표를 명세화함
② 객관적인 측정 도구를 사용함
③ 목표-수행의 일치도를 확인함
④ 평가 결과는 프로그램의 목표, 프로그램, 측정 도구를 재구성하는 용도로 활용됨

2 타일러(Tyler)의 목표 지향 모형

(1) 평가관

① 타일러(Tyler)는 평가를 '교육 목표가 프로그램에 의해 실제로 어느 정도 달성되었는가를 결정하는 과정'으로 정의함
② 프로그램의 목표는 학습자 행동의 바람직한 변화를 지향하므로, 평가는 교육 활동으로 의도했던 학습자의 행동이 실제로 변화되었는가를 확인하고 판단하는 과정으로 정의할 수 있음

(2) 평가 절차

① 일반 교육 목표를 설정함
② 교육 목표를 분류함
③ 교육 목표를 행동 용어로 진술함
④ 목표의 달성 여부를 확인할 수 있는 장면이나 조건을 확인함
⑤ 측정 도구를 선정 또는 개발함
⑥ 측정 자료를 수집함
⑦ 측정 자료를 행동 목표와 비교함

(3) 특징

① 교육 목표를 중시함
- 교육 목표는 교육과정 계획, 수업 자료 선정, 수업 절차 개발, 검사 제작의 지침과 준거 역할을 수행함
- 교육 목표를 설정할 때는 학습자의 특성, 현대 사회의 특징, 교과의 특성을 체계적으로 분석해야 함
- 설정한 교육 목표는 학습심리학의 원리와 법칙에 비추어 달성 가능성을 면밀하게 검토하고, 교육철학에 비추어 타당성을 점검해야 함
- 교육 목표를 행동 목표로 명세화해야 함

② 교육 목표 달성 여부를 확인함
- 교육 프로그램이 종료되면 목표 달성 여부를 확인할 수 있는 자료를 수집하기 위해 검사 또는 시험을 실시함
- 교육 목표가 달성되었음을 나타내는 검사 결과는 프로그램의 성공을 나타내는 직접적인 지표로 간주됨
- 교육 목표를 달성하지 못했을 경우 프로그램이 적합하지 않다는 판단을 내리게 됨
- 프로그램 목표와 실제 수행 사이에 괴리가 발생할 경우 목표나 프로그램 또는 측정 방법에 대한 수정 작업이 수반되며, 평가 활동이 반복됨
- 프로그램을 수정·보완하더라도 목표를 달성할 수 없다고 판단되면 프로그램을 중단하거나 다른 프로그램으로 대치하는 결정을 내리게 됨

(4) 의의

① 타일러(Tyler)는 당시 주류를 이루고 있던 학생 중심 평가와 측정 중심 평가에서 탈피하여 프로그램 평가라는 새로운 영역을 개척함
② 뚜렷한 평가 이론이나 방법이 존재하지 않았던 시기에 교육 목표의 달성 정도를 결정하는 일이 평가라는 타일러의 주장은 교육계에 전폭적으로 수용됨
③ 체계적이고 단순하다는 장점이 있는 타일러의 모형은 교육 평가 분야의 주류를 형성하여 교육과정 평가와 교육과정 개발의 토대를 제공함

3 프로버스(Provus)의 격차 모형(=괴리 모형, 간극 모형, 불일치 모형)

(1) 평가관

① 평가는 프로그램의 표준, 즉 목표를 설정하고, 프로그램의 표준과 실제 수행 사이에 괴리가 있는지를 확인하며, 프로그램의 전체 또는 일부를 개선·존속·종결하는 결정을 내리기 위해 괴리 정보를 활용하는 과정을 의미함
② 평가는 표준(Standard: S)과 수행 측정(Performance Measure: P)의 괴리 정보(Discrepancy Information: D)에 근거하여 평가 대상의 가치와 적합성을 판단하는 과정임
- 표준(S): 특정 대상이 갖추어야 할 자질 혹은 특성을 기술한 것
- 수행 측정(P): 평가 대상의 실제 특성
- 괴리 정보(D): 표준과 수행의 비교를 통해 도출되며, 괴리 정보는 프로그램의 전

체 또는 일부를 수정·존속·종결하기 위한 정보로 활용됨

(2) 기본 입장
프로버스(Provus)의 격차 모형은 프로그램이 달성해야 할 표준과 실제 수행 사이의 괴리를 분석하는 데 주안점을 둠

(3) 평가 절차
① 정의 또는 설계(Definition or Design): 프로그램의 투입, 과정, 성과를 기술함
② 설치(Installation): 프로그램과 설치 계획의 일치 여부를 확인함
③ 과정(Process): 학생들의 행동이 계획대로 변화되고 있는가를 확인할 수 있는 자료를 수집하기 위한 평가를 실시함
④ 성과(Product): 프로그램의 도달점인 목표 달성 여부를 결정하고, 그것을 표준과 비교하여 괴리를 확인하는 활동을 수행함
⑤ 비용-이익 분석(Cost-Benefit Analysis): 비용-이익의 측면에서 프로그램과 대안적 프로그램을 비교·분석하는 단계로, 선택적으로 수행함

(4) 특징
① 평가 활동을 수행하는 각 단계에서는 프로그램의 표준(목표)과 일치 정도 확인, 프로그램 구성 요소 사이의 합치 여부 확인, 프로그램의 약점을 수정하기 위한 괴리 정보 활용과 같은 활동이 수행됨
② 각 단계에서 수집된 괴리 정보는 프로그램을 종료하거나 그대로 다음 단계로 넘어가거나 프로그램의 수행을 변경하거나 프로그램의 표준을 수정하기 위한 의사 결정을 내리는 데 기초 정보로 활용됨
③ 목표를 평가의 준거로 삼고 있다는 점에서 목표 달성 모형에 속하지만, 목표 달성 정도에 대한 측정을 강조한 타일러(Tyler)에 비해 프로버스(Provus)는 목표와 수행 성과 사이의 불일치 정도에 대한 확인을 중시함
④ 프로그램의 개발 단계별로 평가를 강조하므로 CIPP 모형과 비슷한 측면이 있음
⑤ 타일러(Tyler)의 목표 달성 모형에 근원을 두면서도 의사 결정을 촉진하는 평가의 기능을 강조함

> **CIPP 모형**
> 스터플빔(Stufflbeam)이 만든 의사 결정 모형으로, 의사 결정에 필요한 정보를 설계, 획득, 제공하려는 목적이 있음

CHAPTER 6 교육과정 평가 모형

03 판단 지향 평가 모형

1 개관

(1) 평가관

판단 지향 모형(Judgment-oriented Model)에 의하면, 평가는 평가자의 전문성을 이용하여 평가 대상의 가치와 장점을 체계적으로 판단하는 과정을 의미함

(2) 특징

모든 평가 모형은 가치 판단의 측면을 어느 정도 포함하고 있지만, 판단 지향 모형은 평가자의 주관적인 전문성을 가장 중요한 평가 전략으로 간주함

2 스크리븐(Scriven)의 탈목표 평가

(1) 기본 입장

① 스크리븐(Scriven)은 목표에 근거하여 프로그램의 효과를 분석하는 목표 기준 평가는 의도한 효과에만 집착하므로 잠재적인 효과를 간과할 수밖에 없다고 주장함
② 목표를 전혀 고려하지 않은 상태에서 프로그램의 효과를 포괄적으로 검토하는 탈목표 평가(Goal-free Evaluation)를 제안함

(2) 특징

① 탈목표 평가에서는 목표를 비롯하여 프로그램의 어떤 것도 고정된 것으로 간주하지 않고, 프로그램의 모든 측면을 면밀하게 검토하여 프로그램의 모든 효과, 즉 바람직한 효과와 의도했던 효과는 물론 바람직하지 못한 효과와 예기치 않았던 효과를 요구에 비추어 판단함
② 프로그램의 가치와 장점은 프로그램의 목표 달성 정도가 아니라, 표적 집단의 요구 충족 정도를 기준으로 판단함
③ 프로그램의 효과를 관찰하고 그것의 가치를 판단하기 위해 표적 집단의 요구를 확인하는 작업을 중시함

(3) 의의

① 목표에 대한 정보가 전혀 없는 상황에서도 평가를 수행할 수 있다는 것을 입증함
② 프로그램의 모든 효과를 포괄적인 입장에서 검토할 필요성을 역설함
③ 목표 기준 평가를 실시할 때도 목표 자체의 가치를 판단해야 한다는 필요성을 강조함으로써 평가의 이론과 실제에 큰 영향을 미침
④ 평가자가 프로그램의 부수적인 효과를 탐색하는 데도 관심을 기울이게 함

3 아이즈너(Eisner)의 감정·비평 모형

(1) 기본 입장

① 평가자의 주관적인 전문성에 입각하여 프로그램의 조직, 성과, 활동 등을 판단하고자 함
② 아이즈너(Eisner)는 공학적 모형(Technological Model)에 대해 비판적 입장을 취함
   - 공학적 모형은 법칙의 정립과 일반화를 추구한 나머지 특정 상황의 고유성을 무시하고, 미래의 성과만을 중시하여 현재의 과정을 무시하며, 객관화와 수량화에 치중함으로써 지식의 질적인 측면을 경시함
   - 공학적 접근은 직관, 감상, 유추와 같은 예술적 기교가 교육 평가에 개입될 여지를 말살함으로써 교육을 측정, 진단, 통제하기 위한 수단으로 전락시킴
③ 아이즈너(Eisner)는 공학적 모형의 부작용을 제거하기 위해 전문가들이 예술 작품을 감정하고 비평할 때 일반적으로 사용하는 절차와 기술을 교육 평가에 적용하고자 함

(2) 특징

① 평가 대상의 장점 혹은 단점을 전문가의 입장에서 비판적으로 기술·사정·조명하는 데 목적을 둠
② 자료에 대한 통계적 분석을 지양하고, 평가자의 전문성이나 경험에 입각한 질적 평가를 중시함
③ 평가자의 지각적 민감성, 풍부한 경험, 세련된 통찰, 전문적인 판단을 토대로 하는 평가 활동을 강조함
④ 전문적인 소양을 갖춘 평가자의 판단 결과는 평가 대상의 미묘하고 섬세한 측면을 감상하고 이해할 수 있는 방식으로 일반 대중에게 전달됨
⑤ 평가자는 유일한 평가 도구로, 자료를 수집하고 분석하며 판단하는 역할을 수행하므로 평가자의 전문성과 자질을 무엇보다도 중시함

(3) 감식안(Connoisseurship)

① 평가하고자 하는 교육 현상의 미묘하면서도 중요한 자질을 인식하는 능력을 의미함
② 교육 감정가의 지각 활동은 지극히 사적인 과정이므로 감식안은 곧 감상의 예술을 의미함
③ 감식안은 비평의 재료를 제공하고, 효과적인 비평은 감식안을 바탕으로 함

(4) 교육 비평(Educational Criticism)

① 감정가의 인식을 비판적인 글로 표현하는 것을 의미함
② 교육 비평은 감정가의 세련된 인식을 문서화하여 공개하는 표출의 예술을 의미함
③ 교육 비평가는 수업, 학급, 교재, 학생 등 교육적으로 중요한 현상에 관한 글을 씀
④ 비평 방법으로 은유(Metaphor), 비유(Analogy), 제시(Suggestion), 암시(Implication)를 사용함
⑤ 비평은 부정적인 평가의 과정이 아니라 일반인들이 현상의 정도와 특성을 인식하도록 도와주는 과정임

⑥ 교육 비평의 구성: 기술(Description), 해석(Interpretation), 평가(Evaluation)
  - 기술: 작품이나 현상에 내포되어 있는 특성을 사진과 같이 생생하게 기술하거나 부각시킴
  - 해석: 현상에 대해 심층적 의미와 중요성을 부여하려는 노력
  - 평가: 교육적 중요성에 비추어 교육 행위의 가치를 판단하는 과정
⑦ 교육 비평의 궁극적 목적은 평가적 판단에 있으므로 비평가는 중립적인 관찰이나 공정한 해석에 머무르지 말고, 관찰하고 해석한 사실에 기초하여 교육 현상과 그것을 개선할 수 있는 결론에 도달해야 함

(5) 의의
① 교육 현상을 연구하고 기술할 수 있는 평가의 새로운 조망을 제공함
② 평가 과정에서 전문가의 자질과 통찰력을 충분히 활용하므로 일반인이 간과할 수 있는 교육 현상의 특성과 질을 인식하는 데 도움을 줌

(6) 한계
① 평가 활동을 어떻게 수행해야 하는가에 대한 구체적인 지침을 제공하지 못함
② 평가 과정이 전문가의 자질에 전적으로 좌우되므로 엘리트 주의에 빠질 소지가 있으며, 주관성을 배제하기가 어렵고, 편견과 부정이 개입될 가능성이 있음

04 의사 결정 모형

1 개관

(1) 평가관

① 의사 결정 모형(Decision-oriented Model)에서는 평가를 의사 결정자에게 필요한 정보를 제공하여 합리적인 의사 결정을 촉진시키는 과정으로 간주함
② 평가자는 평가 정보를 기술하는 역할을 수행할 뿐만 아니라 의사 결정자와의 상호작용을 통해 의사 결정 대안을 서술하고, 가장 합리적인 대안을 선택하는 데 필요한 실용적이고 명료한 정보를 제공해야 함
③ 합리적 의사 결정에 대한 조력을 평가의 기본 목적으로 삼고, 프로그램 개발의 모든 단계를 포괄적으로 평가함으로써 의사 결정에 대한 평가의 보조 역할을 강조함

(2) 기본 입장

① 의사 결정자는 무엇을 어떻게 평가할 것인가를 결정해야 함
② 평가자는 의사 결정자를 도와주는 자문 역할을 해야 함
③ 평가 활동은 정보를 수집·보고하는 활동에 국한되어야 함
④ 평가 정보는 의사 결정자의 요구에 부응해야 함
⑤ 어떤 정보가 중요하고 어떤 정보가 중요하지 않은가는 본질적으로 어떤 의사 결정을 내리려고 하느냐에 따라 결정됨

(3) 평가 절차

① 의사 결정자의 정보 요구 확인
② 적합한 정보 수집
③ 의사 결정자에 대한 정보 제공

CHAPTER 6 교육과정 평가 모형

2 스터플빔(Stufflebeam)의 CIPP 모형

(1) 평가관

평가는 프로그램의 성장과 발달을 촉진하고 프로그램을 개선함으로써 프로그램이 표적하고 있는 사람들의 요구를 충족시키고, 가용 자원을 최대한 활용할 수 있도록 도움을 주는 도구임

(2) 기본 입장

① 평가를 단순히 책무성의 도구로 보는 입장을 배격하고, 프로그램을 개선하는 도구로서의 역할을 강조함
② 스터플빔(Stufflebeam)은 평가를 '의사 결정의 대안을 판단하는 데 유용한 정보를 서술(Delineating), 획득(Obtaining), 제공(Providing)하는 과정'으로 정의함
  - 서술: 의사 결정자와 접촉하여 요구하는 정보를 확인하는 것
  - 획득: 정보를 수집·처리하는 과정
  - 제공: 수집하여 처리한 정보를 합리적인 의사 결정이 가능하도록 의사 결정자에게 보고하는 것

(3) 의사 결정 유형에 따른 평가 전략

① 상황 평가(Context Evaluation)
  - 의도하는 목적을 선정하려는 계획 의사 결정에 도움을 주기 위해 실시하는 평가
  - 평가 목표: 평가 대상의 전반적 상태를 조사하고, 결함을 확인하며, 문제점을 진단하는 것, 이미 설정되어 있는 목표와 우선순위가 프로그램 관련 인사들의 요구에 부응하고 있는가를 검토하는 것
  - 기관, 프로그램, 표적 집단 혹은 개인과 같은 평가 대상의 강점과 약점을 확인하여 그것을 개선하기 위한 지침을 제공하고자 함
  - 상황 평가의 결과는 기존 목표와 목표들의 우선순위를 조정하고, 바람직한 변화의 방향을 결정하기 위한 기초 정보로 활용됨

② 투입 평가(Input Evaluation)
  - 의도하는 수단, 즉 선정된 목표를 달성하는 데 적합한 전략과 절차를 설계하려는 구조적인 의사 결정에 도움을 주기 위한 평가
  - 평가 목표: 평가 의뢰인으로 하여금 요구와 환경에 비추어 적절한 대안을 고려하게 하고, 계획을 전개하는 데 도움을 주며, 실패 가능성이 있거나 자원 낭비에 그칠 가능성이 있는 개혁 조치를 회피하도록 조력하는 것
  - 프로그램을 바람직한 방향으로 변화시키기 위한 처방을 제공하는 데 도움을 주고자 함
  - 적절한 전략을 확인·평가하고, 선택된 전략을 설명하는 데 도움을 줌
  - 프로그램을 실행하는 과정에서 고려해야 할 요인, 제약 요인, 가용 자원을 탐색함

③ 과정 평가(Process Evaluation)
  - 실제적 수단, 즉 수립된 전략과 설계를 행동으로 옮기려는 실행 의사 결정에 도움을 주기 위한 평가
  - 평가 목표: 프로그램 관리자에게 프로그램이 계획대로 실행되고 있는지, 가용 자

원을 효과적으로 활용하고 있는지에 관한 피드백을 제공하고, 실행 계획을 수정하기 위한 지침을 제공하는 것
- 프로그램 참여자들이 각자의 역할을 수용하거나 수행할 수 있는 정도를 정기적으로 점검하고, 실행 비용을 조사하고, 관찰자와 참여자가 그에 대해 어떻게 판단하고 있는지를 점검함

④ 산출 평가(Product Evaluation)
- 실제적 목적, 즉 목표 달성 정도를 평가하고 프로그램의 존속 혹은 변경 여부를 판단하려는 순환 의사 결정에 도움을 주기 위한 평가
- 평가 목표: 프로그램이 관련 당사자들의 요구를 충족시킨 정도를 확인하는 것
- 프로그램의 효과(의도했던 효과 및 의도하지 않았던 효과, 긍정적 효과 및 부정적 효과)를 검토함
- 프로그램에 관련된 다양한 사람들로부터 프로그램의 성공 여부에 관한 판단 자료를 수집·분석함
- 프로그램의 성과를 대안적 프로그램과 비교하고, 프로그램의 성과를 목표와 비용에 비추어 해석함
- 프로그램의 목표 달성 실패가 계획의 실행 미비와 어떤 관련이 있는가를 해석하며, 프로그램의 성과를 상황·투입·과정에 비추어 비교하고, 산출에 대한 정보를 수집하기 위해 실시함

(4) 전향적 평가와 소급적 평가

① 전향적 평가: 형성적 역할을 수행하는 평가로, 의사 결정자를 도와주기 위한 목적을 갖고 있음
② 소급적 평가: 총괄적 역할을 수행하는 평가로, 책무성을 판단하는 데 필요한 정보의 토대를 제공하기 위한 목적을 갖고 있음

		평가 유형			
		상황 평가	투입 평가	과정 평가	산출 평가
평가 역할	의사 결정	전 향 적(형 성 적) 평 가			
	책무성	소 급 적(총 괄 적) 평 가			

(5) 의의

① 조직의 관리 과정 및 의사 결정을 중심으로 평가 활동을 수행해야 한다는 점을 강조함으로써 프로그램 평가의 새로운 지평을 엶
② 평가는 진공 상태에서 수행되는 것이 아니라, 다양한 상황 요인의 영향을 받기 때문에 상황 요인을 감안해야 한다는 필요성을 역설함
③ 프로그램 평가의 기술(Describe)적 측면을 강조하고, 프로그램 개발 단계별로 평가를 실시해야 한다고 주장하여 프로그램 평가의 영역을 확대함
④ 거의 모든 영역의 평가 활동에 적용될 수 있는 평가 지침을 제공하였다는 긍정적인 평가를 받음

3 앨킨(Alkin)의 CES 모형

(1) 평가관

평가를 '의사 결정자가 어떤 의사 결정을 내려야 하는가를 결정하고 적절한 대안을 선택할 수 있도록 의사 결정에 필요한 정보를 선택·수집·분석하여 보고하는 과정'으로 정의함

(2) 평가 유형

① 체제 사정(System Assessment)
- 체제의 상태에 관한 정보를 제공하기 위해 실시되는 평가
- CIPP 모형의 상황 평가와 유사한 기능을 함
- 특정 상황에 적합한 목표의 범위와 명세성을 결정하기 위해 수행됨

② 프로그램 계획(Program Planning)
- 체제 사정에서 확인된 교육적 요구를 효과적으로 충족시킬 수 있는 프로그램을 선정하는 데 도움을 주기 위한 평가
- CIPP 모형의 투입 평가에 대응됨

③ 실행 평가(Implementation Evaluation)
- 프로그램이 계획 단계에서 의도했던 표적 집단에 제대로 도입되었는가에 관한 정보를 수집하기 위해 실행되는 평가 유형
- 실행 평가는 프로그램이 프로그램 계획 단계에 규정한 사항을 어느 정도 충족시키고 있는가를 결정하기 위한 평가를 의미함

④ 개선 평가(Improvement Evaluation)
- 프로그램이 어떻게 운영되고 있는지, 중도점 목표를 달성하고 있는지, 의도하지 않은 성과가 나타나고 있는지에 대한 정보를 수집하려는 것
- CIPP 모형의 과정 평가와 유사함

⑤ 프로그램 승인(Program Certification)
- 프로그램의 가치와 유용성에 대한 정보를 수집하기 위한 평가
- CIPP 모형의 산출 평가와 유사함
- 기존 프로그램의 존속·수정·폐기에 대한 결정을 하려면 프로그램의 질에 대한 전반적인 평가 결과가 필요함

05 자연주의 모형

1 개관

(1) **평가관**

자연주의 탐구 방법을 이용하여 프로그램에 대한 참여자들의 중추적인 관심사, 쟁점, 결과 등에 관한 정보를 체계적으로 수집하려는 평가를 의미함

(2) **기본 입장**

① 전통적 접근은 목표 진술 및 분류, 정교한 평가 설계, 객관적 측정 도구 개발, 장문의 평가 보고서 작성 등에 주안을 두므로 평가 과정에서 평가자가 평가 대상인 프로그램으로부터 유리될 수밖에 없음
② 프로그램 관련 인사들의 다양한 가치와 관점을 우선적으로 고려함
③ 프로그램이 진행되는 상황과 맥락 속에서 사상을 이해하고 서술하려는 총체적인 입장을 취함
④ 평가자를 주요한 자료 수집 및 분석 도구로 간주함

(3) **자연주의 탐구 방법**

① 평가자가 평가 장면을 있는 그대로 대면함
② 평가 장면에서 의미와 가치가 충분히 발현되도록 하고 가능하면 선입견을 배제하는 것으로 규정하고 있음
③ 인류학이나 사회학 분야의 현장 연구, 질적 연구, 인구학적 연구, 사례 연구, 생태학 및 해석적 연구 등

(4) **특징**

① 인간성을 단순화시키려는 시도를 배격하고 총체적인 관점에서 이해하려고 함
② 가치다원론에 근거하고 있음
③ 관찰이나 발견을 통해 문제, 사건 혹은 과정을 이해하려는 귀납적 추리 방법을 채택함
④ 주관적 자료와 객관적 자료, 양적 자료와 질적 자료 등 다양한 원천의 자료를 통합함
⑤ 표준화된 평가 절차를 따르지 않고 평가 활동을 수행하는 과정에서 평가 절차를 신축성 있게 조정함
⑥ 사람들의 관점이 상이하다는 점을 고려하여 단일한 실체가 아니라 복수의 실체에 관심을 가짐

CHAPTER 6 교육과정 평가 모형

2 팔럿과 해밀턴(Parlett&Hamilton)의 조명 평가

(1) 평가관
① 조명 평가(Illuminative Evaluation)는 프로그램의 근거, 개발 과정, 운영, 성과, 문제점 등을 총체적이고 심층적으로 탐구하려는 접근을 말함
② 평가는 프로그램을 둘러싸고 있는 복잡한 현상을 포괄적으로 이해하려는 활동
③ 평가의 목적
- 프로그램, 혁신 조치, 학교 상황, 조직 문제 등에 대한 이해를 증진하고, 체제가 운영되고 있는 상황에 비추어 실행 체제의 특징을 조명하는 것
- 프로그램의 하위 요소 혹은 전체의 질, 비용, 효과, 결과, 가치에 대해 다양한 구성 집단이 어떻게 지각하고 있는가를 파악하는 것

(2) 기본 입장
① 역사학적·사회학적·인류학적 접근에 근거하여 개발됨
② 실험적인 평가 패러다임에 반발하여 측정과 예언보다는 기술과 해석을 강조하고, 변수의 통제와 조작보다는 교육적 맥락을 있는 그대로 이해하려고 함

(3) 특징
① 반응적 특성: 평가가 교육자와 의사 결정자의 요구와 관심사에 부응해야 한다는 것을 의미함
② 자연주의적 특성: 상황을 인위적으로 조작하지 않고 일상 속에서 '자연스럽게' 발생하는 현상을 검토하며, 특히 현상의 '이면에 존재하는' 본질적인 특성을 파악하는 데 주력함
③ 발견적 특성
- 체제는 끊임없이 변화되고 있으며, 평가자는 평가를 진행함에 따라 체제를 더 깊이 이해할 수 있음
- 사전 계획에 따라 평가를 수행하는 것이 아니라 체제의 변화나 체제에 대한 평가자의 이해를 적절하게 감안해서 전략을 신축성 있게 조정하는 발견적 설계(Heuristic Design)를 채택함
④ 해석적 특성: 프로그램을 둘러싸고 있는 복잡한 상황을 단순히 기술하는 데 그치는 것이 아니라 포괄적으로 이해하는 데 주안을 둠

(4) 평가 절차
① 관찰: 평가 상황의 일상적인 현실을 탐색하고 그에 친숙해지기 위한 단계
② 심층 탐구: 선정된 쟁점을 심층적으로 탐구하여 연구 초점을 형성함
③ 설명: 관찰된 패턴과 인과 관계를 규명함

3 스테이크(Stake)의 반응 평가

(1) 기본 입장

① 반응 평가(Responsive Evaluation)는 프로그램의 의도가 아니라 활동에 주안을 두고, 평가 관련 인사들의 정보 요구에 부응하고자 하며, 다양한 관점의 가치를 고려하는 평가 접근을 말함
② '반응'이란 용어는 자극-반응 관계를 지칭함
③ 반응 평가자는 학생들의 반응이나 대화를 포함하여 프로그램 내에서 자연적으로 발생하는 것을 자극으로 간주하여 그에 대해 스스로 반응함

(2) 특징

① 평가 관련 인사들이 관심을 갖고 있는 핵심 쟁점에 주안을 둠
② 평가 문제와 방법은 사전에 계획하는 것이 아니라 평가를 수행하는 과정에서 구성하는 생성적인(Emergent) 특징을 갖고 있음
③ 경우에 따라 평가자는 평가 맥락에 익숙해질 때까지 평가 목적 설정과 자료 수집을 유보하기도 함
④ 프로그램의 장점과 단점을 확인하기 위해 다양한 관련 집단이 견지하고 있는 여러 표준에 관심을 기울임
⑤ 반응 평가는 프로그램의 가치에 대해 최종적인 결론을 내릴 수도 있고, 결론을 유보한 채 보고서를 읽는 사람들이 나름대로 판단을 내리도록 단순히 자료만 제시할 수도 있음
⑥ 반응 평가의 결과는 다양한 집단이 이해할 수 있도록 적절한 형식과 용어로 표현함
⑦ 반응 평가는 '직관적'이고 '주관적'이라는 측면에서 아이즈너(Eisner)의 감정술 및 비평 모형과 유사한 점이 있지만 평가 관련 당사자의 쟁점, 언어, 맥락, 표준을 강조한다는 점에서 차이가 있음

4 구바&링컨(Guba&Lincoln)의 자연주의 평가

(1) 평가관

① 평가를 평가 대상을 기술하고 그것의 가치와 장점을 판단하는 과정으로 정의함
② 평가의 가장 중요한 목적은 교육 활동의 복잡성을 이해하고, 관련 인사의 정보 요구에 부응하여 개인 및 집단의 다양한 주장·관심·쟁점을 확인하는 데 있음
③ 자연주의 평가의 주요 역할은 평가 관련 인사들의 다양한 가치 관점을 고려하여 그들의 정보 요구를 충족시키려는 것에 있음

(2) 기본 입장

자연주의·현상학·인구학 패러다임에 근거함

(3) 방법
① 양적 연구 방법과 질적 연구 방법을 융통성 있게 적용함
- 양적 연구 방법: 정확하고 수치적인 조작이 가능한 자료를 수집할 수 있음
- 질적 연구 방법: 풍부한 자료를 수집할 수 있고 수량화할 수 없는 현상을 탐구할 수 있음

② 자연주의 평가에서 질적 평가 방법을 선호하는 이유는 평가자 자신을 주요한 자료 수집 도구로 간주하기 때문임
③ 면접, 관찰, 비언어적 단서의 분석, 비간섭적 측정, 문서 및 기록 분석 등의 방법을 흔히 사용함
④ 양적 연구 방법을 무조건 배격하는 것이 아니라 관련 인사들의 정보 요구에 적절한 자료를 수집할 수 있다고 판단되면 융통성 있게 사용함

(4) 주요 특징

구분	전통적인 과학적 패러다임에 근거한 평가	자연주의 평가
이론의 원천	선험적 이론을 선호하고 이론이 없으면 탐구가 불가능하다고 주장함	• 이론이 탐구를 제약하며, 편견을 유발하는 기능을 한다고 가정함 • 자연주의 평가에서는 탐구 과정에서 이론을 개발하려고 함
지식의 유형	선험적 이론에서 도출된 평가 문제와 가설에 따라 탐구를 진행하므로 언어 형식으로 표현할 수 있는 명제적 지식을 주로 사용함	인간을 주요 측정 도구로 사용하여 탐구 과정에서 인간의 능력을 최대한 활용하고자 하므로 직관과 같은 묵시적 지식(Tacit Knowledge)에 주로 근거함
도구	효율적이고 객관적이며 체계적인 자료를 수집할 수 있는 자료 수집 도구를 선호함	• 인간 자체를 도구로 사용함 • 인간은 통찰력이 있고, 융통성과 대응성이 높으며, 기존 지식을 활용할 수 있는 능력이 있고, 자료 수집과 동시에 자료에 의미를 부여할 수 있는 능력을 갖추고 있다고 봄
설계	평가 문제와 방법을 미리 결정해 놓고 평가를 수행하는 선결적 설계(Pre-ordinate Design)를 선호함	평가 과정에서 적합한 방법을 결정하여 융통성 있게 적용하는 생성적 설계(Emergent Design)를 채택함
탐구 상황	탐구 과정에서 혼동 변수 혹은 가외 변수의 효과를 엄격하게 통제하기 위하여 실험 조건에서 탐구를 수행함	프로그램의 활동을 제한하거나 조작 또는 통제하지 않고 '있는 그대로의 자연적인 상태'에서 프로그램 활동을 탐구함

CHAPTER 7 현대 교육과정의 쟁점

01 고교학점제

1 고교학점제의 개념과 필요성

(1) 고교학점제의 개념
① 진로에 따라 다양한 과목을 선택하는 제도: 지금까지 고등학생들은 주어진 교육과정에 따라 수업을 들었지만, 고교학점제가 시행되면 자신의 진로에 따라 원하는 과목을 선택하여 수업을 듣게 됨
② 목표한 성취 수준에 도달했을 때 과목을 이수하는 제도: 기존에는 학생이 성취한 등급에 상관없이 과목을 이수할 수 있었지만, 고교학점제가 시행되면 학생이 목표한 성취 수준에 충분히 도달하였다고 판단하는 경우에 과목 이수를 인정해 주므로 배움의 질이 보장될 수 있음
③ 누적 학점이 기준에 도달한 경우 졸업이 가능한 제도: 기존 고등학교에서는 출석 일수로 졸업 여부를 결정했지만, 고교학점제가 시행되면 누적된 과목 이수 학점이 졸업 기준에 이르렀을 때 졸업이 가능하게 되므로 졸업이 곧 본질적인 학력 인정으로 이어질 수 있음

(2) 고교학점제의 필요성
① 학생 맞춤형 교육을 통한 학습 동기 유발: 획일적인 교육을 통해서는 학생의 학습 동기와 흥미를 유발하기 어려우나, 고교학점제는 학생의 과목 선택권을 보장하는 진정한 학생 맞춤형 교육을 실현함으로써 학생의 학습 동기와 흥미를 불러일으킬 수 있음
② 미래 사회에 필요한 역량 계발: 직업 세계가 급변하는 미래 사회에서는 자신의 진로를 스스로 개척하고 자기 주도적으로 학습하는 역량이 필요하므로, 고교학점제는 학생들이 스스로 자신에게 필요한 배움이 무엇인지를 찾게 함으로써 진로 개척 역량과 자기 주도적 학습 습관을 길러줄 수 있음
③ 학생 개개인의 다양성을 지원: 학습의 속도와 목표가 다른 학생들을 수직적으로 서열화하는 것은 학생들의 학습 의욕을 저하시키므로 고교학점제는 학생 선택형 교육과정 운영을 통해 다양한 능력과 적성을 가진 학생 개개인의 역량을 최대한 발휘할 수 있도록 지원함

CHAPTER 7 현대 교육과정의 쟁점

2 운영 방식과 기대 효과

(1) 운영 방식

① 교육과정: 학교에서는 학습자의 과목 선택권이 보장되는 학점 기반의 교육과정을 편성함
② 수강 신청: 학생의 학업 설계 결과와 수요 조사를 반영하여 개설이 가능한 과목을 확정하고, 학생은 개설된 과목 중 원하는 과목을 선택하여 개인 시간표를 작성함
③ 수업: 개인 시간표에 따라 수업에 참여함
④ 평가(이수/미이수): 교사는 석차보다는 학생이 어느 정도 성취 기준에 도달했는가를 평가함으로써 학생의 과목 이수 여부를 결정함
⑤ 학점 취득: 학생은 이수한 과목에 대한 학점을 취득하게 됨
⑥ 졸업: 누적 학점이 졸업 기준에 도달하면 고등학교를 졸업하게 됨

(2) 기대 효과

① 학생: 주어진 교육과정을 수동적으로 따라가는 존재에서 자신에게 필요한 수업을 스스로 선택하고 자신의 진로를 개척해 나가는 자기 주도적인 존재로 변화할 수 있음
② 교사: 교과의 지식을 전달하고 대학 진학을 지도하는 역할에서 학생 개개인의 다양한 성장과 맞춤형 학습을 지원하고 배움의 질을 보장하는 진정한 교수·학습 전문가로 변화할 수 있음
③ 학교: 학생의 과목 선택권을 보장하기 위하여 학교 밖 교육과정을 편성·운영함으로써 폐쇄적인 학습 환경에서 벗어나, 타 학교·지역 사회 등으로 확대된 학습 환경을 제공할 수 있음

(3) 도입 시점

고교학점제는 2022년 특성화 고등학교 도입 및 전체 일반계 고등학교의 부분 도입(신입생부터 적용)을 거쳐 2025년부터 전체 고등학교에서 본격 시행될 예정임

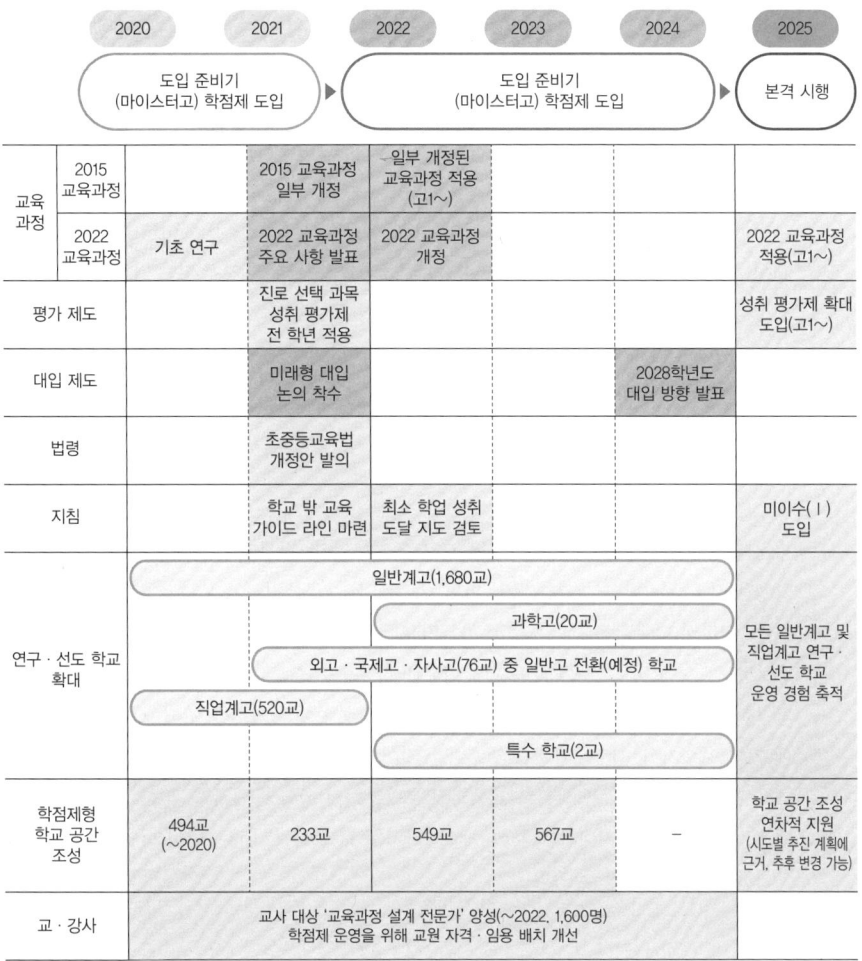

CHAPTER 7 현대 교육과정의 쟁점

02 현대 교육과정 이론

1 교육과정의 재구성

> 교육과정의 재구성은 국가 교육과정에 제시된 교육과정의 기준과 원리를 교육과정의 목적과 학생들의 필요와 흥미를 고려하여 교실 수준, 교수·학습 수준, 학생 수준의 교육과정으로 변형하는 과정을 가리킨다. 교육과정의 재구성은 원칙상 교육과정의 모든 구성 요소인 교육 목적, 교육 내용, 교육 방법에 걸쳐 이루어져야 하지만, 현실적인 교육과정의 재구성에서 교육 목적의 재구성은 잘 이루어지지 않는다. 교실에서 이루어지는 거의 모든 교육과정의 재구성은 교육 내용의 재구성이거나 교육 방법의 재구성이다. 교육과정의 재구성을 정태적 의미로 파악하여 국가 교육과정에 적힌 것을 교실에 맞게 새로 적어 놓은 것으로 생각할 수 있겠지만, 교육과정의 구성이 하나의 활동인 것처럼 교육과정의 재구성도 하나의 활동을 가리킨다. 교육과정의 재구성은 구성의 과정에서 일어났던 사고의 과정을 추체험하는 과정이다.

2 다문화 교육과정

> 다문화 교육과정은 그 자체로 모순을 내포한 개념이다. 다문화는 문화 간의 차이를 강조하고 다양성을 강조하는 방향을 지향한다. 반면, 교육과정은 공통적이고 보편적이고 일반적인 것을 추구한다. 따라서 다문화적 다양성을 존중하면서도 공통적인 교육과정을 존중하는 일은 모순적인 것으로 보일 수 있다. 다문화 교육과정 이론은 다문화 사회의 교육과정이 갖는 특징을 이론적으로 탐구한다. 다문화 교육은 다문화적 상황 속에서 타 문화의 가치를 이해하고 편견을 해소하는 데에 기여하는 지식, 태도, 가치를 전수하는 것이다. 이것은 고스란히 다문화 교육과정을 정의하는 데에 활용할 수 있다. 즉 다문화 교육과정은 다문화적 상황 속에서 타 문화의 가치를 이해하고 편견을 해소하는 데에 기여하는 지식, 태도, 가치를 교육 목적, 내용, 방법의 일관성 있는 체계로 구조화한 것으로 정의될 수 있다.

3 역량 기반 교육과정

2015 개정 교육과정은 역량 기반 교육과정이라는 명칭으로 불린다. 우리나라 교육과정은 '추구하는 인간상'을 구현하기 위한 수단으로 여섯 가지 핵심 역량을 명시한다. 여섯 가지 핵심 역량은 자아 정체성과 기초 능력에 바탕을 둔 자기 관리 역량, 합리적 문제 해결과 정보 처리에 바탕을 둔 지식 정보 처리 역량, 기초 지식과 융합적 사고를 바탕으로 하는 창의적 사고 역량, 인간 이해와 문화 감수성을 바탕으로 하는 심미적 감성 역량, 효과적 표현력과 경청을 바탕으로 하는 의사 소통 역량, 그리고 모든 형태의 공동체에 요구되는 가치, 태도, 참여를 바탕으로 하는 공동체 역량으로 이루어져 있다. 역량 기반 교육과정은 20세기 후반 서구의 국가 교육과정 이론의 대안으로 탐색되어 왔다. 역량 기반 교육과정 이론은 OECD의 DeSeCo 프로젝트나 서구권 여러 나라의 교육과정 재구조화 과정을 거치며 정립된 교육과정 이론으로, 종전의 교과 중심 교육과정과 달리 구체적 과업의 성공적 수행 능력으로서의 역량을 교과 앞에 내세운다. 현대의 역량은 몇 차례의 이론적 수정을 거쳐 일반적 역량을 가리키는 쪽으로 이론적 변화를 겪었고, 역량 기반 교육과정도 그러한 추세를 반영한다.

> **DeSeCo 프로젝트**
>
> DeSeCo(Definition and Selection of key Competences) 프로젝트는 OECD에서 주창한 것으로, 미래 사회에서 개인이 반드시 갖춰야 하는 3대 핵심 역량인 도구의 지적 활용, 사회적 상호 작용, 자율적 행동을 결합한 교육 평가 프로젝트

메가쌤
교육학 통합 이론서 (상)

PART 04

교육심리

CHAPTER 1 | 학습자의 인지적 특성
CHAPTER 2 | 학습자의 정의적 특성
CHAPTER 3 | 학습자의 발달
CHAPTER 4 | 학습 이론
CHAPTER 5 | 적응과 부적응

PART 04 교육심리

학습자의 인지적 특성

- 지능
  - 지능 이론
    - 스피어만(Spearman)의 일반 요인설 _{11 중등}
      - 일반 요인
      - 특수 요인
    - 써스톤(Thurstone)의 다요인설 — 기본 정신 능력(PMA)
    - 길포드(Guilford)의 지능 구조 모형
      - 내용 차원
      - 조작 차원
      - 산출 차원
    - 카텔(Cattell)의 지능 이론 _{11 중등}
      - 유동적 지능
      - 결정적 지능
    - 스턴버그(Sternberg)의 삼원 지능 이론 _{07 중등, 09 중등}
      - 성분적 요소(분석적 지능)
      - 경험적 요소(창의적 지능)
      - 맥락적 요소(실제적 지능)
    - 가드너(Gardner)의 다중 지능 이론 — 9개의 독립적 다중 지능
      _{02 중등, 03 중등, 04 중등, 07 중등, 09 중등, 11 중등, 19 중등(論)}
  - 지능의 측정
    - 비네(Binet) _{07 중등}
    - 터만(Terman) — 비율 지능 지수
    - 웩슬러(Wechsler) — 편차 지능 지수 _{12 중등}
  - 지능의 발달과 학업 성취도

- 창의력
  - 창의력의 구성 요소 _{02 중등}
    - 인지적 요소
      - 감수성
      - 유창성
      - 융통성
      - 참신성
    - 정의적 요소
  - 창의력 계발 기법
    - 브레인스토밍
      - 비판 금지의 원리
      - 자유분방의 원리
      - 다양성의 원리
      - 결합과 개선의 원리
    - 시네틱스 기법 — 유추 _{04 중등}
    - PMI 기법 _{08 중등}
    - 육색 사고 모자 기법 _{08 중등}
    - 스캠퍼(SCAMPER) 기법
      - 대체하기
      - 결합하기
      - 적용하기
      - 수정·확대·축소하기
      - 용도 변경하기
      - 제거하기
      - 재배치하기
    - 속성 열거법

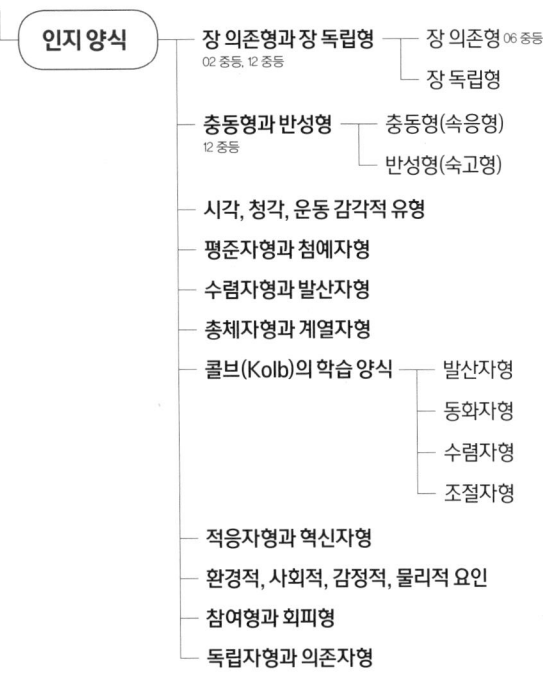

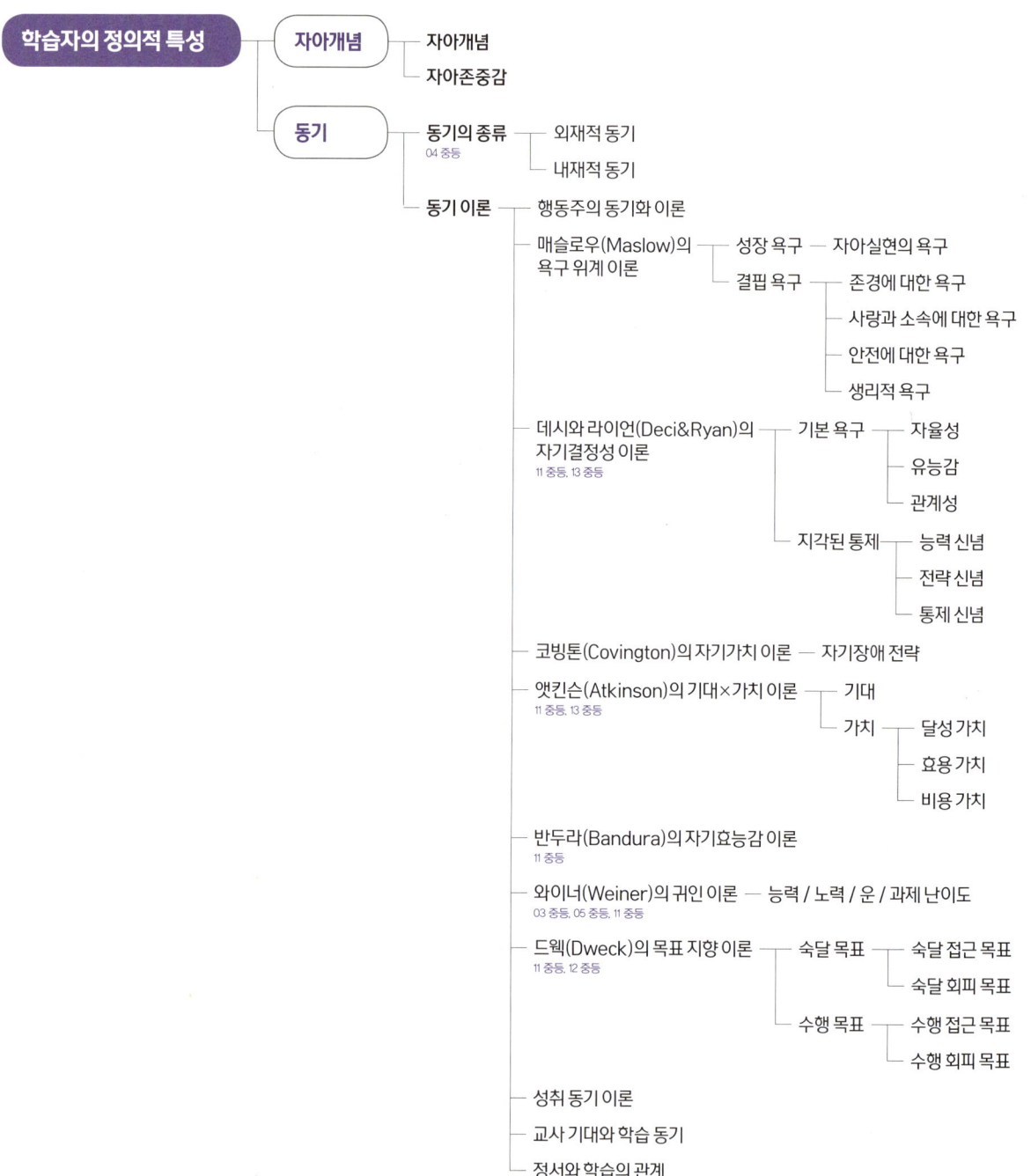

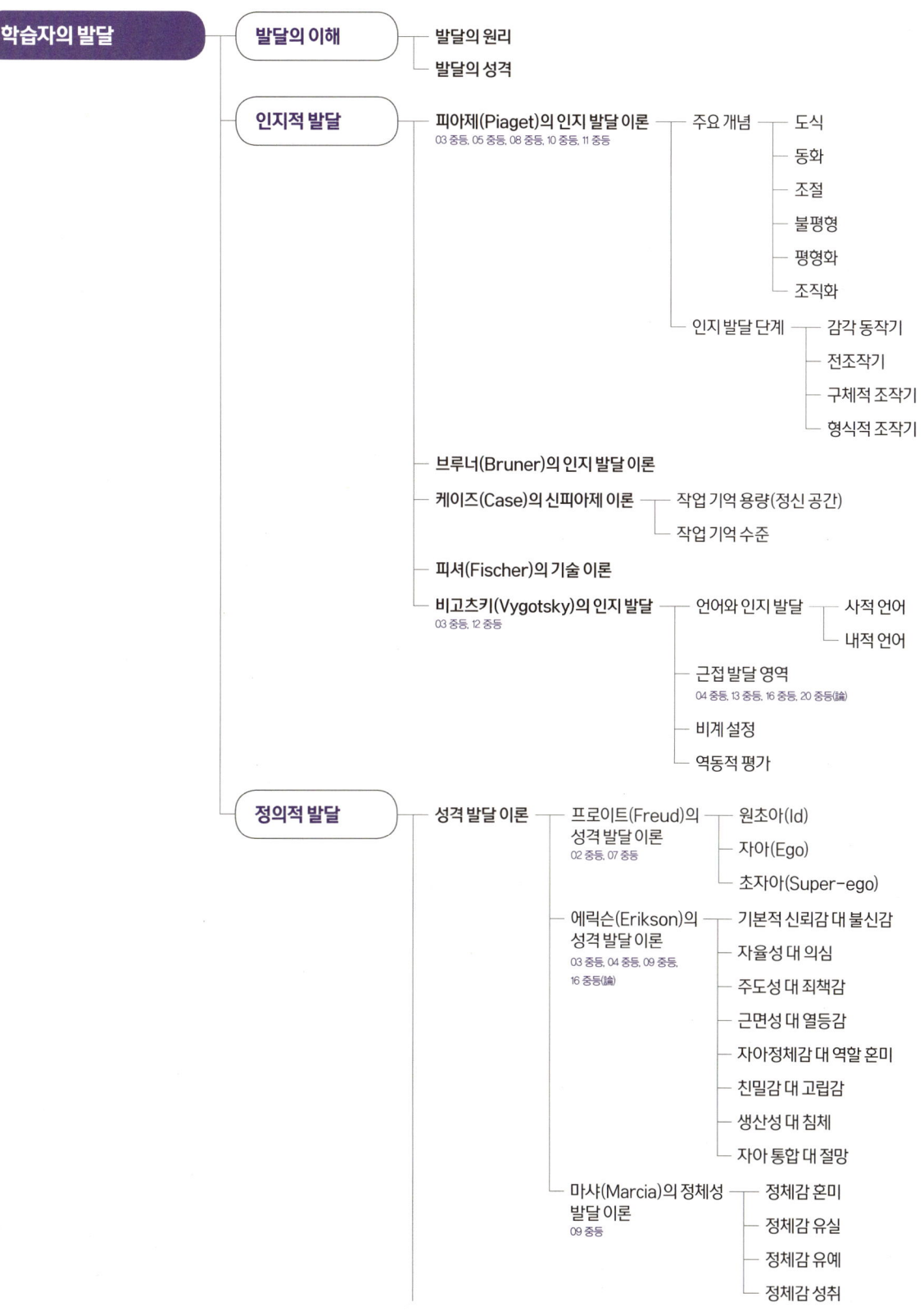

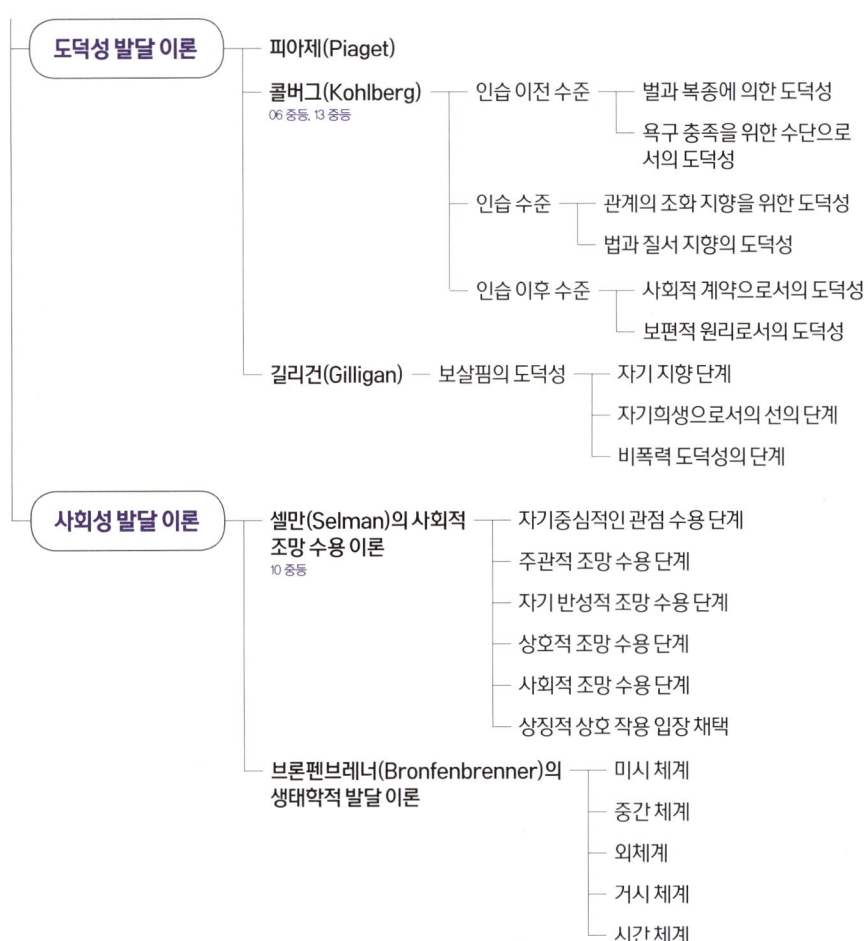

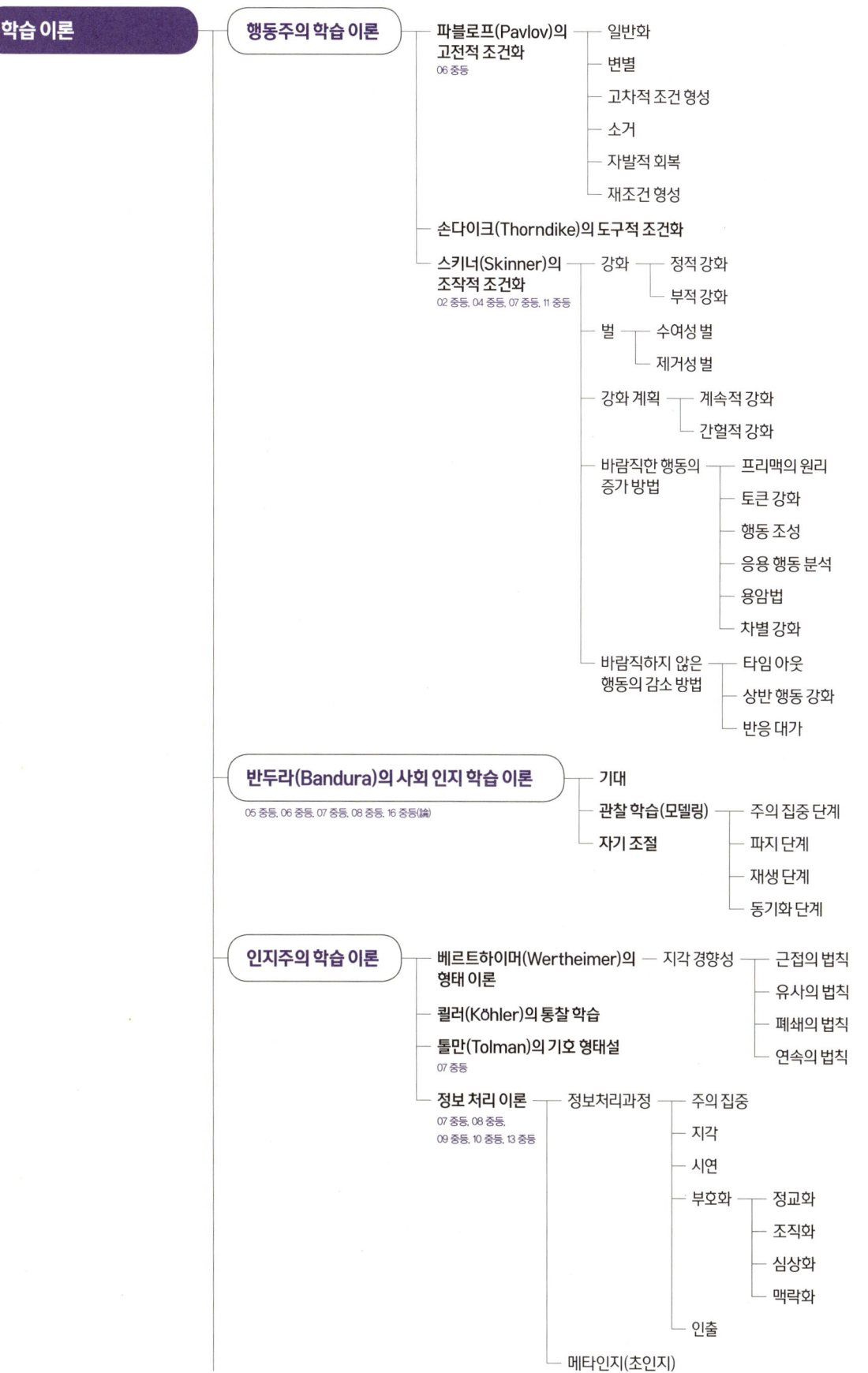

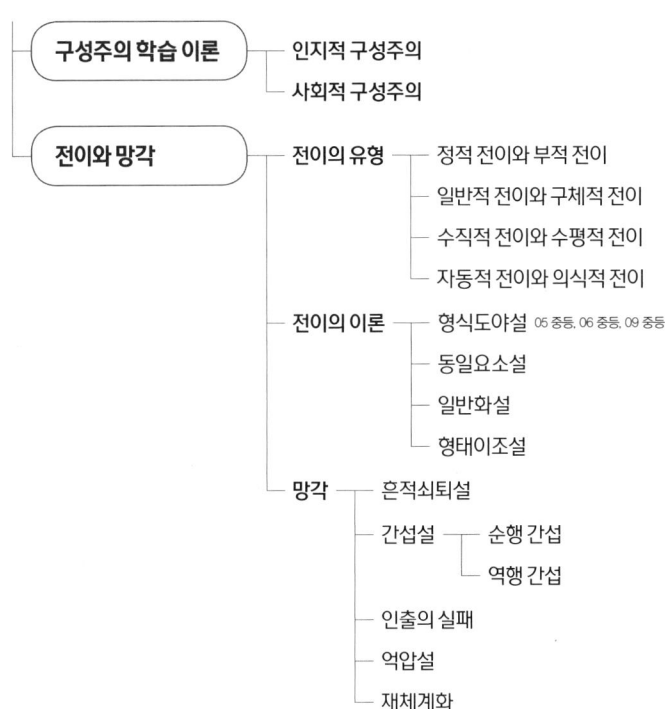

CHAPTER 1 학습자의 인지적 특성

01 지능

1 지능의 이해

(1) 지능의 개념

① 지능은 학습자의 인지적 능력을 대표하는 심리적 요인 중 하나로, 주어진 환경에서 나타나는 문제를 해결하는 학습자의 일반적인 능력을 의미함

② 지능은 학습자가 문제를 해결하기 위해서 얼마나 많은 것을 알고 있는가를 나타내고자 함

③ 학생들의 학업 성취와 관계가 있으며, 일상생활 중 사람과 사물, 사건 속에서 일어나는 많은 문제를 해결하는 요인으로 작용함

④ 영국에서는 지능의 요인과 관련하여 개인차에 대한 연구가 중심이 되었고, 미국에서는 지능을 측정하는 도구의 개발과 검사의 제작에 대한 연구가 이루어짐

(2) 지능의 정의(Definition)

① 보링(Boring)
- 검사를 통해 측정된 결과를 의미함
- 지능이 실제적 과제 해결에 도움을 준다면 지능 검사는 유의미하다고 봄

② 비네(Binet)
- 일정한 목적을 설정하고 이를 지속적으로 달성하고자 하는 경향을 의미함
- 의도한 결과를 성취하기 위한 목적으로 적응하는 능력을 의미함
- 자기 비판 능력에 해당함

③ 터먼(Terman): 추상적 사상을 다루는 능력으로 정의함

④ 웩슬러(Wechsler)
- 유목적적으로 행동하고, 합리적으로 사고하며, 효과적으로 환경을 다루는 종합적 능력을 의미함
- 인간이 명확하게 사고하고, 목적 의식을 가지고 행동하며, 주어진 환경에 상호작용하는 수단적 개념으로, 일반 요인(g요인)에 해당함

⑤ 가드너(Gardner): 한 문화권의 가치 있는 결과물을 만들어 내거나 가치 있다고 여겨지는 영역의 문제를 해결하는 능력을 의미함

2 지능 이론

(1) 스피어만(Spearman)의 일반 요인설 [11 중등]

① 인간의 지능은 일반 요인(g요인)과 특수 요인(s요인)으로 구성됨
- 일반 요인(g요인): 내용을 초월하여 공통적으로 작용하는 능력으로, 이해력이나 아이디어를 관계 짓는 능력, 즉 지능의 본질(언어, 수, 정신 속도, 주의, 상상 5가지 요인)을 의미함
- 특수 요인(s요인): 특정 영역의 문제를 해결하는 데 사용되는 능력으로, 구체적인 과제에만 관여하는 능력(예술과 신체 능력 요인)을 의미함

② 지능이 높은 학습자는 다른 형태의 문제를 해결할 수 있음
③ 인간은 일반 요인(g요인)과 특수 요인(s요인)에서 개인차가 발생함
④ 일반 요인(g요인)과 특수 요인(s요인)이 함께 정신 과제에 대한 수행을 결정함

(2) 써스톤(Thurstone)의 다요인설

① 일반 요인설과 달리 지능을 독자적으로 구분되는 몇 개의 능력으로 봄
② 지능은 서로 독립된 별개의 다요인으로 구성됨
③ 모든 지적 기능에 군림하는 단일 능력으로서의 일반 능력을 부인함
④ 지능은 단일한 능력이 아닌 서로 관련된 몇 개의 기본 정신 능력(PMA; Primary Mental Ability)으로 구성됨
- 단어 유창성
- 언어 이해
- 공간
- 수리
- 귀납 추리
- 기억
- 지각

⑤ 지능은 서로 독립적인 별개의 요인으로 존재하므로 인간의 지능은 각각의 지능 요인에 대한 개별화된 점수로 제시되어야 함
⑥ 지능의 개인차에 대한 진단과 이해 및 다양한 해석에 영향을 미침

(3) 길포드(Guilford)의 지능 구조 모형

① 인간의 지능은 세 가지의 차원으로 구성됨
- 내용 차원: 시각적, 청각적, 상징적, 언어적, 행동적(5가지)
- 조작 차원: 인지, 기억 저장, 기억 파지, 수렴적 사고, 확산적 사고, 평가(6가지)
- 산출 차원: 단위, 유목, 관계, 체계, 변환, 함의(6가지)

② 세 가지 차원의 하위 요소들이 총 180여 개(5×6×6)의 정신 능력을 형성함
③ 정보 처리 관점에서 지능의 개념을 확장함

출제 Point

2011학년도 중등 객관식 23번
최 교사: 우리 반 영철이는 IQ가 높아서 인지 공부를 참 잘해요. 과목별 점수로 봐도 영철이가 거의 전교 1, 2등이잖아요. 머리가 좋으니까 나중에 어떤 직업을 갖더라도 잘할 거예요.

CHAPTER 1 학습자의 인지적 특성

출제 Point

2011학년도 중등 객관식 23번
강 교사: 지능이 한 가지 경로로만 발달하지는 않는 것 같아요. 기억력처럼 뇌 발달과 비례하는 능력들도 있지만, 언어 이해력과 같은 것들은 문화적 환경과 경험에 의해 발달하잖아요.

2007학년도 중등 객관식 30번
스턴버그(R. Sternberg)는 분석력, 창의력 등을 포함하는 성공 지능 이론을 제안하였다.

(4) 카텔(Cattell)의 지능 이론 [11 중등]

① 서스톤(Thurstone)의 기본 정신 능력 검사를 상세히 분석한 후 지능의 일반 요인을 두 개의 요인으로 추출함
② 유동적 지능
  - 선천적으로 타고나는 지적 능력
  - 암기, 지각, 추리 등 정보의 관계를 파악하는 능력이나 기억력과 관계된 능력
  - 인생 초기에 급격히 발달하고, 청년기 이후 연령의 증가에 따라 감소함
③ 결정적 지능
  - 후천적 경험에 의해 발달한 지적 능력
  - 언어 능력, 문제 해결 능력 등 경험의 영향을 받는 능력
  - 연령에 따라 서서히 증가함

> **Wide 플린(Flynn) 효과**
> ① 시대 변화 속에서 후세대의 지능이 상승하는 효과
> ② 세대 간 검사 결과, 처리 속도의 차이는 나지 않고 지식에 기반한 일반적 정신 역량이 증가함
> ③ 유동적 지능의 변화보다 결정적 지능의 변화에 대한 증거가 됨

(5) 스턴버그(Sternberg)의 삼원 지능 이론 [07 중등, 09 중등]

① 지능은 주어진 문제를 해결하기 위해 사전에 발견된 형태와 관계성을 활용하여 학습하고 사고하는 능력을 의미함
② 모든 사람에게 공통적으로 나타날 수 있는 인지 과정을 강조함
③ 지능에 대한 전통적인 개념에 실제적 지능의 개념을 포괄하는 새로운 관점의 이론으로 볼 수 있음
④ 삼원 이론, 삼위일체 지능 이론, 성공 지능 이론으로도 불림
⑤ 지능의 세 가지 요소
  - 성분적 요소(구성적 부분, 분석적 지능): 정보를 분석·평가·비교하는 데 필요한 지능으로 개인의 정신 작용을 상위 성분, 수행 성분, 지식 습득 성분으로 설명함
    - 상위 성분: 모든 정신 과정을 제어·조절하는 고등 정신 과정
    - 수행 성분: 인식, 관계, 가능한 대안을 비교하는 정보 처리 과정
    - 지식 습득 성분: 기존 정보와 연결하여 새로운 정보를 학습하는 과정

- 경험적 요소(경험적 부분, 창의적 지능): 경험과 관계된 창조적인 지능으로 신기성과 자동화 능력으로 구성됨
  - 신기성: 새로운 것을 효과적으로 다루는 능력

선택적 부호화	중요하고 적절한 정보에 주의를 기울이는 것
선택적 결합	서로 관련이 없는 요소를 연결하여 새로운 것을 창출하는 것
선택적 비교	이미 존재하는 것을 새롭게 바라봄으로써 새로운 것을 유추하는 것

  - 자동화 능력: 새로운 해결책을 신속하게 변경·적용할 수 있는 능력
- 맥락적 요소(맥락적 부분, 실제적 지능): 실제 상황에 대한 문제 해결 능력을 의미함
  - 실제적 적응 능력
  - 사회적 유능성
⑥ 성공 지능
- 분석적·창의적·실제적 지능이 균형을 이룰 때의 지능을 의미함
- 성공 지능이 높은 사람은 가지고 있는 능력의 사용 시기와 방법을 인지함

(6) 가드너(Gardner)의 다중 지능 이론 [02 중등, 03 중등, 04 중등, 07 중등, 09 중등, 11 중등, 19 중등(論)]

① 지능의 속성은 처음부터 서로 별개의 것이며, 각각의 지능은 상호 독립 또는 상호 작용적으로 작동됨
② 사회 문화적 맥락의 영향을 받는 9개의 다중 지능(MI)을 제시함
- 언어 지능: 언어가 가진 상징 체계를 학습하고 창조하는 능력(시인, 문학 작가)
- 음악 지능: 음악적 상징 체계에 민감하고 이를 바탕으로 음악을 창조하는 능력(성악가, 작곡가)
- 논리-수학 지능: 수학적 상징 체계를 숙달하고 관련된 문제를 해결하는 능력(수학자, 논리학자)
- 공간 지능: 공간적 상징 체계를 숙달하고 이를 바탕으로 창조하는 능력(건축가, 공학자)
- 신체 운동 지능: 신체나 운동 등의 상징 체계를 익히고, 문제 해결에 활용하는 능력(운동 경기자, 무용가, 미술가)
- 개인 내 지능: 개인의 내적인 지식으로, 감정과 신체적 능력을 느끼고 조절하는 능력(심리학자, 수도자)
- 대인 간 지능: 타인을 이해하고 타인에 대한 동기화와 협동 방법을 아는 사회적 지능 능력(교사, 종교 지도자, 정치가)
- 자연 지능: 동식물과 사물을 관찰하여 공통점과 차이점을 파악하는 능력(생물학자, 동물학자, 식물학자)
- 실존적 지능: 아동기에는 출현하지 않지만, 종교적인 사고를 할 수 있는 영적인 지능

출제 Point

2019학년도 중등 논술
가드너(H. Gardner)의 다중 지능 이론 관점에서 A, B 학생의 공통적 강점으로 파악된 지능의 명칭과 개념

2003학년도 중등 객관식 35번
다중 지능(MI) 이론: 지능은 언어 지능, 음악 지능 등 서로 다른 독립적이고 상이한 유형의 능력으로 구성되어 있다.

CHAPTER 1 학습자의 인지적 특성

> **Wide** 다중 지능 이론의 적용
>
> 교사를 단지 수업을 주도하는 강의자로 보는 전통적인 교수 방식에서 탈피하기 위해 다양한 교수 방법과 도구를 활용한다.
>
> | 지능 | 교수 활동 | 교재 | 교수 전략 |
> | --- | --- | --- | --- |
> | 언어 지능 | 강의, 토론, 낱말 게임, 함께 읽기, 이야기하기 | 책, 책의 내용을 녹음한 테이프 및 CD | 읽으라, 쓰라, 말하라. |
> | 논리-수학 지능 | 문제 풀기, 실험, 퍼즐, 수 게임, 비판적 사고 | 과학 실험 장비, 수 게임, 계산기 | 측정하라, 비판적으로 생각하라, 개념화하라. |
> | 공간 지능 | 시각적 제시, 미술 활동, 상상하기 | 그래프, 지도, 사진, 그림, 미술 재료, 레고 세트 | 보라, 그리라, 시각화하라. |
> | 신체 운동 지능 | 체험 학습, 드라마, 춤, 스포츠, 촉각 활동 | 스포츠 장비, 조작 가능한 물건, 촉각 학습 자료 | 제작하라, 실연하라, 표현하라. |
> | 음악 지능 | 노래, 연주, 랩 음악 | 악기, 음반, 오디오 | 랩으로 노래하라, 들으라. |
> | 대인 간 지능 | 협동 학습, 공동체 참여 | 역할극에 필요한 용품 | 협력하라, 상호 작용하라. |
> | 개인 내 지능 | 개별화 수업, 자율 학습, 학습 과정 선택 | 일지, 자기 점검식 교재 | 개인 생활과 관련지으라, 선택하라. |
> | 자연 지능* | 식물 채집, 애완동물 돌보기, 자연 체험 활동 | 채집 도구, 동식물 도표, 체험 학습용 보고서 | 동식물 등 자연을 직접 느끼고 체험하라. |
>
> * 자연 지능은 처음에는 제시되지 않은 지능이나, 이후 실존적 지능과 함께 2가지 지능이 추가되었다.
>
> – 다중 지능 교수의 여덟 가지 유형, 신명희 외

③ 모든 인간은 독립적인 9개의 지능을 모두 가지고 있으며, 그 구성 형태는 다양함
④ 지능은 경험과 교육을 통해 계발될 수 있음
⑤ 지능으로 간주하지 않았던 신체 운동 지능이나 자연 지능 등을 중요한 지능으로 바라봄으로써 학생 개인의 재능과 능력에 대한 관심을 강조함
⑥ 누구에게나 강점 지능과 약점 지능이 있다고 바라봄으로써 모든 학습자는 평등하다는 관점을 제시함
⑦ 학생의 강점 지능을 계발하고 약점 지능은 보완하는 새로운 수업 방식에 관심을 가짐
⑧ 다양한 지능을 고려한 다양한 교육 목표 설정이 가능함
⑨ 개별화 수업과 학생의 재능 교육에 대해 관심을 가짐

(7) 지능 이론의 장점과 단점

① 장점
- 선천적 요인인 지능을 제시하고, 후천적 발달을 돕는 교육의 중요성을 제시함
- 다양한 지능 요인의 상호 작용과 개별적 지능의 다양성을 제시함

② 단점
- 지능 발달의 인지적 요인이나 내재적 동기화가 미치는 영향에 대한 설명이 부족함
- 지능과 학업 성취도의 밀접한 관계 외에 영향을 미치는 다른 요인의 규명이 부족함

3 지능의 측정

(1) 비네(Binet) [07 중등]

① 학습 부진아를 가려내기 위한 목적에서 정신 능력을 측정하는 검사를 고안함
② 과제 해결 정도에서 기억력, 상상력, 주의 집중력, 이해력 등의 정신 능력을 측정함
③ 지적 능력 비교에 도움을 줌
④ 스탠포드-비네 지능 검사는 보편적으로 사용되고 있는 검사법으로, 학업 성취도와 관계되는 언어적인 측면을 주로 검사함

(2) 터만(Terman)

① 지능 지수(IQ)를 학생의 정신 연령(MA)과 생활 연령(CA)을 대비시킨 비율로 제안함
② 지능 지수(IQ) = $\frac{\text{정신 연령(MA)}}{\text{생활 연령(CA)}} \times 100$
③ 연령이 동일한 학습자와 그렇지 않은 학습자를 비교할 때 문제가 발생할 수 있음

(3) 웩슬러(Wechsler) [12 중등]

① 터먼(Terman)의 지능 지수(IQ)에 대한 문제를 해결하기 위해 편차 지능 지수(편차 IQ)를 제안함
② 편차 지능 지수는 한 사람의 지능 지수(IQ)를 동일 연령 집단 내에서 상대적 위치로 규정한 것
③ 정상분포 곡선에서 지능 지수(IQ)에 대한 점수의 평균을 표준편차로 나타냄
④ 연령 집단 내에서의 상대적 위치를 나타내므로 더 많은 정보를 제공함
⑤ 웩슬러(Wechsler) 지능 검사(WISC)는 언어적 검사와 비언어적 검사를 종합한 것으로, 11가지 하위 검사의 결과로 지능 지수(IQ)에 대한 정보를 제공함

(4) 지능 검사의 유의점

① 지능 지수(IQ)가 높은 학생이 모든 학교 활동에서 우수할 것이라는 과잉 해석을 지양해야 함
② 실제로 지능 지수(IQ)의 오차가 발생할 가능성이 크기 때문에 영재나 저능아라는 낙인은 금지해야 함

출제 Point

2012학년도 중등 객관식 22번
김 교사: 지난번에 현우와 연수에게 언어성 검사와 동작성 검사로 이루어진 지능 검사를 실시한 결과, 두 학생의 지능 지수가 유사하게 나온 것을 보니 두 학생의 지적 능력은 비슷하다고 보아도 좋을 것 같아요.

지능 지수(IQ)
정신 연령과 생활 연령 간의 비율을 지수화한 것

편차 지능 지수(편차 IQ)
개인의 수행을 모집단 내 다른 사람과의 평균 수행과 통계적 비교에 기초한 점수

CHAPTER 1 학습자의 인지적 특성

4 지능의 발달과 학업 성취도

(1) 지능 발달에 영향을 미치는 요인

① 유전
- 선천적으로 타고난 유전적 인자가 지능을 결정하고 발달시킴
- 연구 결과 유전적 차이가 지능 지수(IQ)의 75~80%를 결정함

② 환경
- 환경적인 요인이 지능을 결정하고 발달에 영향을 줌
- 연구 결과 환경적 차이가 지능 지수(IQ)의 20~25%를 결정함

(2) 지능과 학업 성취도의 관계

① 지능과 학업 성취도의 밀접한 관계
- 지능이 높으면 학업 성취도가 높다고 주장함
- 연구 결과 지능은 60~70% 정도의 예언력을 가진다고 주장함

② 지능과 학업 성취도의 느슨한 관계
- 지능과 학업 성취도는 상식적으로 받아들이는 것만큼 관련을 가지지 못한다고 주장함
- 상관 관계 연구 결과 25~35% 정도의 상관 관계가 있으며, 65~75% 정도는 다른 요인이 결정한다고 밝힘
- 지능의 높고 낮음에 따라 자만하거나 포기할 필요가 없다고 주장함

02 창의력

1 창의력의 개념

(1) 일반적 개념
   ① 창의력에 대한 개념은 매우 다양하므로 객관적으로 정해진 정의가 없음
   ② 일반적으로 인지적 특성과 정의적 특성을 포함하며, 새로운 것을 생각해 내는 능력을 의미함

(2) 길포드(Guilford)
   ① 조작 차원 지능의 하위 요소인 확산(발산)적 사고가 창의성과 관련이 있다고 주장함
   ② 창의력은 새롭고 신기한 것을 낳는 힘을 의미한다고 봄

(3) 토랜스(Torrance)
   창의력은 누락된 요소를 지각하는 과정으로, 기존에 관련되지 않았던 아이디어나 가설을 형성하고 검증하여 수정과 재검증을 하는 과정으로 봄

(4) 플러커와 베게토(Plucker & Beghetto)
   독창적인 작품이나 문제 해결 방법을 만들어 내는 능력으로 봄

2 창의력의 구성 요소 [02 중등]

(1) 창의적인 사람의 인지적 요소
   ① 문제 사태에 대한 감수성: 문제 사태에 대한 인식 능력과 그것에 대한 진술 능력
   ② 사고 활동의 유창성: 짧은 시간에 많은 아이디어를 폭넓게 생성하는 능력
   ③ 사고의 융통성: 자신의 창의 과정을 성찰하는 능력
   ④ 사고와 행동의 참신성: 희소 가치와 새로운 것을 만드는 능력

(2) 창의적인 사람의 정의적 요소
   ① 새롭고, 복잡하고, 어려운 문제를 선호함
   ② 모호성을 참는 능력을 지님
   ③ 실패에 대한 부담이 적고 약간의 위험 부담을 즐김
   ④ 관행에 대한 동조를 거부함
   ⑤ 자신의 경험에 대해 개방적임

3 창의력 관련 이론

(1) 겟젤스와 잭슨(Getzels & Jackson)의 창의력과 학업 성취도
   ① 고지능 집단과 고창의력 집단의 경우 차이는 있지만 학업 성취도가 거의 동등하며 두 집단 모두 학교 전체 평균 대비 학업 성취도가 월등하게 높음
   ② 지능이 낮은 창의력 집단의 높은 학습 동기가 부정되는 경향이 있음
   ③ 평가에서 교사는 창의력보다 지능이 높은 학생을 좋아하는 경향을 가짐

출제 Point

2002학년도 중등 객관식 31번
① 유창성은 창의성의 주요 요소이다.

확산(발산)적 사고

질문에 대해 독창적이며 다양한 해답을 만들어 내는 사고

CHAPTER 1 학습자의 인지적 특성

> **출제 Point**
>
> **2004학년도 중등 객관식 15번**
> 고든(Gordon) 등에 의해 제안되었으며, 창의적인 사람들이 무의식적으로 사용하는 전략들을 활용하는 것이다. 당연한 것으로 받아들이던 대상이나 요소에 대해 의문을 갖고 '내가 만일 새롭게 고안된 병따개라면 어떤 모양이 되고 싶은가?'와 같이 사람이 문제의 일부분이 되어 봄으로써 새로운 관점을 창출한다. 동·식물이 스스로를 보호하고 있는 방법에서 아이디어를 얻어 신변 안전장치를 개발할 수도 있다.

(2) 칙센트미하이(Csikszentmihalyi)의 창의성 체제 모델

① 기본 입장
- 창의성은 개인, 영역, 활동 현장의 3가지 요소가 상호 작용함으로써 나타난다고 봄
- 창의성은 사회적 맥락과의 상호 작용 속에서 살펴 보아야 한다고 보았으며, 사회적 특성을 강조함

② 구성 요소
- 영역: 개인이 활용하는 특정 분야 또는 학문 영역을 의미함
- 활동 현장: 아이디어를 평가, 선별, 유포하는 역할을 수행함
- 개인: 개인적 배경에 따라 아이디어를 제시함

(3) 창의력 이론의 장점과 단점

① 장점
- 학습자의 자기 확신과 높은 기대감을 조장할 수 있음
- 지능에 의한 학교 학습과 함께 창의성에 의한 학교 학습의 효과가 입증됨

② 단점
- 창의성 개념이 인지에 대한 것인지 정의에 대한 것인지 모호함
- 창의성 신장의 다양한 방안을 실제 학교 현장에서 활용하기 어려움

4 창의력 계발 기법

(1) 브레인스토밍

① 오스본(Osborn)이 제안한 기법으로 창의적 아이디어를 산출하기 위해 자유롭게 아이디어를 제안하고 토의하는 기법을 의미함

② 4가지 기법
- 비판 금지, 판단 보류의 원리: 판단이나 평가는 유보해야 함
- 자유분방의 원리: 다양한 아이디어를 자유롭게 이야기해야 함
- 다양성의 원리: 가능한 많은 아이디어를 제시해야 함
- 결합과 개선의 원리: 다른 아이디어와 결합하여 새로운 아이디어를 제시해야 함

(2) 시네틱스 기법(Synectics) [04 중등]

① 고든(Gordon)이 제안한 기법으로, 유추를 통해 친숙한 것을 생소한 것으로, 생소한 것을 친숙한 것으로 보이도록 만드는 과정을 통해 창의성을 증진시키는 기법을 의미함

② 유추 기법
- 직접 유추: 직접적이고 객관적인 유추 방법
- 의인 유추: 문제나 사물을 사람으로 의인화하는 유추 방법
- 상징적 유추: 상징을 활용하는 유추 방법
- 환상적 유추: 비현실적인 유추를 사용하는 유추 방법

(3) PMI 기법 [08 중등]

드 보노(De Bono)가 제안한 기법으로, 아이디어의 긍정적인 면(Plus)과 부정적인 면(Minus)과 흥미로운 점(Interesting)을 생각해 보는 기법

(4) 육색 사고 모자 기법 [05 중등]

① 드 보노(De Bono)가 제안한 기법으로, 여섯 가지 사고를 나타내는 색깔의 모자를 쓰고, 모자에 해당하는 사고를 해 보는 기법
② 한정된 역할을 제시하므로 자유로운 사고가 가능하며, 주의 집중을 유도할 수 있음

(5) 스캠퍼(SCAMPER) 기법

① 오스본(Osborn)과 에버를(Eberle)이 제안한 기법으로, 아이디어를 이끌어 내기 위한 체계적인 질문 방법
② 7가지 질문
- 대체하기(Substitute): 고정적인 시각을 바꾸기 위해 기존의 것을 다른 것으로 대체하도록 질문함
- 결합하기(Combine): 두 가지 이상의 것을 결합하여 새로운 것을 만들어 내도록 질문함
- 적용하기(Adapt): 어떤 것을 다른 목적의 용도에 맞게 응용해서 적용하도록 질문함
- 수정·확대·축소하기(Modify, Magnify, Minify): 어떤 것을 수정하거나 확대, 축소하도록 질문함
- 용도 변경하기(Put to other use): 어떤 것을 다른 용도로 사용하도록 질문함
- 제거하기(Eliminate): 어떤 것을 일부 또는 전체를 제거하도록 질문함
- 재배치하기(Rearrange-reverse): 어떤 것의 순서나 모양, 위치, 기능 등을 재배치하도록 질문함

(6) 속성 열거법

주어진 문제가 가진 명사적·형용사적·동사적 속성을 열거하고, 그중 하나의 속성을 선택하여 개선점을 찾고 가장 좋은 아이디어를 선택하는 기법

> **Wide** 학급에서 활용할 수 있는 창의력 프로그램 [03 중등]
>
> ① 창의적 문제 해결 프로그램: 브레인스토밍
> ② 숨겨진 재능 발견 프로그램: 도전적 사고에 근거한 실습지, 브레인스토밍
> ③ 왈라스(Wallas)의 창의적 활동 과정
> - 준비기: 해당 주제나 문제 정보 얻기
> - 부화기: 내적으로 주제나 문제 생각하기
> - 영감기: 주제나 문제를 해결하기 위한 해결책 떠올리기
> - 검증기: 주제나 문제 해결책을 평가하기

출제 Point

2008학년도 중등 객관식 29번
학생들에게 어떤 아이디어에 대하여 먼저 좋은 점을 생각하고 다음에는 나쁜 점을 생각하며 마지막으로 좋지도 나쁘지도 않지만 주목할 만한 가치가 있다고 생각되는 점을 살펴보도록 하여 사고의 방향을 안내한다.

2005학년도 중등 객관식 31번
감정적, 객관적, 긍정적 측면 등의 사고를 한 번에 한 가지씩 할 수 있도록 돕는 도구를 사용함

5 창의력 계발을 위한 교사의 태도

(1) 학생들이 독립적으로 학습할 수 있도록 격려함

(2) 협동적, 사회적, 통합적인 수업을 진행함

(3) 학생들이 유연한 사고를 할 수 있도록 격려함

(4) 학생들이 자기 평가를 하도록 장려함

03 인지 양식

1 인지 양식의 이해

(1) 개념

학습 과정에서 학습자가 지속적으로 선택하는 일정한 경향성을 띤 학습 방법의 집합

(2) 구성 요인

① 학습자에 대한 가정: 학습자 개인이 선호하는 학습 양식의 내적 속성
- 문화화: 문화적 동질성의 학습을 통해 내재된 공동의 생활 방식
- 지적 능력: 특정한 문제에 대한 지적 접근 방식
- 융통성: 주어진 상황에 대한 유연한 대응력
- 개별적 반응: 학습 환경에 대한 학습자 개인의 반응

② 학습 환경에 대한 가정: 학습자 개인에게 주어지는 학습 환경
- 문화적 다양성: 학습자의 성향에 영향을 주는 문화적 다양성
- 적응적 환경: 적당하게 변화를 추구하도록 고안된 유연한 환경

2 장 의존형과 장 독립형(Witkin & Asch) [02 중등, 12 중등]

(1) 장 의존형 [06 중등]

① 개념: 외부 영향에 따라 사회적으로 정해진 규칙이나 원리를 잘 수용하고 따르는 학습 유형

② 특징
- 직관적인 경험에 근거하여 학습 내용을 수용하려는 경향이 있음
- 전체적으로 사물을 보기 때문에 구체적으로 분리하여 보는 것을 어려워하는 경향이 있음
- 주어진 환경에서 자연스럽게 이루어지는 학습을 선호함
- 인간 관계를 중시하여 친사회적 관계 속에서 이루어지는 만남을 선호함
- 현실에서 인간과 인간 사이의 관계를 대상으로 하는 사회 과학을 선호함

③ 학습 과제: 협동 학습 과제, 표준화된 수행 패턴을 준수하는 과제

④ 교수 방법: 사회적 협동 학습 환경을 제공하고, 선행 조직자와 같은 구조적 단서를 제공해야 함

(2) 장 독립형(장 둔감형)

① 개념: 외부의 영향에 둔감하고, 논리적·분석적 태도로 스스로 추상적인 문제 해결을 선호하는 학습 유형

② 특징
- 분석을 통해 개념과 원리를 이해하려는 경향이 있음
- 학습 내용에 대해 스스로 구조화하는 것을 선호함
- 상호 작용하는 인간적인 활동보다 독립적으로 학습하고 일하는 것을 선호함
- 수학이나 물리와 같이 비인격적이며 추상적인 과목을 선호함

출제 Point

2006학년도 중등 객관식 10번
① 실제 상황이 함께 제시되는 학습 과제를 잘 해결한다.
② 요소들 간의 관계가 분명한 학습 내용을 잘 이해한다.
③ 학습 상황을 부분으로 나누기보다는 전체로 지각한다.

CHAPTER 1 학습자의 인지적 특성

> **출제 Point**
>
> 2012학년도 중등 객관식 24번
>
> 강 교사: 학생들마다 공부하는 방식에 차이가 있는 것 같아요. 어떤 사물을 지각할 때 (가) 그 사물의 배경이 되는 맥락의 영향을 많이 받고 배경과 요소들을 연결지어 지각하는 학생이 있는 데 반해, 맥락의 영향을 별로 받지 않고 사물의 요소를 분리하여 지각하는 학생이 있는 것 같아요.
>
> 윤 교사: 강 선생님이 이야기한 학습 양식의 차이 외에도 어떤 자극에 대한 (나) 반응 속도는 느리지만 사려가 깊어서 정확한 반응을 하는 학생도 있는 것 같아요.

③ 학습 과제: 문제 해결 과제, 모호하고 비구조적인 과제
④ 교수 방법: 독립적인 학습 환경과 자기 주도 학습을 할 수 있는 환경을 제공해야 함

3 충동형과 반성형 [12 중등]

문제를 처리하는 속도와 답안의 정확성과 오류에 근거해 구분한 학습 유형

(1) 충동형(속응형)
① 개념: 문제 해결 과정에서 충동적으로 결정하는 유형
② 특징
  - 빠른 속도로 답을 제시하여 문제를 해결하려는 경향이 있음
  - 정답의 정확성이 떨어지고 오류가 발생할 가능성이 높음
③ 학습 과제: 쉽게 정답을 제시하기 힘든 과제
④ 교수 방법: 정답에 대한 이유를 제시해야 함

(2) 반성형(숙고형)
① 개념: 문제 해결 과정에서 심사숙고하여 결정하는 유형
② 특징
  - 결정을 내리기 전에 필요한 사전 지식을 찾아보고 수집하는 경향이 있음
  - 정답 제시가 느리지만, 오답이나 오류가 적음
③ 학습 과제: 빠른 훑어 읽기(Skimming)를 통해서 핵심을 찾아내는 과제
④ 교수 방법: 문제 해결에 제한 시간을 두고 빠른 정답을 제시하게 함

4 시각, 청각, 운동 감각적 유형(Paivio)

(1) 시각적 학습 유형
① 개념: 구체적인 사고와 이미지를 이용하여 정보의 개별화를 선호하는 유형
② 학습 과제: 그림이나 표, 도식이나 그래프 등의 시각 학습 과제, 개념 지도 그리기 과제
③ 교수 방법: 시각 영상을 활용한 수업, 고차원의 이미지를 이용한 수업

(2) 청각적 학습 유형
① 개념: 읽기와 듣기를 통한 학습을 선호하는 유형
② 학습 과제: 읽기와 쓰기 과제, 순차적 학습 과제
③ 교수 방법: 이미지가 없는 문자 형태의 텍스트를 제시해야 함

(3) 운동 감각적 학습 유형
① 개념: 신체 활동을 통한 감각 학습을 선호하는 유형
② 학습 과제: 다양한 신체 운동 과제, 기계 조작 과제, 손으로 하는 공예 과제
③ 교수 방법: 다감각적 훈련이 가능한 여러 활동이 있는 수업, 문제 해결식 수업

5 평준자형과 첨예자형(Holzman & Klein)

시각적인 과제를 학습자가 어떻게 지각하는지에 기초하여 구분한 학습 유형

(1) 평준자형
① 개념: 시각적인 과제를 단순하게 지각하는 경향을 가진 학습 유형
② 학습 과제: 핵심 아이디어를 요약하는 과제, 문단 나누기 과제
③ 교수 방법: 세부적인 내용보다 중심적인 내용을 제공하고, 일반적인 예시를 제공해야 함

(2) 첨예자형
① 개념: 시각적인 과제를 복잡하고 분화된 방식으로 지각하는 경향을 가진 학습 유형
② 학습 과제: 개념 분류 및 비교 과제, 시각 자료의 특징을 발견하도록 하는 과제
③ 교수 방법: 요소 분류하기나 흐름도를 활용한 수업

6 수렴자형과 발산자형(Guilford)

문제 해결을 위해 어떤 사고와 연합 전략을 활용하는가에 기초하여 구분한 학습 유형

(1) 수렴자형
① 개념: 정형화되고 구조화된 논리적 능력을 요구하는 과제를 선호하는 학습 유형
② 학습 과제: 형식적이고 객관적인 과제, 구조적이고 논리적인 과제
③ 교수 방법: 형태적인 정보를 제시하고, 언어적이고 수적인 정보를 제시해야 함

(2) 발산자형
① 개념: 형식에 고정되기보다 자유 분방을 추구하며, 단서에 의한 추리를 선호하는 학습 유형
② 학습 과제: 정답이 없는 자유 판단 과제, 형식에서 벗어난 추리 과제
③ 교수 방법: 답을 찾아가는 과정이 있고, 판단과 추리를 통해 종합하는 수업

7 총체자형과 계열자형(Pask)

(1) 총체자형
① 개념: 전체적이고 큰 과제, 여러 학습 내용을 함께 다루는 것을 선호하는 학습 유형
② 학습 과제: 개념 개관과 윤곽 세우기 과제, 내용 종합하기 과제
③ 교수 방법: 전체 수업 내용을 구성하고 시뮬레이션이 있는 수업

(2) 계열자형
① 개념: 개별적이고 세부적이며 순차적인 정보를 선호하는 학습 유형
② 학습 과제: 단계적이고 계열적인 과제, 핵심 아이디어를 찾아내는 과제
③ 교수 방법: 내용 요소를 분류하여 제시하고 핵심 아이디어를 분석하도록 해야 함

CHAPTER 1 학습자의 인지적 특성

8 콜브(Kolb)의 학습 양식

능동적인 경험 학습에서 주어지는 정보를 처리하고 수용하는 방식에 따라 구분한 학습 양식

(1) 학습 양식
① 학습 양식은 유전적 · 경험적 · 개인적 요인에 의해서 결정됨
② 피아제(Piaget)의 영향을 받아 학습 양식을 능동적인 학습 주기의 통합으로 봄
③ 정보를 처리하고 수용하는 방식에 따라 4가지 학습 과정과 그 정도에 따른 4가지 학습 유형을 제시함

(2) 4가지 학습 단계
① 구체적 경험: 매 순간의 운동 기능적인 특징을 우선적으로 반영하는 단계
② 반성적 성찰: 외부 세계를 내적인 사고로 학습하는 단계
③ 추상적 개념화: 정보를 상징적으로 이해하는 단계
④ 능동적 실험: 환경을 조작하면서 학습하는 단계

(3) 4가지 학습 유형
① 발산(확산, 분산)자형
  • 개념: 개방적이고 통합적으로 설명하며 감정에 기반한 유형
  • 특징
    − 구체적 경험과 반성적 성찰을 수행함
    − 직관적으로 현상을 파악하고 여러 생각을 일반화함
    − 폭넓은 문화에 대한 관심을 가짐
  • 학습 과제: 개별화 학습 과제
  • 교수 방법: 유사한 사례를 활용하는 수업
② 동화(융합)자형
  • 개념: 행동보다 사고와 이해에 초점을 두며 귀납적인 추론이 가능한 유형
  • 특징
    − 반성적 성찰과 추상적 개념화를 수행함
    − 논리적이고 정확한 이론적 모델을 제작함
  • 학습 과제: 개념적 모델 세우기 과제
  • 교수 방법: 연역적 결과를 추론하고 실생활에 적용하도록 하는 수업
③ 수렴자형
  • 개념: 사고의 실제적 적용이 가능한 유형
  • 특징
    − 추상적 개념화와 능동적 실험을 수행함
    − 문제 해결 능력과 의사 결정 능력을 지님
    − 감정보다 이성을 중시함
  • 학습 과제: 새로운 방식을 창조해 보는 과제, 최선의 해결책을 선택하는 과제
  • 교수 방법: 귀납적 결과를 사용하고 마인드맵을 활용하는 수업

④ 조절(적응)자형
- 개념: 새로운 경험을 즐기고, 기회를 찾으려 하며 위험을 두려워하지 않는 유형
- 특징
  - 구체적 경험과 능동적 실험을 수행함
  - 행동과 결과에 근거한 사고와 계획을 수행함
- 학습 과제: 비구조적인 과제, 상호 협력 과제
- 교수 방법: 정보에 적용할 수 있는 구체적 사례를 제공하고, 설명적 계열을 활용하는 수업

9 적응자형과 혁신자형(Kirton)

변화에 대한 개인적인 반응과 선호하는 학습 전략에 따라 구분한 학습 유형

(1) 적응자형

① 개념: 자신의 역량을 더 발전시키는 것을 선호하는 유형
② 학습 과제: 정교한 과제, 반복적 훈련에 의한 암기와 숙달이 필요한 과제
③ 교수 방법: 강의와 설명식 수업, 교사의 권위가 있는 수업

(2) 혁신자형

① 개념: 새롭게 문제를 해결하는 활동을 선호하는 유형
② 학습 과제: 인지적 갈등을 유발하는 과제, 복잡하고 어려운 과제
③ 교수 방법: 토의식 수업, 내적 동기를 유발하는 수업

10 환경적, 사회적, 감정적, 물리적 요인(Dunn & Dunn)

학습자에게 영향을 주는 외부 조건에 따라 다른 학습 효과가 나타나는 학습 양식

(1) 환경적 요인

① 개념: 소리, 빛, 온도, 디자인 등의 요인
② 학습 과제: 환경적 요인에 근거한 학습 과제
③ 교수 방법: 학습자가 원하는 환경을 제공해야 함

(2) 사회적 요인

① 개념: 학습 집단 편성, 권위 등의 요인
② 학습 과제: 집단 편성 과제, 권위의 존재가 명확한 학습 과제
③ 교수 방법: 학습자가 원하는 사회적 분위기를 제공해야 함

(3) 정서적 요인

① 개념: 내재적 동기, 인내심, 책임감, 구조화된 과제 등의 요인
② 학습 과제: 동기가 활성화되는 과제, 인내심을 가지고 해결할 수 있는 과제
③ 교수 방법: 학습자가 원하는 정서적 분위기를 조성해야 함

CHAPTER 1 학습자의 인지적 특성

(4) 물리적 요인
① 개념: 지각, 음식물 섭취, 시간, 움직임 등의 요인
② 학습 과제: 지각이 가능한 학습 과제, 활동이 가능한 학습 과제
③ 교수 방법: 학습자의 물리적 반응을 고려한 수업

11 참여형과 회피형(Riechmann & Grasha)

사회 문화적 상황에서 개인적인 학습 선호도를 중심으로 구분한 학습 유형

(1) 참여형
① 개념: 사회 문화적 특성이 내재된 학습 상황에서 '참여'를 선호하는 유형
② 학습 과제: 난이도가 수직적인 과제, 논리적인 해결 과제
③ 교수 방법: 개별화 수업, 설명식 교수

(2) 회피형
① 개념: 사회 문화적 특성이 내재된 학습 상황에서 '회피'를 선호하는 유형
② 학습 과제: 쉽게 이해할 수 있는 과제, 자기 불안이나 실패를 최소화하는 과제
③ 교수 방법: 협동적 수업, 탐구식 교수

(3) 협동 지향형
① 개념: 사회 문화적 특성이 내재된 학습 상황에서 '협동'을 지향하는 유형
② 학습 과제: 그룹 과제, 협력하는 문제 해결 과제
③ 교수 방법: 사회적 분위기 조성, 대화와 토론을 통해 상호 장단점을 파악하는 수업

(4) 경쟁 지향형
① 개념: 사회 문화적 특성이 내재된 학습 상황에서 '경쟁'을 지향하는 유형
② 학습 과제: 지도성을 발휘할 수 있는 과제
③ 교수 방법: 다양한 교수 방법, 교사에 의한 권위적인 평가

12 독립자형과 의존자형(Riechmann & Grasha)

(1) 독립자형
① 개념: 스스로 문제를 해결하려고 하며 개방적인 특성을 선호하는 유형
② 학습 과제: 자기 주도 과제, 독립적 학습 과제
③ 교수 방법: 개별화 수업, 프로젝트 수업

(2) 의존자형
① 개념: 안내하는 교사와의 유대감을 바탕으로 최소한의 것만 선호하는 유형
② 학습 과제: 교사 중심 개발 과제, 교사의 지도 아래 목표를 성취할 수 있는 과제
③ 교수 방법: 강의식 수업, 설명식 교수

13 인지 양식의 장점과 단점

(1) 장점

① 학생마다 상이한 사고 방식과 문제 해결력을 갖고 있다는 사실을 알려줌
② 학생마다 학습 과제에 대한 선호 차이와 접근 방식이 상이하다는 것을 알려줌

(2) 단점

① 학습자에게 특정 학습 양식을 최고의 학습 양식으로 단정할 수 있음
② 학습 양식의 유형이 파악되었다고 해서 학습자가 고정된 학습 양식을 소유한 것으로 볼 수는 없음

CHAPTER 2 학습자의 정의적 특성

01 자아개념

1 자아개념과 자아존중감

(1) 자아개념
  ① 장기간에 걸친 성공과 실패 경험의 누적으로 형성된 자신에 대한 관점
  ② 아동의 성숙에 따라 자아개념은 구체성으로부터 추상성으로 나아감

(2) 자아존중감
  ① 자아존중감은 자신이 가지고 있는 자아개념에 대한 스스로의 평가를 뜻함
  ② 긍정적 자아개념을 가지고 있는 학습자는 높은 자아존중감을 가지고 있음
  ③ 부정적 자아개념을 가지고 있는 학습자는 낮은 자아존중감을 가지고 있음

(3) 긍정적인 자아개념과 자아존중감 증진 방법
  ① '격려'의 지도 원리를 활용할 것
  ② 학생의 실패를 학습의 한 부분으로 수용하고, 학생의 장점을 파악할 것
  ③ 학습의 결과보다 과정을 강조할 것
  ④ 실수를 학습의 한 과정으로 보고, 모험에 대한 감수를 가치롭게 여길 것
  ⑤ 학생들에게 책임을 부여할 것
  ⑥ 현실적이고 긍정적인 기대를 가질 것

2 자아개념과 학업 성취의 관계

(1) 자아개념과 학업 성취의 관계는 원인과 결과로 보기 어려움

(2) 양자의 상관 정도는 계속적인 상호 작용 관계에 해당함

(3) 학업적 자아개념과 학업 성취는 밀접한 상관 관계가 있음

02 동기

1 동기(Motivation)

(1) 동기의 개념

학습자가 가진 목표 지향적인 활동이 유발되고 지속되는 과정을 의미함

(2) 동기의 이해

① 학습과 바람직한 행동을 하기 위한 힘을 내적인 심리에서 찾음
② 내적인 심리에 초점을 두어도 외적인 영향과 내적인 영향을 모두 포함함
③ 동기는 외재적 동기와 내재적 동기로 구분됨
   - 내재적 동기를 더 바람직한 교육의 결과로 보지만, 내재적 동기와 외재적 동기를 상호 배타적인 관계로 볼 수 없음
   - 내재적 동기가 부족한 학생들은 외재적 동기를 통해 내재적 동기로 전환해야 함

(3) 동기와 학습의 관계

① 동기는 학습 목표를 지향하여 행동하도록 도움
② 동기는 학습하려는 노력과 힘을 증가시킴
③ 동기는 학습 활동과 학습의 지속을 가능하게 함
④ 동기는 인지적 과정을 촉진시킴
⑤ 동기와 학습은 서로 영향을 주는 상호 관계로 동기는 학습과 수행에 영향을 주고, 학습과 수행은 다시 동기에 영향을 줌

2 동기의 종류 [04 중등]

(1) 외재적 동기

① 외재적 동기는 최종적인 목표를 성취하기 위한 수단으로 활동에 참여하는 동기를 의미함
② 학습자가 가진 내적 요인보다 외적 요인으로, 과제 자체를 수행하는 데 초점을 두는 동기를 의미함
③ 외적 요인이 가져다주는 결과인 성적이나 인정으로 인해서 동기화됨

(2) 내재적 동기

① 내재적 동기는 학습자가 가진 내적 요인으로, 과제를 수행하는 과정 자체에 초점을 두는 동기를 의미함
② 활동 자체가 즐거움과 기술 습득에 도움을 줌
③ 활동 자체가 윤리·도덕적으로 옳다고 생각하기 때문에 동기화됨

CHAPTER 2 학습자의 정의적 특성

3 동기 이론

(1) 행동주의 동기화 이론

① 개념: 경험한 결과에서 얻어진 동기가 행동 변화에 영향을 준다고 보는 동기화 이론
② 동기화
- 학습과 바람직한 행동, 적응과 부적응에 대한 행동주의 이론과 동일한 관점을 가짐
- 학습자가 동기화되는 요인은 강화나 벌 또는 과제 수행 시 주어지는 칭찬이나 격려 등의 외적 요인을 통한 외재적 동기에 의한 것임

③ 교육 방법
- 동기화에 필요한 개별 학생의 선호도를 고려해야 함
- 보상과 과제 수행 시 칭찬을 제공해야 함

(2) 매슬로우(Maslow)의 욕구 위계 이론

① 개념: 학습자가 가진 욕구가 동기화에 영향을 준다고 보는 이론으로, 인간의 욕구를 위계화하여 하위 욕구가 충족되어야 다음 상위 욕구가 등장한다고 봄
② 동기화
- 인간은 위계적인 욕구를 가지고 있으며, 그 욕구에 의해 동기화됨
- 외재적 동기와 내재적 동기를 모두 제시하고 있으나, 내재적 동기를 지향하는 단계의 발달을 강조함

③ 욕구 위계 5단계
- 생리적 욕구: 의식주, 수면, 성 등 신체적으로 필요한 것들을 충족하려는 욕구
- 안전에 대한 욕구: 위험한 상황에서 자신을 보호하고 불안을 없애려는 욕구
- 사랑과 소속에 대한 욕구: 가족이나 친구, 집단과 친밀한 관계를 맺고자 하는 욕구
- 존경에 대한 욕구: 다른 사람들에게 존중을 받으려는 욕구
- 자아실현의 욕구: 현실에 대한 명확한 인식을 바탕으로, 타고난 잠재력을 발휘하고자 하는 욕구
  - 미적 욕구: 자연과 예술이 가진 질서와 조화 및 미적 감각을 추구하는 욕구
  - 지적 욕구: 지식, 기술, 지적 호기심에 의한 욕구

④ 성장 욕구와 결핍 욕구
- 성장 욕구는 더 나은 상태로의 성장과 잠재력 발휘에 의해 동기화되는 욕구로, 지적 욕구와 미적 욕구를 포함한 자아실현의 욕구가 해당되며 결핍된 것이 충족되면 발현되는 욕구임
- 결핍 욕구는 결핍된 것을 충족하려는 것에서 동기화되는 욕구로, 생리적 욕구, 안전에 대한 욕구, 사랑과 소속에 대한 욕구, 존경에 대한 욕구가 해당됨

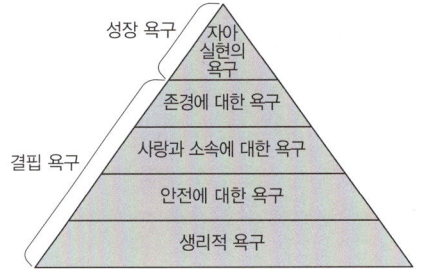

⑤ 교육 방법
- 교사는 학습자 개개인이 가진 욕구 수준 단계를 파악하여야 함
- 교사는 강화물이나 칭찬에 대한 격려 수준과 시기를 고려하여 학습자 개개인의 욕구 충족 방안을 계획하여야 함

⑥ 장점
- 각 단계의 욕구가 자아실현을 위해 작용한다는 측면을 알려줌
- 단계별로 학습자가 가진 욕구의 필요성과 중요성에 따른 교사의 역할을 알려줌

⑦ 단점
- 모든 학습자가 결핍 욕구를 충족한 다음 성장 욕구를 지향하는 것은 아님
- 어떤 학습자의 경우 욕구가 단계적으로 발생하기보다는 혼합되어 나타남

(3) 데시와 라이언(Deci & Ryan)의 자기결정성 이론 [11 중등, 13 중등]

① 개념: 주어진 환경에 대해 학습자가 어떤 행동을 할 것인지를 스스로의 욕구에 따라 결정할 때 동기화된다고 보는 이론

② 동기화
- 학습과 동기의 인지적 측면을 강조하며, 모든 동기화의 행동이 내재적 동기에서 이루어지는 것은 아니라고 봄
- 자신의 욕구를 만족시키기 위해 결정할 수 있는 역량인 의지와 자신의 의지를 활용하는 과정인 자기결정성을 구분하고, 자기결정성에 의한 것이 아니면 내재적 동기가 감소한다고 봄
- 인간의 동기는 무동기에서 외재적 동기로 발달하고, 외재적 동기는 점차 자기 조절 과정의 일부가 되어 자기결정성을 통해 내재적 동기로 발달해 감
- 자기결정성은 자율성, 유능감, 관계성의 3가지 기본 욕구로 이루어져 있으며, 3가지 욕구가 학습과 성장에 도움이 되는 내재적 동기를 제공함

③ 3가지 기본 욕구
- 자율성 욕구: 자기 스스로 결정하려는 욕구
- 유능감 욕구: 자기가 능력 있는 사람이라고 믿고 싶은 욕구
- 관계성 욕구: 타인과 원만한 관계를 맺고 싶어 하는 욕구

④ 지각된 통제
- 외재적 동기가 자기결정성과 함께 내재적 동기로 발달할 때의 중요한 결정 요인으로 지각된 통제를 제안함
- 지각된 통제는 능동적인 학습을 증가시키거나 감소시킴으로써 학업 성취에 영향을 미침
- 3가지 신념
  - 능력 신념: 자신의 역량에 대한 자기효능감, 주체 신념
  - 전략 신념: 특정 전략에 대한 특정 목표 달성, 결과 기대, 수단-목적 신념
  - 통제 신념: 통제 기대

⑤ 자기결정성을 높이기 위한 교육 방법
- 스스로 결정할 수 있는 학습 환경이나 기회를 제공함
- 성공적인 과제 수행의 경험을 제공함

- 타인과 함께 활동할 수 있는 기회를 제공함
⑥ 장점
- 자신의 행동이 외부에 의한 것보다 자신이 결정하는 욕구에 의한 것일 때 동기가 더욱 높아짐
- 내재적 동기에서 나타나는 3가지 신념(능력, 전략, 통제)의 지각된 통제가 학습의 능동성을 결정하는 요인이라는 것을 알려줌
⑦ 단점
- 모든 학습자의 동기가 무동기에서 외재적 동기를 거쳐 내재적 동기로 발달하는 것은 아님
- 자기결정성이 발휘될 수 있는 학습 환경의 조성이 어려움

(4) 코빙톤(Covington)의 자기가치 이론
① 개념: 자기가치를 보호하려는 인간의 욕구가 동기를 유발한다는 이론
② 자기가치
- 자신에 대한 감정이나 정서적인 반응
- 자신을 유능한 존재로 인식하는 경우 자아존중감이 향상되지만, 무능한 존재로 인식할 경우 수치심을 느낌
③ 자기장애 전략: 자기가치를 위한 자기보호 전략
- 과제나 시험에 대해 노력하지 않음으로써 자신의 노력 부족이라고 귀인함
- 과제나 시험에 대비하지 않고 성취한다면 자신의 높은 능력으로 귀인함
- 결과적으로 부정적인 학습 활동이 반복되고 자기가치 보호 기능이 약화됨
- 교사는 학생이 자기장애 전략보다 적극적인 측면에서 행동하고 노력할 수 있도록 도움

(5) 앳킨슨(Atkinson)의 기대 × 가치 이론 [11 중등, 13 중등]
① 개념: 학습자가 자신이 성공할 것이라는 기대와 그 기대에 부여하는 가치에 의해 동기화된다고 보는 이론
② 동기화
- 기대와 가치의 곱으로 행위의 동기가 결정된다고 봄
- 성공에 대한 높은 기대와 기대에 대한 가치 부여는 성취 행동 유형과 관계가 있음
③ 기대와 가치
- 기대는 과제 수행 시 성공 가능성에 대한 개인의 신념과 판단으로, 성공에 대한 기대가 높은 학생은 보다 도전적인 과제를 선택하고 보다 높은 성취를 보임
  - 정서적 기억: 과거의 경험을 통해 과제에 대해 갖게 되는 감정으로, 과제에 대한 긍정적·부정적 가치를 유발하여 성공 경험이 있을 경우 성공에 대한 기대가 높아짐
  - 목표: 수행해야 할 과제의 목표로, 구체적일수록 성공에 대한 기대가 높아짐
  - 자기 도식: 자신의 성격과 정체성을 반영하는 신념으로, 긍정적 자기 도식을 가진 학생일수록 성공에 대한 기대가 높음
- 가치는 과제 가치에 대한 신념으로, 과제를 수행하는 이유에 해당함

- 달성 가치: 과제 수행에 대해 개인이 부여하는 가치로, 과제가 삶에 중요한 가치가 있다고 생각될 때 동기가 촉진됨
- 효용 가치: 자신의 활동이나 전공이 미래의 목표 도달에 유용할 것이라는 믿음으로, 과제가 효율성을 가질 때 동기가 촉진됨
- 비용 가치: 개인이 과제에 참여하기 위해 포기해야 하는 것에 대한 고려로, 가치가 비용보다 높을 때 동기가 촉진됨

④ 장점
- 동기화의 원인이 되는 과제 수행 성공 능력과 과제에 부여하는 학습자 개인의 신념과 판단을 알려줌
- 학생들의 행동과 실제 성취 요인들을 알려줌

⑤ 단점
- 학습자 개인의 기대와 가치는 인지적 과정의 영향을 받기 때문에 학습자에게 나타나는 행동이 서로 다를 수 있음
- 학습자들의 서로 다른 기대와 가치, 인지적 절차, 동기적 신념으로 인해 교사의 지도가 어려움

(6) 반두라(Bandura)의 자기효능감 이론 [11 중등]

① 자기효능감
- 목표를 성취하기 위해 요구되는 일련의 행위들을 조직하고 수행하는 자신의 능력에 대한 개인적 신념을 의미함
- 자기효능감은 단순히 자신에 대해 지각된 유능감과 다름
- 주어진 과제를 해결할 수 있는 기술을 자신이 소유하고 있는지에 대해 명확하게 인지할 수 있음

② 높은 자기효능감과 낮은 자기효능감
- 높은 자기효능감을 가진 학습자
  - 어려운 과제에 적극적으로 참여함
  - 어려운 과제를 지속적으로 수행함
  - 보다 효과적인 인지적 학습 전략과 자기조절 학습을 사용함
  - 다양한 학습 과제를 부여할 경우 높은 성취를 나타냄
- 낮은 자기효능감을 가진 학습자
  - 어려운 과제를 회피하려는 경향이 있음
  - 어려운 과제는 빠르게 포기함

(7) 와이너(Weiner)의 귀인 이론 [03 중등, 05 중등, 11 중등]

① 개념: 성공과 실패의 원인이나 통제 가능성, 안정성 등에 대한 학습자의 믿음이 학습 동기화에 영향을 준다고 보는 이론

② 동기화
- 학습과 동기의 인지 이론으로, 인간은 의식적이고 합리적인 의사 결정 능력이 있음을 전제로 함
- 학습자의 행동은 성취 결과의 성공과 실패에 대한 원인을 어떻게 인식하느냐에 따라 동기화됨

> **귀인**
> 학습자 자신이 수행한 원인(노력, 능력, 운)에 대한 믿음

- 학습자의 관점에서 보는 성공과 실패의 귀인이 중요함
- 귀인은 학습자의 정서, 행동, 성공에 대한 기대 신념, 자아효능감에 영향을 미침

③ 귀인은 3가지 차원에서 발생함
- 소재: 성공과 실패의 원인이 어디에 위치했는지의 차원
- 안정성: 성공과 실패 원인의 지속되는지 변하는지의 차원
- 통제: 성공과 실패의 원인을 자신이 통제 가능한지의 차원

④ 학업 성취에 대한 귀인 요소: 학생들은 학업 성취의 성공과 실패를 능력, 노력, 운, 과제 난이도로 설명하고자 함

귀인	소재	안정성	통제
능력	내부	안정(바꿀 수 없음)	통제 불가능
노력	내부	불안정(바꿀 수 있음)	통제 가능
운	외부	불안정(바꿀 수 있음)	통제 불가능
과제 난이도	외부	안정(바꿀 수 없음)	통제 불가능

⑤ 학습 동기 증진 방안
- 교사는 학생들에게 학습의 성공과 실패를 외적 요인보다 내적 요인으로 귀인하도록 함
- 교사는 학생들에게 불안정적 요인보다 안정적 요인에 귀인하도록 함
- 교사는 통제 불가능한 요인보다 통제 가능한 요인에 귀인하도록 함

⑥ 귀인 프로그램(교육 방법)
- 노력 귀인: 성공과 실패의 원인이 노력에 있다고 귀인시켜 주는 방법
- 전략 귀인: 성공과 실패의 원인이 학습 전략에 있다고 귀인시켜 주는 방법
- 포기 귀인: 노력과 학습 전략 모두 시도했는데 실패했다면 포기를 유도해 새로운 길을 모색해 보게 하는 방법

> **Wide** 노력 귀인과 전략 귀인의 구체적 활동
>
> ① 노력 귀인의 구체적 활동
> - 노력의 필요를 인지적으로 자각하게 한 뒤 죄책감과 수치심을 극복하게 한다.
> - 내적인 귀인의 체계적인 강화와 교사 자신도 같은 모습을 보여준다.
>
> ② 전략 귀인의 구체적 활동
> - 실패의 원인을 학습자보다 전략이나 방법으로 귀인시켜 준다.
> - 학습 방법이나 습관에 대한 반성적 성찰의 기회를 부여한다.

⑦ 장점
- 귀인을 만드는 환경과 개인의 요인이 모두 영향을 미친다는 것을 알려줌
- 귀인의 3가지 차원(소재, 안정성, 통제 가능성)과 귀인 요소에 따라 학습 결과가 달라진다는 사실을 알려줌

⑧ 단점
- 내적 귀인에 의한 교사의 활동에도 모든 학습자의 동기가 활성화되지 않음
- 학습자에 따라 외부 요인이나 불안정, 통제 불가능의 차원에서 학습 동기가 강화될 수 있음

(8) 드웩(Dweck)의 목표 지향 이론 [11 중등, 12 중등]

① 개념: 학습자가 가진 목표의 내용과 강도가 동기화되어 행동에 영향을 미친다고 보는 동기화 이론

② 숙달 목표
- 자신이 설정한 계획 기준과 자기계발에 초점을 두어 주어진 내용을 학습하고 숙달하는 목표
  - 도전적 과제를 선호하고 노력에 귀인함
  - 학습 과정 그 자체의 활동에 초점을 맞춤
  - 학습의 결과는 노력의 함수라고 자각함
  - 학습 과제를 실패하더라도 자기가치에 손상을 입지 않음
  - 내재적 동기와 높은 자기효능감을 가짐
- 숙달 접근 목표: 높은 관심과 인지, 적응적이고 긍정적인 감정, 도전적 과제 선호, 많은 노력과 과제를 지속하는 데 접근하려는 목표
  - 자기효능감을 갖고 높은 성취를 보임
  - 도전적인 과제를 받아들이려고 하며, 높은 성적을 받음
- 숙달 회피 목표: 자신이 설정한 높은 기준에서 벗어나는 과제나 학습에서 오류나 잘못을 피하려고 할 때 나타나는 목표

③ 수행 목표
- 본인의 능력 과시와 타인에게 보여주기 위한 점수 중심의 목표
  - 타인과의 비교에서 우위를 차지하기 위해 노력함
  - 학습의 결과는 능력의 함수라고 자각함
  - 학습 과제를 실패하면 자기가치에 손상을 입음
- 수행 접근 목표: 타인을 이기고 자신의 능력과 우월감을 과시하고자 나타나는 목표
  - 자기효능감을 갖고 높은 성취를 보임
  - 도전을 받아들이고자 하는 동기가 낮으므로 낮은 성적을 받음
- 수행 회피 목표: 자신의 능력이 부족해 보이는 것을 회피하려는 성향에서 나타나는 목표
  - 수행 접근 목표의 반복적인 실패가 결과로 나타남
  - 자신감이 없는 학습자일수록 동기와 성취가 낮아짐

④ 과제 회피 목표: 과제가 쉽거나 노력을 거의 하지 않고 완수할 때 성공적이라고 느끼는 목표
- 비효과적인 학습 전략을 사용함
- 팀 활동의 기여도가 낮음
- 도전적인 과제 수행에 불평이 많음

⑤ 사회적 목표: 신뢰와 책임감을 가진 목표
- 동기와 성취의 상승과 저하에 영향을 줄 수 있음
- 숙달 목표와 연합되면 학습 동기와 성취를 상승시킬 수 있음
- 사회적 목표가 학습 목표와 갈등을 유발할 때 성취와 동기가 저하될 수 있음

출제 Point

2012학년도 중등 객관식 25번
ㄱ. 개인의 지적 능력은 변하지 않는다는 관점을 갖기 쉽다.
ㄹ. '우리 반 광수보다 더 높은 점수 받기'와 같은 목표를 설정한다.

CHAPTER 2 학습자의 정의적 특성

⑥ 학습된 무기력
- 학습자가 과제 달성과 환경 통제가 불가능하다는 믿음이 형성되어 무력화됨
- 수행 회피 목표의 반복적 실패에 의해 발생함

⑦ 교육 방법
- 숙달 목표의 경우 쉬운 과제보다 도전적인 과제를 제공하고, 연구 보고서를 작성하게 하거나, 스스로 숙달을 시도하게 하여 격려하여야 함
- 수행 회피 목표의 경우 지속적인 강화를 제공하고, 보다 나은 과제를 성취했을 시 칭찬하여야 함

⑧ 장점
- 학습자가 가진 목표의 정도에 따라 학습의 효과가 상이해지는 이유를 알려줌
- 학습자가 지향하는 동기의 종류에 맞는 학습 과제와 교사 역할의 중요성을 알려줌

⑨ 단점
- 학습자가 동기화되는 이유를 목표 이외의 욕구나 자기 결정, 귀인 등의 복합적인 요인에서 제시하지 못하고 있음
- 모든 학습자의 목표를 수행 목표에서 숙달 목표로 전환하는 데 많은 시간과 노력이 뒤따름

(9) 성취 동기 이론

① 개념: 성취 동기는 도전적이고 어려운 과제를 성취하려는 것으로, 학업 성취에 대한 동기가 동기화를 결정한다는 이론

② 개인의 성취 동기에 초점을 맞춤
- 높은 성취 동기를 가진 학습자는 도전적 과제를 성취할 수 있다는 사실을 통해 동기화됨
- 낮은 성취 동기를 가진 학습자는 현재의 기준에서 성취할 수 있는 것에 의해 동기화됨

③ 성취 행동은 성공 추구 동기와 실패 회피 동기의 상대적 강도에 의해 결정됨
- 성공 추구 동기가 높은 학생은 성공 가능성이 높은 중간 정도 난이도의 과제를 선택하는 경향이 높음
- 실패 회피 동기가 높은 학생은 실패할 위험이 적은 쉬운 난이도의 과제를 선택하는 경향이 높음

(10) 교사 기대와 학습 동기

① 교사 기대: 학생들의 학습과 수행에 대한 교사의 기대가 학생의 학습 동기에 영향을 미침
- 피그말리온 효과는 교사의 기대에 따라 학습자의 학업 성취가 향상되는 효과로, 학생들의 성취는 교사의 기대에서 자기충족적 예언으로 작용함
- 교사의 차별적 행동은 학생들의 반응에 영향을 줄 수 있음
- 서로 다른 학습 능력에 대한 교사의 지식이 초기 신념을 결정하고, 교사의 능력과 신념이 학업 성취에 영향을 줌

> **자기충족적 예언**
> 특정한 자극이 미래 상황에 대한 예측을 형성하고 그 예측이 현실에도 영향을 주는 예언

② 차별적인 교사의 행동
- 사회 정서적 분위기: 언어적, 비언어적 행동을 모두 포함하여 많은 기대를 갖고 있는 학생에게 따뜻한 사회정서적 분위기를 연출함
- 언어적 제공: 교사가 높은 기대를 갖고 있는 학생에게 새로운 학습과 어려운 학습 자료를 제공함
- 언어적 산출: 교사가 높은 기대를 갖고 있는 학생에게는 수업 내용에 대한 많은 상호 작용 횟수와 시간을 부여하고, 주로 학문적인 상호 작용을 수행하지만, 낮은 기대를 갖고 있는 학생에게는 사적 또는 개인적인 상호 작용을 수행함
- 피드백: 교사가 높은 기대를 갖고 있는 학생은 칭찬하지만, 낮은 기대를 갖고 있는 학생에게는 비평을 함

③ 교사 효능감
- 학생들의 학습을 도와주는 교사 자신의 능력에 대한 개인적 신념을 의미함
- 높은 교사 효능감을 가진 교사
  - 학생들이 학업을 성공할 수 있도록 도움
  - 학습 문제를 가진 학생들에 대해서도 지속적으로 교육함
  - 학생들과의 상호 작용을 통한 칭찬이나 격려를 제공함
- 낮은 교사 효능감을 가진 교사
  - 학습 능력 이상의 수업 활동은 하지 않음
  - 학습 문제를 가진 학생들을 지속적으로 교육하지 않음
  - 학생들에게 필요한 자료 수집과 효과적인 수업 방식을 적용하지 않음
- 학업 성취와 교사 효능감의 관계
  - 높은 교사 효능감을 가진 교사에게 배운 학생들의 학업 성취도가 높음
  - 학생의 학습 성장은 교사의 효능감을 증가시킴
  - 개인 또는 집단에 따라 학생의 실패가 교사의 효능감에 상대적인 영향을 미침

(11) 정서와 학습의 관계
① 개인적 흥미: 학습자의 비교적 안정적인 성격적 특질에서 발생하는 흥미(스포츠, 영화, 게임 등)
② 상황적 흥미: 맥락적 특징을 가지며 과제 또는 활동에 대해 발생하는 흥미(텍스트, 과제 자료, 구체적 상황이 포함된 활동)
③ 시험 불안: 학습에 부정적인 영향을 주는 정서 유형
- 근심 요소인 인지 요소, 부정적 감정인 정서 요소, 신체적 변화인 생리 요소
- 학습에 영향을 미치는 부정적 영향
  - 과제 집중 방해, 산만한 생각으로 인하여 시험 수행 방해
  - 인출 간섭으로 시험 시 회상 방해
  - 학습 방법과 전략, 시험 준비의 기술 부족
④ 해결 방안: 유용한 학습 기술과 시험 전략 습득으로 더 많은 작업 기억 용량 사용 연습

CHAPTER 3 학습자의 발달

01 발달의 이해

1 발달의 개념

(1) 발달의 정의

① 유년기부터 성인기에 이르기까지 인간에게 일어나는 변화를 의미함
② '성숙과 학습의 상호 작용으로 일어나는 양적·질적 변화' (코프카)

(2) 발달의 종류

① 신체적 발달: 신체의 크기, 형태, 기능의 변화를 의미함
② 정서적 발달: 감정을 다루는 능력의 변화를 의미함
③ 인지적 발달: 학습, 성숙, 경험의 결과에 따라 나타나는 사고의 변화를 의미함

2 발달의 원리

(1) 유전적 요인과 환경적 요인의 영향

유전적 요인은 발달에 많은 영향을 미치지만, 환경 역시 발달에 중요한 요인으로 작용함

(2) 순차적이고, 예측 가능한 방향

발달은 비교적 구체적인 개념에서부터 추상적인 개념의 순서대로 이루어지며, 예측 가능한 방향으로 이루어짐

(3) 속도의 개인차

발달은 일반적인 순서로 이루어지지만, 발달 속도는 개인마다 다양함

(4) 발달 정도의 개인차

개인 내 영역별 발달 정도의 차이가 있으며, 개인 간에도 발달 정도의 차이가 있음

3 발달의 성격

(1) **기초성**

초기 발달 후 후기 발달이 일어나므로 어릴 때의 경험이 중요함

(2) **적기성**

적절한 시기에 발달해야 한다는 것으로, 모든 발달에는 각 단계에 맞는 발달 과업이 있음

(3) **누적성**

발달은 계속적·연속적·누가적 성격을 지님

(4) **불가역성**

발달 시기를 놓치면 다시 회복하기 어려움

CHAPTER 3 학습자의 발달

출제 Point

2011학년도 중등 객관식 24번
'불평형'은 오류가 생기는 상황에 직면할 때 일어난다. '불평형'은 인지적 성장을 고무하기에 알맞은 정도로 유지되어야 한다. 그 이유는 문제가 너무 단순해서 학생들이 지루해해서도 안 되고, 교수내용을 이해할 수 없어서 뒤처져도 안 되기 때문이다.

02 인지적 발달

1 피아제(Piaget)의 인지 발달 이론 [03 중등, 05 중등, 08 중등, 10 중등, 11 중등]

(1) 인지 발달

인간과 환경의 상호 작용을 통해 인지 구조가 질적으로 변화하는 과정을 의미함

(2) 주요 개념

① 도식(Schema)
  - 특정한 인지 구조를 통해 경험을 이해하는 내적인 형식
  - 외부 환경에 대한 이해의 틀
  - 경험을 통해 도식을 구성하고 변경시킴
② 적응: 환경과의 상호 작용으로 도식을 형성하는 과정
  - 동화: 기존의 도식을 통해 새로운 대상을 이해하는 인지 과정
  - 조절: 현재의 도식과 새로운 대상과의 불평형이 발생할 때 새로운 도식을 형성하는 인지 과정
③ 불평형: 새로운 정보와 기존의 인지 도식 간에 불균형 상태
④ 평형화: 동화와 조절 간의 적절한 인지적 균형을 이룬 상태
⑤ 조직화: 새로운 도식 형성이 기존 도식과의 조정을 통해 인지 구조의 일부가 되는 과정

(3) 인지 발달 단계

논리적인 정신 작용을 나타내는 조작(Operation)에 주목하여 인지 발달 단계를 4단계로 구분함

① 감각 동작기(출생~2세)
  - 자극에 의한 신체적 반응으로서 동작을 수행하는 감각 운동을 통해 세상을 지각·이해하는 시기
  - 감각 동작기 말기에 대상이 시야에서 사라져도 계속 존재한다고 믿는 대상 영속성을 획득함
  - 사물을 머릿속에 표상하는 감각 표상 운동을 할 수 있음
② 전조작기(2~7세)
  - 지각이 아동의 사고를 지배하는 시기
  - 영상이나 언어 등의 상징을 통해 세계를 표상하는 능력을 획득함
  - 직관적 사고: 지각에 의존하는 사고로, 지각적 특성으로 대상을 파악함
  - 중심화: 대상의 한 가지 특성만 파악하며, 다른 대상과의 관련성을 사고하지 못함
  - 자기중심적 사고: 타인의 관점이 자신과 동일하다고 생각하며, 타인의 입장을 생각하지 못함
  - 자기중심적 언어(집단 독백)를 사용함
③ 구체적 조작기(7~8세)
  - 구체적인 사물에 대한 논리적·조작적 사고가 가능한 시기

- 탈중심화: 대상의 다양한 측면을 고려함
- 사회 지향성: 자신과 타인의 감정이 다르다는 것을 아는 탈중심화 개념
- 물체의 모양이 변경되어도 물리적 특성은 동일하다는 보존 개념이 발달함
  - 가역성: 처음의 상태로 돌이켜 사고할 수 있음
  - 동일성: 대상의 동일한 양을 알 수 있음
  - 상보성: 대상의 특징을 비교하고 종합하는 능력으로, 한 차원의 변화는 다른 차원의 변화에 의해 보상됨을 알 수 있음
- 유목화: 대상을 다양한 특성에 따라 위계적으로 분류함
- 서열화: 대상을 구조에 따라 배열함
- 수평적 위계(수평적 격차): 보존 개념들을 순서대로 습득하는 것

④ 형식적 조작기(11세 이후)
- 구체적인 사물 없이도 추상적이고 개념적인 사고가 가능한 시기
- 추상적 사고: 구체적인 사물에서 벗어나 추상적인 주제에 대해 사고할 수 있는 능력
- 반성적 추상화: 구체적 경험 없이 제시된 정보를 통해 유추하는 사고 과정
- 가설 연역적 사고: 가설을 설정하고 설정된 가설을 검증함으로써 정보를 수집하고 문제를 해결할 수 있는 사고
- 자기중심적 사고
  - 상상적 청중: 타인이 자신만 주시하고 있다고 믿는 사고
  - 개인적 우화: 자신의 경험이나 생각은 오직 자신만이 겪는다고 믿는 사고
- 조합적 사고: 문제 해결에 필요한 요인들을 체계적으로 조합하여 문제를 해결하는 사고

2 브루너(Bruner)의 인지 발달 이론

(1) 인지 발달

① 정보 처리 과정의 발달이 중요함
② 교사와 학생의 언어적 상호 작용을 강조함
③ 아동은 3가지의 표현 양식으로 세상을 인지적으로 표상하면서 발달함

(2) 표현 양식

① 동작적 표현 양식
- 행위를 하면서 이해하는 단계
- 아동이 신체적인 활동을 하면서 세계를 이해하는 작동적 단계

② 영상적 표현 양식
- 시각 기억과 감각 기억의 발달을 통해 세상을 이해하는 단계
- 영상을 통해 정보를 얻고, 얻어진 감각 이미지에 의해 의사 결정을 하는 단계

③ 상징적 표현 양식
- 여러 가지 개념들을 추상적으로 정리할 수 있는 상징 체계로 이해하는 단계
- 언어, 수학과 같은 추상적인 상징 체계로 사물을 이해하는 단계

CHAPTER 3 학습자의 발달

3 케이즈(Case)의 신피아제 이론

피아제(Piaget)의 인지 발달 이론과 정보 처리 이론을 결합한 이론

(1) 인지 발달
① 인지 발달을 아동이 과제를 처리하는 작업 기억 용량의 증가로 봄
② 인지 발달은 효율적인 전략의 사용을 통해 정보 처리 능력이 증가하면서 이루어짐
③ 피아제(Piaget)의 인지 발달과 마찬가지로 연령이 증가함에 따라 인지가 발달한다고 봄
④ 반복적인 연습을 통해 처리 능력이 자동화되면 작업 기억 용량이 증가하여 인지 발달이 촉진됨

(2) 작업 기억의 용량, 정신 공간(M-space)
① 피아제(Piaget)의 도식 개념에서 영향을 받음
② 도식은 연령의 증가와 함께 정신적인 전략의 역할을 하며, 이에 따라 정신 공간이 확장됨
③ 전략의 실행과 연습을 통해 정신 공간이 확장됨
④ 정신 공간의 확장은 문제 해결 능력을 증가시키고, 다음 단계로의 이행을 도움

(3) 작업 기억 수준(Level of Working Memory)
① 피아제(Piaget)의 인지 발달 이론의 개념에서 영향을 받음
② 피아제(Piaget)는 인지 발달 단계를 조작 수준에서 바라본 반면, 케이즈(Case)는 작업 기억의 수준으로 바라봄

4 피셔(Fischer)의 기술 이론

(1) 인지 발달
① 각 단계에서 특정 작업 능력이 생기고, 이는 다른 능력과 결합되면서 발달함
② 결합을 통해 보다 일반적이고 상위 수준의 기술로 변형시키면서 단계를 이동함

(2) 기술 발달 순서
① 특정한 상황의 기술을 완성함
② 완성한 기술을 유사한 상황에서 적용함
③ 광범위하게 적용될 수 있는 새로운 원칙을 발견함
④ 더 높은 수준의 기능으로 발전시킴

5 비고츠키(Vygotsky)의 인지 발달 이론 [03 중등, 12 중등]

(1) 인지 발달
① 아동은 타인과의 관계에서 영향을 받으며 성장하는 사회적 존재임
② 사회 문화적 맥락에서 타인과의 상호 작용을 통해 인지 발달이 일어남
③ 아동의 지식, 생각, 태도 등은 타인과의 상호 작용을 통해 발달함

> **Wide** 구성주의와 객관주의의 비교
>
> 객관주의는 세계가 실재, 특성, 관계의 관점에서 완전하게 구조화되어 있다고 본다. 세계를 구조화하는 데 있어서 경험이 중심적인 역할을 수행하며, 의미는 경험과 별도로 세계 속에 존재한다. 이해의 목표는 세계 속에 존재하는 실재, 특성 관계를 아는 것이다. 그러므로 객관주의에서의 목표는 완벽하고 정확한 이해 추구에 있다. 구성주의는 객관주의 전통에 대해 대안적인 인식론적 근거를 제공한다. 객관주의처럼 구성주의는 우리가 경험하는 실제 세계가 있다고 주장한다. 그러나 의미가 우리와 별도로 존재하는 것이 아니라 우리가 세계에 부여하는 것이라고 주장한다. 그러므로 하나의 정확한 의미는 존재하지 않는다. 구성주의의 지식은 개인이 세상을 살아가고 이해하는 데 있어서 본인에게 의미 있고, 적합하고, 타당하면 그것이 지식이다. 객관주의처럼 절대적 지식의 추구가 목표가 아니다.

+ 출제 Point

2013학년도 중등 객관식 22번
이 학자는 전통적인 지능 검사의 한계를 지적하면서 근접 발달 영역(Zone of Proximal Development)이라는 개념을 처음으로 주장했다. 연수 이후 문 교사는 학생들이 혼자서 해결할 수는 없지만 타인의 도움을 받으면 해결할 수 있는 근접 발달 영역에서 학습이 가장 효과적으로 이루어지며, 이 영역이야말로 교수·학습 및 평가 활동에서 강조되어야 한다고 생각하게 되었다.

2004학년도 중등 객관식 16번
근접 발달 영역은 잠재적(Potential) 발달 수준과 실제적(Actual) 발달 수준 사이의 영역을 의미한다.

(2) 언어와 인지 발달

① 언어를 통한 타인과의 상호 작용에서 사고가 발달한다고 봄
② 언어는 인식의 도구를 제공하고, 사고를 조절하며 반영하는 수단이 됨
③ 아동은 언어에 포함되어 있는 사회적·역사적 의미를 내면화함
④ 사회·문화 속에서의 언어가 사고 발달의 근원이 됨
⑤ 사적 언어가 내적 언어로 발달함
  - 사적 언어: 자신의 행동과 사고를 안내하고 문제 해결을 위하여 자기 자신과 의사소통하는 혼잣말
  - 내적 언어: 자기중심적 언어가 내면화되어 마음속에서 사용되는 언어

(3) 언어 발달 단계

① 원시적 단계: 울음, 옹알이 등을 통한 단어 학습이 일어남
② 순수 심리 단계: 언어의 상징적 기능을 발견하고, 계속적인 질문을 통해 스스로 정보를 추구함
③ 자기 중심적 언어의 단계: 문제 해결을 위해 자신의 행동을 통제하고 계획함
④ 내적 언어의 단계: 자신의 머릿속에서 언어를 조직함

(4) 근접 발달 영역(ZPD) [04 중등, 13 중등, 16 중등, 20 중등(論)]

① 실제적 발달 수준과 잠재적 발달 수준 사이의 영역을 나타내는 개념으로, 아동이 혼자서는 해결할 수 없지만, 성인이나 유능한 또래의 도움으로 성공할 수 있는 영역을 의미함
  - 실제적 발달 수준: 다른 사람의 도움 없이 혼자서 과제를 수행할 수 있는 능력 수준
  - 잠재적 발달 수준: 혼자서는 해결할 수 없으나, 성인이나 유능한 또래의 도움을 받으면 과제를 해결할 수 있는 능력 수준
② 교사나 다른 학생들과의 상호 작용을 통해 발달이 가능함을 나타냄

CHAPTER 3 학습자의 발달

> **Wide** 근접 발달 영역과 수업
>
> 교사는 학생의 성공적인 과제 수행을 위해 잠재적 발달 수준과 실제적 발달 수준을 모두 고려하여야 한다. 수업은 현재 학생의 실제적 발달 수준보다 앞서 있는 잠재적 발달 수준으로 제공해야 한다. 이때, 학생은 교사나 또래 학생의 도움을 스스로 내면화하면서 실제적 발달 수준을 향상시킨다. 내면화는 학습자 스스로 구성하는 활동으로, 도움 받은 지식을 자신의 정신 과정으로 전환하는 것을 의미한다.

비계
건물을 짓는 건축 현장에서 임시로 연결하는 발판

(5) 비계 설정(Scaffolding)

① 새로운 능력의 구성을 위해 요구되는 지원 체계로, 한시적으로 제공되는 조력에 해당함
② 학습을 위해 임시로 제공한 도움을 점차 감소하는 방법을 의미함
③ 학습자를 단순히 도와주는 것이 아니라 학습자 스스로 과제를 수행할 수 있도록 도와주는 것, 즉 스스로 완성할 수 있도록 이끌어주는 것을 의미함
④ 비계 설정의 종류
- 모델링: 효율적인 과제 수행 모습을 보여주거나 문제에 내포된 단계를 설명함
- 소리 내어 생각하기: 과제를 수행하는 모습을 보여주면서 자신의 생각을 소리 내어 말함
- 질문: 학습자가 직접 과제를 수행하는 과정에서 적절한 시점에 관련된 질문을 제시함
- 끌어들이기: 학습 동기를 유발하기 위해 학생의 주의 집중을 유도함
- 과제 범위의 조정: 학습자의 수준에 따라 의도적으로 과제 범위를 축소하거나 확장함
- 조언과 단서: 학습자가 직접 과제를 수행하는 과정에서 필요한 힌트를 제공함

(6) 역동적 평가

① 타인의 도움을 받아 새로운 내용을 학습할 수 있는 능력, 즉 잠재 능력을 평가하는 것을 의미함
② 타인의 도움 속에서 학습자의 능력을 평가하는 방안을 활용함
③ 역동적 평가 과정
- 사전 검사: 학생이 혼자서 해결할 수 없는 과제를 확인함
- 개입: 과제와 관련된 행동이나 방법 등을 가르치고 연습시킴
- 재검사: 학생이 배운 내용을 토대로 향상된 정도를 파악함

(7) 비고츠키(Vygotsky) 이론의 교육적 적용

① 교사는 학생의 잠재적 발달 수준을 파악하여 알맞은 학습 조건을 제공해야 함
② 학생과 교사 간의 교육적 대화를 강조함
③ 학생 간 협동 학습의 중요성을 강조함
④ 학생이 적극적으로 참여할 수 있는 학습 환경을 제공해야 함
⑤ 현재의 발달 수준보다 조금 앞서는 내용을 가르쳐야 함

Wide 피아제의 인지적 구성주의와 비고츠키의 사회적 구성주의 [07 중등]

인지적 구성주의는 지식의 내적 구성에 근거하여 설명하는 반면, 사회적 구성주의는 사회적 맥락 안에서 구성된 지식을 학습자의 내면화에 근거하여 설명한다.

구분	피아제(Piaget)	비고츠키(Vygotsky)
인지 발달	개인 내부에서 일어나는 인지적 과정	성인이나 유능한 또래와의 상호 작용 과정
언어의 역할	자기중심적 언어를 강조함	사적 언어를 강조함
교수 방법	아동의 평형화를 깨뜨리는 경험을 제공함	발판을 제공하고, 상호 작용을 안내함

출제 Point

2007학년도 중등 객관식 28번

ㄱ. 피아제(Piaget)는 개인 내부에서 새로운 지식이 어떻게 구성되는가에 관심을 두었으나, 비고츠키(Vygotsky)는 문화의 맥락 안에서 정신적 도구가 어떻게 매개되는가에 관심을 두었다.

ㄷ. 피아제(Piaget)는 교사가 아동의 평형화를 깨뜨리는 경험을 제공해야 한다는 점을 시사하였으나, 비고츠키(Vygotsky)는 교사가 아동에게 발판을 제공하고 상호 작용을 안내해야 한다는 점을 시사하였다.

구성주의

- 급진적 구성주의: 지식은 인식 주체에 의해 능동적으로 형성되는 것(Glasersfeld)
- 사회적 구성주의: 사회적 맥락에서 구성된 지식이 내면화되는 것(Vygotsky)
- 인지적 구성주의: 학습자의 내적인 구성과 기존 지식의 도식들과 관련된 새로운 아이디어의 동화 과정에 의해 도식이 조절되는 과정(Piaget)

03 정의적 발달

1 성격 발달 이론

(1) 프로이트(Freud)의 성격 발달 이론 [02 중등, 07 중등]

① 본능(리비도)의 집중 부위에 따라 성격 발달 단계를 구분함
② 성격의 구조
- 원초아(Id)
  - 성격의 본능, 열정, 충동적인 부분
  - 인간의 정의적 특성을 포함한 인간 행동의 근원임
  - 쾌락 원리의 지배를 받음
- 자아(Ego)
  - 성격의 현실적인 부분
  - 원초아(Id)의 현실적 욕구를 만족시키기 위한 방법과 계획을 세움
  - 현실 원리의 지배를 받음
- 초자아(Super-ego)
  - 성격의 이상적인 부분
  - 원초아(Id)의 욕구를 억압함
  - 도덕 원리의 지배를 받음
③ 의식 구조
- 의식: 현재 각성하고 있는 행위와 감정을 의미함
- 전의식: 의식과 무의식을 연결하는 것으로, 의식적으로 떠올릴 수 있는 감정을 의미함
- 무의식: 억압된 원초아(Id)의 욕구가 누적되는 곳으로, 내적 갈등을 겪음
④ 성격 발달 단계
- 구강기(출생~1세)
  - 원초아(Id)가 발달하는 단계
  - 입, 입술 등의 구강을 통해 만족감을 얻는 시기
  - 욕구의 과잉이나 좌절을 겪게 되면 고착(Fixation) 성격이 형성될 수 있음
- 항문기(2~3세)
  - 자아(Ego)가 발달하는 단계
  - 배변을 통해 만족감을 얻는 시기
  - 지나친 청결이나 방치는 결벽증이나 무절제한 성격을 형성할 수 있음
- 남근기(4~5세)
  - 자신의 성기와 부모의 성에 대해 눈을 뜨는 시기
  - 오이디푸스 콤플렉스: 남자아이는 어머니에 대한 소유 욕구에 의해 아버지를 미워함
  - 엘렉트라 콤플렉스: 여자아이는 자신이 갖지 못한 것을 가진 아버지를 동경함
  - 콤플렉스를 해소하지 못할 경우 정신적 외상(트라우마)이 발생할 수 있음
  - 콤플렉스 해소를 통해 초자아(Super-ego)가 발달함

- 잠복기(6~11세)
  - 성적인 만족감이 정지되는 시기
  - 학업과 친구 관계를 통해 근면성이나 열등감이 형성됨
  - 자아(Ego)와 초자아(Super-ego)는 계속해서 강화됨
- 생식기(12세 이후)
  - 이성을 향한 성적 충동이 발생하는 시기
  - 사회적 직업 선택의 요구가 주어지는 시기
  - 성격이 완성되는 시기

⑤ 개인의 성격은 5세 이전에 기본적인 구조가 완성되므로, 인생의 초기 경험을 중요하게 여김

⑥ 욕구의 과잉 충족과 심각한 좌절이 정상적인 성격 발달을 방해한다고 봄

⑦ 이론의 공헌과 한계
- 인간의 무의식에 대한 연구를 강조함
- 정의적 특성에 대한 원인 분석이 유아기에 맞추어져 있음
- 학습자가 지닌 인지나 내적 동기를 간과함

(2) 에릭슨(Erikson)의 성격 발달 이론 [03 중등, 04 중등, 09 중등, 16 중등(論)]

① 심리 사회적 발달
- 인간이 발달 시기에 따라 겪는 중요한 인생 문제를 어떻게 극복하며, 이를 제대로 극복하지 못했을 때 성장한 후 어떤 어려움을 갖게 되는지 주목함
- 인간의 생애는 신체적·심리적으로 성장하는 유기체가 사회적 영향과 상호 작용하면서 형성됨
- 생애 주기를 통한 발달적 변화와 사회적·역사적 요인에 기초한 성격의 이해가 중요함
- 발달은 단계별로 진행되고, 각 단계는 바람직한 것과 위험한 것(위기)을 동시에 포함하며, 각 단계의 위기를 바람직하게 해결한 결과로 성격이 성공적으로 발달함

② 성격 발달 단계
- 기본적 신뢰감 대 불신감(출생 이후 1년)
  - 부모에 의한 유아의 기본적인 욕구 충족과 애정은 '신뢰감'을 형성함
  - 부모의 보호가 부적절하고 일관성이 없으며, 부정적이면 '불신감'을 형성함
  - 어머니의 역할과 유아와의 관계가 중요함
  - 신뢰감과 불신감을 적절하게 경험할 수 있도록 함
- 자율성 대 의심(2~3세)
  - 아동은 부모의 분별 있는 감독과 격려에 의해 '자율성'을 발달시킬 수 있음
  - 부모의 과잉보호로 인해서 아동은 환경 대처에 대한 자신의 능력을 '의심'하게 됨
  - 아버지의 역할과 아동과의 관계가 중요함
  - 아동의 자발적 행동을 칭찬해야 함
- 주도성 대 죄책감(4~6세)
  - 아동에게 탐구와 실험을 할 수 있는 자유를 부여해 준다면 아동은 '주도성'을 형성하게 됨

출제 Point

2016학년도 중등 논술
진로를 결정하지 못한 학생의 경우 성급한 진로 선택을 유보하게 할 것
학생에게 다양한 진로를 접할 수 있는 충분한 탐색 기회를 제공할 것
에릭슨(Erikson)의 정체성 발달 이론에 제시된 개념 1가지

2010학년도 중등 객관식 25번
에릭슨(Erikson)은 심리사회적 발달 이론에서 정체감 위기를 겪고 있는 청소년의 지배적인 심리 상태를 심리적 유예라고 명명하였다.

2004학년도 중등 객관식 17번
심리적 유예기는 정체감 형성을 위해 대안적인 탐색을 계속 진행하는 시기이다.

- 아동의 활동을 제한하고, 아동에 대한 반응에 일관성이 없으면 아동은 '죄책감'을 느끼게 됨
- 가족의 역할과 관계가 중요함
- 아동이 성취감을 경험할 수 있도록 적절한 과제를 제공해야 함

• 근면성 대 열등감(6~12세)
- 아동의 활동을 칭찬하고 격려하면 '근면성'이 발달함
- 아동의 활동에 대해 평가를 하지 않거나 비웃음으로 인해서 아동은 '열등감'을 갖게 됨
- 이웃과 학교의 역할과 관계가 중요함
- 아동 상호 간의 비교를 하지 않도록 해야 함

• 자아정체감 대 역할 혼미(12~18세)
- 정해진 기준 내에서 독립성을 높이는 시도를 허용함으로써 '자아정체감'이 발달함
- 자아정체감은 신체적인 안정감, 자신이 어디로 가고 있는지를 아는 것, 사람들로부터 인정을 받을 수 있다는 확실성으로 구성됨
- 현실에 직면한 결과 다양한 직업으로 인해 자신의 역할을 선택하지 못하면 '역할 혼미'가 나타나게 됨
- 역할 혼미는 자신의 성적, 직업적 정체감에 대한 의심을 의미함
- 선택에 대한 결심을 연기하는 기간으로, 사회적·직업적 역할을 탐색하는 심리적 유예가 허용됨
- 동료와 지도자의 역할과 관계가 중요함

• 친밀감 대 고립감(청년기)
- 다른 사람과 자신의 정체감을 공유하며 '친밀감'을 추구함
- 경쟁과 투쟁으로 인해 자신의 위치가 위협받고, 다른 사람과 융화되지 못한다면 '고립감'을 느끼게 됨

• 생산성 대 침체(중년기)
- 다음 세대를 인도하는 것에 대한 관심과 창조의 역할이 수행되면 '생산성'이 발달함
- 가짜 친숙함에 대한 강박적 욕구로 이전의 단계로 퇴행할 경우 '침체'에 빠지게 됨
- 분화된 노동과 가사 일의 분담이 중요함

• 자아 통합 대 절망(노년기)
- 자신의 인생을 후회 없이 살았다고 생각하며 만족감을 느낄 때 '자아 통합'을 형성함
- 자신의 인생을 헛되이 보냈다고 생각하면 '절망'을 느낌
- 자신의 인생을 회고하고, 인생에 대한 정체감을 형성하게 됨

(3) 마샤(Marcia)의 정체성 발달 이론 [09 중등]

① 정체성 지위를 통해 개인의 정체감 형성 과정뿐만 아니라 정체감 형성 수준의 개인차를 함께 진단함
② 수행과 위기의 두 가지 차원에 따라 청소년기 학생들의 정체감 유형을 네 가지로 구분함
  - 수행: 직업과 가치관을 명확하게 설정하고, 성취를 위한 적절한 수단 활동에 참여함
  - 위기: 직업과 가치관의 문제로 인한 고민과 갈등을 겪음
③ 정체감의 네 가지 유형(정체성 지위 유형)
  - 정체감 혼미
    - 위기를 경험하지 않은 상태로, 직업이나 가치관에 대한 학습자의 선택이 불명확한 상태
    - 직업이나 가치관의 선택에 대한 문제에 관심이 없음
  - 정체감 유실
    - 다른 사람의 정체감에 근거하여 그들과 비슷한 선택을 하는 상태
    - 위기를 경험하지 않고 수행만 하는 경우에 해당함
    - 타인의 기대 등을 수용할 뿐 자신의 가치 체계에 근거한 선택을 하지 못함
  - 정체감 유예
    - 정체감 위기의 상태에서 진로 선택을 유보함으로써 의사 결정을 하지 못한 상태
    - 의사 결정 과정에서 위기 상태에 있음
    - 정체감 문제를 의식하고 해결을 위해 탐색하지만, 만족할 만한 대답을 얻지 못한 상태
  - 정체감 성취
    - 직업이나 가치관의 문제에 대해서 스스로 선택함으로써 확신을 이룬 상태
    - 개인의 위기 경험과 의사 결정이 수반됨으로써 정체감이 형성되고, 이는 목표나 방향, 노력에 영향을 줌

정체감 유형	위기	수행(관여, 전념)
정체감 혼미	×	×
정체감 유실	×	○
정체감 유예	○	×
정체감 성취	○	○

④ 이론의 공헌과 한계
  - 학습자의 정체감 유형과 위기 유무에 따른 수행 정도를 파악할 수 있음
  - 정체감 유형에 따른 교사의 역할을 알려줌
  - 학습자에 따라 네 가지 유형으로 구분되지 않은 혼합된 유형이 발생할 수 있음
  - 정체감 혼미나 정체감 유실은 아동기에도 나타날 수 있음

CHAPTER 3 학습자의 발달

> **출제 Point**
>
> **2013학년도 중등 객관식 23번**
> 콜버그(Kohlberg)의 도덕성 발달 수준에서 인습 수준에 대한 설명
> ㄴ. 법이나 규칙을 준수하고 사회 질서를 유지하는 행위를 옳은 행위라고 판단한다.
> ㄹ. 다른 사람을 도와주고 기쁘게 해주며, 다른 사람으로부터 인정받는 것을 도덕적 판단의 기초로 삼는다.
>
> **2006학년도 중등 객관식 11번**
> 콜버그(Kohlberg)의 도덕 발달 단계 중 일부 단계의 도덕적 판단 근거
> ㄱ. 물질적 보상과 벌
> ㄴ. 타인의 칭찬과 인정
> ㄷ. 사회적 관습과 벌
> ㄹ. 보편적 도덕 원리와 양심

2 도덕성 발달 이론

(1) 피아제(Piaget)

① 도덕적 판단 능력의 발달 과정에 관심을 가짐
② 도덕적 문제에 대한 아동의 반응에 따라 발달 단계를 나눔
③ 도덕성 발달 단계
- 도덕 이전의 단계: 아동이 규칙에 대한 의식이나 이해가 전혀 없는 단계
- 타율적 도덕성 단계
  - 권위 있는 타인이 설정한 규칙에 무조건적으로 복종하는 단계
  - 의도보다 결과를 중시하며, 결과에 의해 판단하는 단계
  - 규칙의 근본적인 이유는 이해하지 못하는 단계
- 자율적 도덕성 단계
  - 행동 이면에 있는 행위자의 의도를 고려하는 단계
  - 규칙은 타인과의 상호 작용에 의해 설정되는 것으로 이해하는 단계
  - 도덕성에 의한 판단이 이루어지는 단계
  - 규칙은 상호 간의 동의하에 만들어지며, 수정이 가능함

(2) 콜버그(Kohlberg) [06 중등, 13 중등]

① 문화와 상관없이 도덕성의 발달 단계는 동일하며, 인지 구조의 변화에 따라 도덕성이 발달함
- 도덕성은 어떤 상황에서의 행위에 대한 적합성과 그 이유에 대한 추론 능력을 의미함
- 타인을 도와주는 행위 등을 통해 추론 능력이 발달하면서 도덕성이 형성됨
② 도덕적 갈등 상황을 제시하고, 문제에 대한 반응을 바탕으로 도덕적 판단 능력을 측정함
③ 도덕성 발달 단계
- 인습 이전 수준: 타인의 외적인 권위와 도덕적 결과에 초점을 맞추는 단계
  - 1단계: 벌과 복종에 의한 도덕성
  - 2단계: 욕구 충족을 위한 수단으로서의 도덕성
- 인습 수준: 주변의 기대와 사회의 법과 질서에 맞게 판단하는 단계
  - 3단계: 타인과의 관계에서 조화를 지향하기 위한 도덕성
  - 4단계: 법과 질서 지향의 도덕성
- 인습 이후 단계: 도덕성 자체의 타당성에 근거하여 판단하는 단계
  - 5단계: 사회적 계약으로서의 도덕성
  - 6단계: 보편적 원리로서의 도덕성

	인습 이전 수준	
1단계	벌과 복종에 의한 도덕성	
	• 신체적·물리적 힘에 대한 복종으로 이루어지는 판단	
	• 권력을 가진 성인으로부터 신체적 벌을 피하기 위한 해석	
2단계	욕구 충족을 위한 수단으로서의 도덕성	
	• 상호 교환의 관계로 자신의 욕구 충족에 근거한 판단	
	• 물질적이며 실용적인 기준에서 해석	
	인습 수준	
3단계	타인과의 관계에서 조화 지향을 위한 도덕성	
	• 자신이 속한 사회 구성원들에게 인정이나 승인을 받기 위한 판단	
	• 사회의 고정된 인습에 근거한 사회적 조화 관점에서 해석	
4단계	법과 질서 지향의 도덕성	
	• 자신이 속한 사회가 정한 법이나 질서에 근거한 판단	
	• 법이나 질서에 일치하는지 여부에 따른 해석	
	인습 이후 수준	
5단계	사회적 계약으로서의 도덕성	
	• 사회 구성원들의 관점에서 법과 질서가 적합하지 않다면 변경할 수 있다는 판단	
	• 법과 질서를 사회적 유용성에 비추어 변경할 수 있는 합리적인 해석	
6단계	보편적 원리로서의 도덕성	
	• 외적인 것에 영향을 받기보다 스스로 보편적인 관점에서 내리는 도덕 판단	
	• 모순 없는 정의, 권리, 공정성에 근거한 해석	

④ 교육적 적용
- 가상적 딜레마를 활용하여 학생 스스로 도덕 문제를 해결할 수 있는 추론 능력을 향상시킴
- +1 전략: 한 단계 높은 도덕적 판단을 하는 인접 단계의 학생들과 도덕적 추론(논쟁)을 하도록 함

> **Wide** +1 전략
>
> +1 전략은 학생의 수준보다 한 단계 높은 수준의 해결 전략을 접하게 함으로써 발달을 촉진하는 전략이다. 이 전략이 효과가 있는 이유는 아동의 도덕적 추론에 비평형적 요소, 즉 인지적 갈등을 가져옴으로써 아동은 더 평형화되고 다음 단계에 나타나는 도덕적 태세를 취하도록 동기화되기 때문이다.

- 정의 공동체로서의 학교 도덕 토론 참여 방법: 집단 결속과 민주적 규칙을 제정하게 함
- 프로그램: 민주공동체 모임, 운영자문위원회, 규율위원회

⑤ 이론의 한계
- 도덕적 사고 판단을 하지만 그렇게 행동하지 않을 수 있음. 즉, 도덕적 추론과 도덕적 행동을 동일시함
- 도덕적 영역을 지나치게 인지 중심으로 정의함

(3) 길리건(Gilligan)
  ① 콜버그(Kohlbug)의 도덕 발달 이론은 여성의 도덕성을 고려하지 못한다는 비판에서 시작됨
  ② 자아와 도덕성에 대한 여성과 남성의 다른 발달 경로를 주장함
    • 남성(정의와 공정 지향성): 추상적이고 공정한 규칙과 원리를 선호하는 경향
    • 여성(관심과 배려 지향성): 타인과의 관련성을 중시하고, 조화로운 관계를 유지하려는 경향
  ③ 보살핌의 도덕성
    • 정의와 배려의 상호 의존적인 요소로 구성됨
    • 타인의 요구에 민감하게 반응함
    • 타인과의 관계를 고려하는 도덕적 사고를 중시함
    • 인간에 대한 책임을 강조함
  ④ 도덕 발달 단계
    • 1단계: 자기 지향 단계
      - 자기의 이익과 생존에 초점을 맞춤
      - 아동은 주로 자신의 필요에만 관심을 가짐
    • 2단계: 자기희생으로서의 선의 단계
      - 자신의 욕구를 억제하고 타인의 요구에 순응하려는 시도를 함
      - 타인에 대한 배려, 책임감, 자기희생을 지향함
    • 3단계: 비폭력 도덕성의 단계
      - 대인 간 도덕적 추론의 마지막 단계
      - 인간관계의 상호 의존성을 인식하고, 전체 인류에게로 공감을 확장함
      - 의사 결정 과정에 적극적으로 참여함
  ⑤ 이론의 공헌과 한계
    • 도덕성 발달에 남성과 여성 간의 성차가 있다는 사실을 알려줌
    • 타인에 대한 관계성이나 책임감과 같은 정의적 요소의 교육적 필요성을 시사함
    • 어떤 배려가 도덕적인 배려인지 구분하기 힘듦
    • 도덕 심리학의 핵심인 발달 기제에 대한 규명이 부족함

(4) **도덕성 발달을 활성화하기 위한 방법**
  ① 도덕적인 주제에 대해 가상적 딜레마나 실생활 딜레마를 적용해 보기
  ② 도덕적 토론에서 자신의 입장을 제시하고, 그 입장에 대한 정당한 이유 제시하기

3 사회성 발달 이론

(1) 사회성 발달

① 개념: 다른 사람들과 상호 작용하고 잘 어울릴 수 있는 개인의 능력이 향상되는 것
② 사회성의 구성 요소
- 관점 수용: 다른 사람의 생각과 느낌을 이해할 수 있는 능력
- 사회적 문제 해결력: 모두에게 유익한 방법으로 갈등을 해결하는 능력
  - 사회적 단서의 관찰 및 해석
  - 사회적 목표의 확인
  - 전략 세우기
  - 전략의 실행 및 평가

> **사회성**
> 타인과의 상호 작용에서 형성되는 정의적 특성

(2) 셀만(Selman)의 사회적 조망 수용 이론 [10 중등]

① 피아제(Piaget)의 구조적 발달 이론에 기초를 두고, 입장에 대한 채택 능력을 강조함
② 사회성은 타인에 대한 이해를 형성함으로써 발달함
③ 사회적 조망 수용 능력
- 사회적 관계를 인지하는 것으로, 타인의 사고와 의도, 정서를 생각할 수 있는 능력
- 자신과 타인을 객체로 이해하고, 타인의 관점에서 자신의 행동을 인지함으로써 타인의 의도, 태도, 감정 등을 추론할 수 있음

④ 조망 수용 능력의 발달 단계
- 0단계: 자기중심적인 관점 수용 단계(3~6세)
  - 자신이 경험한 바를 단순히 타인에게 투사함
  - 자신과 타인의 입장에 대한 구분이 없음
- 1단계: 주관적 조망 수용 단계(6~8세)
  - 자신과 타인이 다르게 반응하는 것을 알고 있음
  - 자신의 입장에서 타인을 이해하려고 하므로 자신과 타인의 입장을 동시에 고려하지 못함
- 2단계: 자기 반성적 조망 수용 단계(8~10세)
  - 주체에 대한 인식으로 호혜적 이해가 발달함
  - 자신과 타인에 대한 관계적 입장은 미흡함
- 3단계: 상호적 조망 수용 단계(10~12세)
  - 입장 채택의 상호 관계가 형성됨
  - 상호 호혜적 관점이 서로 조정될 필요가 있음을 인지함
- 4단계: 사회적 조망 수용 단계(12~15세)
  - 일반화된 타자의 입장을 갖게 됨
  - 이중적 상호 작용(3단계)을 넘어 사회 체계로의 입장이 가능해짐
- 5단계: 상징적 상호 작용 입장 채택(15세 이상)
  - 사회적, 규범적, 법적, 도덕적 관점의 복합적인 상호 이해가 가능함
  - 자신이 속해 있는 사회의 한계를 넘어 입장 채택이 가능함

⑤ 이론의 공헌과 한계
- 반사회적 행동의 감소로 친사회적 행동을 증가시킬 수 있음
- 높은 단계의 조망 수용 능력에 대한 교육적 필요성을 제시해 줌
- 다른 사람을 이해하는 관점이 지나치게 인지에 초점이 맞추어져 있음
- 모든 학생들이 해당하는 연령기에 동일한 발달 과정을 보이지 않음

(3) 브론펜브레너(Bronfenbrenner)의 생태학적 발달 이론

① 기본 입장
- 사회적 맥락에서 개인의 발달을 이해하는 생태학적 이론
- 러시아 인형에 대한 은유를 통해 사람과 상황이 상호 작용하는 방식을 설명함
- 환경적인 측면, 유전자, 성격, 경험 등의 영향으로 발달함
- 학생을 둘러싼 다섯 가지 체계(System)가 발달에 영향을 미침

② 다섯 가지 체계
- 미시 체계(Micro System): 가족, 또래 등 아동 가까이에 있는 사람과의 활동 및 상호 작용으로, 발달에 가장 큰 영향을 미침
  - 부모: 성격 발달에 가장 많은 영향을 미치고, 양육 방식은 자녀의 동기, 성적, 교사와의 관계에 영향을 미침
  - 또래 관계: 부모 다음으로 성격 발달에 큰 영향을 주며, 태도와 가치를 나누고, 사회적 기술을 발달시키며, 정서적 지지를 제공함
  - 이웃과 학교: 정신적인 상호 작용을 함
- 중간 체계(Meso System): 미시 체계 사이의 연결이나 상호 관계로, 가정, 학교, 또래 집단 내의 상호 작용을 의미하며 미시 체계 간의 강한 연결에 의해 발달이 이루어지게 됨
- 외체계(Exo System): 미시 체계와 중간 체계 모두에 영향을 주는 상황으로, 청소년 발달에 영향을 주는 부모의 직업이나, 기타 사회적 서비스 상황 등이 해당됨
- 거시 체계(Macro System): 미시 체계, 중간 체계, 외체계가 포함된 모든 문화적 영향으로, 학생에게 필요한 교육과 목표를 포함하며 법, 관습, 정신적인 이념이 해당됨
- 시간 체계(Chrono System): 전 생애에 발생하는 인간의 변화와 사회·문화·역사적 환경의 변화를 포함하며, 초기 이론에는 없던 개념이나, 다른 연구에서 추가된 개념으로 직업 변화, 노화, 기술 변화 등이 해당됨

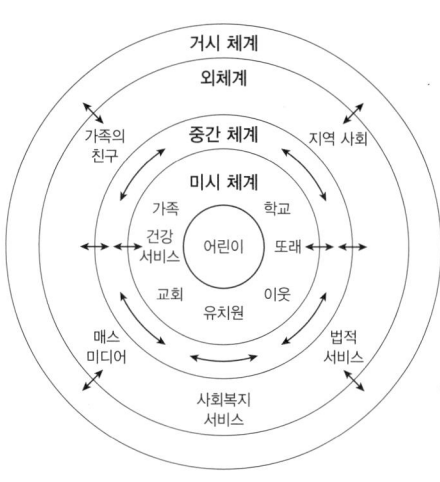

③ 이론의 공헌점과 한계
- 환경이 발달에 영향을 미치는 교육적 중요성에 대해 말하고 있음
- 각 체계의 영향과 상호 작용이 학습자를 이해하는 기초가 되어야 함을 알려줌
- 환경에 대해 스스로 인식하는 능동적인 학습자에 대한 고려가 부족함
- 발달에서의 인지적 역할과 발달 단계에 대해 소홀함

CHAPTER 4 학습 이론

> **학습**
> 경험과 연습에 의하여 비교적 영속적인 변화를 초래하는 과정

1 행동주의 학습 이론

과학적 관찰과 측정이 가능한 반응의 측면에서 행동의 변화를 설명하는 이론

(1) 파블로프(Pavlov)의 고전적 조건화 [06 중등]

① 고전적 조건화의 개념: 중성 자극의 조건화 과정을 통해 조건 반응을 유발하는 수동적 조건 형성 이론

② 고전적 조건화의 주요 개념
- 무조건 자극(UCS): 자동적으로 생리적 반응이나 정서적 반응을 유발하는 자극
- 무조건 반응(UCR): 무조건 자극에 의해 유발된 본능적 반응
- 중성 자극(NS): 행동에 아무런 영향을 주지 않는 자극
- 조건 자극(CS): 조건 형성 이후 생리적 반응이나 정서적 반응을 유발하는 자극
- 조건 반응(CR): 조건 자극을 통해 의도적으로 나타난 반응

> **Wide 파블로프(Pavlov)의 실험**
> 배고픈 개에게 고기(무조건 자극)를 주면서 동시에 종 소리(중성 자극)를 들려주는 실험을 반복한 결과, 고기에 반응하여 자연적으로 침을 흘렸던(무조건 반응) 개가 고기 없이 종 소리(조건 자극)만 들려주어도 침을 흘리게 된다(조건 반응)는 사실을 발견하였다.

③ 고전적 조건화 과정에서의 주요 개념
- 일반화: 특정 조건 자극에 대한 반응이 유사한 다른 자극에 의해서도 유발되는 현상
  - 예) 벌에 쏘인 경험으로 인해 곤충에 대한 두려움을 갖게 됨
- 변별: 유사한 자극을 구분하여 자극의 차이에 따라 각기 다른 반응을 보이는 현상
  - 예) 벌에 쏘인 경험으로 인해 곤충에 대한 두려움이 생겼으나, 다른 곤충으로 인한 두려움이 없다는 것을 발견하여 두려움에 대한 반응이 사라지게 됨
- 고차적 조건 형성: 형성된 조건 자극과 다른 조건 자극 사이의 연합으로 새로운 조건 반응을 만들어 내는 현상
  - 예) 음악 소리와 불빛의 조건 자극을 결합하여 물고기를 모여들게 만듦
- 소거: 무조건 자극이 주어지지 않고 조건 자극만 반복적으로 제공할 경우 조건 자극이 주어져도 조건 반응이 유발되지 않는 현상
  - 예) 물을 두려워 하는 사람에게 수영을 반복적으로 가르쳐서 물에 대한 공포심을 없어지게 함
- 자발적 회복: 조건 반응이 소거된 이후 조건 자극이 제시되면 조건 반응이 다시 살아나는 현상
- 재조건 형성: 자발적 회복 이후 조건 자극과 무조건 자극을 짝지어서 지속적으로 제시하면 조건 반응이 원래의 강도로 유발되는 현상

④ 고전적 조건화를 적용한 교육 방법
- 체계적 둔감법: 학습자가 느끼는 불안감에 대해 교사가 이완 훈련과 불안 위계를 사용하여 학습자의 불안을 줄여주는 방법으로, 학습에 대해 부정적 정서를 경험한 학습자의 불안을 감소시키는 전략
- 역조건화: 부정적 반응의 원인이 되는 조건 자극에 긍정적인 반응을 일으킬 수 있는 무조건 반응을 결합시키는 방법
  예) 시끄러운 종 소리와 먹이의 결합
- 동시 조건화: 조건 자극과 무조건 자극을 동시에 제시하는 방법

⑤ 고전적 조건화의 원리
- 시간의 원리: 무조건 자극보다 조건 자극을 먼저 제시하거나 최소한 함께 제시하여야 한다는 원리
- 일관성의 원리: 조건 자극을 일관성 있게 같은 자극으로 제시해야 한다는 원리
- 강도의 원리: 자극에 의한 반응을 유발하려면 후속되는 자극의 강도가 처음보다 강해져야 한다는 원리
- 연속성의 원리: 자극과 반응의 빈도가 증가할수록 조건화가 잘 이루어진다는 원리로, 조작적 조건화의 연습 법칙과 동일함

⑥ 고전적 조건화의 장점
- 정서적 반응이 일어나는 원인을 설명해 줌
- 공포증, 불안증을 일으키는 정서적 반응에 대해 교사의 존중과 격려라는 자극이 필요함을 알려줌

⑦ 고전적 조건화의 단점
- 반응 이후 교사의 역할이 학습자의 행동에 미치는 영향에 대한 설명이 부족함
- 교사에 의해 강화되거나 관찰에 의해 일어나는 행동을 설명하지 못함

> **Wide 학급 활동에서의 적용 방안**
> ① 조건 반응을 통해 학생들의 긍정적인 정서를 이끌어 내야 한다.
> ② 학생들이 선호하는 안정적인 교실 환경을 조성해야 한다.

(2) 손다이크(Thorndike)의 도구적 조건화
① 도구적 조건화의 개념: 반응을 유발하는 자극이 아닌 반응 뒤에 제시되는 결과(보상)에 의해 조건화가 일어난다는 이론
② 시행착오설: 문제 해결을 위해 여러 가지 반응을 시도해 보는 시행착오를 통해 점진적으로 학습함
③ 도구적 조건화의 특징
- 보상의 측면에서 고전적 조건화보다 능동적인 학습관을 가짐
- 만족스러운 결과(보상)의 유무에 따라 이후의 행동이 결정됨
④ 3대 법칙
- 준비성의 법칙: 학습자가 반응에 대한 준비도가 높을 때 반응에 뒤따르는 결과의 만족도가 높음을 의미함

CHAPTER 4 학습 이론

- 효과의 법칙: 결과(보상)에 대한 반응이 만족스러우면 학습이 일어나고, 반대로 불만족스러운 경우라면 점차 반응을 하지 않게 된다는 법칙
- 연습의 법칙: 자극과 반응의 결합이 증가할수록 자극과 반응의 결합이 견고해진다는 법칙으로, 반복 연습을 강조함

(3) 스키너(Skinner)의 조작적 조건화 [02 중등, 04 중등, 07 중등, 11 중등]

① 조작적 조건화의 개념
  - 행동을 습득하고 행동의 발생 빈도를 증가시키는 강화(Reinforcement)를 강조한 이론
  - 능동적 행동 뒤에 제시되는 결과에 의해 조작적 행동을 조건화하게 됨
  - 자극이 반응을 결정하는 고전적 조건화와 달리 반응의 결과에 의해 학습이 결정됨

② 조작적(작동적) 조건 형성
  - 작동(Operant): 환경에 스스로 작용하여 결과를 생성함
  - 조작적 조건 형성: 외부의 자극 없이 작동의 절차로 학습되는 과정을 의미함

③ 강화: 어떤 행동의 빈도를 증가시키는 것으로, 제시 방법에 따라 정적 강화와 부적 강화로 분류됨
  - 정적 강화: 학생들이 좋아하는 강화물을 제공함으로써 바람직한 행동의 발생 빈도를 증가시킴
    예 칭찬, 상장 등
  - 부적 강화: 학생들이 싫어하는 것(혐오 자극)을 제거함으로써 바람직한 행동의 발생 빈도를 증가시킴
    예 청소 면제 등

> **Wide 강화의 종류**
>
> ① 완전 강화와 부분 강화: 스키너(Skinner)는 학습된 행동이 일어날 때마다 빠짐없이 매번 강화를 주는 완전 강화(Full Reinforcement)보다는 일부 반응에만 강화를 주는 부분 강화(Partial Reinforcement)가 행동을 지속시키는 데 효과적이라고 본다.
> ② 1차적 강화와 2차적 강화
>   - 1차적 강화: 학습자의 행동에 직접적인 영향을 주는 실물 강화를 의미한다.
>   예 사탕, 과자, 장난감 등
>   - 2차적 강화: 학습자의 반응에 대해 주어지는 강화를 의미한다.
>   예 토큰 강화, 상징적 강화, 사회적 강화 등

④ 벌: 어떤 행동의 발생 빈도를 감소시키는 것으로, 수여성 벌과 제거성 벌로 분류됨
  - 수여성 벌: 학생들이 싫어하는 것(혐오 자극)을 제공함으로써 바람직하지 않은 행동을 감소시킴
    예 청소, 꾸지람 등
  - 제거성 벌: 학생들이 좋아하는 강화물을 제거함으로써 바람직하지 않은 행동의 발생 빈도를 감소시킴
    예 자유 시간의 제한 등

- 효과적인 벌의 사용
  - 타임 아웃: 학습자가 부적응 행동을 할 경우 정적 강화의 기회를 차단함으로써 부적응 행동이 감소되도록 하는 벌의 일종으로, 학습자를 일시적으로 다른 장소에 격리시킴
  - 반응 대가: 학습자가 부적응 행동을 할 때마다 정적 강화물을 회수함
  - 상반 행동 강화: 부적응 행동과 반대되는 바람직한 행동에 강화를 시킴
- 벌을 사용할 경우 유의할 점: 의도하지 않은 부작용을 초래할 가능성이 높으므로 다른 교육적 방법이 통하지 않을 때 사용해야 함

⑤ 소거
- 강화가 계속 제공되지 않을 경우 행동의 빈도가 감소하거나 사라지는 것을 의미함
- 학습자의 행동 이후 교사의 반응이 원인이 될 수 있음

⑥ 강화 계획: 강화를 주는 조건에 대한 계획으로 강화 조건이 패턴화된 것을 의미함
- 계속적 강화: 바람직한 행동마다 강화를 제공하는 것
- 간헐적 강화: 일부 행동에만 가끔씩 강화를 제공하는 것
  - 고정 비율 강화: 일정한 반응 횟수에 따라 주어지는 강화
    - 예 '연속해서 두 개의 문제를 맞으면 수업이 끝나기 전에 숙제를 시작할 수 있어요.'
  - 변동 비율 강화: 불규칙한 반응 횟수에 따라 주어지는 강화
    - 예 학생들이 자진해서 손을 들어 답을 하고 무작위로 불려짐
  - 고정 간격 강화: 일정 시간의 경과에 따라 주어지는 강화
  - 변동 간격 강화: 불규칙한 시간의 경과에 따라 주어지는 강화
- 계속적 강화와 간헐적 강화의 효과
  - 계속적 강화는 학습자가 새로운 과제를 학습하는 학습의 초기 단계에 효과적임
  - 간헐적 강화는 이미 학습된 행동을 유지하는 데 효과적임

⑦ 바람직한 행동의 증가 방법
- 프리맥의 원리: 좋아하는 행동을 이용하여 덜 좋아하는 행동을 강화하는 방법
- 토큰 강화: 토큰(쿠폰, 스티커 등)을 통해 행동을 강화하는 방법
- 행동 조성: 차별적 강화를 통해 목표 행동을 단계적으로 형성하는 방법
- 응용 행동 분석
  - 1단계: 변화시키고자 하는 목표 행동을 확인함
  - 2단계: 목표 행동의 발생 빈도를 측정하여 목표 행동의 기초선을 설정함
  - 3단계: 강화인과 처벌인을 선택함
  - 4단계: 행동의 변화를 측정함
  - 5단계: 행동의 변화가 나타나면 강화인의 빈도를 점진적으로 축소시킴
- 용암법: 스스로 목표 행동을 할 수 있도록 도움을 점차 줄여 나가는 방법
- 차별 강화: 여러 행동 중 하나의 행동을 골라 선택적으로 강화하는 방법
  - 대체 행동 차별 강화: 바람직한 행동의 증가와 바람직하지 않은 행동의 감소를 위한 강화 방법
  - 타 행동 차별 강화: 바람직하지 않은 행동을 할 경우 강화를 제거하고, 일정 시간 경과 후에 강화물을 제공하는 방법

CHAPTER 4 학습 이론

출제 Point

2005학년도 중등 객관식 30번
다음은 반두라(Bandura)의 관찰 학습 과정에 관한 모형도이다. 이를 한 학생이 연예인의 행동을 모방하게 되는 과정에 적용해 볼 때, B단계에 해당되는 설명은?

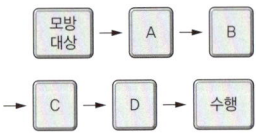

> **Wide 차별 강화와 행동 조성의 차이**
>
> 차별 강화(Differential Reinforcement)는 학습자가 이미 알고 있는 행동을 학습할 때 사용하며, 행동 조성(Behavior Shaping)은 새로운 행동을 학습할 때 효과적임

⑧ 바람직하지 않은 행동의 감소 방법
- 타임 아웃, 상반 행동 강화, 소거, 반응 대가 등
- 물리게 하기: 바람직하지 않은 행동을 지칠 때까지 반복하게 하여 감소시키는 방법

2 반두라(Bandura)의 사회 인지 학습 이론 [05 중등, 06 중등, 07 중등, 08 중등, 16 중등(論)]

(1) 기본 입장

① 직접적인 자극이나 강화를 받지 않고, 타인의 행동을 관찰하고 모방하는 것만으로도 학습이 일어날 수 있다고 봄
② 강화나 처벌을 받을 것이라는 기대나 신념 등의 인지 과정이 학습에 영향을 미침
③ 삼요인 상호성: 개인과 환경, 행동은 상호 작용함으로써 학습에 영향을 미침

> **Wide 삼요인 상호성(Triadic Reciprocality)**
>
> 사회 인지 학습 이론은 개인 요인, 행동 요인, 환경 요인 모두가 서로 영향을 주고받는 삼요인 상호성(Triadic Reciprocality) 관점을 채택한다. 반두라는 인간을 환경에 반응하기만 하는 존재가 아니라, 자신이 스스로 경험을 구조화하고 조절할 수 있는 존재로 본다. 특히 인간 행동을 이해함에 있어 개인과 관련된 인지적 요인의 중요성을 강조한다. 학습자의 신념과 기대가 행동과 환경에 영향을 줄 수 있다는 것이다. 이것은 학습자 자신이 학습에 대해 책임과 통제를 받아들이는 과정인 자기 조절(Self Regulation)을 통해 가능해진다.
>
>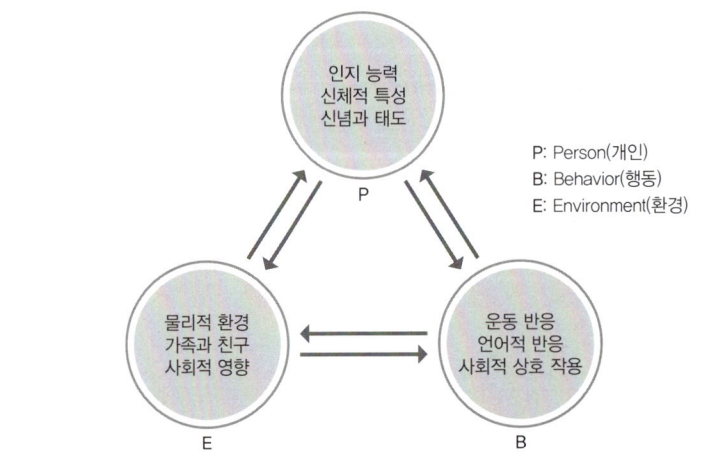

(2) 기대

① 기대는 행동에 영향을 주는 인지 과정으로, 강화인과 벌인이 기대를 형성함
② 기대는 관찰 학습을 발생하게 하는 중요한 요인임
③ 기대가 충족되지 않았을 경우에도 행동에 영향을 줌
④ 기대했던 강화인의 미발생은 벌인으로 작동할 수 있으며, 기대했던 벌의 미발생은 강화인으로 작동할 수 있음

(3) 관찰 학습(모델링)

① 개념: 모델을 관찰함으로써 나타나는 행동, 인지, 정서의 변화를 의미함

② 모델링의 종류
- 직접 모델링: 교사가 직접 보여주는 지적 또는 신체적 행동을 단순하게 모방함
  - 예) 학생은 교사가 보여주는 손동작을 똑같이 따라한다.
- 상징적 모델링: 책, 연극, 영화, TV에 등장하는 주인공의 행동을 모방함
  - 예) 10대 학생들은 TV에 등장하는 또래 주인공처럼 옷을 입는다.
- 종합적 모델링: 관찰한 행동의 부분을 종합함
  - 예) 높은 곳에 오르기 위해 의자를 사용한 친구의 행동과 창문을 여는 교사의 행동을 결합하여 손이 닿지 않는 위치의 창문을 열기 위해 의자를 사용한다.

③ 관찰 학습의 과정
- 주의 집중 단계
  - 모방하고자 하는 모델의 행동에 주의를 기울이는 단계
  - 전문성 또는 권위를 가진 사람, 유능한 사람, 매력적인 모델에 더욱 주의를 기울임
  - 교사 역시 학생의 모델이 됨
- 파지 단계
  - 관찰한 행동을 상징적 표상으로 기억하는 단계
  - 모델화된 행동은 학습자의 기억에 저장됨
  - 모델의 행동을 기억함으로써 나중에 행동을 재생산할 수 있음
- 재생 단계
  - 기억한 행동을 머릿속으로 연습해 보거나 실제 행동으로 나타내 보는 단계
  - 행동의 인지적 지도를 직접 실행하는 단계
  - 학습자는 기억에 저장된 행동을 재생산함
  - 교사의 즉각적인 피드백이 효과적임
- 동기화 단계
  - 강화에 의해 동기화되는 단계로, 학습된 행동을 실제 행동으로 보이기 위한 단계
  - 모델화된 행동을 재생산한 것에 대해 강화를 기대하게 됨
  - 학습된 행동은 강화가 제공될 때 비로소 실제 행동으로 나타날 수 있음

강화의 종류	의미
직접적 강화	반응 뒤에 제공되는 정적 자극에 의해 주어지는 강화
간접적 강화	다른 사람이 강화를 받는 모습을 통해 주어지는 강화
자기 강화	스스로 자신에게 부여하는 내적인 강화

④ 관찰 학습에 영향을 미치는 요인
- 결과가 일관적일수록 학습의 효과가 큼
- 모델이 유능하거나 매력이 있는 경우, 또는 학습자와 모델이 또래인 경우 주의 집중의 효과가 큼

- 학습자에게 기능적 가치가 있는 행동일 경우 모델링이 잘 이루어짐

⑤ 관찰 학습의 모형
- 직접 모방 모형: 학습자가 모델을 관찰하고 그대로 행동함으로써 보상을 받는 모형으로, 교사는 학습자가 행동을 모방할 경우에 보상을 제공하고, 학습자는 관찰한 행동을 직접 해 봄으로써 만족을 느낌
- 동일시 모형: 학습자가 모델의 도구적·비도구적 행동 유형을 습득하는 모형
- 무 시행 학습 모형: 학습자가 모델의 행동을 관찰한 이후 실제 행동을 실행해 보지는 않았으나, 행동을 관찰한 것만으로도 학습이 일어나는 모형
- 동시 학습 모형: 모델과 학습자가 동일한 과제를 동시에 학습할 때, 학습자가 모델의 행동을 보고 그대로 행동하게 되는 모형
- 고전적 대리 조건 형성 모형: 타인이 상과 벌을 받는 것을 관찰함으로써 비슷한 정서적 반응을 나타내는 모형

⑥ 관찰 학습의 효과
- 모방을 통해 새로운 행동을 학습할 수 있음
- 이미 학습한 내용을 실제로 행동할 수 있음
- 자신의 행동에 대해 스스로 부여한 억제가 강화될 수 있음
- 모델의 정서 표출을 관찰함으로써 정서적 반응이 변화될 수 있음

(3) 자기 조절

① 학습에서 발생할 수 있는 결과에 대한 통제와 책임을 학습자 스스로 수용하는 과정을 의미함
② 목표를 세우고, 목표에 도달할 수 있도록 이끌어 주는 동기, 사고 과정, 전략, 행동을 통합하는 과정을 의미함
③ 목표 설정, 자기 관찰, 자기 평가, 전략 사용의 네 단계로 구성됨
- 목표 설정: 목표는 행위의 방향을 제공하고 학습 과정을 평가하는 방법을 제공하는데, 이때 학습자 스스로 설정한 실제적 목표가 더 효과적임
- 자기 관찰: 목표 설정 이후 학습 진행 과정을 스스로 결정함
- 자기 평가: 메타인지 전략을 통해 학생 스스로 자기를 평가함
- 전략 사용: 자신의 목표를 달성하기 위해 가장 효과적인 전략을 선택함

(4) 제한점

① 교사가 사용한 강화와 벌이 일관성을 가지지 못하는 경우 그 자체가 기대에 영향을 주어 바람직한 행동은 억제되고, 그렇지 못한 행동이 촉진될 수 있음
② 복잡하고 고차원적인 학습 과정에 대한 설명이 부족함

메타인지
인지 과정에서 한 차원 높은 시각에서 관찰·발견·통제하는 정신 작용

3 인지주의 학습 이론

(1) 인지주의 학습 이론의 개념
① 학습을 통한 지식의 획득과 조직, 정신 구조와 사고 및 과정의 변화에 초점을 두는 이론
② 행동주의에 대한 반발로, 인간의 내적 인지 기능에 초점을 두어 인간의 행동을 설명함
③ 학습은 지식을 획득·조직·사용할 때 관여하는 정신 구조의 변화를 의미함

(2) 인지주의 학습 이론의 기본 가정
① 학습자의 인지 처리 과정이 학습에 영향을 미침
② 선택적인 정보 처리와 학습이 이루어짐
③ 선행 지식과 믿음이 유의미성을 구성함
④ 새로운 정보에 대한 유의미성은 개인의 능동적이고 논리적인 조작의 결과임

(3) 베르트하이머(Wertheimer)의 형태 이론
① 기본 입장
  - 인간이 정보를 받아들이는 과정과 정보를 학습하고 기억하는 과정에 관심을 가짐
  - 전체는 단순한 부분의 합이 아닌 그 이상을 의미함
  - 학습자는 부분보다 각 부분의 상호 관계의 맥락 안에서 전체를 지각함
② 지각의 법칙: 학습자는 어떤 상황을 지각할 때, 간결과 의지의 법칙에 따라 게슈탈트(형태)로 지각하고자 하며, 좋은 게슈탈트는 규칙성, 단순성, 항상성을 가짐
③ 지각 경향성
  - 근접의 법칙: 지각의 장에서 가까운 것끼리 하나의 의미 있는 형태를 형성함
  - 유사의 법칙: 유사한 것끼리 뭉쳐서 지각됨
  - 폐쇄의 법칙: 불완전한 것을 완전한 것으로 보게 됨
  - 연속의 법칙: 처음 시작한 것과 동일한 형태로 지각이 완성됨
④ 지각의 장은 개인이 경험하는 장으로, 이러한 경험의 장에서의 부분과 부분 간의 관계를 어떻게 이해하느냐가 결국 통찰의 근거가 됨

> **Wide 생산적 사고**
>
> 생산적 사고는 베르트하이머(Wertheimer)가 강조한 개념으로, 경험과 상상력의 통합을 통해 문제 해결을 돕는 사고이다. 베르트하이머(Wertheimer)는 전체적인 구조에 대한 이해를 바탕으로 통찰을 통한 문제 경험이 필요하다고 주장하였다.

(4) 쾰러(Köhler)의 통찰 학습
① 학습자가 상황을 파악하고, 문제를 전체적으로 이해하는 통찰을 경험하면서 학습이 이루어진다고 보는 이론
② 원숭이가 우리 안에 높게 매달린 바나나를 먹기 위해 우리 밖에서 멀찌감치 전체적으로 살핀 후 나무 막대를 이용한 실험을 통해 문제를 하나의 전체(게슈탈트)로 파악할 수 있다는 것을 밝힘

③ 학습은 자극과 반응으로 형성되는 것이 아니라 지각의 장의 재구성에 의한 것으로, 학습자는 주어진 문제 상황에서 지각한 것을 형태에 맞게 연결시키면서 통찰을 경험함

④ 지각의 장에서 서로 무관한 요소들은 재구성을 통해 수단과 목적으로 연결되며, 이러한 연결을 통해 완전한 형태로 통찰함으로써 문제를 해결함

(5) 톨만(Tolman)의 기호 형태설 [07 중등]

① 행동주의와 형태주의를 결합하여 학습 이론을 설명함

② 학습은 학습자의 행동이 어떤 의미를 가진 이후에 적절한 반응을 경험하면서 이루어진다고 봄

③ 학습자의 행동은 기대와 의미를 부여한 목적 지향적인 것으로, 학습은 기호(Sign) – 형태(Gestalt) – 기대(Expectation)의 관계를 가짐

④ 학습은 목적과 수단의 관계를 의미하는 기호를 배우는 것으로 볼 수 있음

⑤ 학습자는 가설을 설정하고, 상호 관계를 파악하며 인지도(Cognitive Map)를 그리고 난 후 그에 따라 적절한 반응을 나타냄

> **인지도(Cognitive Map)**
> 주어진 환경의 여러 특성과 위치에 관한 정보를 형태화한 정신적 표상

Wide 톨만(Tolman)의 미로 학습 실험 [05 중등]

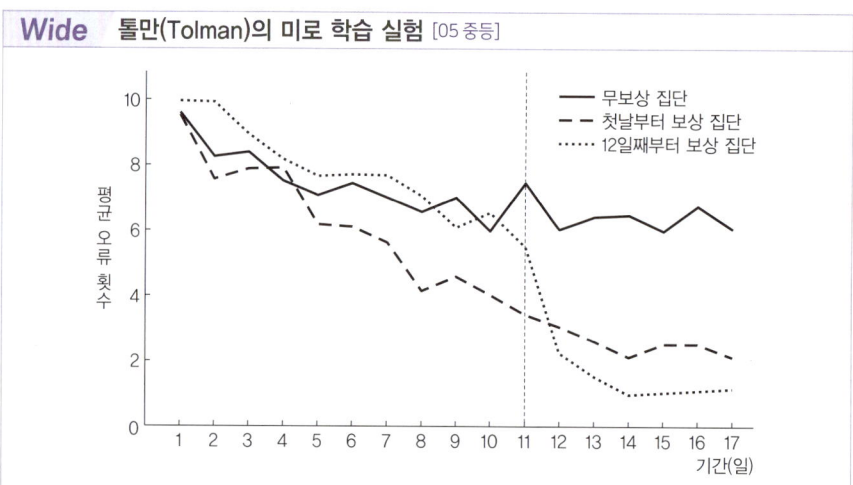

보상을 받지 않아도 과제의 학습은 어느 정도 일어나지만, 기간이 경과하면서 무보상 집단과 첫날부터 보상을 준 집단에 비해 12일째부터 보상을 준 집단의 평균 오류 횟수가 가장 많이 감소했다. 기간이 경과한 다음 보상을 준 집단이 바로 보상을 주지 않은 집단과 바로 보상을 준 집단보다 평균 오류 횟수의 감소가 높게 일어났다는 사실은 유기체의 기대가 증가하면서 인지도의 활성화가 일어난 결과이다.

(6) 정보 처리 이론 [07 중등, 08 중등, 09 중등, 10 중등, 13 중등]

① 기본 입장
- 학습자의 내부에서 학습이 발생하는 과정을 정보가 투입·기억·인출되는 과정으로 설명하는 이론
- 정보가 기억 체계에 입력되고 조직 및 저장되는 과정을 설명함
- 컴퓨터의 정보 처리 과정과 인간의 정보 처리 과정이 같다고 봄
- 학습은 감각 기억, 작업 기억, 장기 기억으로 구성된 정보 처리 모형에 의한 것임

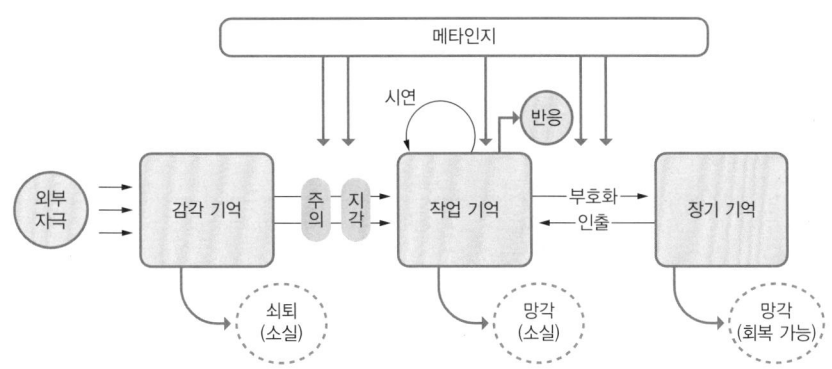

② 정보 저장소(기억 저장소): 투입된 정보가 머무르는 장소
- 감각 기억: 외부에서 들어온 자극의 처리를 위해 잠시 정보를 저장하는 저장고
  - 용량의 제한이 없음
  - 시각은 약 1초, 청각은 2~4초 정도의 정보를 저장함
  - 주의 집중에 의해 정보가 처리되지 않으면 소멸됨
- 작업 기억(단기 기억): 감각 기억을 통해 들어온 정보를 약 20초 동안 저장하고, 장기 기억에 저장된 정보를 꺼내와 작업을 진행하는 저장고
  - 용량과 유지 시간이 제한적임
  - 한 번에 7가지 정도의 정보를 유지함
  - 작업 기억의 한계는 인지적 과부하와 관련됨

인지 과부하 감소 전략	작업 기억의 한계를 조정하는 내용
청킹	정보의 개별적 단위를 보다 크고 의미 있는 단위로 묶는 과정
자동화	의식적인 노력 없이 수행할 수 있는 정신적 조작 능력
이중 처리	시각과 청각 정보 등을 결합한 이중 정보 처리 과정
유지 시연	별다른 조작 없이 정보를 유지하기 위한 반복적인 되뇌임

- 장기 기억: 무한한 정보를 영구적으로 보관하는 저장고로, 용량의 제한이 없음
  - 외현 기억과 암묵 기억: 의도적으로 회상하는 외현 기억과 우연적이고 비의도적인 암묵 기억으로 구분됨
  - 서술 기억과 절차 기억: 단어, 정의 등 사실적 정보를 다루는 서술 기억과 행위, 기술 및 조작에 관한 절차 기억으로 구분됨
  - 의미 기억과 일화 기억: 서술 기억은 일반적인 지식을 포함하는 의미 기억과 개인적인 사실들을 포함하고 있는 일화 기억으로 구분됨

③ 정보 처리 과정
- 주의 집중
  - 의식적으로 자극에 초점을 두는 것
  - 주의를 끌기 위한 전략: 시범, 도표, 사진, 강조, 질문하기, 밑줄 긋기, 불일치 사건, 학생 이름 부르기

시범	구체적으로 행동을 보이면서 설명함
도표	수업 내용을 도표로 제시하여 설명함

CHAPTER 4 학습 이론

사진	수업 내용과 관련된 사진을 제시하여 설명함
강조	수업 내용의 필요성 등을 제시하여 강조함
질문하기	수업 내용과 관련된 문제나 사고를 촉진할 수 있는 질문을 사용함
밑줄 긋기	중요한 수업 내용에 밑줄을 그어 주의를 유도함
불일치 사건	설명하려는 내용에 맞도록 평소와 다른 모습으로 교실에 등장함
학생 이름 부르기	학생의 이름을 부르며 답변하도록 함

- 지각
  - 자극에 의미를 부여하고 반응하는 것
  - 사전 지식의 영향을 받음
- 시연
  - 정보의 형태를 유지하기 위해 마음속으로 또는 소리를 내어 정보를 반복하는 것
  - 시연의 종류

기계적 시연	새로운 정보를 단순히 반복하여 외우는 것
정교화된 시연	새로운 정보의 의미에 초점을 두고 처리하는 것

  - 시연의 기능: 새로운 정보를 작업 기억에 유지하고, 장기 기억으로 이동시킴
- 부호화: 제시된 정보를 처리 가능한 형태로 변형하는 것
  - 정교화: 새로운 정보를 기존에 가지고 있던 정보와 연결하는 것
    예 예시, 유추 등
  - 조직화: 관련 있는 내용을 범주나 유형으로 묶는 것
    예 도표, 개념 지도, 개요 등
  - 심상화: 정보에 대한 이미지를 머릿속에 표상하는 것
    예 글과 시각 자료를 함께 제시하기 등
  - 맥락화: 정보를 장소, 감정, 사람 등의 물리적·정서적 맥락과 함께 학습하는 것
- 인출: 장기 기억에 저장된 정보를 작업 기억으로 꺼내어 쓰는 것
  - 기존에 가지고 있는 지식과 새로운 지식의 연결이 인출을 용이하게 함
  - 인출 경로를 다양화하여 정보에 대한 접근성을 높이는 것이 인출에 효과적임
  - 계속적 학습과 많은 연습으로 자동화되면 빠른 인출에 효과적임
  - 획득한 지식을 복습할 수 있도록 기회를 제공하는 것은 인출에 효과적임
  - 기억술을 활용하여 인출의 단서를 만들어 주는 것이 인출에 효과적임

> **Wide 이중부호화 이론**
>
> 학습자의 장기 기억은 심상 정보와 언어 정보를 저장하는 두 가지 기억 체계를 가지고 있다. 심상 정보는 공간적으로 부호화되고, 언어 정보는 계열적으로 부호화된다. 심상 정보는 영상화된 대상의 각 부분에 동시 접근이 가능하도록 조직화되는 반면, 언어 정보는 계열적으로 재생, 처리된다.

④ 메타인지(초인지)
  • 자신의 인지 과정에 대한 자각과 통제를 의미함
  • 메타인지를 활용하는 학습자는 더 많이 학습하고 높은 성취 결과를 보임
    - 주의의 중요성에 대한 자각으로 스스로 효과적인 학습 환경을 창조하려는 경향이 있음
    - 정확한 정보를 찾으려 노력하고 자신의 이해가 정확한지 확인함
    - 작업 기억을 통해 정보의 흐름을 조절하는 것을 도움
    - 주제 간의 관계에 대한 의식적인 과정에서 비롯되는 유의미한 부호화에 영향을 줌
  • 메타인지의 주요 기술
    - 계획: 활동의 순서를 결정하고, 적절한 인지 전략이나 활동 방법을 선택함
    - 점검: 자신의 인지적 상태와 인지 전략의 진행 상태를 점검함
    - 조절: 부적절한 인지 전략과 학습 방법을 수정함
    - 평가: 자신의 인지 상태의 변화 정도와 목표 도달 정도, 인지 전략의 유용성 등을 평가함
  • 메타인지의 학습 전략
    - 주의 집중의 중요성에 대해 강조함
    - 작업 기억을 통한 정보 인출과 정리가 가능함

4 구성주의 학습 이론

(1) 기본 입장
① 학습자가 스스로 지식을 만든다고 주장하는 학습 이론
② 다양한 관점이 존재하지만, 학습자가 지식을 구성한다는 원칙에 동의함

(2) 인지적 구성주의
① 개인차와 내적 이해의 구성에 초점을 맞춘 피아제(Piaget)의 연구에 기반함
② 환경과 상호 작용하며 인지 도식(스키마)을 변경함으로써 의미를 찾는 개인의 노력을 강조함

(3) 사회적 구성주의
① 학습자는 사회적 맥락 내에서 지식을 구성한 후 이를 내면화한다는 관점으로, 비고츠키(Vygotsky)의 관점과 관련이 있음
② 학습자의 문제 해결을 위해 의견을 교환하고 협력할 수 있는 학습 환경을 만드는 교사의 사회적 역할을 강조함

(4) 구성주의 학습 이론의 특징
① 학습자는 자신이 이해하는 방식으로 지식을 구성함
② 새로운 학습은 현재의 이해에 좌우됨
③ 사회적 상호 작용은 학습을 촉진함
④ 의미 있는 학습은 실제 세계의 과제를 해결할 때 일어남

5 전이와 망각

(1) 전이의 개념

① 하나의 맥락에서 이해한 학습 결과를 다른 맥락에 적용하거나 응용할 수 있는 능력을 의미함
② 선행 학습이 새로운 학습 혹은 문제 해결에 영향을 미치는 것을 의미함
③ 전이는 장기 기억과 관련이 있으며, 전이가 잘 되면 장기 기억의 저장을 도움
④ 정보를 새로운 상황에 적용할 수 있도록 함으로써 효과적인 학습이 가능함

(2) 전이의 유형

① 정적 전이와 부적 전이
- 정적 전이: 이전의 선행 학습이 다른 상황의 학습을 촉진시키는 것
- 부적 전이: 이전의 선행 학습이 다른 상황의 학습을 방해하는 것

② 일반적 전이와 구체적 전이
- 일반적 전이: 어떤 상황에서 배운 지식이나 기술을 유사하지 않은 새로운 상황에 적용하는 것
- 구체적 전이: 어떤 상황에서 배운 지식이나 기술을 유사한 상황에 적용하는 것

③ 수직적 전이와 수평적 전이
- 수직적 전이: 보다 상위 수준의 과제를 해결하기 위해 이전에 학습한 하위 수준의 개념을 적용하는 것
- 수평적 전이: 선행 학습 내용이 후행 학습 내용과 동일하지는 않지만, 비슷한 과제의 수행으로 일어나는 것

④ 자동적 전이와 의식적 전이
- 자동적 전이: 문제 해결을 위해 숙달된 기술이 자동적으로 전이되는 것
- 의식적 전이: 이전에 학습한 추상적인 지식이나 원리를 새로운 상황에 의식적으로 적용하는 것
  - 전방 지향 전이: 이전에 학습한 지식이나 원리를 앞으로의 학습에 적용하는 것
  - 후방 지향 전이: 새로운 문제에 직면했을 때 이전의 다른 상황에서 학습한 원리나 지식의 탐색이 일어나면서 도움이 될 만한 지식이나 원리를 찾는 것

(3) 전이에 영향을 미치는 요인

① 수업 시간: 특정 주제에 많은 시간이 부여될수록 전이의 가능성이 높아짐
② 유의미 학습 정도: 빠른 정보의 저장과 새로운 상황에 적용하는 전이를 도움
③ 연습 기회와 다양한 사례 제시: 다양한 상황에서 연습 기회를 제공하고, 다양한 구체적 사례를 제공할수록 전이에 도움이 됨
④ 두 상황의 유사성: 이전 상황과 새로운 상황이 유사할수록 전이에 도움이 됨
⑤ 두 상황 사이의 시간 간격: 새로운 정보나 지식을 적용해야 하는 시점에서 그것에 필요한 정보나 지식을 가르칠 때 전이에 도움이 됨
⑥ 탈맥락적 학습: 특정 교과 내용을 가르칠 때 그 내용이 다른 교과 내용이나 실생활과 어떤 관련이 있는지 알려주는 것이 전이에 도움이 됨

(4) 전이 이론

① 형식도야설 [05 중등, 06 중등, 09 중등]
- 인간 마음의 부소 능력들을 근육의 단련과 같이 연습을 통해 강화시키면 학습에 도움이 된다고 보는 이론
- 인간의 지적 능력은 의지, 기억, 주의, 판단, 추리력으로 구성되며, 특별한 교과의 학습을 통해 형성됨
- 특정 교과를 통해 형성한 능력은 다른 교과에 영향을 미치고, 나아가 일상생활로 전이될 것이라고 봄

② 동일요소설
- 손다이크(Thorndike)는 형식도야설을 비판하면서, 동일요소설을 제안함
- 최초 학습 상황과 새로운 상황에 동일한 요소가 포함되어 있으면 전이가 잘 일어난다고 보는 이론
- 학교 교육은 현실 생활에 관련된 내용을 다루어야 함
- 특수한 사실을 기억하는 데 도움이 됨

③ 일반화설
- 주드(Judd)는 손다이크(Thorndike)의 동일요소설을 비판하며, 일반화설을 제안함
- 새로운 상황에 적용하거나 일반화할 수 있는 법칙 또는 원리가 전이에 도움이 된다고 보는 이론
- 요소나 사실보다 원리를 학습한 학습자들의 전이가 높게 일어남
- 학문 중심 교육 과정의 이론적 기반이 됨

④ 형태이조설
- 새로운 상황에서 수단과 목적의 관계를 지각하는 것이 전이에 도움이 된다고 보는 이론
- 원리나 법칙보다 수단과 목적 사이의 완전한 형태 관계에 대한 지각이 전이에 도움이 됨
- 게슈탈트 심리학과 브루너(Bruner)의 발견학습이 해당됨

(5) 망각

① 간섭의 일종으로, 장기 기억에서 작업 기억으로 인출되지 않는 것을 의미함
② 흔적쇠퇴설: 학습이 이루어지면 뇌에 흔적이 형성되지만, 계속적인 연습이 없다면 흔적은 사라지게 되어 망각이 일어남
③ 간섭설: 이전의 학습이나 새로운 학습이 기억을 방해함으로써 망각을 일으킴
- 순행 간섭: 이전의 학습이 새로운 학습을 방해하는 것
- 역행 간섭: 새로운 학습이 이전의 학습 내용에 혼란을 초래하는 것
④ 인출의 실패: 장기 기억의 정보를 단기 기억으로 전환하지 못한 경우 망각을 일으킴
⑤ 억압설(의도된 망각): 자아를 위협하는 의도적인 억압 때문에 기억이 의식의 세계로 나오지 않음으로써 망각이 일어남
⑥ 재체계화: 인지 구조를 변형하여 기억을 보다 더 합리적인 상태로 보존하려는 과정에서 망각이 일어남

출제 Point

2005학년도 중등 객관식 10번
형식도야론(Fomal Discipline Theory)에 관한 설명 중, 옳은 것끼리 묶은 것은?
ㄷ. 능력 심리학(Faculty Psychology)에 이론적 기반을 둔다.
ㄹ. 재미없고 어려운 교과를 힘들여 공부하는 이유를 정당화한다.

CHAPTER 5 적응과 부적응

01 적응

1 적응 기제

(1) 개념

문제 사태에 부딪혔을 때, 갈등이나 욕구 불만 등의 부적응 상태에서 긴장이나 불안을 해소하려는 방법이나 반응, 행동 양식을 의미함

(2) 안나 프로이트(A. Freud)의 청년기 방어 기제 이론

① 프로이트(Freud)의 딸인 안나 프로이트(A. Freud)가 만든 이론으로, 정신 분석이론과 큰 차이점은 없으나 청년기에 집중하여 연구를 진행함
② 청년기는 생물학적 요인과 반복적 현상으로 인한 질풍노도의 시기이며, 초자아(Super-ego)와 원초아(Id) 간의 관계를 자아(Ego)가 얼마나 적절히 평형을 유지하는가에 달림
③ 초자아(Super-ego), 원초아(Id), 자아(Ego) 간의 갈등이 발생할 경우 정신적인 파멸을 초래하게 되는데, 이러한 갈등을 해결하기 위해 방어 기제를 활용함
④ 방어 기제의 활용은 불안을 감소시키지만, 지나치게 의존하면 적응 문제가 발생하게 됨

(3) 방어 기제 [06 중등]

극복하기 어려운 현실에 당면하였을 때, 현실을 왜곡시켜 자기를 보존하려는 무의식적 책략을 의미함

① 보상: 단점을 갖추기 위해 장점을 개발하는 경우
　　예 수학 성적이 좋지 않은 학생이 운동을 열심히 하는 경우
② 승화: 억압당한 욕구를 사회적으로 가치 있는 목적을 향해 노력함으로써 욕구를 충족하는 경우
　　예 아이를 낳지 못하는 부부가 고아원에서 봉사하는 경우
③ 합리화: 그럴듯한 이유를 들어 자신의 행동이나 일의 결과에 대한 정당함을 내세우는 경우
　• 신포도형: 목표를 달성하는 데 실패한 사람이 처음부터 원하지 않았다고 변명하는 경우
　　예 대학에 떨어진 학생이 처음부터 대학에 갈 생각이 없었다고 말하는 경우
　• 달콤한 레몬형: 바라지 않았던 결과임에도 불구하고 현재의 결과가 원하던 것이라고 주장하는 경우
　　예 지방으로 좌천된 사람이 지방이 살기 더 좋다고 하는 경우

④ 투사: 자신의 잘못을 남에게 뒤집어씌우는 경우
  • 감정의 투사: 자신의 감정이나 욕구가 상대에게 있다고 여기는 경우
  • 책임의 전가: 일의 원인이나 책임을 다른 사람이나 대상에게 있다고 여기는 경우
⑤ 반동 형성: 자신의 욕구와 다르게 행동을 하는 경우
⑥ 치환: 생각한 대상을 다른 대상으로 바꾸는 경우
⑦ 동일시: 타인의 태도, 신념 가치 등을 채택함으로써 만족을 느끼는 경우

(4) 도피 기제

정서적 긴장이나 불안감을 해소하기 위하여 현실을 벗어나 정서적 안정을 추구하려는 경우

① 고립: 숨어버리는 경우
② 퇴행: 이전 발달 단계의 행동으로 돌아가서 자신의 욕구를 충족시키려는 경우
③ 백일몽: 공상의 세계로 도피하여 안정을 얻는 경우
④ 억압: 무의식적으로 내면의 세계에 문제를 은폐시키는 경우
⑤ 고착: 문제 상황에서 벗어나지 못하는 경우
⑥ 거부: 현실에 대한 지각을 인정하기를 거부하는 경우

CHAPTER 5 적응과 부적응

02 부적응

1 욕구 좌절

(1) 욕구가 내적 혹은 외적 문제로 인해 충족되지 않고 저지된 상태를 의미함

(2) 욕구가 달성되지 않았을 때 공격적 반응을 나타낼 수 있음

(3) 욕구 좌절 상태에서의 경험과 느낌은 개인차가 있음

(4) 욕구 좌절은 주관적이므로 상대적인 결핍에 해당함

(5) 학습에서 기대한 성취 수준에 이르지 못하면 욕구 좌절을 경험하게 됨

(6) 계속되는 학업 실패와 좌절은 학습된 무기력을 나타낼 수 있음

(7) 욕구 좌절을 경험한 학생에게는 성공의 경험을 제공해야 함

2 갈등

(1) 두 가지 이상의 대립된 욕구나 충동이 공존하는 상태

(2) 갈등의 유형

① 접근-접근형: 정적 유의성을 가진 욕구가 충돌하는 경우
  예 명예도 얻고 싶고, 돈도 얻고 싶은 경우
② 회피-회피형: 부적 유의성을 가진 욕구가 충돌하는 경우
  예 명예도 싫고, 돈도 싫은 경우
③ 접근-회피형: 정적 유의성과 부적 유의성이 충돌하는 경우
  예 돈은 많이 벌고 싶지만, 세금은 내기 싫은 경우
④ 이중 접근-회피: 바람직한 결과와 불쾌한 결과를 동시에 가진 두 가지 목표들 사이에서 일어나는 갈등

Note

교육학 통합 이론서(상)

PART 05

생활지도 및 상담

CHAPTER 1 | 생활지도의 이해
CHAPTER 2 | 상담 이론
CHAPTER 3 | 진로 이론

PART 05 생활지도 및 상담

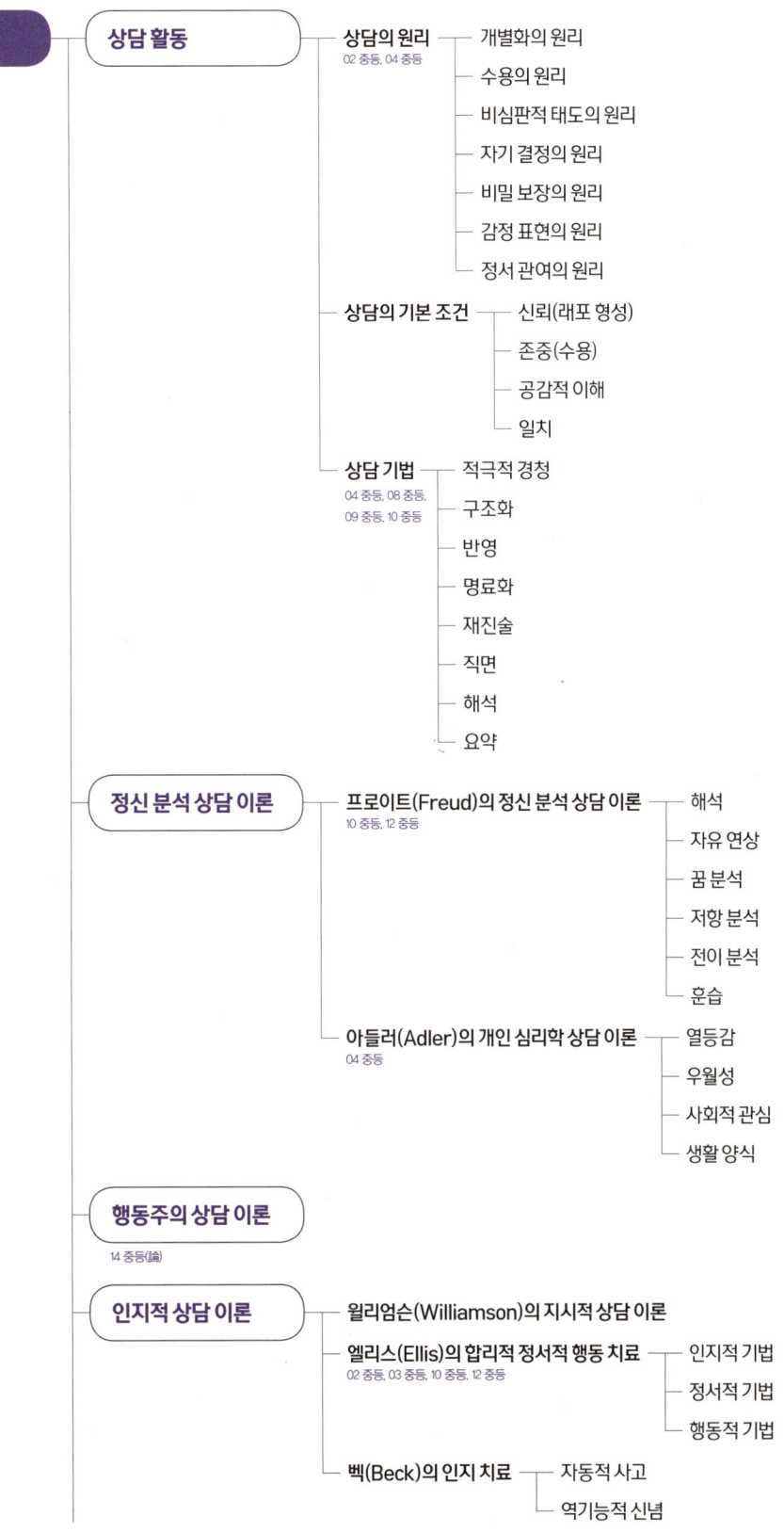

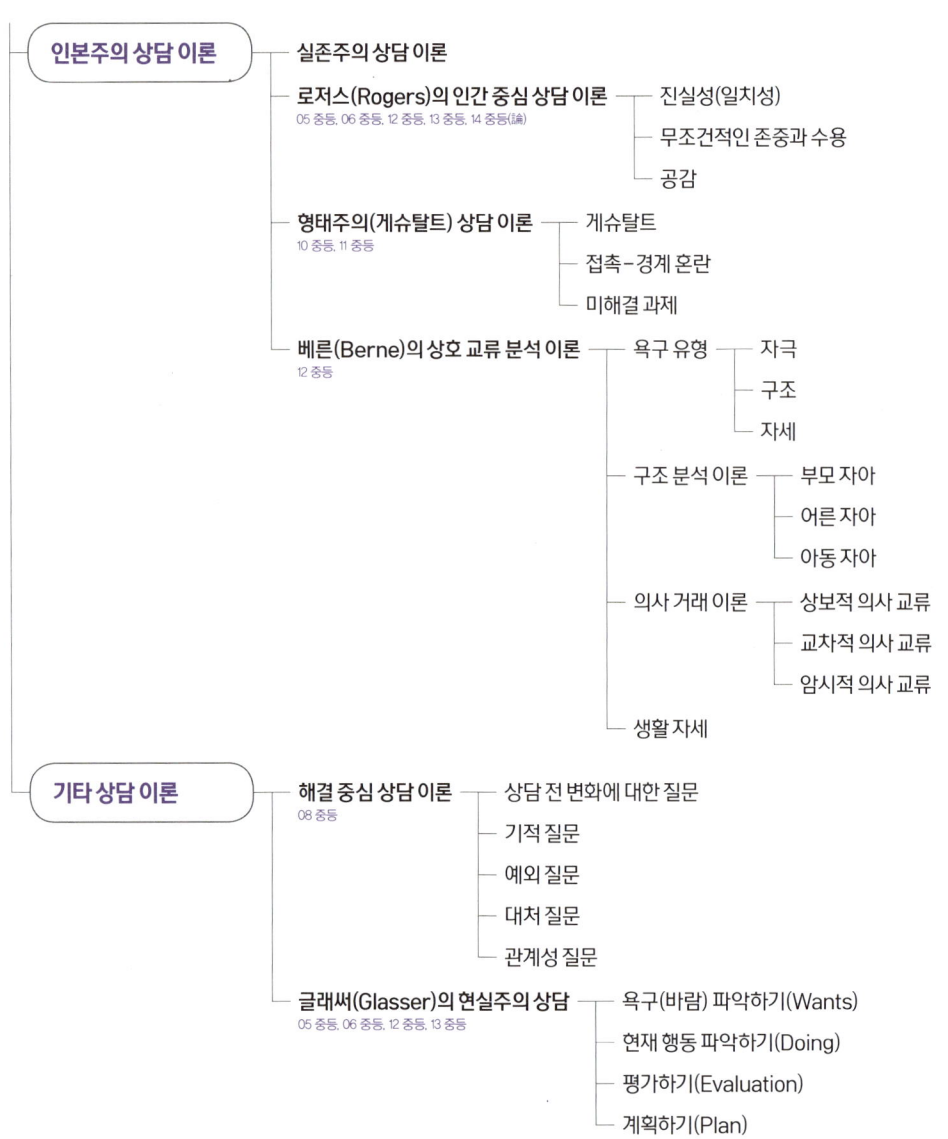

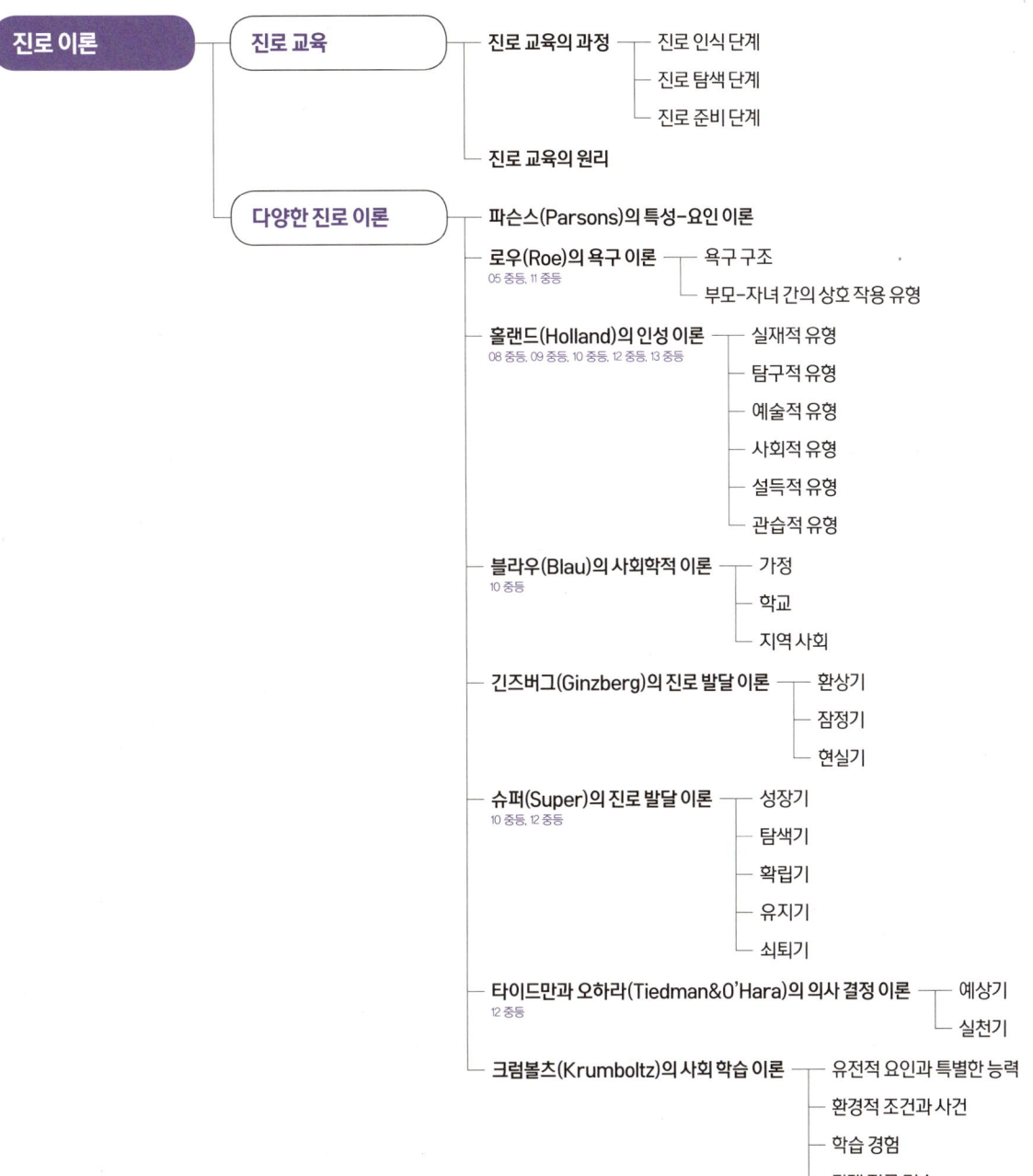

CHAPTER 1 생활지도의 이해

01 생활지도의 기초

1 생활지도의 개념

(1) 생활지도의 정의

① 교육의 목적을 달성하기 위한 방법으로, 학생들이 일상생활에서 해결해야 할 다양한 문제를 자기 힘으로 해결할 수 있도록 돕는 활동
② 학생들이 가지고 있는 인성적 특성과 잠재력을 발견하고 발전시켜 나가도록 하는 활동
③ 각각의 개인들이 자기 자신과 주위 세계를 이해할 수 있도록 돕는 과정을 의미함
④ 학생의 생활 및 행동 지도를 총칭함

(2) 생활지도의 대상

① 생활지도의 대상은 문제 학생이나 일부 특수한 학생만이 아님
② 학생들이 겪는 문제는 일시적인 경우가 많기 때문에 생활지도는 문제가 발생하거나 심해지기 전에 예방적 차원의 지도가 필수적이라고 할 수 있음
③ 생활지도는 모든 학생의 건전한 심신 발달을 도모하고 개개인의 특성을 발견 및 신장시켜 주는 활동

2 생활지도의 목표

(1) 자신의 능력과 흥미의 발견 및 이해

① 개인의 존엄성과 가치를 중요하게 여기며, 각자의 타고난 자질과 능력을 이해시키고자 함
② 자신에 대한 올바른 이해를 바탕으로 개인이 속한 사회의 문화적 가치에 의한 자기실현을 추구함

(2) 능력과 흥미의 계발

① 개인이 가진 발전 가능한 잠재 능력의 계발을 목표로 둠
② 직업적 훈련의 기회를 제공하여 개인의 흥미를 살릴 수 있도록 돕고, 협동적 경험을 통해 원만한 인간 관계를 기르도록 함

(3) 현명한 선택과 적응을 통한 문제 해결력 증진

① 학생의 상황에 맞는 직업을 선택하도록 지도함
② 일상생활에서 일어나는 문제를 자신의 힘으로 해결할 수 있도록 도움
③ 학생이 사회적 변화나 개인의 내적 변화에 적응하도록 도움

(4) 전인적 인성으로의 발달

　① 학생의 감정과 의지, 개성과 사회성의 고른 발달을 추구함

　② 신체적·사회적·정서적으로 조화로운 발달을 추구함

(5) 유능한 민주 시민으로의 육성

　① 개인이 건전한 민주 시민으로 성장·발달할 수 있도록 모든 경험을 마련하는 데 목표를 둠

　② 유능한 개인으로서 자신이 속해 있는 사회를 위하여 나름대로 공헌할 수 있는 민주 시민으로 자라도록 도움

CHAPTER 1 생활지도의 이해

02 생활지도의 원리

1 생활지도의 기본 원리

(1) 개인 존중과 수용의 원리

① 모든 인간의 존엄성을 인정하고 개인이 한 인간으로서 존중받아야 한다는 민주적 원리를 바탕으로 함
② 모든 인간은 자신에게 맞는 가능성을 가지고 있으며 이러한 가능성이 계발되어야 할 권리를 가짐
③ 수용이란 학생을 한 명의 인간으로 존중하고 소중히 여겨 억압이나 명령을 배제하고 받아들이는 것을 의미함
④ 인간은 사회의 일원으로서 수용되어야 함

(2) 자율성 존중의 원리

① 민주 사회에서 요구되는 시민적 자질 중 하나인 자율성을 길러주어야 함
② 본인 스스로 문제의 핵심을 파악하고 해결 가능한 방안을 탐색하여 최종적인 결정을 내리도록 함

(3) 적응의 원리

① 학생들로 하여금 전반적인 생활에 잘 적응하도록 도와주는 활동
② 현실에 순응하는 소극적인 적응보다 개인의 능력과 인격 형성에 있어서 자신을 이끌어 가게 하는 능동적인 적응을 강조해야 함
③ 적응의 결여는 자신에 대한 현실적인 이해와 통찰의 부족에서 오는 것으로, 자신에 대해 이해할 수 있도록 지도하고 건전한 자아 개념을 가지도록 도와야 함

(4) 인간 관계의 원리

① 생활지도는 교사와 학생 간의 참다운 인간 관계가 조성되고 감정이 교류하는 관계가 성립되어야 가능함
② 생활지도에서 교사와 학생 간에 친밀하고 허용적인 관계의 형성이 필요한 것은 인간 관계의 원리에 의한 것으로, 이를 통해 원활한 생활지도가 가능해짐

(5) 자아실현의 원리

① 생활지도의 궁극적인 목적은 모든 개인으로 하여금 자아실현을 하도록 하는 데 있음
② 개인의 문제 해결, 새로운 장래의 설계, 학교생활의 건전한 적응 등을 통하여 모든 학생이 자기 나름의 완성을 할 수 있도록 조력해야 함

2 생활지도의 실천 원리 [05 중등]

(1) 계속성의 원리
① 한 번으로 끝나는 것이 아니라 진학, 진급, 취직 등 졸업 후에도 계속적인 관심이 필요한 연속적 과정임
② 진학 및 취직에 대한 정치 활동과 추수 지도 및 새로운 환경에 잘 적응할 수 있도록 돕는 사전 지도 등의 종합적인 계획이 필요함

(2) 전인적 원리
① 개인의 특수한 생활 영역이나 기능 등 일부만을 다루는 것이 아니라, 전체적인 면을 다루는 활동임
② 지덕체의 조화로운 발달을 위한 지도를 해야 함

(3) 구체적 조직의 원리
학교에서는 상담 교사를 중심으로 생활지도를 위한 구체적인 조직을 설치하여 효율적인 운영을 해야 함

(4) 균등의 원리
① 개인의 가능성을 계발하는 것에 목표를 둠
② 문제 학생이나 부적응 학생뿐만 아니라 모든 학생을 대상으로 해야 함

(5) 협동성의 원리
① 담임 교사나 상담 교사뿐만이 아니라 학교의 모든 구성원이 협력해야 함
② 학교, 가정, 지역 사회가 상호 유기적 관계를 바탕으로 한 협력이 필요함

(6) 적극성의 원리
① 치료적 기능인 소극적 지도도 중요하지만, 예방적인 기능인 적극적 지도에 중점을 두어야 함
② 처벌보다 예방하고 지도하는 사전 활동에 중점을 두어야 함

(7) 과학적 기초의 원리
① 구체적이고 객관적인 자료 수집을 근거로 진행해야 함
② 과학적인 원리와 방법을 통한 접근이 필요함

출제 Point

2005학년도 중등 객관식 33번
ㄱ. A 교사는 담임 학급의 학생들에게 학교 폭력 예방을 위한 집단 활동을 전개하였다.
ㄴ. B 교사는 진학 지도를 위해 학생들의 적성 검사와 학업 성취도 검사 결과를 활용하였다.

CHAPTER 1 생활지도의 이해

03 생활지도의 영역과 주요 활동

1 생활지도의 영역

(1) 지능

① 지능이 낮아 학교 교육과정을 수행하지 못하는 경우가 있으므로 지능 검사를 통해 학생의 지능 발달 수준을 확인하여 학습 부진의 원인이 지능이 맞는지를 보고, 그에 맞는 특수 교육을 제공해야 함
② 지능은 학업 성취도와 높은 상관관계를 갖고 있음

(2) 학습

① 학업 성취도가 낮은 학생의 경우 보충 수업이 필요함
② 학습이 부진한 경우 학업에 대한 흥미와 동기가 낮을 확률이 높으므로 동기 유발을 위한 활동을 제공해야 함
③ 반복된 실패로 학습된 무력감을 느낄 수 있으며 자존감과 자신감이 낮은 경우가 많으므로 이에 대한 상담과 칭찬이 필요함

(3) 성격

① 사회성을 비롯한 개인의 다양한 특성 및 성향을 의미함
② 자연적으로 형성되는 과정이므로 그대로를 존중하고 바람직한 성격 발달을 위해 지도해야 함
③ 성격 검사를 실시할 경우 해당 검사에 대한 정보를 어느 정도 알고 있어야 함
④ 성격 검사를 맹신하거나 오차 범위를 간과해선 안됨

(4) 사회성

① 학생이 사회적 존재로서 학교의 일원임을 인식하고 적응할 수 있는 태도와 행동을 의미함
② 사교성이 낮은 학생의 경우 고립되거나 다툼이 잦아 문제가 발생할 수 있으므로 생활지도의 관심 대상이 됨
③ 사회의 구성원으로서 이타적인 태도를 지닐 수 있도록 지도해야 하며, 이러한 점에서 인성 교육, 도덕 교육, 사회 교육과 중첩될 수 있으므로 생활지도는 교과 지도와 분리할 수 없음

(5) 진로 및 직업

① 학생이 사회 구성원으로서 직업 활동을 할 수 있도록 장기적으로 도움을 주는 것을 의미함
② 직업 흥미, 진로 가치관, 자기효능감, 의사 결정 능력 등 다양한 요소를 파악할 수 있도록 지도해야 함

2 생활지도의 주요 활동

(1) 학생 조사 활동
① 학생을 이해하기 위해 필요한 모든 자료를 수집하는 활동
② 자료 수집 방법으로는 가정 환경 조사서, 생활 기록부, 심리 검사, 관찰, 학생·부모·친구와의 면담, 교우 관계, 일기 등을 활용할 수 있음

(2) 정보 활동
① 학생, 교사, 학부모가 원하거나 필요한 정보 및 자료를 제공하는 활동
② 정보 수집 방법으로는 인터넷, TV, 신문, 잡지, 전문가, 각종 간행물 및 논문, 전문 서적 등을 활용할 수 있음
③ 정보를 필요로 하는 사람에게 적절한 정보를 적정한 시기에 제공해야 함

(3) 상담 활동
① 학생이 당면한 문제의 해결을 위해 상담의 기술을 이용하여 학생 또는 부모를 돕는 활동을 의미함
② 학교 상담의 방법으로는 개인 상담, 집단 상담, 전화 상담, 또래 상담 등이 있음
③ 학생들의 문제 해결 능력을 발달시키거나 사회적 관계를 개선하고, 적응에 어려움을 겪는 학생이 어떤 결정을 원활히 수용할 수 있도록 돕는 활동

(4) 정치 활동
① 취업, 진학 등에 있어 학생이 자신의 흥미나 관심 또는 진로 등을 알 수 있도록 돕거나, 학생에게 적합하다고 생각되는 위치에 배정하는 활동을 의미함
② 학생에게 충분한 자료나 정보를 제공하여 희망하는 분야를 선택할 수 있도록 도움
③ 적재적소의 배치를 지향하며 교육 효과의 극대화를 위해 매우 중요한 활동임

(5) 추수 활동
① 이미 지도를 받은 학생에 대해 계속적인 지도를 하는 것을 의미함
② 이전에 지도를 받았던 학생이 잘 적응하고 있는지를 계속 살펴보고, 잘 적응하고 있지 못하다면 그 원인이 무엇인지, 바람직한 대안은 없는지 등을 찾아내어 적응할 수 있도록 도와주어야 함

> **학교 상담**
> - 상담은 학교 밖의 청소년을 대상으로 하는 일반 상담과 학교 내 모든 학생을 대상으로 하는 학교 상담으로 구분할 수 있음
> - 일반 상담은 문제가 있는 청소년의 치료와 개선에 중점을 두지만, 학교 상담은 문제의 예방과 조기 발견에 중점을 둠

CHAPTER 2 상담 이론

01 상담 활동

1 상담의 이해

(1) 상담의 정의
  ① 상담자가 도움을 필요로 하는 사람(내담자)에게 전문적인 지식과 기능을 가지고 내담자 자신과 환경에 대한 이해와 합리적이고 현실적이며 효율적인 행동 양식을 증진시키고, 의사 결정을 내릴 수 있도록 돕는 활동
  ② 상담자와 내담자의 상호 작용을 통해 문제를 해결하는 과정에서 내담자의 태도나 행동 변화를 위한 구체적인 활동
  ③ 정신 건강, 성격, 정서, 교육, 진로, 가족, 부부, 또래 관계, 개인적 성장 등 일상생활의 문제를 다룬다는 점에서 정신 질환을 다루는 임상 치료와 구분됨

(2) 상담의 목표
  ① 행동 변화의 촉진: 내담자의 사고, 감정, 행동 변화를 통해 내담자가 생산적이고 만족스러운 삶을 살 수 있도록 함
  ② 적응 기술의 증진: 학생들은 성장 과정을 거치면서 신체·정서·인지 능력의 변화를 경험하기 때문에 적응하는 데에 어려움을 겪으며, 이를 돕기 위해 변화에 적응할 수 있는 다양한 기술을 증진시킴
  ③ 잠재 능력의 개발: 내담자가 자신의 능력을 발견하고 왜곡했던 자신의 특성을 바르게 지각하도록 함으로써 자아실현을 도움
  ④ 인간 관계의 개선: 청소년기는 또래들과 어울리고 또래들의 가치와 규범을 따르며 또래들로부터 인정받기를 원하는 시기이므로 원만한 인간 관계를 형성할 수 있도록 도움
  ⑤ 의사 결정 기술의 함양: 내담자가 스스로 결정을 내릴 수 있도록 필요한 정보를 제공하고, 의사 결정 과정을 배울 수 있도록 도움
  ⑥ 건전한 가치관의 확립: 가치관의 혼란과 갈등을 경험하는 내담자에게 올바른 가치관을 정립하여 바람직한 삶의 태도를 가지고 생활할 수 있도록 도움
  ⑦ 긍정적 자아 개념의 형성: 문제 학생들은 대부분 부정적 자아 개념을 가지고 있으므로, 상담을 통해 긍정적 자아 개념을 갖도록 지도함
  ⑧ 자아 정체감의 확립: 자아 정체감은 청소년기의 가장 중요한 발달 과업이며, 이를 성취하지 못하면 정체 위기를 경험하는 문제 상황에 빠질 수 있으므로 내담자가 자아 정체감을 확립할 수 있도록 도움

2 상담의 원리 [02 중등, 04 중등]

(1) 개별화의 원리
① 내담자의 개별적인 특성을 참고해야 한다는 원리
② 상담자는 내담자 개개인의 독특한 자질을 이해하고 개인차에 따라 상이한 상담 방법을 활용해야 함

(2) 수용의 원리
① 내담자를 있는 그대로 수용해야 한다는 원리
② 상담자는 내담자에 대한 선입견과 편견을 배제하고, 내담자의 긍정적·부정적 측면을 있는 그대로 수용해야 함

(3) 비심판적 태도의 원리
① 상담자는 중립을 유지하고 심판하려는 태도를 보이지 않아야 한다는 원리
② 내담자의 태도, 행동, 가치관 등에 대해 판단하려는 태도를 지양해야 함

(4) 자기 결정의 원리
① 내담자가 스스로 선택하고 의사 결정을 해야 한다는 원리
② 상담자는 내담자의 잠재 능력을 발견하여 인격적인 발전을 도모하고, 내담자의 결정을 존중해야 함

(5) 비밀 보장의 원리
① 내담자와의 상담 내용은 발설하지 않아야 한다는 원리
② 어떠한 경우라도 내담자의 개인적 권리는 존중되어야 하고 지켜져야 하므로 상담자는 비밀을 보장해 주어야 함

(6) 감정 표현의 원리
① 내담자가 감정 표현을 자유롭게 할 수 있는 허용적인 상담 분위기를 조성해야 한다는 원리
② 상담자는 내담자의 감정 표현에 대한 욕구를 인식하고, 이를 자극하고 격려해야 함

(7) 정서 관여의 원리
① 상담자는 내담자의 정서와 내적인 감정 상태, 반응을 참고해야 한다는 원리
② 상담자는 내담자의 정서에 호응하되, 적절한 통제를 가지고 관여해야 함

CHAPTER 2 상담 이론

3 상담의 조건

(1) 상담의 기본 조건

① 신뢰(래포 형성)
- 상담자와 내담자가 서로 마음을 열고 있는 상태를 의미함
- 신뢰가 형성되기 위해서는 상담자와 내담자 간의 래포(Rapport)가 형성되어야 함

② 존중(수용)
- 내담자를 그대로 받아들이는 무조건적이고 긍정적인 존중을 의미함
- 내담자를 그 자체로 수용하고, 사실적이고 구체적인 행동까지 수용해야 함

③ 공감적 이해
- 지금 여기에서 나타나는 내담자의 감정과 경험을 상담자가 정확하게 이해하는 것을 의미함
- 언어 이면에 있는 감정적인 의미를 내담자의 입장에서 듣고 이해해야 함

④ 일치
- 내담자의 상담 목표와 동기가 상담자와 일치될 수 있게 진실하게 대화하는 것을 의미함
- 상담자는 내담자를 정직하게 대해야 하며, 내담자에게 자신의 경험과 감정을 솔직하게 표현해야 함

(2) 상담자의 자질

① 윤리성: 상담에서 알게 된 내담자의 사적 정보에 대한 비밀 유지와 상담 내용의 기록에 대한 철저한 관리 등의 윤리적 강령이 요구됨

② 공감적 이해(Empathic Understanding): 내담자의 경험이나 감정을 내담자의 입장에서 이입하여 공감하고 이해해야 함

③ 무조건적이고 긍정적인 존중(Unconditional Positive Regard): 내담자의 행동이나 태도, 문제 등에 대해 비판하거나 평가하지 않고, 존엄성을 가진 소중한 인간으로서 내담자를 존중해야 함

④ 인간에 대한 신뢰: 신뢰할 만하고 가치 있는 존재로서 내담자가 스스로의 문제를 해결할 수 있는 능력을 지니고 있음을 믿어야 함

⑤ 진실성(Genuineness): 상담 과정에서 상담자가 자신의 감정이나 태도를 있는 그대로 솔직하고 정직하게 표현하는 진실한 태도를 보일 때 내담자의 자기 탐색과 개방을 촉진하고 격려할 수 있음

⑥ 민감성(Sensitivity): 상담자는 내담자의 말이나 겉으로 드러내는 행동뿐만 아니라 그 이면에 깔려 있는 감정, 태도, 속마음 등을 예리하게 포착해야 함

⑦ 수용적이고 허용적인 태도(Acceptance-permissive Attitude): 내담자의 감정이나 행동의 잘잘못을 따지고 평가하거나 왜곡, 과장하지 않고 있는 그대로 받아들이고 허용해야 함

래포(Rapport)
상호 간에 신뢰하며, 감정적으로 친근감을 느끼는 인간 관계

4 상담의 접근법

(1) 지시적 접근
① 상담자 중심의 상담을 의미함
② 상담자는 내담자에 대한 진단을 내리고 내담자에게 객관적인 정보를 제공함
③ 상담자는 내담자의 선택을 직접적으로 도와야 함

(2) 비지시적 접근
① 내담자 중심의 상담을 의미함
② 상담자와 내담자의 관계를 중시함
③ 내담자를 자신의 문제를 해결해 나갈 수 있는 자율적 능력을 가진 존재로 인식함
④ 상담 과정에서 상당 부분의 주도권을 내담자에게 부여함

5 상담 기법 [04 중등, 08 중등, 09 중등, 10 중등]

(1) 적극적 경청(Active Listening)
① 내담자의 말이나 감정뿐만 아니라 말 속에 담겨 있는 의미와 내면의 감정, 입장에도 귀를 기울이는 기법
② 주의 집중은 경청의 필수 조건으로, 내담자에게 주의 집중하여 상담을 진행해야 함

(2) 구조화(Structuring)
① 상담에 필요한 제반 규정과 상담의 한계 등에 대해 설명하는 기법
② 약속이나 역할의 규범에 대해 구체적으로 알려주는 것을 의미함

(3) 반영(Reflection)
① 내담자의 느낌이나 진술의 정서적 부분을 다른 동일한 의미의 말로 바꾸어 기술하는 기법
② 상담자는 내담자가 하고자 하는 말의 내용과 의미, 내면의 생각과 감정을 파악하여 그 의미에 대해 생각해 보고 정확하게 파악할 수 있도록 도와주어야 함

(4) 명료화(Clarification)
① 내담자의 정리되지 않은 생각과 감정으로 인해 문제에 대한 진술 내용이 모호하거나 분명하지 않을 때 문제에 포함되어 있는 혼돈과 갈등을 가려내어 의미를 설명해 주는 기법
② 상담자는 내담자의 모호한 말에 내포된 뜻을 명확하게 말해 달라고 요청해야 함

(5) 재진술(Paraphrase)
① 내담자의 진술 내용을 상담자가 동일한 의미의 다른 말로 바꾸어 간략하게 정리하는 기법
② 상담자는 내담자로 하여금 자신이 한 말에 주의를 기울이도록 하며, 생각을 구체화시키고 잘 이해하고 있는지를 확인해야 함

CHAPTER 2 상담 이론

(6) 직면(Confrontation)
① 내담자의 말이나 행동에 있어서 모순이나 불일치되는 부분을 지적해 주는 기법
② 내담자로 하여금 자신의 행동의 의미나 모순을 깨닫게 함
③ 내담자가 미처 깨닫지 못하고 있거나 인정하기를 거부하는 생각과 느낌에 주목하거나, 언어적인 행동과 비언어적인 행동이 불일치되는 지점을 깨닫게 하기 위해 사용함

(7) 해석(Interpretation)
① 내담자의 암시적 대화 내용과 행동 간의 관계를 찾아내어 내담자가 미처 깨닫고 있지 못한 내면적 갈등과 특정 행동의 원인에 대한 설명이나 연관성 여부를 지적하는 기법
② 내담자의 진술에 무엇이 함축되어 있는지 잠정적으로 가정하거나 설명해 줌으로써 문제를 새로운 각도에서 조망할 수 있도록 함

(8) 요약(Summarization)
① 내담자의 언어적 표현들을 서로 엮어 공통적인 주제 혹은 유형을 밝혀내고 두서없이 나열된 내용들을 정리해 주는 기법
② 주로 내담자에게 자신의 문제에 대한 통찰을 촉진시키기 위해 사용함

02 정신 분석 상담 이론

1 프로이트(Freud)의 정신 분석 상담 이론 [10 중등, 12 중등]

(1) 기본 입장

① 인간 행동에 영향을 끼치는 무의식적 동기를 의식으로 끌어 올려 문제 행동의 의미와 원인을 이해하는 상담 방법
② 인간은 비합리적인 존재로, 본능을 만족시키려는 욕망에 의해 동기화됨
③ 상담자는 내담자가 의식하지 못하고 있는 부적응의 원인을 분석하고 무의식으로 조금씩 접근하여 변화를 유도해야 함

(2) 인간관

① 정신 결정론
  - 무의식에 존재하고 있는 유아기의 충동, 갈등, 좌절 등은 현재의 행동과 성격 형성에 영향을 주는 결정적인 요소임
  - 성적 본능과 공격적 본능은 행동의 에너지로 작용하는데, 평소에는 억압되어 있어서 의식될 수 없지만 사라지지 않고 인간의 사고와 행동에 영향을 줌

② 무의식
  - 현재 인간의 모든 행동은 의식이 아닌 무의식에 의해 결정됨
  - 사람들이 겪는 심리적 문제는 무의식이 작용한 결과로, 무의식에 있어야 할 부정적인 경험이 의식으로 올라오는 과정에서 심리적 문제가 발생함
  - 인간의 행동에 우연이란 없고, 실수에도 무의식적인 이유가 있음

③ 본능
  - 인간은 기본적으로 성적 본능인 리비도(Libido)와 공격적 본능인 타나토스(Thanatos)를 가짐
  - 인간의 모든 정신적 행위는 리비도(Libido)와 타나토스(Thanatos)가 충돌하며, 인간의 발달은 본능을 현실에 맞게 조절해 가는 과정임
  - 마음속에서 본능의 충돌이 발생하면 인간은 이를 해결하기 위한 외적 활동으로 긴장과 흥분을 해소하는데, 이 과정에서 쾌락 혹은 만족이라는 심리적인 경험을 함

(3) 상담 목표

① 내담자의 무의식에서 문제를 일으키는 심리적 갈등을 의식화 시켜 의식 수준에서 행동할 수 있도록 도움
② 내담자가 본능적인 욕구보다 좀 더 합리적이고 현실에 근거한 행동을 할 수 있게 함
③ 상담자는 내담자의 문제 행동에 대한 각성과 통찰을 도움으로써 잘 적응할 수 있도록 도움

(4) 주요 개념

프로이트(Freud)는 인간의 의식을 의식, 전의식, 무의식의 세 수준으로 구분함

① 의식: 현재 지각하고 생각하고 느끼고 기억할 수 있는 모든 내용으로, 인간의 사고, 지각, 감정, 기억 등과 같은 정신 활동의 작은 부분만이 의식 영역에 존재함
② 전의식: 평소에는 의식하고 있지 않지만 어떤 단서나 실마리를 통해 쉽게 의식 수준으로 떠오를 수 있는 내용으로, 의식과 무의식 사이에서 교량 역할을 함
③ 무의식: 정신의 가장 깊은 곳에 있어서 인식할 수 없으며 성적 충동, 공격성, 공포 등 의식에서 밀려난 억압된 본능들이 집결되어 있는 정신 구조로, 인간의 행동을 지배함

(5) 상담자와 내담자의 관계

① 상담자는 중립성, 객관성을 유지해야 함
② 내담자는 상담자와 투사(Projection)를 통한 전이 관계(Transference Relationship)를 형성하며, 상담자는 내담자에게 영향을 받지 않음
③ 상담자는 내담자의 현재 문제에 영향을 미치고 있는 무의식적 요인을 해석하고 저항을 파악해야 함
④ 상담자는 내담자가 자기 인식을 통해 불안에 대처하고 행동을 조절할 수 있도록 조력해야 함
⑤ 상담자는 내담자와 심리적인 거리를 두어야 하며, 내담자의 욕구를 직접적으로 충족시켜 주면 안 됨

> **전이 관계**
> 내담자가 과거의 경험에서 비롯된 무의식을 상담자에게 옮겨놓는 것

> **저항**
> 변화가 일어나는 것을 방해하는 요소로 억압되어 온 무의식적 생각들이 의식의 표면으로 떠오르는 것을 방해함

(6) 상담 과정

① 초기 단계
- 상담자와 내담자가 신뢰 관계를 형성하는 단계
- 자유 연상이나 꿈 분석을 통해 내담자의 문제가 드러나면 상담자는 내담자와 치료 동맹을 맺고, 전이 감정을 촉진시킴

② 전이 단계
- 내담자가 과거에 중요한 사람과의 관계에서 가졌던 욕구와 감정을 상담자에게 느끼는 단계
- 내담자의 어린 시절 부정적 경험과 갈등이 무의식 속에서 떠오르며 상담자에게 여러 감정을 투사하게 됨

③ 통찰 단계
- 전이에 대한 분석이 이루어지는 단계
- 자신의 욕구나 적개심을 상담자에게 표현하며 무의식 속 갈등의 원인을 파악하고, 자신의 행동에 대한 이유를 통찰하게 됨

④ 훈습 단계
- 전이 분석을 통한 통찰을 반복하여 정교화시키는 단계
- 획득한 통찰을 현실에 적용하면서 행동의 변화가 발생함

(7) 상담 기법

① 해석
- 내담자의 무의식에 억압되었던 분노, 상처, 갈등을 의식화하기 위한 방법
- 해석은 내용에 대한 설명보다 전이나 저항, 자유 연상 등이 무엇을 의미하는지 이해할 수 있도록 설명하는 것이 더욱 중요함
- 해석은 내담자가 감당할 수 있고 수용할 수 있다고 판단될 때 이루어져야 함

② 자유 연상
- 내담자가 떠오르는 것을 그대로 이야기할 수 있도록 돕는 방법
- 내담자가 자유 연상을 하다가 저항을 경험하면, 상담자는 저항의 의미를 적절하게 해석해 줌으로써 내담자가 저항을 잘 해결하고 무의식을 통찰할 수 있도록 도와야 함

③ 꿈 분석
- 꿈을 분석하여 무의식의 내용을 밝히고, 내면을 통찰하여 문제의 원인이 무엇인지를 밝히는 방법
- 수면 중 방어 기제가 약화되어 억압된 욕구와 충동이 의식 표면으로 표출되면 상담자는 이를 분석하여 내담자가 무의식에 접근할 수 있도록 도움을 줌

④ 저항 분석
- 저항은 내담자가 무의식을 의식화하는 것을 방해함
- 저항을 분석하여 내담자가 무의식적으로 숨기거나 두려워하는 대상에 대한 정보를 얻고, 이를 이해하여 통찰하도록 도움을 줌

⑤ 전이 분석
- 전이는 내담자가 과거의 중요한 타자에게 느꼈던 감정을 상담사에게서 동일하게 느끼는 것을 의미함
- 내담자는 타자와의 갈등으로 인한 분노나 억압된 감정 등을 표출하게 되는데, 상담자는 이에 대해 분석하여 내담자가 이겨낼 수 있도록 도움을 줌

⑥ 훈습
- 내담자가 상담 과정에서 느낀 통찰을 현실 생활에 적용하여 내담자 스스로에게 변화를 일으키는 방법
- 통찰 내용을 현실에 적용하여 문제를 해결하는 것은 정신 분석 상담의 최종 목표라고 할 수 있음

(8) 평가

① 시사점
- 유아기의 경험이 성격 발달에 지대한 영향을 끼친다는 것을 강조하고, 자녀 양육에 대한 연구를 중시함
- 인간은 이성적으로 자신을 통제하기 보다 무의식과 본능에 의해 행동한다는 사실을 밝힘
- 인간의 표면적 문제가 아닌 근본적 원인을 찾아서 제거하는 데 초점을 둠
- 오이디푸스 콤플렉스나 무의식과 같은 새로운 개념을 창조하여 심리학의 발달에 기여함

CHAPTER 2 상담 이론

② 한계점
- 과학적으로 증명할 수 없는 내용이 많아서 일반화하기 어려움
- 본능적 욕구를 지나치게 강조하여 인간을 결정론적이고 비합리적 존재로 규정함

2 아들러(Adler)의 개인 심리학 상담 이론 [04 중등]

(1) 기본 입장
① 내담자는 병든 존재나 치료받아야 할 대상이 아니며 열등감을 극복하고, 잘못된 인생의 목표와 생활양식을 수정하여 사회의 일원으로 활동할 수 있도록 성장해야 함(성장 모델)
② 개인은 사회와 나누어서 생각할 수 없으며, 인간의 모든 행동에는 목적이 있음을 강조함
③ 상담자는 내담자의 증상 제거보다 열등감 극복과 잘못된 생활 양식을 수정하는 데 관심을 가져야 함

(2) 인간관
① 인간은 전체적, 현상학적, 목적론적 존재임
- 전체적 존재: 개인은 나누어질 수 없는 통합적인 존재임
- 현상학적 존재: 개인은 세계를 지각하는 자신만의 독특한 특성을 가진 존재로, 자신이 적응하는 방향에 따른 주관성을 가짐
- 목적론적 존재: 개인은 확실한 목표를 향해 나아가는 이성적인 존재임
② 과거의 경험에 대한 개인의 지각과 해석이 현재의 태도와 행동을 결정함
③ 인간은 본능보다 우월감을 추구하며, 우월감은 타인에 대한 열등감에서 비롯됨
④ 인간은 생물학적, 성적 본능에 이끌려 다니는 존재가 아니라 사회적 관계 속에서 자신의 목표와 가치를 추구하는 존재임

(3) 상담 목표
① 내담자의 행동 수정보다는 동기 수정에 관심을 가짐
② 상담자는 내담자가 사회적 관심을 갖도록 하여 내담자의 잘못된 가치와 목표를 수정하는 데 중심을 둠
③ 상담자는 내담자가 열등감을 극복할 수 있도록 도와야 함
④ 상담자는 내담자의 잘못된 목표나 가정을 규명하고 탐색하기 위한 계약을 체결하여, 건설적인 목표를 세울 수 있도록 재교육함

(4) 주요 개념
① 열등감
- 열등감은 개인이 잘 적응하지 못하거나 해결할 수 없는 문제에 직면했을 때 발생함
- 열등감은 누구에게나 있으며, 이를 극복하는 과정에서 자신의 능력을 개발하고 성장함
② 우월성
- 아들러(Adler)는 자아실현, 자기완성의 의미로 우월성이라는 개념을 활용함

출제 Point

2004학년도 중등 객관식 20번
상습적으로 다른 학생들에게 폭력을 휘두르는 영철이의 행동은 자신의 열등감을 극복하고 우월해지고자 하는 동기가 표출된 결과이다. 이러한 행동은 자신을 알아주지 않는 주위 사람들에 대해 공격성을 나타냄으로써 자신도 중요한 사람이 될 수 있을 것으로 여기는 문제 행동으로 볼 수 있다.

- 열등감을 극복하는 것을 넘어서 보다 적극적으로 향상과 완성으로 나아가는 것을 의미함
③ 사회적 관심
- 개인이 이상적인 공동 사회의 목표를 달성하고자 할 때 사회에 공헌하려는 성향을 의미함
- 발달 과정에서 사회적 관심이 좌절되면 사회적 관심의 발달 잠재성이 좌절되거나 타인을 이용·회피하는 등의 문제 행동이 발생함
- 사회적 관심은 가족 관계에서 먼저 경험 및 발달하고, 어머니가 가장 큰 영향을 미침
④ 생활 양식
- 삶에 대한 개인의 기본적 지향이나 성격으로, 삶의 목적, 자아개념, 가치, 태도 등을 포함함
- 주로 5세 이전에 형성되어 일생 동안 유지되는 경향이 있음
- 지배형, 기생형, 회피형, 사회형으로 분류할 수 있음
  - 지배형: 독단적이고 공격적이며 활동적이지만 사회적인 인식에 관심이 거의 없는 유형
  - 기생형: 자신의 욕구충족을 위해 타인에게 의존하는 유형
  - 회피형: 사회적 관심이 부족하고 일상에 참여하는 활동을 하지 않는 유형
  - 사회형: 심리적으로 건강한 사람의 표본으로, 사회적 관심이 많아서 자신과 타인의 욕구들 동시에 충족시키는 유형

(5) 상담자와 내담자의 관계
① 상담자와 내담자의 관계는 상호 신뢰하며 협력하는 동등한 관계임
② 내담자는 병에 걸린 상태가 아니라 낙담(Discouraged)한 상태임을 인식해야 함
③ 상담자의 역할은 내담자가 자신의 잘못된 신념을 발견하고 수정하도록 격려하는 것임
④ 내담자의 정서 그 자체보다 정서를 불러일으키는 인지에 초점을 두어야 함

(6) 상담 과정
① 관계 형성: 내담자와 동등하고 협조적이며 공감하는 관계를 형성하고, 내담자를 격려해야 함
② 생활 양식 탐색 및 이해: 내담자의 생활 양식을 탐색하여, 현재 생활에서 어떻게 기능하는지 이해하도록 도움
③ 통찰: 생활 양식과 기본적 오류에 대한 이해와 통찰을 통해 숨겨진 목표를 발견하도록 함
④ 방향 재조정: 통찰 단계 이후 수정된 목표를 달성할 수 있는 새로운 행동을 하도록 유도함

(7) 상담 기법
① 격려하기: 열등감을 극복할 수 있도록 격려하여, 내담자가 자신의 장점을 인식하고 용기를 가질 수 있도록 지지함

② 마치 ~처럼 행동하기: 내담자가 새로운 행동을 두려워할 경우 해낼 수 있는 것처럼 생각하게 함

③ 자기 모습의 파악하기: 내담자가 자신의 모습을 있는 그대로 인식하게 함

④ 수프에 침 뱉기: 내담자의 잘못된 생각에 침을 뱉음으로써 이후 같은 생각이나 행동을 할 때 편안함을 느끼지 못하게 함

⑤ 단추 누르기: 내담자가 긍정적인 사건과 부정적인 사건을 번갈아 상상하게 하여, 자신의 선택으로 원하는 감정을 만들 수 있음을 인식하게 함

⑥ 역설적 기법: 자신을 약하게 만드는 생각이나 행동에 의도적으로 관심을 갖고 과장하게 함

⑦ 빈 의자 기법: 빈 의자를 두고 상대방이 마치 그곳에 앉아 있는 것처럼 가정하여 내담자가 다루고자 하는 문제를 독백, 방백, 역할 바꾸기 등을 통해 이야기하는 방식으로, 내담자가 자신의 감정과 문제를 빨리 파악하게 함

⑧ 초기 기억 분석: 상담자가 내담자의 6세 이전의 경험을 분석하여 목표, 생활 양식, 보호 기제, 기본적 오류 등을 이해하는 방식으로, 내담자에 대한 중요한 단서를 얻을 수 있음

(8) 평가

① 시사점
- 인간은 사회적이고 목적지향적인 존재임을 강조함
- 성격의 사회적 요인을 강조하므로서 집단 치료의 개념을 발달시킴

② 한계점
- 우월성의 추구, 열등감 등 복합적 개념을 지나치게 단순화하여 상식적인 수준의 심리학이라는 비판을 받음
- 무의식은 배제되고 사회적인 추구가 강조되며 낙관적 관점으로 바라보기 때문에 삶의 비관적인 영향을 간과함

03 행동주의 상담 이론

1 행동주의 상담 이론 [14 중등(論)]

(1) 기본 입장
① 행동주의 학습 이론을 적용한 상담 방법으로, 상담의 대상은 내담자의 객관적으로 관찰 가능한 행동임
② 내담자의 의식보다는 문제 행동의 수정을 통해 효과를 극대화하는 상담 방법
③ 과거의 행동이 아닌 현재의 부적응 행동에 초점을 맞추고, 그에 맞는 상담 방식을 선택해야 함

(2) 인간관
① 인간은 환경에 의해 영향을 받는 수동적인 존재임
② 인간에게 나타나는 대부분의 행동은 후천적으로 학습된 것이라고 할 수 있음
③ 행동주의 학습 원리를 통해 인간의 행동을 파악할 수 있으며, 자극의 연합과 강화 또는 벌을 통해 변화되고 수정 가능함

(3) 상담 목표
① 내담자의 바람직하지 못한 행동은 소거하고, 바람직한 새로운 행동을 학습할 수 있도록 도움
② 상담 목표는 분명한 말로 서술하여 내담자가 성취하고자 하는 것이 무엇인지 명확히 인식할 수 있도록 해야 함
③ 상담의 목표는 내담자가 기대하는 목표로 정해야 하고, 상담자는 이를 돕는 조력자 역할을 수행함

(4) 상담 기법
① 체계적 둔감화: 불안 위계표에 따라 불안이 낮은 장면부터 이완 훈련을 시작하여 높은 장면으로 올라가면서 불안을 감소시키는 방법으로, 부정적인 반응을 점진적으로 해소함
② 혐오적 조건 형성: 제거하려는 문제 행동과 불쾌 경험을 짝지어 문제 행동에 대한 매력을 반감시키는 방법으로, 역조건을 형성하여 행동을 수정함
③ 토큰 경제: 내담자가 목표 행동을 달성했을 때 토큰을 주어 바람직한 행동을 유도하는 방법으로, 심리적 포화 현상을 제거하고 강화의 지연을 예방함
④ 행동 계약: 상담자와 내담자가 의논하여 정해진 기간 내에 해야할 행동을 계약하고, 계약 조건이 지켜지면 정해진 보상을 제공하여 행동을 강화하는 방법
⑤ 모델링: 바람직한 행동을 관찰하고 모방하여 행동하게 하는 방법
⑥ 노출법: 내담자가 두려워하는 환경에 반복적으로 노출시키고 직면하게 함으로써 자극 상황에 대한 불안을 감소시키는 방법으로, 가장 중요한 상담 기법 중 하나임
⑦ 홍수법: 가장 높은 수준의 자극에 오랫동안 지속적으로 노출시킴으로써 시간이 경과함에 따라 혐오나 불안을 극복하게 하는 방법

(5) 평가
　① 시사점
　　• 구체적인 행동과 체계적인 방법을 통해 모호했던 상담 이론의 구체적인 달성 여부를 알 수 있게 됨
　　• 비교적 짧은 시간 내에 효과를 기대할 수 있음
　　• 개개인에 맞는 구체적이고 다양한 상담 기법 적용이 가능함
　② 한계점
　　• 내담자의 감정과 정서의 역할을 경시함
　　• 현재 문제에 초점을 두므로 사소한 현재의 행동을 중요한 원인으로 착각할 수 있음
　　• 문제 행동의 제거에만 집중하므로 근원적 원인 해결에 한계가 있음

04 인지적 상담 이론

1 윌리엄슨(Williamson)의 지시적 상담 이론

(1) 기본 입장
① 상담자가 교사 혹은 조언자의 역할을 하면서 내담자에게 객관적이고 정확한 정보를 제공하여 내담자가 합리적이고 효과적인 선택과 결정을 할 수 있도록 돕는 상담 방법
② 상담은 내담자가 자신의 능력이나 흥미에 입각한 결정을 내릴 수 없을 때 진행함
③ 상담자의 지시, 조언, 충고를 통해 문제를 해결함

(2) 상담 목표
① 문제에 직면하여 지적 과정을 통해 문제를 해결함
② 반복되는 공포나 진로 문제의 불안에서 올바른 선택을 하도록 도움

(3) 상담 과정
① 분석: 내담자에 대한 정보와 자료를 수집함
② 종합: 분석 단계에서 얻은 자료를 정리하고 배열하여 활용 가능하도록 정리함
③ 진단: 정리한 자료를 통해서 내담자의 문제를 확인하고 원인을 발견함
④ 예진: 문제 해결을 예측함
⑤ 상담: 상담자와 내담자가 만나서 문제 해결의 탐색이 이루어지는 단계로, 상담자는 내담자가 문제를 해결할 수 있도록 조력자 역할을 함
⑥ 추수지도: 상담의 결과를 평가하고 문제가 발생하는 경우 다시 돕는 과정

(4) 상담 기법
내담자에 대한 여러 가지 정보를 수집하여 상담자 중심의 적극적인 개입과 지시적인 조언을 제공함

2 엘리스(Ellis)의 합리적 정서적 행동 치료(REBT) [02 중등, 03 중등, 10 중등, 12 중등]

(1) 기본 입장
① REBT(Rational Emotive Behavior Therapy)는 내담자의 부정적이고 패배적인 감정을 없앨 수 있는 방법
② 인간의 문제는 자신의 내부에서 발생하며, 스스로 해결할 수 있는 능력이 있음
③ 개인이 경험하는 사건 그 자체보다는 개인이 그 사건을 어떻게 생각하는지가 중요함
④ 비합리적인 사고가 부정적인 감정과 행동을 유발함

> **Wide 인간의 양면성**
>
> 인간에게는 행복 추구, 자아 성장, 사회를 변화시킬 수 있는 거대한 자원과 능력이 존재한다. 그러나 그와 동시에 일에 대한 회피, 가치 파괴, 자신과 타인에게 해를 끼치려는 경향성도 존재한다.

출제 Point

2010학년도 중등 객관식 27번
합리적 정서적 행동 치료(REBT)에서는 정서적 문제를 유발하는 원인이 사건 자체가 아니라 그 사건에 대한 비합리적인 신념 때문이라고 본다.

2002학년도 중등 객관식 38번
교사는 상담 과정에서 철수가 가지고 있는 신념은 현실성이 없음을 깨우치려고 노력하고 있다.

CHAPTER 2 상담 이론

(2) 인간관
① 인간은 합리적이고 올바른 사고와 비합리적이고 왜곡된 사고를 모두 할 수 있음
② 인간은 자신을 통제하거나 변화시킬 수 있음

(3) 상담 목표
① 내담자의 비합리적 사고를 합리적 사고로 변화시킴
② 자기 파괴적인 신념들을 없애고, 합리적이고 현실적인 인생관을 갖게 하여 융통성 있고 생산적인 삶을 살도록 도움

> **Wide 비합리적 신념**
> 주로 '반드시 ~해야 한다'의 형태로 표현되는 당위적 신념으로, 사건에 대한 극단적 과장('~하는 것은 끔찍한 일이다.'), 가치 비하('~한 것은 무가치한 사람이다.') 등을 말한다. 대표적인 것이 사랑과 인정에 대한 욕구로, 인간은 '반드시 주위의 모든 사람으로부터 사랑과 인정을 받아야만 한다.'고 생각하는데, 인간은 타인이 자신을 사랑하고 인정한다고 믿을 때 자신을 가치 있는 사람이라고 믿기 때문이다. 인정 욕구가 지나치게 커지면 그것이 충족되지 않았을 때 우울, 불안과 같은 정서적 장애를 일으키게 된다.

(4) 상담 기법
① 인지적 기법: 비합리적 신념 논박하기, 독서 치료, 정확한 언어 사용 등
② 정서적 기법: 수치심 공격 연습, 불안 감소를 위한 유머 사용, 합리적 정서 상상하기 등
③ 행동적 기법: 체계적 둔감화, 모델링, 강화 기법 등

(5) 상담 모형
① 선행 사건(Activating Event): 개인의 정서적 문제를 야기한 사건이나 현상을 의미함
② 신념 체계(Belief System): 환경적 자극이나 선행 사건에 의해 내담자에게 형성된 신념을 의미함
③ 결과(Consequence): 선행 사건과 신념에 의해 나타난 정서적, 인지적, 행동적 결과를 의미함
④ 논박(Dispute)
  - 기능적 논박: 내담자의 생각에 수반되는 감정과 행동이 실제적으로 유용한지 의문을 갖도록 함
  - 경험적 논박: 내담자의 신념이 사회적 현실에 얼마나 일치하는지 평가하도록 함
  - 논리적 논박: 비논리적인 사고에 대해 의문을 제기함
  - 철학적 논박: 삶에 대한 만족이라는 주제를 이야기하면서 삶의 다른 긍정적인 부분을 보도록 함
⑤ 효과(Effect): 합리적 신념으로 바뀐 후 내담자에게 나타나는 상담의 결과를 의미함

(6) 평가
① 시사점
- 인간의 부적응을 인지적 부분에 초점을 두어 설명함
- 상담 결과의 실천을 강조하여 치료 과정의 한 부분으로 활용함

② 한계점
- 지나치게 지시적이고 교수적인 성격을 가짐
- 내담자의 정서나 관계적 측면을 고려하지 않음

3 벡(Beck)의 인지 치료

(1) 기본 입장
① 인간은 객관적 현실이 아닌 주관적 경험과 이성적 판단을 통해 나아가는 존재임
② 인간은 자기, 세상, 미래에 대한 부정적이고 왜곡된 사고방식때문에 우울과 같은 심리적 고통이 발생함
③ 인간은 스스로 선택하고 책임지는 존재임
④ 상담자는 내담자의 치료 능력을 신뢰해야 함

(2) 상담 목표
① 내담자의 자동적 사고 및 역기능적 신념을 변화시킴
- 자동적 사고(Automatic Thoughts): 의식적 노력 없이 자발적으로 일어나는 사고로, 특정한 생활 사건에 대해 부정적인 해석을 함
- 역기능적 신념: 자신, 타인, 세상 등에 대한 당위적·완벽주의적·비현실적 신념으로 과거의 경험, 어린 시절의 상호 작용 등으로부터 생성됨

② 상담은 왜곡된 인지를 재구성하는 과정으로 볼 수 있음

(3) 상담자와 내담자의 관계
① 상담자와 내담자는 협력적·동반자적 관계를 유지해야 함
② 상담은 상담자와 내담자가 같은 목표를 위해 협동적으로 작업하는 과정임

(4) 주요 상담 기법
① 특별한 의미 이해하기: 어떤 단어의 정확한 의미에 대한 질문 과정을 통해 상담자가 내담자의 사고를 이해하는 방법
② 재귀인하기: 책임감을 느낄 필요가 없음에도 책임감을 느끼는 내담자를 위해 정확한 인과 관계를 정리하고, 자신의 책임 유무를 생각해 보게 하는 방법

05 인본주의 상담 이론

1 실존주의 상담 이론

(1) 기본 입장

① 실존주의 철학을 적용한 상담 이론으로, 정신 분석 상담 이론과 행동주의 상담 이론에 반대하며 등장함
② 인본주의 심리학에 기초하여 인간의 본질에 대한 철학적 탐구를 강조하고 인간의 존재에 초점을 둠
③ 실존적 상황에 직면하도록 격려하여 자신의 삶을 주체적으로 살 수 있도록 함

(2) 인간관

① 인간은 자기 인식 능력을 지닌 존재임
② 인간은 실존적 불안을 가지고 살아감
③ 인간은 삶의 의미와 목적을 추구하는 존재임
④ 인간은 선택의 자유와 책임을 지닌 주체적인 존재임

(3) 상담 목표

① 내담자가 자신의 실존 조건을 인식하도록 유도하여 삶을 주체적으로 선택하고 책임지도록 도움
② 내담자에게 자신의 삶을 변화시킬 수 있는 힘을 지니고 있음을 인식하게 하고, 선택에 대한 책임을 자각하게 함으로써 주체적인 삶을 살도록 도움
③ 자신은 특별한 존재가 아니며 실존적 조건을 지닌 유한하고 고독한 존재라는 것을 수용하도록 하여 실존적 불안을 극복하고 인생을 자유로운 것으로 인식할 수 있도록 유도함

(4) 주요 개념

① 죽음
  - 실존적 불안의 원인이 되며, 죽음에 대한 태도에 따라 인간의 실존에 영향을 미침
  - 죽음을 직면하도록 하여 본질적인 삶의 의미를 찾도록 유도해야 함
② 자유와 책임
  - 선택에 대한 불안은 책임과 연관이 있음
  - 인간은 자신의 삶에 대한 선택의 자유가 있으며, 그에 대한 책임을 져야 함
③ 실존적 소외
  - 인간의 근원적인 고독으로, 인간관계에서의 소외나 개인의 내적인 소외와는 다른 실존적인 소외가 존재함
  - 인간은 타인과 분리된 개체로서 근본적으로 고독한 존재이며, 죽음 앞에서는 누구나 단독으로 존재함

④ 무의미
- 의미는 세계에 존재하는 것이 아니라 인간이 부여함
- 의미는 추구하는 것이 아닌 발생하는 것임

⑤ 실존적 불안: 실존적 불안은 보편적이고 정상적인 것으로, 인간이 성장할 수 있도록 자극함

(5) 실존적 세계

① 물리적 차원의 자연 세계
- 인간은 육체를 지닌 존재로 환경이라는 물리적인 세계와 관계를 맺으며, 이에 대한 인식과 태도를 형성함
- 자연 세계는 친근함과 두려움, 접근과 회피 등의 양극적 태도로 구성될 수 있음

② 사회적 차원의 인간 세계
- 인간은 타인과 상호 작용하여 관계를 맺으며, 이를 통해 타인, 사회, 문화 등에 대한 태도를 형성함
- 인간 세계는 사랑과 증오, 수용과 거부, 소속과 소외, 협동과 경쟁이라는 양극의 태도로 구성될 수 있음
- 실존적 소외에 대한 직면과 수용을 통해 진정한 인간관계를 맺을 수 있음

③ 심리적 차원의 자기 세계
- 인간은 외부 대상뿐만 아니라 자신과도 관계를 맺음
- 자기 세계는 강함과 약함, 적극성과 소극성, 자기 수용과 자기 혐오와 같은 양극의 태도로 구성될 수 있음
- 과도한 자기 중심성을 극복하지 못하면 개인적 상실과 죽음에 직면하게 되었을 때 심한 불안과 혼란을 경험하게 됨

④ 영적 차원의 초월 세계
- 인간은 초월적인 존재와 이상적인 이념을 창조하여 그것과의 관계 속에서 살아감
- 초월 세계는 의미감과 무의미감, 희망과 절망, 지혜로움과 어리석음의 양극적 태도로 구성될 수 있음
- 인간은 모든 것이 무(無)로 돌아가는 공허감을 극복하고 유한성을 초월할 수 있는 것을 추구함
- 영원한 것을 추구하는 반대편에는 허무를 직면하고 수용할 수 있는 용기가 존재함

CHAPTER 2 상담 이론

출제 Point

2013학년도 중등 객관식 26번
① 진정성은 자신의 감정과 경험을 주관적으로 표현하는 것이다.
② 공감, 수용, 진정성을 내담자에게 얼마나 잘 지각하게 하느냐가 중요하다.
③ 공감은 객관적인 현실보다 내담자가 지각한 현실에 초점을 두는 것이다.
⑤ 수용은 내담자의 '자기실현 경향성(Self-actualization Tendency)'을 인정하고 신뢰하는 것이다.

2 로저스(Rogers)의 인간 중심 상담 이론 [05 중등, 06 중등, 12 중등, 13 중등, 14 중등(論)]

(1) 기본 입장

① 내담자 중심의 비지시적 심리 치료 방법을 개발하여 생활지도, 학교 교육, 산업 경영 등으로 범위를 확장하고, 인간에 대한 신념을 강조함
② 어떤 현상에 대한 개인의 경험이나 지각이 부정적인 내담자는 자신의 성장을 방해하는 부정적 행동을 선택하므로, 내담자가 자신의 잠재 능력을 발견하고 자신과 세계에 대해 긍정적으로 인식할 수 있도록 도와야 함

(2) 인간관

① 인간은 성장할 수 있는 잠재력을 지녔으며, 이를 실현하려는 실현 경향성을 지님
② 인간은 자신을 둘러싸고 있는 세계에 대한 주관적 인식이나 경험에 따라 행동함
③ 인간은 성장 과정에서 타인과의 관계나 타인의 평가 등 사회적 환경의 영향을 받으며 '자기 개념(Self-concept)'과 '자기 존중'을 형성함
④ 인간은 긍정적 존중에 대한 욕구를 지님

(3) 상담 목표

① 내담자가 자기 존중을 회복하고 왜곡된 자기 개념과 현실을 수정하여 자기실현을 할 수 있도록 도움
② 내담자의 자기실현 경향성의 장애물을 제거하고 성장 잠재력을 발휘하도록 도움

> **Wide 충분히 기능하는 사람**
>
> 충분히 기능하는 사람은 진정한 자신의 모습을 발견하고 끊임없이 성장하며 자기실현을 하는 사람을 의미하며 다음과 같은 다섯 가지 특징을 가짐

경험에 대한 개방성	• 자신의 경험이 부정적이어도 왜곡시키거나 부정하지 않고, 정확하게 인식하고 수용하는 자세 • 부끄러움이나 불안 등의 감정을 회피하지 않고 수용하여 자기 성찰의 기회로 삼음
실존적인 삶	• '지금-여기' 현재에 초점을 맞추고 충실하게 살아가는 것을 의미함 • 과거나 미래를 외면하지 않고 과거로부터 현재의 자신이 되었음을 깨닫고 현재에 충실하면 미래를 보장할 수 있음
자신에 대한 신뢰	• 충분히 기능하는 사람은 항상 자신의 선택과 결정을 신뢰하며 자신에게 의존함 • 충분히 기능하지 못하는 사람은 자신을 신뢰하기보다 타인의 의견이나 사회 규범, 가치를 따름
자유 의지	• 충분히 기능하는 사람은 자유 의지를 가지고 살아가며, 자신의 선택과 결과에 대해 책임을 짐 • 사회적 가치나 타인에 의한 평가를 두려워하지 않음
창의성	• 자신의 결정과 행동에 대해 융통성을 갖고 있으므로 스스로 새로운 삶을 창조하고 사회나 문화에 무조건 동화되지 않음 • 자신이 속한 사회와 갈등을 겪어도 자기를 발견하며 실현시키려 노력함

(4) 상담 원리

① 상담자는 내담자의 잘못된 행동을 지적하거나 문제 해결 방법을 지원하는 지시적인 태도를 갖지 않음
② 내담자가 자신의 잠재력을 발견하고 자신과 현실에 대해 긍정적으로 경험하도록 지지함
③ 내담자를 돕고 치료하는 것은 상담자가 아닌 내담자 자신이므로, 상담자는 조력자, 촉진자로서의 역할에 충실해야 함

(5) 상담 과정

① 상담자가 내담자의 경험을 파악함
② 상담자는 내담자의 불안한 감정을 그대로 반영하여 내담자에게 보여줌
③ 내담자는 자신이 부정했던 내면의 불안한 감정을 수용함
④ 상담자는 내담자의 입장에서 무조건적으로 수용하고 공감함
⑤ 내담자는 타인의 조건적 가치에 의해 왜곡되었던 자신의 경험을 통찰함

> **조건적 가치**
> 부모를 포함한 타인이 긍정적 관심을 조건적, 선택적으로 주는 것

(6) 상담 기법

① 진실성(일치성)
- 상담 전문가로서의 권위주의적인 태도를 버리고 있는 그대로의 모습을 드러내야 함
- 상담자의 진실성을 통해 내담자는 상담자를 더욱 신뢰하며, 상담자처럼 자신의 약점을 숨기지 않고 수용할 수 있게 됨
- 내담자 자신도 진실성 있는 사람이 되려고 노력하게 됨

② 무조건적인 존중과 수용
- 상담자는 내담자의 긍정적 존중에 대한 욕구를 충족시켜 줌으로써 내담자가 자기 존중과 긍정적인 자기 개념을 형성하도록 도움
- 내담자는 자신의 생각이나 느낌, 행동에 대해서 어떤 판단이나 평가도 하지 않는 상담자의 관심이 필요함

③ 공감
- 상담자가 내담자의 감정이나 생각 등을 최대한 이해하는 태도를 의미함
- 내담자는 자신을 공감해 주고 수용해 주고 있다는 느낌을 받을 때 왜곡된 시각을 버리고 진정한 자신을 찾을 수 있음

CHAPTER 2 상담 이론

출제 Point

2011학년도 중등 객관식 27번
미해결 과제는 현재에 대한 자각(Awareness)을 방해한다고 본다.

전경

어느 한 순간에 관심(지각)의 초점이 되는 부분

배경

관심의 밖으로 물러나는 부분

3 형태주의(게슈탈트) 상담 이론 [10 중등, 11 중등]

(1) 기본 입장
① 내담자가 스스로 의식하지 못했던 부분을 의식할 수 있도록 돕는 상담 방법
② 내담자의 욕구와 감정을 파악하여 내담자가 '지금-여기'를 완전히 경험할 수 있도록 도움

(2) 인간관
① 인간의 자유와 책임을 강조하는 실존주의적 인간관을 바탕으로 함
② 인간의 삶은 완전성과 전체성을 지향하며, 전체성 안에서의 기능을 강조함
③ 개인의 경험이 의미 있는 전체(게슈탈트)를 형성하는 과정에서 전경과 배경을 명확히 구분할 때 원만하고 건강한 성격이 형성됨
④ 순간순간의 경험에서 주관적으로 결정되는 의미의 해석을 강조함

(3) 상담 목표
내담자의 욕구와 감정을 알아차리고, 이를 환경과의 접촉을 통해 해소할 수 있도록 도움

(4) 상담 원리
① 지금-여기에서 드러나는 내담자의 표정이나 말투 등 비언어적 측면에 초점을 맞춤
② 과거나 미래가 아닌 현재 개인의 체험을 중시하고, 내담자가 지금-여기에서 과거의 사건을 실존적으로 체험하게 함으로써 사건의 새로운 의미를 발견함
③ 상담자는 내담자가 과거의 미해결 과제에 머물러 있지 않고, 그것을 지금-여기로 가져와서 표현하도록 함
④ 상담자는 내담자가 안전함을 느낄 수 있도록 진솔함과 수용성의 태도를 갖춰야 함
⑤ 내담자가 스스로 의미를 부여하고 해석해야 하므로 상담자는 조력자의 태도를 지녀야 함

(5) 주요 개념
① 게슈탈트(Gestalt)
   • 전체, 형태, 모습 등의 뜻을 지닌 독일어로, 인간은 외부의 자극을 각각의 부분으로 보지 않고 하나의 의미 있는 형태, 즉, 게슈탈트로 지각함
   • 자신이 처한 상황과 환경을 고려하여 자신의 욕구나 감정을 실현 가능한 행동 동기로 인식함
② 접촉-경계 혼란: 인간이 게슈탈트를 형성할 때, 전경을 배경으로부터 명확히 구분하지 못하는 것을 의미함
③ 미해결 과제
   • 인간이 게슈탈트를 형성하지 못했거나 형성된 게슈탈트를 적절히 해소하지 못하여 배경으로 물러나지 못하고, 계속 전경으로 떠오르려는 상태
   • 효과적인 욕구 해소에 실패하여 주로 감정으로 표출되며 신체적 장애로 나타나기도 함

(6) 상담 과정

① 자기 자신과 환경, 전체성을 파악하고, 환경과 전체성 안에서의 자신에 대해 지각함
② 무의식에 있는 것을 의식의 표면으로 끌어 올려 인식하도록 함
③ 인식을 통해 과거의 미해결 과제를 파악함
④ 내담자는 자신의 모습을 그대로 받아들이면서 변화가 일어남

(7) 상담 기법

① 빈 의자 기법: 빈 의자를 두고 상대방이 마치 그곳에 앉아 있는 것처럼 가정하여 내담자가 다루고자 하는 문제를 독백, 방백, 역할 바꾸기 등을 통해 이야기하는 방식으로, 내담자가 자신의 감정과 문제를 빨리 파악하는 데 도움을 줌
② 감정에 머무르기: 내담자가 불쾌한 감정이나 기분을 이야기하며 도망치고 싶은 욕구를 느끼는 순간 내담자로 하여금 그 감정에 그대로 머무르며 체험하기를 요구하는 방법으로, 회피하고자 했던 감정을 확실하게 지각하게 함으로써 문제를 해결할 수 있도록 도움을 줌

4 상호 교류 분석 이론 [12 중등]

> **출제 Point**
>
> 2012학년도 중등 객관식 26번
> 번(E. Berne)의 교류 분석 상담 이론은 세 가지 자아 상태(부모, 성인, 아동)를 강조하며, 주요한 상담 기법 중의 하나로 구조분석을 사용한다.

(1) 기본 입장

① 인간의 행동에 동기를 부여하는 숨겨진 배경과, 그 배경이 나타나는 과정을 분석하는 상담 방법
② 내담자와 타인 간의 의사소통 과정을 분석함으로써 자신을 이해하고, 이를 바탕으로 건전한 인간관계를 형성하도록 함
③ 성격의 인지적, 합리적, 행동적 측면을 강조하여 내담자가 새로운 결정을 통해 삶의 과정을 바꿀 수 있도록 함

(2) 인간관

① 인간은 현실 세계와 자신의 내면에 대한 각성을 할 수 있으며, 자발성을 가진 자율적인 존재임
② 인간은 과거의 인생 경험에 근거하여 현재의 행동을 선택함
③ 인간은 스스로 결정을 내릴 수 있는 능력이 있음
④ 인간은 자신의 목표나 행동 양식을 선택할 수 있음
⑤ 인간의 자아는 부모, 어른, 아동 자아로 구분할 수 있으며, 이러한 자아 상태가 개인의 행동을 지배함

(3) 상담 목표

① 내담자를 자신의 삶에 책임을 지고 현재의 행동과 삶의 방향에 대해 새로운 결정을 할 수 있는 자율적 인간으로 변화시키는 것
② 부모, 어른, 아동의 세 가지 자아 상태를 건전하게 발달하도록 하는 것

(4) 욕구 유형

① 자극의 욕구: 신체적 접촉과 심리적인 인정을 받고자 하는 욕구로, 사회적 상호 작용의 기본 동기가 됨

② 구조의 욕구: 인정 자극을 극대화할 수 있는 방향으로 시간을 구조화하는 것으로, 철수, 의식, 소일, 활동, 게임, 친밀성 등의 방법을 사용함

③ 자세의 욕구: 5세 이전의 부모 행동에 반응하는 태도에 영향을 받아 달라지는 욕구로, 개인의 생활 자세에 따라 형성됨

(5) 구조 분석 이론

교류를 통한 성격 형성 과정을 자아 상태 구조의 관점에서 분석하는 것으로, 내담자는 자신의 자아 상태를 확인하고, 자아 상태 구조를 분석함으로써 의사소통 방식과 행동 유형을 파악할 수 있음

① 부모 자아(Parent Ego): 프로이트(Freud) 이론의 초자아(Super-ego)에 해당하는 개념으로, 주로 부모나 의미 있는 주요 인물들의 행동과 태도에 영향을 받아 형성됨
   - 비판적 부모 자아: 부모의 윤리, 도덕, 가치 판단의 기준을 내면화한 것으로, 배타적이고 강압적이며, 교훈적인 방식으로 기능함
   - 양육적 부모 자아: 부모가 자녀를 양육하는 말이나 행동을 내면화한 자아로, 동정적이며, 상냥하며, 수용적이고 보호적인 면을 지님

② 어른 자아(Adult Ego)
   - 프로이트(Freud) 이론의 자아(Ego)에 해당하는 개념으로, 자신에 대한 자각과 독창적 사고가 가능해지면서 점진적으로 나타남
   - 정서적 안정과 행동의 자율성, 개인적 만족과 사회적 문제에 관심을 가짐
   - 객관적, 합리적, 분석적, 지성적, 논리적, 정보 처리적

③ 아동 자아(Child Ego): 프로이트(Freud) 이론의 원초아(Id)에 해당하는 개념으로, 생득적으로 일어나는 모든 충동과 감정, 5세 이전의 경험, 부모와의 관계에서 경험한 감정 등이 내면화된 자아를 의미함
   - 자유 아동 자아: 내면에서 자연스럽게 느끼는 감정을 언어나 비언어적 표현을 통해 표현하며, 윤리나 도덕과 관계없이 즐거움을 추구함(본능적, 직관적, 감정적, 행동적)
   - 순응적 아동 자아: 자유 아동 자아가 부모나 권위자에 의해 훈련된 것으로, 부모나 권위자의 관심을 얻기 위해 그들의 요구에 복종함(순응적, 소극적, 의존적)

(6) 의사 거래 이론

두 사람 사이의 관계 상황에서 일어나는 사회적 상호 작용의 한 단위로, 두 사람의 자아 상태로부터의 자극과 반응이 어떻게 교류하느냐에 따라 형태가 달라짐

① 상보적 의사 교류: 자극과 반응이 서로 동일한 자아에서 이루어짐에 따라 평행을 이루는 의사 교류로, 갈등을 일으키지 않음

② 교차적 의사 교류: 자극과 반응이 서로 다른 자아에서 이루어짐에 따라 교차를 이루는 의사 교류로, 갈등을 일으킬 수 있음

③ 암시적 의사 교류(이면 교류): 겉으로 표현되어 나타나는 사회적 자아와 실제로 내면에서 기능하는 심리적 자아가 서로 다른 의사 교류

(7) 생활 자세

① 자기 긍정-타인 긍정(I'm OK, you're OK): 정서적·신체적 욕구가 애정적이고 수용적인 방식으로 충족되면 성장한 아동은 자기와 타인을 긍정하는 자세를 유지하고, 승리자의 각본을 갖게 됨
② 자기 긍정-타인 부정(I'm OK, you're not OK): 어린 시절 부모로부터 폭력이나 학대를 당한 부정적인 경험이 있는 경우 부모에 대한 반항심에 의해 형성되는 자세로, 자신의 실수를 다른 사람에게 전가하고 자신을 희생양으로 여김
③ 자기 부정-타인 긍정(I'm not OK, you're OK): 어릴 때 부모의 무조건적인 인정 자극과 자신은 무능하여 다른 사람의 도움 없이는 살아갈 수 없다는 좌절감을 경험함으로써 형성되는 자세로, 자신에 대한 무력감을 느낌
④ 자기 부정-타인 부정(I'm not OK, you're not OK): 성장하면서 인정 욕구가 결핍되었거나 부정적인 자극을 강하게 경험함으로써 형성되는 자세로, 정신적 문제를 갖게 될 가능성이 높음

(8) 상담 원리

① 상담자는 내담자의 인지적 문제에 관심을 가져야 함
② 상담자는 내담자에게 정보를 제공하고 교육과 훈련을 시켜야 함
③ 상담자는 내담자 스스로 자신의 어른 자아에 의지할 수 있도록 격려해야 함
④ 상담자는 내담자가 변화에 필요한 도구를 스스로 얻을 수 있도록 도와야 함

CHAPTER 2 상담 이론

06 기타 상담 이론

1 해결 중심 상담 이론 [08 중등]

(1) 기본 입장

① 단기간에 해결 방안을 구축하도록 돕는 상담으로, 문제의 원인을 밝히기보다는 학생이 이미 가지고 있는 자원을 활용하여 문제를 해결하고자 함
② 하나의 문제 상황에 대해 다양한 해결 방안이 존재한다고 보았으며, 문제를 해결하기 위해 무엇이 가장 효과적인가에 초점을 둠
③ 문제 해결을 위해 과거보다는 현재와 미래에 초점을 둠

(2) 상담 목표

① 단기간에 내담자의 문제를 해결하도록 돕는 것
② 내담자에게 적합한 문제 해결 방법을 찾아 문제 해결을 유도하는 것

(3) 상담 원리

① 내담자를 자신의 문제를 해결할 수 있는 자원과 능력을 가진 존재로 여김
② 내담자의 병리적인 측면보다 긍정적인 면에 초점을 두고, 성공 경험을 강조함
③ 상담자는 내담자와 협력적인 관계를 형성해야 하며, 상담 과정에서 내담자를 존중하고 권한을 부여해야 함
④ 상담자는 내담자를 알고 싶어 하는 자세를 갖추어야 함
  • 내담자가 하는 말에 관심을 보이고 더 많은 정보를 얻고자 하는 자세를 의미함
  • 경청, 반복, 요약, 감정 이입, 칭찬, 개방형 질문, 비언어적 행동에 대한 주목 등을 사용함

> **Wide 내담자의 준거 틀(Frame of Reference)**
> 내담자가 자신이 경험하고 지각한 것에 의미를 부여하고 체계화하기 위해 활용하는 범주의 집합으로, 선택과 의미 부여, 관계 맺음을 결정하는 데 도움을 준다. 내담자의 준거 틀은 상담자가 내담자에게 전문적인 도움을 제공하는 과정에서 길잡이 역할을 한다.

(4) 상담자와 내담자의 관계

① 방문형(Visitor Type)
  • 내담자는 자신의 문제를 인식하지 못하거나, 문제가 타인에게 있다고 생각함
  • 상담자는 내담자가 상담을 시작한 것을 칭찬하고, 상담에 대해 호감을 가질 수 있도록 노력해야 함
② 불평형(Complain Type)
  • 내담자가 문제를 인식하고 있으나, 책임 의식이나 해결 방안을 찾으려는 의지가 없음
  • 내담자가 타인에게 문제의 원인을 돌리는 경우 상담자는 내담자 자신이 문제의 원인임을 깨닫도록 도와야 함

- 내담자가 스스로 문제의 원인을 아는 경우 상담자는 문제 원인을 자각한 것을 칭찬하고, 문제 해결을 위한 변화의 필요성을 깨닫게 함
③ 고객형(Customer Type)
- 내담자가 문제를 인식하고 있으며, 스스로 해결할 의지가 있음
- 상담자는 문제 해결을 위한 구체적인 과제를 부여하고 이를 달성할 수 있도록 격려해야 함

(5) 상담 과정
① 내담자와의 관계 유형을 평가함
② 상담자는 내담자와 함께 목표를 설정함
- 내담자에게 유익한 목표를 설정함
- 구체적이고, 명확한 행동 목표를 설정함
- 문제 행동의 제거보다 긍정적인 행동의 시작에 초점을 둠
- 현실적이고 성취 가능한 목표를 설정함

③ 해결 지향적인 접근 방법을 모색함
④ 관계 유형에 따라 적절한 과제를 제시함
⑤ 목표의 달성 정도를 점검함

(6) 상담 기법
① 상담 전 변화에 대한 질문
- 상담을 약속한 후부터 상담하러 오기까지 어떤 변화를 경험했는지를 묻는 방법
- 변화가 있는 경우 해결 능력을 칭찬함
- 문제의 심각성이 완화되었는지 내담자가 인식할 수 있도록 유도할 수 있음

② 기적 질문
- 기적이 일어난 상황을 상상하여 문제 해결 상태를 긍정적이고 구체적으로 떠올리게 함
- 해결 상황을 생각하면서 변화에 대한 희망과 의지를 품도록 유도함
- 문제에 집착하지 않고 해결에 집중하도록 유도할 수 있음

③ 예외 질문: 문제 행동이 없었던 경험을 질문하여 내담자가 이미 성공적으로 잘하고 있음을 강조하고, 이러한 성공 경험을 확대할 수 있는 전략을 구상함

④ 대처 질문
- 문제 상황에 있는 내담자가 경험을 활용하도록 하여 자신의 자원과 강점을 발견하도록 돕는 질문
- 그동안의 어려움을 어떻게 대처해 왔는지 묻고 격려함
- 잘 대응한 내용과 좌절하지 않았던 내용에 관해 칭찬하여 내담자가 자신을 대견하게 여기도록 함

⑤ 관계성 질문
- 내담자와 중요한 관계에 있는 사람의 시각에서 내담자를 볼 수 있도록 하는 질문
- 자신을 타인의 눈으로 보며 이전에 못 봤던 가능성을 찾아내도록 질문함

CHAPTER 2 상담 이론

출제 Point

2005학년도 중등 객관식 35번
ㄱ. 현재를 중시하면서 철수의 감정이나 태도보다 행동에 초점을 맞춘다.
ㄷ. 철수의 욕구 충족을 위해 선택한 행동의 효과성을 평가하면서, 새롭고 합당한 방법을 찾도록 돕는다.

2 글래써(Glasser)의 현실주의 상담 [05 중등, 06 중등, 12 중등, 13 중등]

(1) 기본 입장

① 현실 적응 과정에서 원하는 만큼의 만족을 얻지 못하는 사람에게 전문적으로 훈련을 받은 사람이 촉진자로서 안내해 주는 과정을 의미함
② 내담자의 욕구를 파악하고, 이를 바람직한 방식으로 충족할 수 있도록 돕는 상담 방식을 의미함
③ 선택 이론
  • 인간이 어떻게, 왜 행동하는가를 설명하는 이론으로, 자신의 삶에 성취감을 북돋워 주고 자신의 삶을 통제하는 긍정적인 개념으로 사용됨
  • 인간의 5가지 기본 욕구에 대한 충족 방법이 다르기 때문에 인간은 현실에 각각 다르게 반응함
  • 어떤 방법을 사용하여 기본 욕구를 충족시키느냐에 따라 개인의 정체된 의식을 발전시킬 수 있음

> **Wide 인간의 5가지 기본 욕구**
> ① 생존 및 생식의 욕구
> ② 애정과 소속의 욕구
> ③ 힘에 대한 욕구
> ④ 즐거움에 대한 욕구
> ⑤ 자유에 대한 욕구

(2) 인간관

① 인간은 개인의 내면적인 동기에 의해 행동함
② 인간은 개인의 욕구 충족을 위해 끊임없이 노력함
③ 인간은 욕구 충족 방법을 선택하는 데 있어서 책임을 갖게 되며, 자신에 대한 책임을 수용하게 되면 보다 적극적으로 욕구 충족의 방법을 창조함

(3) 상담 목표

① 내담자가 자율적이고 효율적인 욕구 충족 방법을 선택하여 실행하도록 돕고, 이를 통해 책임 있는 행동을 선택하게 함으로써 성공적인 정체감을 갖도록 도움
② 내담자가 타인에게 해를 끼치지 않는 선에서 자신의 욕구를 만족시키는 적절한 행동을 선택하고, 평가하여 책임지도록 함
③ 내담자가 원하는 것이 현실적으로 실현 가능한 것인지, 선택한 행동이 자신의 욕구 충족에 있어 유용한지의 여부를 평가하도록 도움

(4) 상담 원리

① 상담자는 따뜻하고 인간적인 위치에서 내담자와 친밀한 관계를 유지해야 함
② 상담자는 내담자가 자신의 현재 욕구를 탐색하는 데 집중하게 하여 현재의 욕구를 충족시킴
③ 내담자가 선택한 행동에 스스로 책임을 갖도록 하여 도덕성과 책임감을 강조함

(5) 주요 개념

① 통제 이론: 인간은 5가지 기본 욕구인 생존, 소속, 힘, 즐거움, 자유를 추구하는 과정에서 자신의 행동을 통제할 수 있음

② 전행동(전체 행동) 이론
- 인간의 전행동은 '활동, 생각, 느낌, 신체 반응'의 4가지로 구성되며, 서로 유기적으로 관련됨
- 활동이나 생각은 인간이 통제할 수 있으나, 느낌이나 신체 반응은 통제가 어려움

(6) 상담 과정

① 친밀한 관계 형성하기: 내담자로 하여금 자신의 행동에 대한 책임을 적극적으로 수용하도록 돕기 위함

② WDEP 적용하기
- 욕구(바람) 파악하기(Wants)
  - '무엇을 원하는가?'
  - 내담자가 자신이 무엇을 원하는지 구체적이고 명확하게 알 수 있도록 질문하여 자신의 욕구를 탐색하도록 도움
  - 상담자는 내담자가 자신이 원하는 것을 정확하게 인식할 수 있도록 도와주는 질문을 해야 함
  - 내담자는 상담자의 질문을 통해 자신의 욕구를 정의할 수 있음
- 현재 행동 탐색하기(Doing)
  - '무엇을 하고 있는가?'
  - 내담자가 실제적인 욕구 충족을 위해 어떤 행동을 하고 있는지를 탐색함
  - 내담자는 자신이 원하는 것을 효과적으로 얻을 수 있는 방법을 구체적으로 인식함
  - 현재 행동에 관심을 두며, 과거의 행동은 현재의 행동과 관련이 있는 것에만 관심을 둠
- 평가하기(Evaluation)
  - 내담자가 자신의 행동을 스스로 평가할 수 있도록 도움
  - 자신의 행동을 3R, 즉 현실성(Reality), 책임감(Responsibility), 옳고 그름(Right or wrong)을 기준으로 평가함
  - 자신의 행동 결과를 직면하고 평가하도록 하여 내담자의 변화를 유도함
- 계획하기(Plan)
  - 상담자는 내담자가 자신의 욕구를 충족할 수 있는 구체적인 방법을 찾도록 도움
  - 상담자와 내담자 공동의 노력을 바탕으로 계획을 수립함

CHAPTER 3 진로 이론

01 진로 교육

1 진로 교육의 개념

(1) 진로(Career)
① 사전적 의미로는 한 개인의 생애 전 과정을 의미함
② '인간이 일생을 통하여 하는 일을 총칭하는 것으로, 삶의 중핵이며 인간이 목표를 이루는 길' (호이트)
③ '자신의 인생 전반에서 수행하게 되는 연속적인 일이나 여가를 모두 포함하는 생활 방식' (맥다니엘)
④ '개인이 일생을 통해서 갖게 되는 일의 개념' (이재창)

(2) 진로 교육

개인의 진로 선택, 적응, 발달에 초점을 둔 계획된 교육적 경험과 일의 세계에 대한 준비를 의미함

2 진로 교육의 이해

(1) 진로 교육의 내용

① 일반적인 내용
  • 직업적 역할과 자아 인식
  • 일의 세계에 대한 인식
  • 일에 대한 적극적이고 긍정적인 태도 함양
  • 의사 결정 능력의 함양
  • 원만한 인간 관계 기술 습득
  • 일과 직업의 경제적인 측면 이해
  • 교육과 일의 세계와의 관계 인식
② 발달 단계에 따른 내용
  • 진로 인식 단계
  • 진로 탐색 단계
  • 진로 준비 단계

(2) 진로 교육의 과정

① 진로 인식 단계(초등학교 고학년 수준)
- 학습과 사회적 발달의 기본 기능 습득
- 인간으로서의 삶과 개인적 · 사회적 활동에 대한 기본 기능 고찰
- 사회 속에서 이루어지는 개인적 삶의 기본 특성에 관한 고찰
- 인간이 배우고 활용하는 환경과 자연에 대한 탐구
- 아동의 기본적 흥미와 잠재력에 관한 탐색

② 진로 탐색 단계(중학교 수준)
- 기본 기능 활용의 숙달 및 활용력 신장
- 장래 직업, 취미 생활, 가정생활, 시민 정신, 문화생활 등에 관한 광범위한 고찰
- 취업 기회에 관한 잠정적 가능성의 탐색
- 직업 선택의 능력과 태도의 함양
- 장래 직업의 보편적 영역에 관한 잠정적 선택
- 다양한 직업에 요구되는 개인적 · 교육적 요건들에 관한 광범위한 지식
- 인류의 가치와 신념 체계에 관한 고찰

③ 진로 준비 단계(고등학교 수준)
- 기본 기능의 계속적인 숙달, 활용, 응용력 강조
- 가정생활, 취미 생활, 시민 정신, 문화생활을 영위하는 데 필요한 구체적인 지식과 기술의 습득
- 특수한 직업군에 존재하는 취미 생활의 기회에 대한 탐색

(3) 진로 교육의 원리

① 진로 교육은 모든 학생을 대상으로 함
② 진로 교육은 학생들의 진로 발달에 따른 요구와 필요에 알맞게 재구조화 · 재편성되어야 함
③ 진로 교육은 진로 교육 프로그램의 내용을 기초로 하며, 학교의 모든 교육 과정 속에서 이루어져야 함
④ 진로 교육의 목적을 달성하기 위해서는 학교에서 학생들에게 가르쳐야 할 교육의 영역과 범위를 결정해야 함
⑤ 진로 교육은 지역 사회의 자원을 최대한으로 활용하여야 함
⑥ 진로 교육은 기능인 양성을 위한 직업 교육뿐만 아니라 포괄적이고 넓은 의미의 직업 교육임
⑦ 진로 교육은 모든 학생에게 의미 있는 삶의 내용과 경험을 풍부하게 제공해야 함

CHAPTER 3 진로 이론

02 다양한 진로 이론

1 파슨스(Parsons)의 특성-요인 이론

(1) 기본 입장

① 개인, 직업, 개인과 직업의 관계성을 토대로 한 직업 이론과 직업 분류학을 결합하여 개인의 직업 결정을 설명하고 기술하고자 함
② 직업을 개인적 흥미나 능력이 직업의 특성과 일치하여 선택하게 된다는 이론

(2) 특성-요인

① 개인의 지능, 적성, 작업 능력, 학업 성취도, 관심, 태도 등
② 개인의 특성은 심리 검사 등의 방법을 통해 객관적인 지표로 측정이 가능함
③ 개인은 각자 독특한 특성에 맞는 직업 유형에 적응함

(3) 상담 과정

검사를 통해 개인의 특성을 자세히 밝혀내고, 이를 통해 내담자는 명확한 자기 이해와 합리적인 직업 의사 결정을 할 수 있음

① 분석: 다양한 자료를 통해 지능, 태도, 흥미 등에 대한 세부 자료를 수집함
② 종합: 내담자의 특성을 파악하기 위해 사례 연구나 검사 결과를 바탕으로 자료를 수집하고 요약함
③ 진단: 내담자의 특성과 문제를 분류하고, 교육적·직업적 능력과 특성을 비교하여 문제 원인을 찾아냄
④ 예측: 문제의 해결 가능성을 예측하고, 내담자가 고려해야 할 조치와 조정 사항들을 발견함
⑤ 상담: 내담자가 현재 또는 미래의 바람직한 적응을 위해 해야 할 일을 함께 상의함
⑥ 추수 지도: 추후 문제가 발생할 경우에도 내담자가 바람직한 행동 계획을 수행할 수 있도록 계속적으로 지도함

(4) 상담 기법

① 촉진적 관계의 형성
② 자아 이해의 신장
③ 행동의 계획과 설계
④ 계획의 수행

> **Wide** 직업 선택에서 나타나는 문제에 대한 정의(Crites)
>
> ① 적응 문제
>   - 적응된 사람: 자신의 흥미·적성 분야와 일치하는 직업 선택
>   - 부적응된 사람: 자신의 흥미·적성과 일치하지 않는 직업 선택
> ② 우유부단 문제
>   - 가능성이 많은 사람: 여러 직접적 대안 중에서 다양한 흥미·적성 중 하나의 유형과 일치되는 직업을 선택하는 사람
>   - 우유부단한 사람: 자신의 흥미·적성 변인 수준에 관계없이 자신의 직업을 선택하지 못하고 직업에 확신을 갖지 못하는 사람
> ③ 비현실성 문제
>   - 비현실적인 사람: 흥미 분야와의 일치/불일치를 떠나 측정된 자신의 적성 수준보다 높은 적성 수준을 요구하는 직업을 선택
>   - 충족되지 않은 사람: 흥미 분야와는 일치하지만 자신의 적성 수준보다 낮은 적성 수준을 요구하는 직업을 선택
>   - 강요된 사람: 적성 수준은 적절하지만 자신의 흥미 분야와 일치하지 않는 직업을 선택

2 로우(Roe)의 욕구 이론 [05 중등, 11 중등]

(1) 욕구 구조

① 매슬로우(Maslow)의 욕구 위계 이론에 기반함
② 욕구 구조가 직업 선택에 영향을 미침
③ 욕구 구조는 어린 시절의 욕구 좌절이나 만족, 부모와의 관계, 환경적 경험 등의 영향을 받아 형성되고 발달함
④ 직업 선택은 부모-자녀 간의 상호 작용을 통해 발달되는 심리적 욕구에 기초함

(2) 부모-자녀 간의 상호 작용 유형

① 자녀에 대한 감정적 집중
  - 과보호적 분위기: 부모가 자식을 지나치게 보호하며, 부모에게 의존하기를 기대함
  - 고요구적 분위기: 부모가 자식에게 높은 성취를 요구하고 엄격한 훈련을 시킴
② 자녀에 대한 회피
  - 무시적 분위기: 부모로서의 책임을 회피하며, 자녀의 욕구 충족을 위해 노력하지 않음
  - 거부적 분위기: 자녀의 신체적·심리적 필요를 충족시켜 주려는 노력을 하지 않음
③ 자녀에 대한 수용
  - 무관심한 분위기: 자식을 수용하기는 하나, 부모와 자녀의 관계가 별로 밀착되지 않음
  - 애정적 분위기: 부모와 자녀의 관계가 튼튼하며, 자녀에게 사려 깊은 격려를 함

출제 Point

2005학년도 중등 객관식 36번
인생 초기에 어떤 방식으로 양육되었고, 어떤 경험을 했느냐가 여러분이 장차 어떤 직업을 택하게 되는가에 중요한 영향을 미칩니다. 부모가 자녀를 대하는 양상에 따라 세 가지 심리적 환경이 조성됩니다. (중략) 수용이나 거부 또는 과잉 보호나 과잉 요구에 대한 여러분의 감정이 인간 지향적이거나 비인간 지향적인 생활 양식을 발전시키게 됩니다. 이는 결국 여러분들로 하여금 특정한 직업을 선택하도록 하는 진로 지향성을 형성하도록 합니다.

CHAPTER 3 진로 이론

> **출제 Point**
>
> **2010학년도 중등 객관식 28번**
> 홀랜드(J. Holland)의 인성 이론에서는 성격 유형과 직업 환경을 각각 6가지로 분류하고, 개인의 성격 유형에 맞는 직업 환경을 찾아야 한다고 본다.
>
> **2010학년도 중등 객관식 28번**
> 블라우(P. Blau)의 사회학적 이론에 따르면 가정, 학교, 지역 사회 등의 사회적 요인이 직업 선택에 큰 영향을 미친다.

(3) 직업 영역의 분류

① 직업군
- 인간 지향적 직업: 문화직, 단체직, 비즈니스직, 서비스직, 예술직
- 비인간 지향적 직업: 과학직, 옥외 활동직, 기술직

② 책무성(숙련도): 고급 전문 관리, 중급 전문 관리, 준전문 관리, 숙련직, 반숙련직, 비숙련직

(4) 직업 지향성

① 따뜻하고 수용적인 부모 밑에서 자란 사람은 자신의 욕구를 대인 관계에서 만족하는 방식을 배우게 되어 인간 지향적 직업을 선택함

② 자녀를 회피하거나 무관심한 부모 밑에서 자란 사람은 자신의 욕구를 사람이 아닌 다른 수단을 통해서 충족하게 되어 비인간 지향적 직업을 선택함

3 홀랜드(Holland)의 인성 이론 [08 중등, 09 중등, 10 중등, 12 중등, 13 중등]

(1) 기본 입장

① 대부분의 사람은 '실재적, 탐구적, 예술적, 사회적, 설득적, 관습적'의 여섯 가지 유형 중 하나로 분류될 수 있음

② '실재적, 탐구적, 예술적, 사회적, 설득적, 관습적'인 여섯 가지 종류의 환경이 있으며, 성격 유형에 일치하는 사람들이 머물고 있음

③ 사람들은 자신의 능력과 기술을 발휘하고 태도와 가치를 표현하고 자신에게 맞는 역할을 수행할 수 있는 환경을 찾음

④ 개인의 행동은 성격과 환경의 상호 작용에 의해서 결정됨

(2) 직업 선택

① 직업은 개인의 유전적 소질과 문화적 요인(부모, 사회 계층, 문화 등)의 상호 작용을 통한 소산물임

② 개인은 자신의 행동 양식이나 인성 유형을 표출할 수 있는 직업을 선택함

(3) 성격 유형

유형	특징	선호하는 직업
실재적 유형	기계, 도구, 동물에 관한 체계적인 조작 활동을 좋아하지만, 사회적 기술이 부족함	기술자
탐구적 유형	분석적이고 호기심이 많고 조직적이며 정확하지만, 리더십 기술이 부족함	과학자
예술적 유형	표현이 풍부하고 독창적이며, 반순응적이고 규범적인 기술이 부족함	음악가, 미술가
사회적 유형	다른 사람들과 함께 일하거나 다른 사람을 돕는 것을 즐기지만, 도구와 기계를 포함하는 질서정연하고 조직적인 활동을 싫어함	사회 복지가, 교육자, 상담가

설득적 유형	조직 목표나 경제적 목표를 달성하기 위해 타인을 설득하는 활동을 즐기나, 상징적이고 체계적인 활동을 싫어하며, 과학적인 능력이 부족함	기업 경영인, 정치가
관습적 유형	자료를 체계적으로 잘 처리하고 기록을 정리하거나 자료를 재생산하는 것을 좋아하지만, 심미적인 활동을 피함	사서

4 블라우(Blau)의 사회학적 이론 [10 중등]

(1) 기본 입장
① 개인을 둘러싼 사회·문화적 환경이 개인의 행동에 영향을 미침(사회학적 관점)
② 가정, 학교, 지역 사회 등의 사회적 요인이 직업 선택에 큰 영향을 미침

(2) 진로 선택에 영향을 주는 사회적 요인
① 가정: 부모의 사회적 지위, 수입, 교육 정도, 주거 지역과 양식, 종교적 배경 등
② 학교: 동료와의 관계, 교사와의 관계, 속해 있는 학교의 가치관 등
③ 지역 사회: 지역 사회의 환경 변화, 가치, 특수한 경험 등

(3) 사회 계층
① 사회·문화적 환경 중 가장 큰 영향을 미침
② 사회 계층에 따라 교육 수준, 직업 포부 수준, 일반지능 수준, 사회적 반응 등이 달라짐
③ 독특한 심리적 환경을 조성하여 직업 선택 및 발달에 영향을 미침

(4) 압력 집단과 역할 지각
① 압력 집단: 특정 직업에 관심과 가치를 가지도록 함
② 역할 지각: 자신의 역할과 그 역할에 대한 타인의 지각 정도를 나타냄

5 긴즈버그(Ginzberg)의 진로 발달 이론

(1) 기본 입장
① 진로 발달은 개인의 생애 초기 20년 동안 일어나는 직업 선택의 과정임
② 진로 선택 행동은 일회적으로 이루어지는 것이 아니라 장기간에 걸쳐 이루어지는 일련의 발달 과정임
③ 직업 선택은 적성, 흥미, 능력, 가치관 및 성격 등의 개인 내적 요인과 외부의 현실적인 요인을 고려한 타협(Compromise)의 결과물임
④ 발달 단계별 과제를 제시하여 학생의 수준에 적합한 진로 지도와 교육이 이루어질 수 있도록 해야 함

CHAPTER 3 진로 이론

> **출제 Point**
>
> **2012학년도 중등 객관식 28번**
> 슈퍼(D. Super)의 진로 이론: 진로 발달은 인간의 전 생애에 걸쳐서 이루어지며, 15~17세 시기는 자신의 욕구, 흥미, 능력 등을 고려하여 잠정적인 진로를 선택하는 탐색기에 해당된다.

(2) 발달 단계

① 환상기(6~10세)
- 부모 등 주변 환경의 영향을 받아 진로에 대한 관심이 놀이를 통하여 표출됨
- 자신의 능력이나 현실적 여건보다 흥미와 욕구를 중시하는 시기
- 개인의 욕구와 충동이 직업 선택과 동일시되어 자신이 원하면 무엇이든지 될 수 있다고 생각하는 단계

② 잠정기(11~17세): 진로 선택 과정에서 개인의 흥미, 능력, 가치관 등을 고려함
- 흥미: 좋아하는 것과 싫어하는 것에 대하여 명확히 인식함
- 능력: 흥미를 가지고 있는 분야에 대한 능력을 시험해 보려 하고, 직업의 보수와 교육, 훈련에 대하여 인식함
- 가치: 다양한 요인을 고려하고 자신의 주관적 가치관에 비추어 직업 선호와 유형을 평가함
- 전환: 직업의 외적 요인들에 주의를 기울이며 이전 시기보다 좀 더 현실적인 측면을 강조함

③ 현실기(18~22세): 자격 요건이나 교육 기회와 같은 현실적인 요인과 개인적인 요인을 고려하여 타협이 이루어지고, 실제로 직업을 선택하게 됨
- 탐색: 취업 기회를 탐색하고 노력함
- 구체화: 직업 목표의 구체화, 개인의 흥미, 능력, 가치, 교육 기회 등 내적 요인과 더불어 직업의 요구 조건, 작업 환경 등 현실적인 외적 요인을 두루 고려하여 타협함
- 특수화: 보다 세밀한 계획과 세분화된 의사 결정을 통해 결정함

6 슈퍼(Super)의 진로 발달 이론 [10 중등, 12 중등]

(1) 기본 입장

① 진로 행동 및 발달 영역에 통합적인 접근을 시도하고, 진로를 생애와 생활 공간 속에 존재하는 것으로 봄
② 발달·차이·사회·성격·현상학적 심리학에서 적용되는 주요 이론과 자아 개념 또는 개인 구성 이론을 결합함

(2) 진로 발달

① 진로 발달은 인생의 전 생애에 걸쳐 이루어짐
② 진로 발달 과정은 자아 개념의 발달 및 실현과 일치함
③ 진로 발달 과정은 개인적 변인과 사회적 환경 요인의 상호 작용과 종합의 연속적인 과정임
- 개인의 직업 선호, 생활 장면, 자아 개념 등에 의해 변화함
- 개인의 능력, 흥미, 인성 등 특성의 차이에 따라 적합한 진로 환경이 다름
- 개인의 특성은 시간의 경과와 경험에 따라 변화함

(3) 진로 발달 단계

① 성장기(출생~14세)
- 가정이나 학교에서의 중요한 타인과 동일시함으로써 자아 개념이 발달하는 시기
- 초기에는 욕구와 환상이 지배적이다가 점차적으로 흥미와 능력을 중요시함
- 자기 개념과 연합된 흥미, 욕구, 역량, 태도를 발달시킴
- 환상기, 흥미기, 능력기의 하위 단계로 구분됨
  - 환상기: 욕구가 지배적이며, 환상적인 역할 수행을 중요시함
  - 흥미기: 개인의 취향이 활동의 목표와 내용을 결정함
  - 능력기: 능력을 중요시하며, 직업의 요구 조건을 고려하게 됨

② 탐색기(15~24세)
- 자신이 원하는 직업 계획을 정하고, 어떻게 수행할 것인가를 고려하여 직업을 탐색하는 시기
- 자기 검증, 역할 수행, 직업적 탐색 등을 수행함
- 학교, 여가 활동, 시간제 일 등을 통해 욕구, 흥미, 가치관, 능력, 기회 등을 고려함
- 제한적·잠정적 미래 계획을 수립함
- 잠정기, 전환기, 시행기의 하위 단계로 구분됨
  - 잠정기: 욕구, 흥미, 능력, 가치, 직업 기회 등을 고려하기 시작하며, 잠정적인 진로를 선택하고, 환상, 토의 등을 통해 시행해 봄
  - 전환기: 취업을 하거나 취업에 필요한 훈련 또는 교육을 받으며, 현실적 요인을 중요시함
  - 시행기: 자신에게 적합해 보이는 직업을 선택하여 최초로 직업을 갖게 됨

③ 확립기(25~44세)
- 자신에게 적합한 직업 분야를 발견하고, 그 분야에서 영구적인 위치를 확보하기 위해 노력하는 시기
- 직접적인 직업 경험을 통해 진로 선택에 대한 확신을 지님
- 시행기와 안정기로 구분됨
  - 시행기: 자신이 선택한 직업 분야가 적합하지 않을 경우 적합한 직업을 발견할 때까지 변동이 있음
  - 안정기: 진로 유형이 분명해짐에 따라 안정된 위치를 굳히기 위한 노력을 함

④ 유지기(45~64세)
- 직업 세계에서 확고한 위치가 확립되고 이를 유지하기 위한 노력을 하는 시기
- 선택한 직업에서 자신의 위치를 확고히 하고 지속적으로 적응함
- 유지(Holding) 및 갱신(Updating)의 진로 발달 과업에 직면함

⑤ 쇠퇴기(65세 이후)
- 직업 활동에 변화가 오고 급기야는 중단하게 되는 시기로, 관망하는 역할을 담당함
- 신체적 능력이 저하되고, 직업 활동에 대한 흥미가 감소함
- 일의 효율이 감소하고, 은퇴를 준비하는 시기

7 타이드만과 오하라(Tiedeman & O'Hara)의 의사 결정 이론 [12 중등]

(1) 진로 발달

① 진로 발달은 다양한 경험을 통한 자아 정체감의 분화와 통합의 과정임
② 직업 발달이란 직업 정체감을 형성해 나가는 계속적 과정이며, 직업 정체감은 의사 결정을 되풀이하는 과정에서 성숙됨
③ 일반적인 인지 발달의 과정 속에서 자아와 관련된 위기를 해결하고자 할 때 이루어짐
④ 자신의 특성을 파악하고 자아를 실현시킬 수 있는 일이 무엇인가에 대한 인식을 거쳐 심리적 위기의 해결로 이어지는 일련의 자아 발달 과정

(2) 진로 선택

진로 선택은 삶에서의 의식적인 선택으로, 선택의 개념이 자율성, 목적 행동, 분화와 통합 사이에서 점진적으로 발달함

(3) 진로 선택의 과정

특정 활동에 투자한 시간이 개인의 진로 발달에 영향을 미침

① 예상기(전 직업기): 의사 결정의 절차와 내용을 사전에 인식함
  - 탐색: 진로 목표를 설정하고, 대안을 탐색하고, 능력과 여건을 평가함
  - 구체화: 가치관, 보수 등 직업 요건을 고려하여 구체적으로 진로를 준비함
  - 선택: 이전 단계의 영향을 받아 진로를 선택함
  - 명료화: 의사 결정에 대해 분석하고 검토함

② 실천기(적응기): 자신과 외부 현실 사이에서 현실적인 적응과 선택을 수행함
  - 순응: 새로운 상황에 대한 수용적 자세와 인정과 승인에 대한 욕구를 지님
  - 개혁: 직업 상황에서 인정을 받으며, 자신의 의견을 강력하게 주장함
  - 통합: 조직의 요구와 자신의 욕구를 균형 있게 조절하고, 타협과 통합을 통해 직업 정체감이 발달함

③ 직업 정체감은 연속적인 진로 선택 과정을 통해 연령이 증가하고 경험이 쌓일수록 발달함

8 고트프레드슨(Gottfredson)의 진로 발달 이론

(1) 자아 개념

① 자아 개념은 사회 계층적 배경과 지능 등 다양한 요인에 의해 형성됨
② 사람은 자신의 자아 개념에 알맞은 직업을 선택함
③ 자아 개념의 발달에 따라 직업 포부에 대한 한계를 설정함

(2) 제한과 타협

① 아동은 성인으로 자라면서 제한된 상황을 맞닥뜨림
② 제한을 극복하기 위해 현실과 타협함

(3) 직업 포부의 발달

① 사회 계층적 배경, 지능 수준, 경험에 따라 직업에 대한 지각이나 선호가 발달함

② 발달 과정에 따라 '힘-성 역할-사회적 가치'의 영향을 받음

③ 만 14세 이후 내적 자아에 관심을 가지고 고유한 가치를 지향함

9 크럼볼츠(Krumboltz)의 사회 학습 이론

(1) 기본 입장

① 개인이 진로를 선택하는 과정에서 영향을 미치는 요인을 밝히고자 함

② 자아 구조에 초점을 두고 진로 결정에서의 인지와 행동을 강조함

③ 개인의 능력은 타고난 기질뿐만 아니라 다양한 환경적 요인, 학습 경험, 과제 접근 기술들의 상호 작용으로 형성됨

(2) 진로 결정에 영향을 주는 요인

① 환경적 요인: 개인의 통제권 밖에 있는 요인으로, 진로 상담을 통해 변화시키는 것이 불가능함

- 유전적 요인과 특별한 능력: 개인의 진로 기회를 제한하는 타고난 특질로, 인종, 성별, 신체적 특징, 지능, 음악적·미술적 재능 등이 포함됨
- 환경적 조건과 사건: 개인의 진로 선택, 기술 개발, 활동, 진로 선호 등에 영향을 미치는 요인으로, 직업 및 훈련 기회, 근로자 선발 관련 사회 정책 및 절차, 퇴직률, 근로기준법 및 노동조합법, 물리적 사건, 천연 자원의 유용성, 사회 조직의 변화, 교육 제도, 지역 사회 및 이웃의 영향, 기타 사회적·문화적·정치적·경제적 조건이 포함됨

② 심리적 요인: 개인의 생각이나 감정, 행동을 결정하는 요인으로 진로 상담을 통해 내담자가 이해하고 변화시키도록 도와줄 수 있음

- 학습 경험: 개인이 과거에 학습한 경험으로, 현재 또는 미래의 교육과 직업에서의 의사 결정에 영향을 미침
  - 도구적 학습 경험: 어떤 행동이나 인지적인 활동에 대한 강화를 받을 때 나타남(조작적 조건 형성)
  - 연합적 학습 경험: 이전에 경험한 중립 사건이나 자극이 비중립 사건 및 자극과 연결될 때 나타남(고전적 조건 형성)
- 과제 접근 기술: 개인이 환경에 대처하며 미래를 예견하는 능력이나 경험으로, 문제 해결 기술, 목표 설정, 가치 명료화, 대안의 일반화, 진로 정보 획득 등이 포함됨

(3) 진로 상담 방법

① 자신의 능력과 흥미에만 초점을 두는 경우

- 경험을 확장하여 새로운 능력을 찾도록 유도함
- 흥미를 탐색하여 새로운 선택을 할 수 있는 기회를 갖도록 유도함

② 우연하게 주어진 기회를 적극적으로 탐색하도록 하고, 탐색한 결과의 사건을 진로에 활용함

참고문헌

고교학점제(https://www.hscredit.kr/)
구광현 외(2008), 교육심리학, 동문사
권대훈(2016), 교육평가, 학지사
권은주(2014), 발해의 교육기관과 인재양성, 한국교육사학 제36권 제4호
김대현(2017), 교육과정의 이해, 학지사
김상겸(2009), 교육학 용어 사전, 탑
김영채(2005), 학습심리학, 박영사
김청자, 정진선(2010), 생활지도와 상담, 태영출판사
김재춘 외(2017), 교육과정과 교육평가 (예비 현직 교사를 위한), 교육과학사
박천환 외(2015), 교육과정 담론, 학지사
신종호 외(2015), 교육심리학, 교육과학사
이성진(2001), 교육심리학서설, 교육과학사
이승은 외(2020), 교육과정 및 평가, 한국방송통신대학교출판문화원
정석환(2017), 쉽게 풀어쓴 교육철학 및 교육사, 어가
조경원 외(2014), 교육철학 및 교육사, 교육과학사
허경철(1987), 수업의 효율성 제고를 위한 교사 변인 탐색 연구, 한국교육 제14권 제2호
홍후조(2016), 알기 쉬운 교육과정, 학지사
한국교육과정평가원(www.kice.re.kr/)